PAGODA
IELTS
Reading

Academic Module

PAGODA
IELTS
Reading
Academic Module

초판 1쇄 인쇄 2020년 3월 12일
초판 1쇄 발행 2023년 6월 8일
초판 5쇄 발행 2024년 8월 7일

지 은 이 | Sony 박, 파고다교육그룹 언어교육연구소
펴 낸 이 | 박경실
펴 낸 곳 | **PAGODA Books** 파고다북스
출판등록 | 2005년 5월 27일 제 300-2005-90호
주   소 | 06614 서울특별시 서초구 강남대로 419, 19층(서초동, 파고다타워)
전   화 | (02) 6940-4070
팩   스 | (02) 536-0660
홈페이지 | www.pagodabook.com

저작권자 | ⓒ 2020 Sony 박, 파고다아카데미

ISBN 978-89-6281-839-0 (14740)

파고다북스   www.pagodabook.com
파고다 어학원   www.pagoda21.com
파고다 인강   www.pagodastar.com
테스트 클리닉   www.testclinic.com

Ⅰ 낙장 및 파본은 구매처에서 교환해 드립니다.

PAGODA
IELTS

Reading

Academic Module

Sony 박, 파고다교육그룹 언어교육연구소 | 저

PAGODA Books

목차

CHAPTER
02
실전 다지기

ACTUAL TEST

해설서

이 책의 구성과 특징

» IELTS 5.5~6.5 달성을 위한 최신 문제 및 유형별 전략 수록!

IELTS 5.5~6.5를 목표로 하는 학습자를 위해 최신 IELTS 출제 경향을 충실하게 반영한 실전 문제를 골고루 다루고 있습니다.

» 기초 다지기와 실전 다지기를 통해 탄탄한 고득점 기반 완성!

기초 다지기를 통해 IELTS Reading에 꼭 필요한 기본 스킬을 배우고, 이어지는 실전 다지기에서 각 문제 유형별로 구성된 Unit을 통해 가장 효과적인 문제풀이 전략을 학습할 수 있도록 구성하였습니다.

» IELTS 실전 연습을 해볼 수 있는 Actual Test 4회분 수록!

기초 다지기와 실전 다지기를 통해 학습한 내용을 확인해볼 수 있도록, 난이도 및 문제 구성에서 실제 IELTS 시험과 동일하게 구성된 Actual Test 4회분을 수록했습니다.

» 파고다 IELTS 전문 강사의 생생한 노하우를 담은 밀착 케어 해설!

교재에 수록된 모든 문제마다 파고다 IELTS 전문 강사의 학습 노하우를 그대로 담은 상세한 해설을 제공합니다.

» 그룹 스터디와 독학에 유용한 단어 시험지 생성기 제공!

자동 단어 시험지 생성기를 통해 교재를 학습하면서 외운 단어 실력을 테스트해 볼 수 있습니다.

▶ 사용 방법: 파고다북스 홈페이지(www.pagodabook.com)에 로그인한 후 상단 메뉴의 [모의테스트] 클릭 > 모의테스트 메뉴에서 [단어 시험] 클릭 > IELTS – PAGODA IELTS Reading을 고른 후 원하는 문제 수를 입력하고 문제 유형 선택 > '단어 시험지 생성'을 누르고 별도의 브라우저 창으로 뜬 단어 시험지를 PDF로 내려받거나 인쇄

실전 문제 학습에 들어가기에 앞서, 필수적인 Reading 스킬을 익히고 연습문제에 바로 적용해 봄으로써 기본적인 문제풀이 실력을 다질 수 있도록 구성하였습니다.

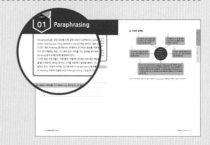

CHAPTER 02
실전 다지기

앞서 학습한 기초 지식을 가지고 Reading 영역에서 등장하는 10가지 문제 유형에 대해 학습합니다.

- **단계별 실전 전략**

  문제의 특성에 대한 분석과 함께, 문제를 풀 때 단계별로 정답에 쉽게 접근할 수 있는 최적의 방법을 제시합니다.

- **핵심 문제 유형 & 전략 적용하기**

  앞에서 학습한 실전 전략을 가지고, 실제 IELTS문제를 맛볼 수 있게 구성된 예제를 단계별로 집중 공략합니다.

- **Practice**

  실전과 유사한 유형으로 구성된 연습문제를 풀어보며 실전 감각을 익히고 학습한 전략을 다시 한 번 확인합니다.

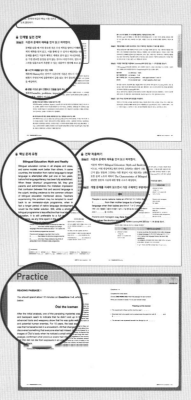

ACTUAL TEST

실제 시험과 동일한 난이도로 구성된 4회분의 Actual Test를 통해 실전에 대비합니다.

해설서

본문에 수록된 Reading 지문 및 문제의 해석과 중요 어휘 정리는 물론, 정답을 찾는 방법에 대한 상세한 해설을 수록하였습니다.

IELTS 소개

≫ IELTS란?

IELTS(International English Language Testing System)는 영어 사용 국가에서 유학 또는 취업을 하고자 하는 사람들의 언어 능력을 평가하기 위해 개발된 시험으로, 종이 시험지로 시험을 보는 Paper-based IELTS(이하 PB IELTS)와 컴퓨터로 보는 Computer-delivered IELTS(이하 CD IELTS)가 있다.

시험은 Listening, Reading, Writing, Speaking 총 4개 영역으로 시험 시간은 약 2시간 55분이 소요된다. 각 영역별 점수는 1.0부터 9.0까지의 Band 단위로 평가가 되며, 총점은 네 영역의 평균 점수로 계산한다.

시험 종류는 응시 목적에 따라 두 가지로 나뉘게 된다. 대학교 및 대학원 진학을 위해 학문적 영어 소통 능력을 중점적으로 측정하는 Academic Module과, 이민 또는 취업을 위한 기본적인 영어 소통 능력을 중점적으로 측정하는 General Training Module이 있다. 어떤 모듈을 선택하느냐에 따라 Reading과 Writing의 시험 내용이 달라진다.

≫ IELTS 구성

시험 영역	
시험 영역	Listening, Reading, Writing, Speaking
시험 시간	약 2시간 55분
시험 순서	PB IELTS: Writing → Reading → Listening CD IELTS: Listening → Reading → Writing
시험 횟수	PB IELTS: 월 4회 / CD IELTS: 일 2회, 주 6일
총 점	네 가지 영역의 Band 평균
영역별 점수	1.0~9.0 Band
성적 확인	PB IELTS: 시험일로부터 13일 후 온라인에서 성적 확인 가능 CD IELTS: 시험일로부터 5~7일 후 온라인에서 성적 확인 가능

시험 영역	문제 구성	소요 시간
Listening	– 총 4개 Section, 40문항 출제 – 다양한 발음(영국식, 호주식, 미국식)으로 출제됨 – 객관식, 주관식, 빈칸 완성, 표 완성 등의 문제가 출제됨	약 30분 * 답안 작성 시간 별도 제공 – PB IELTS: 10분 – CD IELTS: 2분
Reading	– 총 3개 Section, 40문항 출제 – 객관식, 주관식, 빈칸 완성, 표 완성 등의 문제가 출제됨 * Academic: 저널, 신문 기사 등의 학술적인 내용 출제 * General Training: 사용 설명서, 잡지 기사 등의 일상 생활 내용 출제	약 60분 * 답안 작성 시간 추가 제공 없음
Writing	– 총 2개 Task(Task 1, 2) 출제 * Academic: Task 1은 그래프, 표 등의 시각 정보를 보고 요약문 쓰기, 　Task 2는 에세이 쓰기 * General Training: Task 1은 부탁, 초대 등 주어진 목적에 맞게 편지 쓰기, 　Task 2는 에세이 쓰기로 Academic과 동일함	약 60분
대기 시간		
Speaking	– 총 3개 Part(Part 1, 2, 3) 출제	11~14분
총 시험 시간		약 2시간 55분

» IELTS 등록 및 응시 절차

1. 시험 등록

온라인 및 방문 접수는 시험 응시일과 각 지역의 시험장을 확인하여 신청이 가능하며, 시험 연기 및 취소는 영국 문화원은 시험일 7일 전, IDP는 시험일 4일 전까지 가능하다.

- 온라인 등록
  영국문화원 홈페이지(reg.britishcouncil.kr) 또는 IDP 홈페이지(www.ieltskorea.org)에서 접수가 가능하며 자세한 사항은 각 사이트를 참조한다. 온라인 접수 시 여권 스캔 파일을 첨부해야 하니 미리 준비하도록 한다.

- 방문 접수
  PB IELTS만 접수 가능하며, 여권을 가지고 평일 오전 9시~5시 사이에 영국문화원 또는 IDP 강남 공식 접수처에서 접수한다.

2. 시험 비용(2020년 기준)

온라인 접수 시에는 신용카드 또는 실시간 계좌이체가 가능하며, 방문 접수의 경우 신용카드 또는 무통장입금이 가능하다.
- PB IELTS: 260,000원
- CB IELTS: 273,000원

3. 시험 당일 소지품

- 유효한 여권과 여권 사본 1부(여권만 신분증으로 인정)
- 필기도구(연필, 지우개 등)

4. 시험 절차

❶ 신분 확인, 사진 촬영 및 지문 등록을 진행한다.
❷ 필기류를 제외한 소지품은 모두 보관소에 맡긴다. (투명한 병에 담긴 생수병을 제외한 기타 음식물 반입 불가)
❸ 감독관이 영어로 오리엔테이션을 진행한 후 시험을 시작한다.
❹ 세 가지 영역의 시험을 모두 마치면, 각자 통지 받은 시간에 Speaking 시험을 진행한다.
❺ 면접관과 1:1 Speaking 시험 종료 후, 소지품을 챙겨 퇴실한다.

5. 성적 확인

PB IELTS는 시험일로부터 13일 후, CD IELTS는 시험일로부터 5~7일 후 온라인에서 성적 확인이 가능하며 해당 성적은 2년간 유효하다.

6. 시험 주의 사항

❶ 신분증은 여권만 인정되니 여권을 반드시 챙긴다.
❷ 영어 글씨가 적힌 생수병은 반입이 불가하다.
❸ 시험 도중 별도의 쉬는 시간이 없으므로, 화장실에 가야 할 경우 손을 들어 감독관의 동행 하에 간다.
❹ Speaking 시험 시작 시간은 응시자 별로 다르며(PB IELTS: 무작위 배정 / CD IELTS: 선택 가능) 지정된 장소에서 약 20분 대기해야 한다.
❺ Writing은 Task 간의 구분 없이 시험이 진행되므로, 완료되는 대로 다음 Task로 넘어간다.

IELTS 소개

» IELTS 점수 체계

IELTS는 각 영역별로 1점부터 9점까지 0.5 단위의 Band Score로 성적이 산출되며, 각 영역에 대한 과목 점수와 이 네 가지 영역의 평균 점수가 총 점수로 표기된다. 각 Band Score는 아래와 같은 언어 능력 수준을 의미한다.

점수	단계	설명
9.0	Expert user	영어를 완전히 이해한 상태에서 유창하고 정확하고 적절하게 구사할 수 있음
8.0	Very good user	일부 상황에서 때로는 부정확하고 부적절한 언어 사용과 의사소통에 오해가 발생하지만 복잡하고 어려운 주장 가능
7.0	Good user	가끔 부정확하고 부적절한 언어 사용과 의사소통의 오해가 발생하지만 대체로 복잡한 언어를 구사할 수 있으며 상세한 추론을 이해할 수 있음
6.0	Competent user	부정확하고 부적절한 언어를 사용하고 의사소통 시 오해가 발생하지만 익숙한 상황에는 복잡한 언어를 사용하고 이해할 수 있음
5.0	Modest user	부분적인 구사력을 갖추고 있으며 대부분의 상황에서 전반적인 이해가 가능하지만 실수를 할 가능성이 높음. 자신의 분야에서는 기본적인 의사소통이 가능
4.0	Limited user	익숙한 상황에서만 제한적으로 언어 구사가 가능하나 내용의 이해나 표현에 있어 잦은 문제를 경험하고 복잡하고 어려운 언어는 사용하지 못함
3.0	Extremely limited user	매우 익숙한 상황에서 단순한 의미 전달과 이해가 가능한 수준
2.0	Intermittent user	의사소통이 거의 불가능하고 영어를 말하거나 적는 걸 이해하지 못함
1.0	Non-user	단어 나열 정도의 언어 구사 능력
0.0	Did not attempt the test	시험에 응시하지 않아 평가할 수 없음

» IELTS 점수 계산법

점수는 아래 예시와 같이 각 영역에 대한 Band score가 나오고 이 네 가지 영역의 평균 점수가 계산되어 총점인 Overall Band Score가 나오게 된다.

	Listening	Reading	Writing	Speaking	Overall Band Score
응시자 이름	7.0	6.5	5.5	7.0	6.5

IELTS Reading Academic Module 소개 및 학습 전략

1. 시험 구성

IELTS Reading Academic Module은 3개 Section 총 40문항이 출제되며, 각 섹션은 하나의 긴 지문과 그에 대한 13~14개의 문항으로 구성되어 있다. 시험은 총 60분간 진행되며, 답안 작성 시간은 추가로 제공되지 않는다.

2. 지문 특징

IELTS Reading Academic Module 지문은 서적, 학술지, 잡지, 신문 등에서 발췌된 것으로, 비전문가들을 대상으로 한 학문적 내용을 주로 다루고 있으며 학부나 대학원 과정에 들어갈 예정이거나 전문적인 직업을 찾는 응시자들에게 적절하게 구성되어 있다. 지문에는 도표, 그래프, 그림과 같은 비언어적인 자료들이 포함될 수 있다.

3. 문제 유형

Note Completion	노트의 빈칸에 들어갈 답을 조건에 맞게 본문에서 찾아 쓰는 주관식 유형
Sentence Completion	문장의 빈칸에 들어갈 답을 조건에 맞게 본문에서 찾아 쓰는 주관식 유형
Summary Completion	요약문의 빈칸에 들어갈 답을 조건에 맞게 본문에서 찾아 쓰는 주관식 유형
Table/Flow-chart/Diagram Completion	표, 순서도, 도표의 빈칸에 들어갈 답을 조건에 맞게 본문에서 찾아 쓰는 주관식 유형
True, False, Not given/ Yes, No, Not given	문장의 내용이 지문에 제시된 정보와 일치하는지, 일치하지 않는지, 혹은 주어진 정보만으로는 알 수 없는지 판단하는 유형
Matching Features	주어진 특징이 지문의 어떤 대상과 관련이 있는지 찾아서 연결하는 유형
Matching Information to Paragraph	주어진 정보를 포함하고 있는 문단을 지문에서 찾아 연결하는 유형
Matching Heading to Paragraph	각 문단에 알맞은 소제목을 보기에서 찾아 연결하는 유형
Matching Sentence Ending	주어진 불완전한 문장의 뒷부분에 올 적절한 문장을 보기에서 찾아 연결하는 유형
Multiple Choice Question	여러 개의 보기 중 알맞은 답을 선택하는 유형

4. 학습 방법

❶ 신문, 잡지 등 다양한 영어 지문을 평소 많이 읽으면서 빠르게 내용을 파악하는 연습을 한다.

❷ 지문을 읽을 때 중요 단어라고 생각되는 부분에 동그라미나 밑줄로 표시하며 읽는 연습을 한다. 나중에 문제를 풀면서 특정 정보를 지문에서 다시 찾아야 할 때 도움이 된다.

❸ 어휘를 많이 외워둔다. 글을 읽고 이해하는 데 있어 가장 중요한 부분이 어휘력이므로, 평소에 교재에 수록된 어휘는 물론, 영어 지문을 읽으면서 모르는 어휘가 나오면 따로 정리해서 암기해 두는 것이 좋다.

❹ 문제를 풀면서 답을 답안지에 바로 작성하는 연습을 한다. 실제 시험에서 답안지 작성 시간이 따로 주어지지 않으므로, 평소에 동시에 작성하는 습관을 들여 두는 것이 좋다. 또한 답안 작성 시 철자나 문법이 틀리면 오답 처리되므로 이 부분에 유의해서 정확하게 옮겨 적는 연습을 한다.

IELTS 자주 묻는 질문(FAQ)

≫ IELTS 전반에 대하여

Q1. IELTS는 상대평가로 채점되나요?

A. IELTS는 상대평가가 아닌 절대평가로, Reading과 Listening은 캠브리지 대학 시험본부에서 문제 출제 시 난이도에 따라 Band Score별로 맞아야 하는 개수를 정합니다.

Q2. 시험 당일 소지해야 하는 준비물은 무엇이 있나요?

A. 시험 접수 시 사용한 유효기간이 만료되지 않은 여권, 연필 또는 샤프, 그리고 지우개가 필요합니다. 세 시간 가량 시험을 봐야 하므로 혹시나 물이 필요한 경우 상표가 붙어있지 않은 투명한 물병에 물을 가져가도 됩니다. 다만, 형광펜이나 색상이 있는 펜, 휴대폰, 그리고 손목시계 등은 시험장 안에 반입이 불가하니 이 점 꼭 주의하기 바랍니다.

Q3. 시험 당일 주민등록증으로 시험 응시가 가능한가요?

A. 시험 당일 신분증으로 사용 가능한 것은 접수 시 등록한 여권으로, 주민등록증이나 운전면허증, 주민등록등본 등으로는 시험 응시가 불가능합니다.

Q4. 신분 확인은 어떻게 진행되나요?

A. 시험 당일 오전 신분 확인 절차는 여권 확인, 사진 촬영, 지문 스캔 3단계로 이루어집니다. Speaking 시험 전에 다시 응시자의 여권 확인과 지문 스캔을 통해 본인 확인을 한번 더 하게 됩니다.

≫ IELTS Reading Academic Module에 대하여

Q1. Academic과 General Training Module의 차이점은 무엇인가요?

A. 일단 주제에 차이가 있습니다. Academic Module의 지문들은 학문적 내용을 주로 다루고 있는 반면, General Training Module의 지문들은 광고, 회사 브로슈어, 공문서, 서적, 잡지, 신문 등에서 발췌된 것으로 주로 일상생활에서 접할 수 있는 내용들을 다루고 있습니다.
또한 지문 길이도 다릅니다. Academic Module은 각 섹션이 하나의 긴 지문으로 이루어져 있는 반면, General Training Module은 각 섹션마다 여러 개의 지문으로 이루어져 있어 Academic Module에 비해 지문의 길이가 짧은 편입니다.

Q2. 각 지문 또는 섹션 당 사용 가능한 시간은 얼마나 되나요?

A. 3개의 지문을 읽고 총 40개 문항을 푸는 데 총 60분의 시간이 주어집니다. 즉 한 지문 당 약 20분 정도의 시간이 주어진다고 볼 수 있으므로 최대한 빠른 시간 내에 많은 문제를 풀어야 합니다. 따라서 답을 찾지 못한 문제에 연연해 시간을 낭비하지 말고, 쉬운 문제부터 먼저 답을 적고 풀리지 않는 문제는 과감하게 넘기는 것도 중요합니다.

Q3. 주관식 문제의 경우, 제한된 단어 수를 초과해서 답안을 작성하면 감점의 대상이 되나요?

A. 주관식 문제에서 주어진 조건에 맞지 않게 답안을 작성할 경우 감점이 아니라 오답으로 처리됩니다. 따라서 조건을 정확하게 파악하고 거기에 정확하게 부합하는 답안을 작성해야 합니다.

4주 완성 학습 플랜

DAY 1	DAY 2	DAY 3	DAY 4	DAY 5
CHAPTER 1. 기초 다지기	CHAPTER 2. 실전 다지기			
UNIT 01. Paraphrasing **UNIT 02.** Scanning **UNIT 03.** Skimming	**UNIT 01.** Note Completion	**UNIT 02.** Sentence Completion	**UNIT 03.** Summary Completion	**UNIT 04.** Table/Flow-chart/ Diagram Completion

DAY 6	DAY 7	DAY 8	DAY 9	DAY 10
CHAPTER 2. 실전 다지기				
UNIT 05. True, False, Not Given/ Yes, No, Not Given	**UNIT 06.** Matching Features	**UNIT 07.** Matching Information to Paragraph	**UNIT 08.** Matching Heading to Paragraph	**UNIT 09.** Matching Sentence Ending

DAY 11	DAY 12	DAY 13	DAY 14	DAY 15
CHAPTER 2. 실전 다지기	ACTUAL TEST			
UNIT 10. Multiple Choice Question	Actual Test 1	Actual Test 1 복습 • 지문 다시 읽기 • 단락 요약하기 연습 • 단어 외우기 & 확인하기	Actual Test 2	Actual Test 2 복습 • 지문 다시 읽기 • 단락 요약하기 연습 • 단어 외우기 & 확인하기

DAY 16	DAY 17	DAY 18	DAY 19	DAY 20
ACTUAL TEST				전체
Actual Test 3	Actual Test 3 복습 • 지문 다시 읽기 • 단락 요약하기 연습 • 단어 외우기 & 확인하기	Actual Test 4	Actual Test 4 복습 • 지문 다시 읽기 • 단락 요약하기 연습 • 단어 외우기 & 확인하기	어휘 복습 • 지금까지 배운 단어 확인하기

PAGODA IELTS Reading

CHAPTER 01

기초 다지기

Paraphrasing

Paraphrasing은 '같은 의미를 다른 말로 바꾸어 표현하다(re-write a phrase or sentence with the same meaning but using different words)'라는 뜻으로, 영어 시험에서 가장 중요한 스킬 중의 하나이다. 특히 Reading 영역에서는 문제에서 요구하는 정보를 지문에서 찾아 필요한 정답을 적거나 골라야 하기 때문에, 빠른 시간 내에 같은 의미를 지닌 표현을 찾아내야 하는 수험자로서는 반드시 Paraphrasing에 익숙해지도록 훈련해야 한다.

하지만 많은 수험자들이 '다른 말로' 어떻게 나타내는지에 대한 개념을 충분히 정리하지 않고 바로 문제를 풀기 때문에, 새로운 문제의 근거를 지문에서 발견할 때마다 "아, 이 두 표현이 같은 거였어?"라고 당황하곤 한다. 표현이 바뀌는 정도에 따라서 Paraphrasing 종류를 나누어 보고, 다양한 예시를 확인한 후 Reading 지문에 적용해 보면서 Paraphrasing 스킬을 마스터해 보도록 하자.

내가 원하는 대학교를 가기 위해서 나는 요구된 IELTS 점수를 획득해야 한다.

위의 한국어 문장을 서로 다른 한국어 표현으로 Paraphrasing해 보자.

1. _____

2. _____

3. _____

4. _____

5. _____

🔷 가능한 답변들

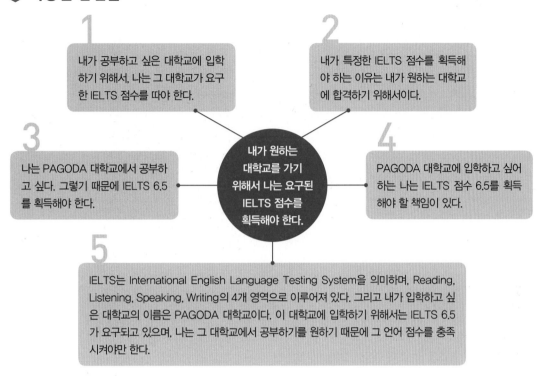

1 내가 공부하고 싶은 대학교에 입학하기 위해서, 나는 그 대학교가 요구한 IELTS 점수를 따야 한다.

2 내가 특정한 IELTS 점수를 획득해야 하는 이유는 내가 원하는 대학교에 합격하기 위해서이다.

3 나는 PAGODA 대학교에서 공부하고 싶다. 그렇기 때문에 IELTS 6.5를 획득해야 한다.

내가 원하는 대학교를 가기 위해서 나는 요구된 IELTS 점수를 획득해야 한다.

4 PAGODA 대학교에 입학하고 싶어 하는 나는 IELTS 점수 6.5를 획득해야 할 책임이 있다.

5 IELTS는 International English Language Testing System을 의미하며, Reading, Listening, Speaking, Writing의 4개 영역으로 이루어져 있다. 그리고 내가 입학하고 싶은 대학교의 이름은 PAGODA 대학교이다. 이 대학교에 입학하기 위해서는 IELTS 6.5가 요구되고 있으며, 나는 그 대학교에서 공부하기를 원하기 때문에 그 언어 점수를 충족시켜야만 한다.

위의 5가지 예시를 통해 가장 많이 사용되는 Paraphrasing 방법들을 발견할 수 있다. 무엇일까?

1. 내가 공부하고 싶은 대학교에 입학하기 위해서, 나는 그 대학교가 요구한 IELTS 점수를 따야 한다.
   >> **방법 1: 유의어를 사용해서 Paraphrasing한다.**

2. 내가 특정한 IELTS 점수를 획득해야 하는 이유는 내가 원하는 대학교에 합격하기 위해서이다.
   >> **방법 2: 유의어와 문장 순서 변형을 사용해서 Paraphrasing한다.**

3. 나는 PAGODA 대학교에서 공부하고 싶다. 그렇기 때문에 IELTS 6.5를 획득해야 한다.
   >> **방법 3: 개념의 구체화를 사용해서 Paraphrasing한다.**

4. PAGODA 대학교에 입학하고 싶어하는 나는 IELTS 점수 6.5를 획득해야 할 책임이 있다.
   >> **방법 4: 유의어와 개념의 구체화와 문법 변형을 사용해서 Paraphrasing한다.**

5. IELTS는 International English Language Testing System을 의미하며, Reading, Listening, Speaking, Writing의 4개 영역으로 이루어져 있다. 그리고 내가 입학하고 싶은 대학교의 이름은 PAGODA 대학교이다. 이 대학교에 입학하기 위해서는 IELTS 6.5가 요구되고 있으며, 나는 그 대학교에서 공부하기를 원하기 때문에 그 언어 점수를 충족시켜야만 한다.
   >> **방법 5: 개념의 일반화와 구체화, 그리고 문법 변형, 유의어, 문장 순서 변형을 사용해서 Paraphrasing한다.**

이처럼 문장을 다르게 표현하는 방법은 다양하다. 우리가 해야 할 일은 이렇게 Paraphrasing 되어 있는 표현을 찾아내어 문제를 올바르게 푸는 능력을 갖추는 것이다. 그러기 위해서 문장이 어떤 방식으로 Paraphrasing 되는지를 차근차근 공부해 보도록 하자.

필수 스킬 **1** 유의어(synonym)를 사용한다.

비슷한 뜻을 지닌 다른 단어를 사용하는 것만큼 간단한 Paraphrasing 방법은 없다. 예를 들어서 large(큰)라고 할 것을 big으로 바꿔서 표현하거나, in most cases(대부분의 경우)를 in the vast majority of cases로 나타내는 경우이다. 예시를 보면서 확인해 보자.

1. It can be hard to find a suitable place to exercise.
   ···▸ It is often difficult to choose an appropriate place to work out.
   운동할 만한 적절한 장소를 찾는 것은 어려울 수도 있다.

Paraphrasing된 표현들		
can be	→	is often
hard	→	difficult
find	→	choose
suitable	→	appropriate
exercise	→	work out

2. He refused the offer as he felt economic pressure.
   ···▸ He turned down the proposal because he felt financial burden.
   그는 경제적인 부담을 느꼈기 때문에 그 제안을 거절했다.

Paraphrasing된 표현들		
refused	→	turned down
offer	→	proposal
as	'	because
economic	→	financial
pressure	→	burden

3. The students were scattered to take classes in their favourite subjects.
   ···▸ The pupils dispersed to attend their favourite courses.
   학생들은 각자 좋아하는 과목의 수업을 듣기 위해 흩어졌다.

Paraphrasing된 표현들		
students	→	pupils
were scattered	→	dispersed
take	→	attend
classes	→	courses

4. This country has lack of welfare system for the poor.
   ···▸ This nation has a shortage of social welfare measures for the low income bracket.
   이 나라는 가난한 사람들을 위한 복지 제도가 부족하다.

Paraphrasing된 표현들		
country	→	nation
lack	→	shortage
welfare system	→	social welfare measures
the poor	→	the low income bracket

필수 스킬 2 품사(part of speech)를 바꾼다.

간단하게 Paraphrasing 할 수 있는 또 다른 방법은 단어의 품사(part of speech)를 변형하는 것이다. 즉, 동사를 명사로, 명사를 형용사로, 또는 형용사를 부사로 변형시켜서 다르게 보이도록 만드는 방식이다. 예를 들어 visit(방문하다)라는 동사를 명사로 바꾸어서 pay a visit라고 쓰면 표현은 달라도 같은 의미를 나타낼 수 있다. 예시를 보면서 확인해 보자.

1. I am concerned about my English study.
⋯⋅ I have some concern about my English study.
나는 내 영어 공부에 대해서 걱정하고 있다.

Paraphrasing된 표현들		
am concerned about	→	have some concern about

2. His argument emphasised the theory so much that it failed to receive fervent response.
⋯⋅ His argument placed too much emphasis on the theory, so it wasn't well received by people.
그의 주장은 그 이론만 너무 강조했기 때문에 열렬한 호응을 얻지 못했다.

Paraphrasing된 표현들		
emphasised so much	→	placed too much emphasis
failed to receive response	→	wasn't well received

3. Residents frequently complain that the neighborhood is short of rubbish bins.
⋯⋅ There is a frequent complaint of people residing in the town concerning a shortage of rubbish bins in the neighborhood.
주민들은 동네에 쓰레기통이 부족하다고 자주 불평을 한다.

Paraphrasing된 표현들		
residents	→	people residing in the town
frequently complain	→	a frequent complaint
is short of	→	a shortage of

필수 스킬 **3** 문장의 문법적인 구조를 바꾼다.

❶ 능동태를 수동태로 변환

능동태를 수동태(be + p.p.)로 바꾸는 것도 매우 흔하게 쓰이는 대표적인 Paraphrasing 방법이다.

1. To improve English, you <u>must learn</u> **new vocabulary** every day.
⋯▶ **New vocabulary** <u>should be learned</u> every day to improve English.
영어 실력을 향상시키기 위해서 매일 새로운 단어들을 반드시 학습해야 한다.

2. Advertising <u>exposes</u> **people** to new information, and this can be both positive and negative.
⋯▶ **People** <u>are exposed</u> to new information by advertising, and this can be both positive and negative.
광고는 사람들을 새로운 정보에 노출시키며, 그것은 긍정적일 수도 있고 부정적일 수도 있다.

3. The government <u>contemplates</u> **the potential impacts of various policies** every day.
⋯▶ **The potential impacts of various policies** <u>are contemplated</u> by the government every day.
정부는 매일 다양한 정책의 잠재적인 영향력에 대해서 심사숙고한다.

4. To complete the building, the local government <u>has set aside</u> **a large budget**.
⋯▶ To complete the building, **a large budget** <u>has been set aside</u> by the local government.
그 건물을 완성하기 위해서 지방 정부는 많은 예산을 편성했다.

5. Parents <u>can maximise</u> **their children's imagination and creativity**.
⋯▶ **Children's imagination and creativity** <u>can be maximised</u> by their parents.
부모님은 아이들의 상상력과 창의력을 최대한으로 키워줄 수 있다.

❷ 관계대명사 · 관계부사 추가

문장에서 명사에 대한 부가적인 설명 부분은 관계대명사(who, which, that, what)와 관계부사 (when, where, why, how)를 추가해서 Paraphrasing 할 수 있다.

1. Artists pursue a variety of utopias, and the most common of them is about peace.
예술가들은 다양한 이상향을 지향하며, 그중에서 가장 흔한 것은 평화에 관한 것이다.
⋯▶ The most common of utopias <u>which</u> artists pursue is about peace.
예술가들이 지향하는 이상향 중에서 가장 흔한 것은 평화에 관한 것이다.

2. Steve Jobs was the most capable executive and designer, and he still remains one of the most respected leaders.
스티브 잡스는 가장 능력 있는 경영자이며 디자이너였고, 아직까지 가장 존경 받는 지도자 중 한 명으로 남아 있다.
⋯▶ Steve Jobs <u>who</u> was the most capable executive and designer still remains one of the most respected leaders.
가장 능력 있는 경영자이며 디자이너였던 스티브 잡스는 아직까지 가장 존경 받는 지도자 중 한 명으로 남아 있다.

3. Parents should look closely at their children's drawings, and the pictures tell a lot about their children's psychological state.

부모들은 아이들의 그림을 자세히 관찰해야 하며, 그 그림들은 아이들의 심리 상태에 대해서 많은 것을 말해 준다.

···➤ Children's drawings <u>that</u> tell a lot about their psychological state should be looked at closely by their parents.

그들의 심리 상태에 대해서 많은 것을 말해 주는 아이들의 그림을 부모들은 자세히 관찰해야 한다.

4. In the 21st century, a variety of advances have been achieved, and the 21st century faces an enormous crisis at the same time.

21세기에는 다양한 진보가 이루어졌으며, 그 21세기는 동시에 엄청난 위기에 직면해 있다.

···➤ The 21st century <u>in which</u> a variety of advances have been achieved faces an enormous crisis at the same time.

···➤ The 21st century <u>where</u> a variety of advances have been achieved faces an enormous crisis at the same time.

다양한 진보가 이루어진 21세기는 동시에 엄청난 위기에 직면해 있다.

필수 스킬 4 문장의 순서를 바꾸거나 분할 또는 통합한다.

원인과 결과, 그리고 시간적 흐름에 따른 사건 등에 대한 문장은 Reading 문제를 해결할 때 중요한 단서가 되는 문장들이다. 이러한 문장을 단순하게 순서를 바꾸거나, 복합 문장을 2개의 단문으로 분할 또는 반대로 단문 2개를 복합 문장으로 통합하는 것 역시 Paraphrasing에서 많이 쓰이는 방식이다.

1. The employees were guaranteed plenty of time to rest, so they could enjoy productive hobbies.

직원들은 충분한 휴식 시간을 보장받았고, 그래서 생산적인 취미 활동을 즐길 수 있었다.

···➤ The employees could enjoy productive hobbies since they were guaranteed plenty of time to rest.

직원들이 생산적인 취미 활동을 즐길 수 있었던 것은 충분한 휴식 시간을 보장받았기 때문이었다.

2. Everyone is equal, so no one should try to alter someone else's values.

모든 사람은 평등하고, 그러므로 아무도 다른 사람의 가치관을 바꾸려고 해서는 안 된다.

···➤ The reason why no one should try to alter someone else's values is that everyone is equal.

아무도 다른 사람의 가치관을 바꾸려고 해서는 안 되는 이유는 모든 사람이 평등하기 때문이다.

3. I started learning English in the early 1970s when Korea first imported movies from abroad.

나는 한국이 처음으로 외국에서 영화를 수입했던 1970년대 초반에 영어를 배우기 시작했다.

···➤ In the early 1970s, Korea first imported movies from abroad, and then I started learning English.

1970년대 초반에 한국은 처음으로 외국에서 영화를 수입했고, 그때 나는 영어를 배우기 시작했다.

4. Everyone realised that there was an invisible gap in the wages of men and women, as soon as the book was published.

그 책이 출간되자마자 모든 사람들은 남녀가 받는 임금에 보이지 않는 차이가 존재한다는 것을 깨달았다.

····➤ The book was published, and that was the moment when everyone realised that there was an invisible gap in the wages of men and women.

그 책이 출간되었고, 그때가 바로 모든 사람들이 남녀가 받는 임금에 보이지 않는 차이가 존재한다는 것을 깨달은 순간이었다.

5. Nature consists of countless relationships, and humans don't realise the importance of nature until such chains are cut off.

자연은 수많은 관계들로 이루어져 있고, 사람들은 그러한 사슬들이 끊어지기 전까지는 자연의 중요성을 깨닫지 못한다.

····➤ Not until countless chains are cut off do humans realise the importance of nature which consists of complex relationships.

수많은 사슬들이 끊어지기 전까지 사람들은 복잡한 관계들로 이루어져 있는 자연의 중요성을 깨닫지 못한다.

필수 스킬 **5** 내용을 일반화하거나 구체화한다.

보통 일반화해서 정보를 표현한다는 것은 어떤 단어의 상위 개념을 사용하는 것을 말한다. 예를 들면 '바나나'의 일반화된 표현은 '과일'이다. 이와 반대로 구체화시켜서 표현하는 것은 예시나 정확한 상황, 혹은 구체적인 특정 인물을 선택해서 정보를 전달하는 것이다. 예를 들면 '초등학교 아이들'이라는 표현을 '학교에서 교육받고 있는 8살~12살에 속하는 학생들'이라고 바꿔 말하는 것이다.

1. Some Asian countries have a distinct culture, especially in terms of religion.

몇몇 아시아 국가들은 특히 종교의 측면에 있어서 뚜렷한 문화를 가지고 있다.

····➤ South Korea, Japan and China have their own different lifestyles and patterns of behaviours, which are reflected in Confucianism and Buddhism.

한국, 일본, 중국은 각기 다른 생활 양식과 행동 양식을 갖고 있는데, 이는 유교와 불교에 반영되어 있다.

2. The government decided to focus support on infrastructure only in certain cities.

정부는 특정 도시에서만 사회 기반 시설에 지원을 집중시키기로 결정했다.

····➤ Several cities, including Changwon and Ulsan, will receive more government subsidies than others to build more roads.

창원과 울산을 포함한 몇몇 도시들은 더 많은 도로를 건설하기 위해 다른 도시들보다 더 많은 정부 보조금을 받게 될 것이다.

3. Disabled and elderly people have the right to receive much more care from local governments.

장애인과 노인들은 지방 정부로부터 더 많은 보살핌을 받을 권리가 있다.

····➤ Government agencies are responsible for making more bills to protect the weak and vulnerable in society.

정부 기관은 사회적 약자와 취약 계층을 보호하기 위해 더 많은 법안을 만들 책임이 있다.

4. Floods, droughts, and sudden climate change are the final results of people polluting water or air.

홍수, 가뭄, 그리고 갑작스러운 기후 변화는 사람들이 물이나 공기를 오염시킨 최종적인 결과이다.

····➤ The environmental pollution caused by mankind has changed the meteorological regularity of the Earth.

인류가 초래한 환경 오염은 지구의 기상학적 규칙성에 변화를 가져왔다.

Exercise

왼쪽 문장과 가장 비슷한 의미를 지닌 문장을 오른쪽에서 찾아 선으로 연결해 보자.

1.

① There may be a need for redesign in making efforts to keep bird populations safe.

② A number of kinds of birds use vocalisation to organise themselves into groups.

③ It seems that our ethical views on birds also need to undergo changes.

④ They seek group membership and pass on cultural traditions.

⑤ Additional studies have also suggested that birds may not be so different from humans.

ⓐ Further studies have implied that there may not be such a big difference between birds and mankind.

ⓑ They seek to belong to the group and deliver cultural traditions to others.

ⓒ Birds of many species make a good use of vocalisation to make themselves a member of the organisation.

ⓓ Efforts to protect and preserve bird populations may need to be redesigned.

ⓔ Our ethical position toward birds may need to shift as well.

2. ① We expect the modern museum to serve the whole community, not restricted to some groups of elite, as a place people normally meet together.

ⓐ Museums have always played an important role in human culture.

② For the past few centuries, educated intellectuals in the society had studied and communicated together in museums where the knowledge and culture of the time were accumulated.

ⓑ The modern museum is expected to serve the entire community, providing a common space for the public to gather.

③ Since the museum was one of the few art education institutions, the government provided considerable financial support for maintaining the museum.

ⓒ For hundreds of years, museums were places of collected knowledge and culture, where educated members of society could learn and share their insights with others.

④ A crucial part in human culture has been fulfilled by museums all the times.

ⓓ These days, however, most aspiring artists pay for their own education at art schools and universities, and government funding for museums has decreased accordingly.

⑤ Nowadays, however, art museum has suffered a decline in funding from the government, as people who aspire to an artistic career mostly bear the financial burden of their own education.

ⓔ Museums once received substantial financial support from governments, since they served an essential educational function as one of the very few places to receive artistic training.

Scanning은 특정 정보를 발견하기 위해서 글을 빠르게 읽는 방법이다. 이 방법을 통해서 지문의 특정한 위치에 있는 단어를 발견해서 읽고 문제를 빨리 해결할 수 있다. 마치 넓고 깊은 물속에서 진주조개를 찾는 것과 비슷하다. Reading 문제를 풀 때 가장 필요한 기술인 Scanning을 잘 하는 방법은 아주 간단하다. 내가 찾아야 할 문장의 Paraphrasing 표현을 찾으면 되는 것이다. 문제 풀이에 본격적으로 들어가기 전에 먼저 예제를 통해 아래 순서대로 Scanning하는 방법을 연습해 보자.

❶ 문제를 읽으며 가장 중요한 단어를 표시한다.
⋮
❷ 그 단어를 지문에서 빠르게 Scanning한다.
⋮
❸ 정보를 선택해서 답안을 표시한다.

01

The world's oldest fossilised insect is housed in London's Natural History Museum. It has been there for the last 60 years, ever since it was donated to the museum by a group of researchers in 1940. It was actually discovered in a small village in Scotland in 1919 and given to the group of researchers by its discoverer, Reverend W. Cran. The fossilised insect is preserved in a fragment of Rhynie Chert, a type of rock found around the village of Rhynie in Scotland and consisting of beds of silica deposited by hot springs 400 million years ago. This type of rock is worthy of notice and further research in that it contains many well-preserved plants and animals from the Devonian period.

세계에서 가장 오래된 화석화된 곤충은 런던의 자연사 박물관에 소장되어 있다. 그것은 1940년에 한 무리의 연구자들에 의해 박물관에 기증된 이래로 지난 60년 동안 그곳에 있었다. 그것은 실제로 1919년 스코틀랜드의 작은 마을에서 발견되었고 발견자인 W. 크랜 목사가 연구자들에게 준 것이었다. 그 화석화된 곤충은 스코틀랜드의 라이니 마을 주변에서 발견된 암석의 일종으로 4억년 전 온천에 의해 퇴적된 규토층으로 구성된 라이니 처트의 파편에 보존되어 있다. 이런 종류의 암석은 데본기의 잘 보존된 많은 식물과 동물들을 포함하고 있다는 점에서 주목하고 더 많은 연구를 진행할 만하다.

• Where was the oldest insect fossil found in the world?
세계에서 가장 오래된 곤충 화석은 어디에서 발견되었는가?

The world's oldest fossilised insect is housed in London's Natural History Museum. It has been there for the last 60 years, ever since it was donated to the museum by a group of researchers in 1940. It was actually discovered in a small village in Scotland in 1919 and given to the group of researchers by its discoverer, Reverend W. Cran. (…)

정답 in a small village in Scotland

- **Why** is the rock named Rhynie Chert worth studying?
  왜 라이니 처트라는 이름의 암석은 연구 가치가 있는가?

> (…) The fossilised insect is preserved in a fragment of Rhynie Chert, a type of rock found around the village of Rhynie in Scotland and consisting of beds of silica deposited by hot springs 400 million years ago. This type of rock is worthy of notice and further research in that it contains many well-preserved plants and animals from the Devonian period.

정답 It contains many well-preserved plants and animals from the Devonian period.

02 The Manufacturing Belt is an area in the northeastern and north-central United States where the economy was formerly based on heavy industries and manufacturing. Unfortunately, the expansion of international free trade agreements in the 1960s made it much cheaper to produce heavy industrial goods like steel in third world countries and import them into the United States than to produce them in the States. This led to factory closures all over the Manufacturing Belt, decimating the area's economy.

제조업 지대는 미국 북동부와 중북부에 있는 지역으로, 이전에 경제가 중공업과 제조업에 기반을 두고 있었던 곳이다. 불행하게도 1960년대에 국제 자유무역협정의 확대로 제3세계 국가에서 철강과 같은 중공업 제품을 생산해 미국으로 수입하는 것이 미국에서 생산하는 것보다 훨씬 더 저렴해졌다. 이는 제조업 지대 전역에 걸친 공장 폐쇄로 이어졌고, 그 지역의 경제를 위축시켰다.

- **What** was the northeast part of the United States primarily developing its economy from?
  미국 북동부 지역은 주로 무엇으로 경제를 발전시켰는가?

> The Manufacturing Belt is an area in the northeastern and north-central United States where the economy was formerly based on heavy industries and manufacturing. (…)

정답 heavy industries and manufacturing

- **Why** did factories in the Manufacturing Belt in the U.S. choose to close?
  미국 제조업 지대 공장들은 왜 폐쇄를 선택했는가?

> (…) Unfortunately, the expansion of international free trade agreements in the 1960s made it much cheaper to produce heavy industrial goods like steel in third world countries and import them into the United States than to produce them in the States. This led to factory closures all over the Manufacturing Belt, decimating the area's economy.

정답 the expansion of international free trade agreements in the 1960s made it much cheaper to produce heavy industrial goods like steel in third world countries and import them into the United States than to produce them in the States

Exercise

주어진 질문의 정답이 되는 단어나 문장을 지문에 직접 밑줄을 그어 표시해 보자.

1.

With the advent of the railroad, cities were no longer limited to port areas, and many cities suddenly appeared across the nation as people flocked to work in the mines and factories. As new technologies such as safe elevators and the means to pump water higher than the fifth floor of a building were developed, taller buildings were built for residential purposes. And people moved to different areas depending on what they could afford, creating different areas for different social classes. In addition, the factories' need for bigger premises near transportation lines led to separate residential and business areas, and large "downtown"-oriented cities flourished. Funding was given to construct low-cost housing, schools, and other facilities for the urban poor.

① What progress has helped people no longer live only in lower buildings?

② Why are the areas where people live and where they do business divided?

2.

Data gathered from the 1986 apparition have allowed us to find out interesting things about Halley's Comet. For instance, while we generally think that the comet must be an extremely brilliant object—as it is visible even to the naked eye—it is one of the darkest known objects in our Solar System. It reflects a mere 4 per cent of the sunlight it receives. Then what makes it so bright? As Halley's Comet travels close to the Sun, the material covering the comet's surface sublimate—transfer directly from a solid to a gaseous state—under the heat. This creates an atmosphere of dust and vapour called a coma, which surrounds the comet and also reflects the sunlight. So the bright light we see in the sky is not the comet itself, but the coma surrounding it. Scientists are hoping to gather more information on Halley's Comet when it returns in July 2061.

① What percentage of the natural sunlight does the comet reflect?

② What can we mistake for the bright comet from the sky?

Skimming은 세부적인 내용보다는 주어와 동사 위주로 글을 훑어 읽는 방식으로, 글 전체의 흐름을 빠르게 파악하고 어떤 문단에 어떤 내용이 있는지 대략적으로 판단할 수 있게 해 준다.

우리가 Skimming을 할 때 가장 중요한 역할을 하는 것은 ① 첫 번째 문장이다. 첫 번째 문장은 거의 주제와 같은 역할을 할 가능성이 크다.

두 번째로 주목해야 할 내용이 포함되어 있는 부분은 ②역접, 즉, 내용의 반전 부분이다. 보통은 However, In contrast, Nevertheless와 같은 표현으로 연결되어 있으며, 내용의 흐름이 달라지는 부분이기 때문에 주목해서 읽어야 한다.

③ 수치나 예시가 구체적으로 언급된다면 거꾸로 그 앞 문장이 훨씬 중요한 역할을 할 거라는 예측을 할 수 있다. 왜냐하면 이러한 보충 자료로 설명해서 독자들의 이해를 도와야 할 만큼의 문장이라면 추가적인 정보가 들어 있을 가능성이 크기 때문이다.

④ 실험 내용이 나온다면, 약 80%의 경우에는 그 앞 문장에 어떠한 이론이나 가설을 밝히기 위해서 실험을 했는지 언급되어 있을 것이다. 하지만 그렇지 않은 경우, 그 실험이 끝난 이후에 '이러한 실험은 ~한 결과를 보여준다'라고 정리되어 있는 부분이 있을 것이므로 반드시 체크해야 한다.

Skimming이라는 Reading 스킬은 문제 유형 중 Matching Heading 유형과 직접적인 연관성이 있으므로 예제를 통해 잘 학습해 두자.

• 다음 지문의 중심 내용은?

Chen hypothesised that if you are forced to grammatically distinguish present from past, you will naturally disassociate present actions from their future consequences. By analysing data across language groups around the world, Chen confirmed his theory, showing that speakers of futureless languages saved more money, retired richer, and practiced less unhealthy behaviour, like smoking, when compared to speakers of futured languages. These results held true not only when comparing two countries, but even when comparing two similar families within the same localised area.

첸은 현재와 과거를 문법적으로 구분하도록 강요받는다면 자연스럽게 현재 행동들을 미래의 결과와 구분해서 생각하게 될 거라는 가설을 세웠다. 첸은 전 세계 언어 그룹들의 정보를 분석함으로써 그의 이론을 확인했는데, 이는 미래가 없는 언어를 사용하는 사람들은 미래가 있는 언어를 사용하는 사람들과 비교했을 때 더 많은 돈을 저축했고, 더 부유하게 은퇴했고, 흡연과 같은 유해한 행동을 덜 했다는 것을 보여주었다. 이러한 결과들은 두 국가들을 비교했을 때뿐만 아니라 동일한 국지적 지역 안에 있는 유사한 두 가족들을 비교했을 때도 마찬가지였다.

첫 번째 문장에서부터 '가설을 세웠다(hypothesised)'는 말이 등장하면서 주제 역할을 할 수 있는 가설 내용이 언급된다. 만약 가설이 처음에 나온다면 당연히 뒤에서는 '사실이라고 증명'되거나, 아니면 '거짓이라고 증명'되거나 둘 중 하나에 해당하는 내용이 나올 것이다. 그러므로 일단 정확하게 해석해서 이해하는 것이 필수이다.

첫 번째 문장은 문법적으로 현재와 과거가 구분된다면, 자연스럽게 현재와 미래도 구분해서 생각할 것이라는 내용이다. 다음 문장을 보면 '분석을 통해 첸은 그의 이론을 확인했다(By analysing ~ Chen confirmed his theory)'는 내용이 나오기 때문에 이것이 사실임을 알 수 있다. 그리고 내용이 반전되는 연결어(However, Nevertheless 등)가 나오지 않았고, 마지막 문장에 '이러한 결과들은 마찬가지였다(These results held true)'는 내용이 나와 있기 때문에 이 가설이 지문의 끝부분에서도 여전히 사실이라는 것을 이해하며 마무리하면 된다.

따라서 이를 요약해 보면, '현재와 과거 시제가 문법적으로 구분된다면 현재 행동들을 미래의 결과와 구분해서 생각하게 된다'는 것이 중심 내용이다.

정답 If you are forced to grammatically distinguish present from past, you will naturally disassociate present actions from their future consequences.

Exercise

다음 지문을 읽고 중심 내용을 찾아 보자.

1. Dr. Aplin and her team repeated their observations one year later. By this time, some of the birds had been exposed to both methods of opening the box and could apply each method successfully. Researchers were able to show that a bird is much more likely to use the method that is dominant in their own local population. This is the first time that a non-human animal has shown signs of social conformity. It seems that birds copy the prevailing behaviour of their community, in much the same way that humans try to "fit in" by behaving and speaking like the people around us.

• 위 지문의 중심 내용은? _____

2. The sound of the prototype violins was quite different than that which is produced by modern violins. Initially, they produced a rather flat and quiet sound because their string material, sheep gut, could only be tightened to modest tensions. However, improvements in string production, in particular a technique of winding a gut string with metal, would allow violins to be strung at higher tensions. This required violins to be built more robustly but allowed them to produce fuller, clearer, and more vivid tones. This improvement inspired composers to further utilise the violin in their work, and it stimulated musicians to create highly elaborate, left-handed techniques that exploited the violin's newfound qualities.

• 위 지문의 중심 내용은? _____

3.　In the early 1800s, the United States experienced an enormous surge in the number and circulation of newspapers. As American readers had, up to that time, typically been an educated minority primarily interested in literature and politics, newspapers had been concerned with these topics. However, with the introduction of more economical printing techniques, "penny papers" became available to the masses, with content and circulation massively expanding. In fact, the dynamic growth of newspapers significantly helped to bind the widely dispersed American people into a nation.

• 위 지문의 중심 내용은? _____

4.　Another reason why urban areas are warmer is the materials used in the construction of cities, where tall buildings, asphalt roads, and concrete sidewalks are prevalent. These materials absorb and store more heat from solar radiation than vegetation and soil do. In addition, rainwater runs off impermeable concrete quickly, so there is a severe reduction in the rate of evaporation after any rainfall. As a result, any heat that would have been used for evaporation heats the surface materials more. Even though both urban and rural areas cool down at night, the concrete and asphalt surfaces in cities gradually radiate their stored heat, so urban areas remain warmer.

• 위 지문의 중심 내용은? _____

PAGODA IELTS Reading

CHAPTER

02

실전 다지기

UNIT 01 Note Completion

노트 완성하기(Note Completion) 문제 유형은 지문의 내용을 그대로 가져오는 빈칸 채우기 유형의 하나로, 대부분 Scanning으로 문제 해결이 가능하다. 간단하게 설명하면, 주어진 지문을 어떤 사람이 먼저 읽고 관련된 내용에 대해 노트 필기를 해 두었는데, 문제는 그 노트에 들어 있는 빈칸을 채우는 것이라고 보면 된다. 지문에 관한 노트이므로 당연히 주제와 관련된 내용이고, 그 노트에는 예시나 중요한 사건들이 간단히 구조적으로 쓰여 있을 것이다. 다행히 이 유형은 난이도가 그리 높지 않은 문제로, 제목과 문제를 꼼꼼히 읽으면 어렵지 않게 풀 수 있다. 또한 대부분의 문제들은 2~3문단에 제시되어 있으므로, 문제에 언급된 핵심 사항 위주로 지문을 Scanning하면서 최대한 신속하고 정확하게 풀 수 있도록 훈련하자.

🔹 단계별 실전 전략

Step 1 지문과 문제의 제목을 먼저 읽고 파악한다.

문제를 읽을 때 가장 중요한 것은 우선 제목을 얼마나 이해하고 있는지 여부이다. 따라서 지문과 문제의 제목을 먼저 읽고, 이를 통해 알 수 있거나 예상되는 내용이 무엇인지 파악한다. 너무 급하게 문제를 풀려고 지문의 제목도 제대로 읽지 않고 지나간다면, 주제의 핵심적인 내용을 요약 정리해 둔 가장 중요한 문장을 읽지 않는 것이나 마찬가지다. 반드시 제목이 나타내는 표면적 의미와 함께 그것을 읽음으로써 추론할 수 있는 내용까지 생각해 보고 문제로 넘어가자.

❶ 시간적 흐름을 담고 있는 제목
제목에 History라는 단어가 나온다면 지문은 반드시 시간 순서대로 진행될 것이다. 각 시간대별 변화가 무엇인지에 집중하면서 글을 읽는 것이 중요하고, 당연히 시간에 관련된 문제가 출제될 것을 예상하자.

❷ 병렬 구조로 글이 진행되고 있음을 알려 주는 제목
제목에 benefits, problems, impacts, cases와 같이 복수형 표현이 등장한다면 지문은 하나의 이점, 문제점, 영향이 아니라 비슷한 형태의 몇 가지 이점들, 문제점들, 영향들을 쭉 나열하고 있을 것이다. 이러한 지문은 각 문단과 문단 사이의 관련성이 적기 때문에 각 문단별로 주제를 파악하는 것이 중요하고, 문제도 거기에서 다수 출제된다.

❸ 어떤 현상에 대한 원인, 문제점, 해결책을 담고 있는 지문임을 제시해 주는 제목
만약 제목이 How can we make the soil less polluted?라고 되어 있다면, 우리는 여기서 한 가지 사실을 추론할 수 있다. 현재 토양이 오염된 상태라는 것이다. 그렇다면 이어지는 지문에서는 왜 토양이 오염되었는지(원인), 오염된 토양은 누구에게 어떻게 영향을 미치고 있는지(문제점), 그리고 그것에 대처하기 위해서 어떠한 조치가 필요한지(해결책)를 보여줄 가능성이 높다. 항상 제목을 보면서 이해하려고 노력하고 주제에 집중하자.

❹ N and N의 형태로, 두 N의 관계를 설명하는 지문임을 암시하는 제목

제목에 N and N의 형태로 두 개의 명사가 제시되었을 경우, 두 명사 사이의 관계는 원인과 결과 일 수도 있고 대조 또는 비교일 수도 있다. 어쨌든 무조건 둘 사이의 관계를 설명하는 지문이 될 것이다.

Step 2 개별 문제를 자세히 읽으면서 가장 구체적인 부분에서 키워드를 정한다.

제목을 읽었으면 이제 아래에 주어진 노트의 각 문장을 자세히 읽으며, 가장 구체적인 내용을 파악 한다. 너무 일반화된 주제 단어를 키워드로 지정하는 것은 추천하지 않는다. 어차피 그것은 주제 단어여서 글 전체에 언급되어 있기 때문이다. 날짜, 장소, 사람 이름, 특이하거나 구체적인 내용을 담고 있는 특정 단어는 지문에서 답의 근거를 담고 있는 문단과 구체적인 문장을 찾는 시간을 상당 히 단축시켜 줄 수 있는 좋은 도구 역할을 할 것이다.

Step 3 지정한 키워드를 지문에서 Scanning하여 관련 있는 1~2개 문장을 읽는다.

이제 Scanning이 필요한 단계이다. 내가 지정한 키워드가 그대로 나와 있을 수도 있지만, 그렇지 않고 아래와 같이 다양한 방식으로 Paraphrasing되어 있는 문제도 많다.

❶ 유의어　　　　　　ex delicious → tasty
❷ 더 일반화된 단어　ex banana → fruit
❸ 더 구체적인 단어　ex young children → kids aged between 7 and 10
❹ 정의　　　　　　　ex an arterial road → a high-capacity urban road

한 번을 보더라도 차분하게 찾는 연습을 해야 시간 낭비를 하지 않는다. Scanning이라는 것은 글 을 읽는 것이 아니라 내게 필요한 단서를 찾는 행위이다. 반드시 내가 찾아야 할 단어를 끊임없이 상기하며 문장들을 Scanning해야 한다.

참고로 정답 단서는 질문의 순서와 대부분 일치하기 때문에 첫 힌트를 발견하면 그 이후의 실문에 대한 단서는 첫 번째 힌트 이후에 제시될 가능성이 높으므로 주의 깊게 보도록 하자.

Step 4 답안 작성 조건에 맞게 정답을 작성한다.

정답의 근거가 있는 문장을 차분하게 잘 읽고, 필요한 의미가 있는 단어를 가지고 온다. 이때 지문 본문에 있는 단어를 문제에 제시된 글자수 제한(Word Limit)에 맞게 그대로 가져와야 한다. 그대 로 가져오지 않고 그 단어의 수 또는 품사를 변형하면 절대 안 되므로 유의하도록 하자.

조건에 맞는 답안 작성 Tip!

빈칸 채우기(Completion) 문제는 빈칸에 직접 단어를 적어야 하는데, 문제가 주는 조건을 벗어나지 않도록 항상 주의해야 한다. 문제에서 요구하는 글자수가 어느 정도인지 반드시 확인하고, 또한 빈칸의 위치에 따라서 명사나 형용사, 혹은 장소나 시간 중 어떤 것을 써야 하는지 추측할 수 있기 때문에 문제를 충분히 이해하고 정답을 쓰도록 하자.

❶ 글자 수 제한

ONE WORD ONLY	한 단어로만 작성한다. ex schools, tell, turtles
ONE WORD AND/OR A NUMBER	한 단어와 숫자 하나/한 단어/숫자 하나로 작성한다. ex 10 times, schools, 500
NO MORE THAN TWO WORDS	두 단어 이하로 작성한다. ex below average, secondary schools
NO MORE THAN TWO WORDS AND/OR A NUMBER	두 단어와 숫자 하나/한 단어와 숫자 하나/두 단어 이하/숫자 하나로 작성한다. ex 10 times greater

❷ 품사 제한

a	단수 명사 가능 ex a bag
some	셀 수 없는 명사(단수로)/복수 명사 가능 ex some water, some colours
a .... place	형용사 가능 ex a vibrant place
many	셀 수 있는 복수 명사 가능 ex many celebrities
People .... them to start it.	동사 가능 ex People allow them to start it.
at	명사 가능(장소, 시간 등) ex at schools
in front of	명사 가능(장소) ex in front of postbox

핵심 문제 유형

Bilingual Education: Myth and Reality

Bilingual education comes in all shapes and sizes, and some models work better than others. In some countries, the transition from native language to target language is attempted after just one or two years, before first language literacy has been fully established. When these 'shortcut' programmes fail, they give parents and administrators the mistaken impression that confusion between first and second language is the culprit, lending credence to the common criticism of bilingual education mentioned above. Teachers experiencing this problem may be tempted to revert back to an immersion-style programme, when in fact a longer period of native language development would be the better solution. Still, while a shortcut bilingual programme is less effective than true bilingual education, it is still preferable to a full immersion programme, as any time spent in the native language will improve teacher-student interaction and classroom participation to some degree.

2개 국어 교육: 근거 없는 믿음과 현실

2개 국어 교육은 모든 형태와 크기로 도입되고, 어떤 모델들은 다른 것들보다 더 잘 운영된다. 어떤 나라들에서는 모국어로부터 목표 언어로의 전환이 모국어 사용 능력이 완전히 확립되기 전인 불과 1–2세 시기에 시도된다. 이러한 '지름길' 프로그램이 실패하면, 그들은 부모와 관리자들에게 제1언어와 제2언어 사이의 혼란이 범인이라는 잘못된 인상을 주어서, 위에 언급된 2개 국어 교육의 일반적인 비판에 신빙성을 준다. 이 문제를 경험하는 교사들은 몰입 방식 프로그램으로 돌아가고자 할 수도 있는데, 사실 더 오랜 기간 동안 모국어가 발달하게 하는 것이 더 나은 해결책이 될 것이다. 아직도 단기 2개 국어 프로그램이 진정한 2개 국어 교육보다 덜 효과적이지만, 모국어 사용에 쓰이는 모든 시간은 선생님과 학생 간의 상호 작용과 수업 참여를 어느 정도 향상시킬 것이기 때문에 여전히 완전한 몰입 프로그램보다 더 바람직하다.

Complete the notes below.

*Choose **ONE WORD ONLY** from the passage for each answer.*

아래 노트를 완성하시오.

지문에서 **한 단어만**을 각각의 답으로 고르시오.

The Characteristics of Bilingual Education

- It is incredibly varied. (e.g. shape and size)

- People in some nations make an attempt to make the **1** .... from their mother tongue to a foreign language when their babies are about 1 or 2 years old.

- Not all shortcut programmes succeed.

- Parents and managers may think that it is the **2** .... that makes the shortcut programmes fail.

- **3** .... who have these problems may think of going back to an immersion-style programme.

2개 국어 교육의 특성

- 엄청나게 다양하다. (예: 형태와 크기)

- 어떤 나라 사람들은 그들의 아이들이 1살이나 2살 정도일 때, 모국어에서 외국어로의 1 .... 을 시도한다.

- 모든 지름길 프로그램이 성공하는 것은 아니다.

- 부모와 관리자들은 그 지름길 프로그램을 실패하도록 만드는 것이 2 .... 이라고 생각할 수도 있다.

- 이러한 문제를 겪는 3 .... 은 다시 몰입 방식 프로그램으로 돌아가려고 생각할 수도 있다.

📖 Vocabulary

transition n 전환, 이행   attempt v 시도하다   literacy n 글을 읽고 쓸 수 있는 능력   mistaken adj 잘못된   impression n 인상
administrator n 행정인, 관리자   culprit n 범인, 장본인   credence n 신빙성, 믿음   tempt v 유혹하다   revert back 되돌리다

🔷 전략 적용하기

Step 1 지문과 문제의 제목을 먼저 읽고 파악한다.

지문의 제목이 Bilingual Education: Myth and Reality(2개 국어 교육: 근거 없는 믿음과 현실) 이므로, 어떤 대상에게 2개의 언어로 교육하는 내용이 나올 것이며, 그 제도에 대한 사람들의 아무 근거 없는 믿음과 그것과는 다른 현실이 서로 대조되는 상황을 보여줄 것이라고 예측할 수 있다. 또한 문제 노트의 제목이 The Characteristics of Bilingual Education이므로 2개 국어 교육과 관련한 일반적 사실에 대한 병렬 구조가 예상된다.

Step 2 개별 문제를 자세히 읽으면서 가장 구체적인 부분에서 키워드를 정한다.

문제	문제 속 키워드
People in some nations make an attempt to make the **1** .... from their mother tongue to a foreign language when their babies are about 1 or 2 years old. 어떤 나라 사람들은 그들의 아이들이 1살이나 2살 정도일 때, 모국어에서 외국어로의 1 ....을 시도한다.	attempt to make ~하려는 시도 about 1 or 2 years old 1살이나 2살 정도
Parents and managers may think that it is the **2** .... that makes the shortcut programmes fail. 부모와 관리자들은 그 지름길 프로그램을 실패하도록 만드는 것이 2 .... 이라고 생각할 수도 있다.	Parents and managers 부모와 관리자들 fail 실패하다
3 .... who have these problems may think of going back to an immersion-style programme. 이러한 문제를 겪는 3 ....은 다시 몰입 방식 프로그램으로 돌아가려고 생각할 수도 있다.	have these problems 문제를 겪다 going back to ~로 돌아가다 immersion-style programme 몰입 방식 프로그램

Step 3 지정한 키워드를 지문에서 Scanning하여 관련 있는 1~2개 문장을 읽는다.

지문에서 해당 키워드를 중심으로 내용을 확인한다.

키워드	지문에서 Scanning한 문장
1 attempt to make ~하려는 시도 about 1 or 2 years old 1살이나 2살 정도	In some countries, the transition from native language to target language is attempted **after just** one or two years, **before first language literacy has been fully established.** 어떤 나라들에서는 모국어부터 목표 언어로의 전환이 모국어 사용 능력이 완전히 확립되기 전인 불과 1-2세 시기에 시도된다. ≫ 같은 단어와 문법 변형(수동태)을 이용한 Paraphrasing

2 Parents and managers 부모와 관리자들 fail 실패하다	When these 'shortcut' programmes fail, they give parents and administrators **the mistaken impression that** confusion between first and second language is the culprit, (…) 이러한 '지름길' 프로그램이 실패하면, 그들은 부모와 관리자들에게 제1언어와 제2언어 사이의 혼란이 범인이라는 잘못된 인상을 주어서, (…) » 같은 단어와 유의어를 이용한 Paraphrasing
3 have these problems 문제를 겪다 going back to ~로 돌아가다 immersion-style programme 몰입 방식 프로그램	**Teachers** experiencing this problem **may be tempted to revert back to an** immersion-style programme, (…) 이 문제를 경험하는 교사들은 몰입 방식 프로그램으로 돌아가고자 할 수도 있는데, (…) » 같은 단어와 유의어를 이용한 Paraphrasing

Step 4 답안 작성 조건에 맞게 정답을 작성한다.

작성 조건	정답
빈칸 앞에 관사 the가 있고 뒤에 전치사 from이 있기 때문에 정답이 명사라는 것을 알 수 있다. 명사이면서 '~를 시도하다'라는 지문 내용과 일치하는 것은 transition이다.	People in some nations make an attempt to make the **1** <u>transition</u> from their mother tongue to a foreign language when their babies are about 1 or 2 years old.
빈칸 앞에 관사 the가 있고 뒤에 주어가 없는 절을 이끄는 관계대명사 that이 있기 때문에 정답이 명사라는 것을 알 수 있다. 명사이면서 지문 내용과 일치하는 것은 confusion이다.	Parents and managers may think that it is the **2** <u>confusion</u> that makes the shortcut programmes fail.
빈칸 뒤에 주어가 없는 절을 이끄는 관계대명사 who가 있고, who가 이끄는 절의 동사가 have이기 때문에 정답이 사람을 나타내는 복수 명사라는 것을 알 수 있다. 이 조건에 맞으면서 지문 내용과 일치하는 것은 Teachers이다.	**3** <u>Teachers</u> who have these problems may think of going back to an immersion-style programme.

Practice

*You should spend about 10 minutes on **Questions 1–4**, which are based on Reading Passage 1 below.*

Ötzi the Iceman

After the initial analysis, one of the persisting mysteries was how exactly Ötzi died. The shoes and backpack seem to indicate that he didn't end up in the mountains by mistake. And his advanced tools and weaponry show that he was quite well prepared to face both the elements and potential human enemies. For 10 years, the best explanation that scientists could muster was that he became lost in a snowstorm. All that changed in 2001, when radiologist Paul Gostner discovered something that everyone else had missed. He was looking through thousands of X-ray images of Ötzi's body when he noticed a small white spot near the shoulder blade. Subsequent analysis confirmed what previous scans had missed: an arrowhead. Suddenly, it became clear that Ötzi did not die from exposure in an unexpected snowstorm, but was instead the victim of a brutal attack.

In 2010, a team of scientists led by local pathologist Eduard Egarter-Vigl decided to thaw out the mummy, which had been kept frozen since discovery, in an attempt to learn more about how he lived and died. This was a time-sensitive procedure, as the mummy could be thawed for a maximum of 9 hours. It also had the potential for severe negative consequences. As Egarter-Vigl said, "One risk is that scientists who enter the room bring their bacteria and fungi with them. Another risk is that we have no way of knowing if there are still living organisms in the mummy itself and if these would be reactivated in the defrosting." One of the few scientists present was Paul Gostner, who still studied the original X-rays at his home as a kind of hobby in his retirement. He theorised that, because Ötzi was found draped over a stone, his intact stomach might have been pushed up under his ribcage, causing scientists to miss it in the initial analysis. Gostner was once again proven correct, and the stomach contents have inspired a plethora of theories and findings in subsequent years.

Questions 1–4

Complete the notes below.

*Choose **ONE WORD ONLY** from the passage for each answer.*

Write your answers in boxes 1–4 on your answer sheet.

Thawing out the Iceman

- The experiment to thaw out the mummy was **1** ....

- Scientists had to be careful not to contaminate the specimen with **2** .... and
  3 ....

- The stomach was squeezed beneath his ribcage by a **4** ....

READING PASSAGE 2

*You should spend about 20 minutes on **Questions 5–13**, which are based on Reading Passage 2 below.*

Finding Success through Collaborative Consumption

A   Since the 2008 economic crisis, our social and financial systems have been moving in the direction of a sharing economy, based on access rather than ownership. It began with the digital world, as it became possible to digitise and share music and other media quickly and freely. Now, everything has become sharable—vehicles, space and even knowledge. The economic aspect of this phenomenon has been dubbed 'collaborative consumption'. It has great potential for entrepreneurs, but like all big opportunities, it comes with grave risks. Regulations develop quickly to keep up with the industry, meaning that to remain competitive, companies must be flexible and open to change.

B   Besides flexibility, companies that have succeeded in the sharing economy have some features in common. Living in dense cities has created in us a natural desire to feel connected to each other and for a business to succeed in this new economy, it is vital to tap into this feeling. A brand must be more than an image—it must be a community. Successful entrepreneurs know the value of fostering mutual trust and sharing between customers, employees and companies. In addition, the most successful companies are those who specialise. The smaller the niche, the easier it is to cultivate that sense of community that you are looking for.

C   One of the best case studies for understanding how to succeed in the sharing economy is Airbnb, founded by Joe Gebbia and Brian Chesky in 2007. Struggling to survive in San Francisco, home to some of the most expensive housing in the world, they decided to rent out a few air mattresses in their apartment on a busy weekend when all the hotels were booked. While this initial attempt was far from successful, the idea took hold on a larger scale, as Gebbia and Chesky targeted music festivals. Soon investments started pouring in, and by 2011 the company was valued at $1.3 billion.

D   One of the earliest investors in Airbnb gave the co-founders some valuable advice: having 100 people love you is better than having 1,000,000 people like you. From the beginning, Airbnb was concerned with creating the perfect experience for its members, rather than trying to get as many members as possible. Central to that experience is the feeling of trust. The human brain is wired to respond positively to trusting others and being trusted in return. Gebbia and Chesky's company was one of the first companies to tap into the idea of a trust economy, and their dedication to that concept has served as a foundation for Airbnb's success.

E   An analysis of the demographics of Airbnb users reveals that the site is very popular among younger users. This is not surprising, considering that most people under 25 years old grew up in an environment where sharing music, books and films online was the norm. For them, the fundamental idea behind Airbnb is nothing new. It may be more surprising that people over 55 make up a large demographic of Airbnb users. Author Rachel Botsman explains that companies like Airbnb are 'taking us back to old market behaviours, such as sharing, swapping, lending and renting', behaviours that would be common early in the 20th century but quite unfamiliar to those in their 30s and 40s.

F A collaborative consumption success story that parallels Airbnb in many ways is Uber, which since its inception in 2007 has become arguably the most valuable transportation service in the world. Uber was created by Travis Kalanick and his good friend Garrett Camp, as a solution to the world-wide problem of finding a taxi in the right place at the right time. Uber uses a geolocation app to solve this problem, allowing users to specify the time and place they want a driver to come get them. The most revolutionary aspect of Uber, however, is that anyone with a regular driver's licence can apply to be a driver, using their own cars. The vast majority of Uber drivers only drive part-time, giving a few people a ride home after work or making a little extra cash at the weekends.

G Uber is viewed as a major threat by taxi and car rental companies around the world, and they continue to challenge the company on legal grounds. In London, for example, it is illegal for a private hire vehicle to have a taximetre. Uber cars do not require this equipment, but some claim that the driver's smartphone is acting as one. It is also illegal for a pedestrian to hail a taxi on the street, and it could be argued that Uber users are simply hailing taxis with their cellular phones instead of their hands. These regulations were instituted as competition rules, meant to create a level playing field for transportation companies. Detractors say that the company is using technology to break these rules.

H Besides claims of unfair competition, safety is another concern that is often raised by critics. Following a violent incident involving an Uber driver in New Delhi, the local government has banned the service from operating in the capital. Because Uber's corporate infrastructure is so minimal — they hire only 3 executive employees in each city they operate in — they have been accused of not doing enough to ensure the reliability of their drivers, exposing passengers to potentially unsafe situations. Uber has pledged to share driver and trip information with local authorities going forward.

I Uber's battles with regulation are typical among new businesses based on collaborative consumption. But there are many other challenges that these companies must overcome. The sharing economy has few established players and startup costs are relatively low, meaning that competition for investors and consumers is fierce. It is also important to understand that there is no one-size-fits-all model for all share-based companies. Draw inspiration from other success stories, but don't be afraid to blaze your own trail to find the most efficient economic framework for your business. Finally, every company must convey a consistent identity. When your core value is flexibility and change, this consistency can be difficult to maintain.

Questions 5–13

Complete the notes below.

*Choose **NO MORE THAN TWO WORDS** from the passage for each answer.*

Write your answers in boxes 5–13 on your answer sheet.

The Early Days of Uber

General facts	• Founded by two close friends in 2007 • Considered the world's most highly-valued **5** .... by many • Specialised phone application for user convenience • Applications accepted from all holders of a standard **6** .... to operate a vehicle • Most of those who provide the service do so on a **7** .... basis.
Problems	• Traditional vehicle service providers consider Uber a serious **8** .... • Competitors **9** .... Uber by accusing it of violating local laws. • Some allege that an Uber representative's mobile phone is actually functioning as a **10** .... • In London, a person who is not in a vehicle should not stand at the roadside and **11** .... a taxicab. • Critics suggest that Uber is taking advantage of **12** .... to get around regulations. • By hiring so few managers in each city, some say Uber has made insufficient effort to confirm the **13** .... of its drivers.

PAGODA
IELTS Reading

Sentence Completion

문장 완성하기(Sentence Completion) 문제 유형의 풀이 방법은 노트 완성하기(Note Completion)와 크게 다르지 않다. 질문 이해 → Scanning한 단어를 지문에서 파악 → 관련된 1~2문장 독해 → 답안 작성 이라는 흐름을 벗어나지 않는다.

단계별 실전 전략

Step 1 지문의 제목을 먼저 읽고 파악한다.

어떤 문제든지 Reading 지문 독해의 첫걸음은 주어진 제목을 적극적으로 이해하는 것이다. 이를 잘 이행하면 앞으로 읽을 지문에 대한 이해도가 훨씬 더 빨리 향상되고, 결국 문제를 푸는 데 도움이 된다. 하지만 노트 완성하기 유형과 달리 문장 완성하기 유형에는 문제들을 묶어주는 제목이 없으므로 지문의 제목을 꼼꼼히 해석하고 지나가도록 하자.

Step 2 개별 문제를 자세히 읽으면서 가장 구체적인 부분에서 키워드를 정한다.

항상 구체적인 단어가 강력한 힌트가 된다. 너무 일반적인 단어보다는 상황을 충분히 구체적으로 설명하고 있는 단어나 표현들을 Scanning을 위한 키워드로 선택하자. 이러한 단어들을 골라내지 못하면 글 전체를 다 읽어야 하고, 결국 시간 부족으로 문제를 제대로 다 풀지 못하게 될 수 있기 때문이다.

Step 3 지정한 키워드를 지문에서 Scanning하여 관련 있는 1~2개 문장을 꼼꼼하게 읽는다.

다양한 형태로 Paraphrasing되어 있으므로, 차분하고 신속하게 찾는 훈련을 반드시 하자. 앞에서 배운 노트 완성하기 유형과의 차이점이라면 문장 완성하기 유형은 상대적으로 Scanning해야 하는 범위가 넓다는 것이다.

Step 4 답안 작성 조건에 맞게 정답을 작성한다.

정답의 근거가 있는 문장을 차분하게 잘 읽고, 필요한 의미가 있는 단어를 가지고 온다. 글자수 제한에 반드시 유의해야 하는 것은 물론이다. 하지만 찾은 문장을 꼼꼼히 읽은 후에 의미를 충분히 이해하고 답을 고르는 것도 명심해야 한다. 답의 근거가 되는 부분은 찾았지만, 독해를 대충 해서 오답으로 이어지는 경우가 많기 때문이다.

아주 드물게 등장하는 단답형(Short Answer) 문제 풀이법

노트/문장 완성하기 유형과 매우 비슷하지만 실제 시험에서는 거의 출제되지 않는 문제 유형이 있다. 바로 단답형(Short Answer) 문제 유형이다. 이 유형의 문제는 아래와 같이 간단한 질문으로 구성되어 있으며, 완전한 질문 문장 전체가 주어지고, 언제/어디서/누가/어떻게 했는지에 대한 세부 정보를 답으로 요구한다.

Answer the questions below. 아래 질문에 답변하시오.

*Choose **NO MORE THAN TWO WORDS** from the passage for each answer.*
지문에서 두 단어 이하를 각각의 답으로 고르시오.

1. What year did Wendy become a college student? 몇 년도에 웬디는 대학생이 되었는가?
2. What transportation was used to transport mass-produced cement?
   대량 생산된 시멘트를 운반하기 위해 어떤 교통 수단이 사용되었는가?

유형 접근법은 앞에서 배운 문장 완성하기 유형과 동일하다. 위의 1번 질문의 경우 Wendy, college를 키워드로 정해서 지문에서 Scanning을 하고, 그 문장에서 What year에 대한 단어를 찾아 답을 쓰면 된다. 2번 질문도 당연히 문제를 보자마자 교통 수단이 답이 될 수 있다는 것을 단숨에 짐작할 수 있을 것이다. 여기서는 mass-produced cement와 transport가 키워드가 될 것이고, 지문에서 해당 키워드가 있는 문장을 찾아서 train과 같은 운송 수단을 답으로 선택하면 된다.

How Multitasking Is Making Us Less Productive

Arguably, developments in technology have been the principal reason for our increasing tendency toward multitasking in recent decades. Twenty years ago, office documents were typed up on a typewriter, messages were delivered by hand by messengers or sent by mail, and communication took place in face-to-face meetings or over the telephone. Today, such a world seems so simple. With Bluetooth, email, instant messaging, and all the rest, to get by in today's business environment we are expected to be constantly in communication with our clients, our colleagues, and our employers. As we are seemingly asked to do more and more in less and less time, researchers are exploring what exactly is happening in our brains as we stretch the focus of our attention thinner and thinner.

Sure, it would be better for us if we only had to focus on one or two things at a time, but that is not the world we are living in. In 2005 Gloria Mark, professor at University of California at Irvine, conducted a study entitled 'No Task Left Behind? Examining the Nature of Fragmented Work', which found that interruptions cause people to switch tasks every 11 minutes on average. Each time a task was interrupted, 25 minutes went by before returning to the original task. A more recent study by the same author found that, according to Professor Mark, 'people actually worked faster in conditions where they were interrupted, but they produced less'. Interestingly, she also found the self-interruption took place as often as being interrupted by another person. 'As observers, we'll watch and then after every 12 minutes or so, for no apparent reasons, someone working on a document will turn and call someone or email', she reports.

멀티태스킹이 어떻게 우리를 덜 생산적으로 만드는가

단언컨대 기술의 발전은 최근 수십 년 동안 우리가 멀티태스킹을 하는 경향이 증가하게 된 주된 이유였다. 20년 전에 사무실 서류들은 타자기로 타이핑되었고, 메시지들은 배달원들에 의해 인편으로 배달되거나 우편으로 보내졌으며, 의사소통은 대면 회의나 전화로 이루어졌다. 오늘날에는 그러한 세상은 매우 단순해 보인다. 블루투스와 이메일, 인스턴트 메시징과 그 밖의 다른 것들을 가지고 우리는 오늘날의 비즈니스 환경을 살아나가기 위해 끊임없이 우리의 고객, 동료, 고용주들과 소통하도록 기대된다. 우리가 점점 더 적은 시간에 더 많은 일들을 하도록 요구 받게 되면서, 연구자들은 우리의 주의 집중의 초점이 점점 더 가늘어져 감에 따라 우리의 뇌에서 정확히 무슨 일이 일어나는지에 대해 탐구하고 있다.

물론 한 번에 한 두 가지 일에만 집중해야 한다면 좋겠지만, 우리가 사는 세상은 그렇지 않다. 2005년 어바인에 있는 캘리포니아 대학의 교수인 글로리아 마크는 '남겨진 과제는 없다? 단편적인 작업들의 특성 검토하기'라는 제목의 연구를 실시했는데, 이를 통해 사람들이 평균 11분마다 방해로 인해서 업무를 전환한다는 것을 발견했다. 업무가 방해될 때마다, 25분이 지나고 나서야 본래의 업무로 돌아갈 수 있었다. 같은 저자의 최근 연구에서 밝혀진 바로는, 마크 교수에 따르면, '사람들은 실제로 방해를 받는 조건에서 더 빨리 일했지만, 덜 생산적이었다'고 한다. 흥미롭게도 그녀는 또한 다른 사람에 의해 방해를 받는 것만큼 자주 자기 방해가 일어난다는 것을 발견했다. '관찰자로서 우리가 관찰을 하고 있으면 매번 12분 정도 지날 때마다 뚜렷한 이유 없이 문서 작업을 하던 누군가가 돌아서서 다른 누군가에게 전화를 하거나 이메일을 보내게 된다'고 그녀는 말한다.

Complete the sentences below.

*Choose **NO MORE THAN TWO WORDS AND/OR A NUMBER** from the passage for each answer.*

1 Before instant messaging, we handed over .... in person or sent them via the postal service.

2 Modern business people must be in constant contact with their ...., coworkers, and bosses.

3 It takes most people .... to recover from an interruption.

4 .... occurs with the same frequency as distractions caused by other people.

아래 문장을 완성하시오.

지문에서 **두 단어와/또는 하나의 숫자 이하**를 각각의 답으로 고르시오.

1 인스턴트 메시징 이전에는 사람이 직접 ....를 전달하거나 우편 서비스를 통해 보냈다.

2 현대의 사업가들은 ...., 직장 동료, 상사와 끊임없이 연락해야 한다.

3 대부분의 사람들은 방해로부터 회복되는데 .... 이 걸린다.

4 ....는 다른 사람에 의해 야기되는 집중 방해와 같은 빈도로 일어난다.

📖 Vocabulary

arguably adv 주장하건대, 거의 틀림없이   principal adj 주된, 주요한   tendency n 경향, 추세   by hand 인편으로, 사람 손으로   take place 일어나다, 실시되다   face-to-face adj 마주보는, 대면하는   instant messaging 인스턴트 메시징(인터넷상으로 서로 즉시 메시지 교환이 가능한 시스템)   get by 그럭저럭 해 나가다   constantly adv 끊임없이, 거듭   seemingly adv 외견상으로는, 겉보기에는   conduct v (특정한 활동을) 하다   entitled adj ~라는 제목의   fragmented adj 분열된, 단편적인   interruption n 중단, 가로막음, 방해   on average 평균적으로, 대체로   observer n 관찰자, 참관인, 목격자   apparent adj 분명한, 누가 봐도 알 수 있는

🔷 전략 적용하기

Step 1 지문의 제목을 먼저 읽고 파악한다.

지문의 제목은 How Multitasking Is Making Us Less Productive(멀티태스킹이 어떻게 우리를 덜 생산적으로 만드는가)이다. 멀티태스킹이라고 하면 보통 우리는 뛰어난 업무 기술이라고 생각하지만, 이 지문에서는 오히려 멀티태스킹 때문에 생산성이 떨어진다는 주장을 하고 있을 것이라고 예측할 수 있다.

Step 2 개별 문제를 자세히 읽으면서 가장 구체적인 부분에서 키워드를 정한다.

문제	키워드
1 Before instant messaging, we handed over .... in person or sent them via the postal service. 인스턴트 메시징 이전에는 사람이 직접 ....를 전달하거나 우편 서비스를 통해 보냈다.	Before instant messaging 인스턴트 메시징 이전 in person 사람이 직접 sent them via the postal service 우편 서비스를 통해 보냈다
2 Modern business people must be in constant contact with their ...., coworkers, and bosses. 현대의 사업가들은 ...., 직장 동료, 상사와 끊임없이 연락해야 한다.	coworkers, and bosses 직장 동료, 상사
3 It takes most people .... to recover from an interruption. 대부분의 사람들은 방해로부터 회복되는 데 ....이 걸린다.	recover from an interruption 방해로부터 회복되다
4 .... occurs with the same frequency as distractions caused by other people. ....는 다른 사람에 의해 야기되는 집중 방해와 같은 빈도로 일어난다.	with the same frequency as distractions caused by other people 다른 사람에 의해 야기되는 집중 방해와 같은 빈도로

Step 3 지정한 키워드를 지문에서 Scanning하여 관련 있는 1~2개 문장을 꼼꼼하게 읽는다.

지문에서 해당 키워드를 중심으로 내용을 확인한다.

키워드	지문에서 Scanning한 문장
1 Before instant messaging 인스턴트 메시징 이전 in person 사람이 직접 sent them via the postal service 우편 서비스를 통해 보냈다	Twenty years ago, office documents were typed up on a typewriter, messages were delivered by hand by messengers or sent by mail, and communication took place in face-to-face meetings or over the telephone. 20년 전에 사무실 서류들은 타자기로 타이핑되었고, 메시지들은 배달원들에 의해 인편으로 배달되거나 우편으로 보내졌으며, 의사소통은 대면 회의나 전화로 이루어졌다.

>> instant messaging이 지문에 직접적으로 나오지는 않았지만, 그 이전 시점에 대한 내용이 문제로 나왔으므로 다른 2개의 키워드가 포함되어 있는 문장으로 일단 충분히 문제 풀이를 시도할 수 있다는 점을 기억하자. 꼼꼼하게 보자면 그 다음 문장에 있는 instant messaging을 확인해도 좋다.

2	coworkers, and bosses 직장 동료, 상사	(…) we are expected to be constantly in communication with our clients, our colleagues, and our employers. 우리는 끊임없이 우리의 고객, 동료, 고용주들과 소통하도록 기대된다.
3	recover from an interruption 방해로부터 회복되다	Each time a task was interrupted, 25 minutes went by before returning to the original task. 업무가 방해될 때마다, 25분이 지나고 나서야 본래의 업무로 돌아갈 수 있었다.
4	with the same frequency as distractions caused by other people 다른 사람에 의해 야기되는 집중 방해와 같은 빈도로	Interestingly, she also found the self-interruption took place as often as being interrupted by another person. 흥미롭게도 그녀는 또한 다른 사람에 의해 방해를 받는 것만큼 자주 자기 방해가 일어난다는 것을 발견했다. >> 문장을 볼 때 as ~ as가 같은 특징을 지닌 2가지를 비교할 때 쓰는 원급 비교 표현인 것을 기억하자. 즉 with the same frequency와 as often as는 같은 의미이다.

Step 4 답안 작성 조건에 맞게 정답을 작성한다.

삭싱 조건	정답
handed over라는 동사 뒤에 빈간이 있으므로 명사가 정답이 될 수 있다. 즉 무엇을 전달했는지 목적어를 찾아야 한다. messages were delivered by hand를 보면 직접 전달된 것은 messages라고 나와 있기 때문에 정답은 명사인 messages가 된다.	**1** Before instant messaging, we handed over messages in person or sent them via the postal service.
their 뒤에 빈칸이 나와 있으므로 명사가 정답이 될 수 있다. 또한 coworkers = colleagues | bosses = employers라는 병렬 구조를 꼼꼼히 체크하는 것도 중요하다. 이러한 점에서 정답은 명사인 clients가 된다.	**2** Modern business people must be in constant contact with their clients, coworkers, and bosses.
3번 문제에서 요구하는 답은 대부분의 사람들에게 어느 정도 시간이 걸리는가 하는 것이므로 시간, 즉 숫자가 답이 될 수 있다. 따라서 정답은 숫자 뒤에 시간을 나타내는 명사가 더해진 25 minutes이다.	**3** It takes most people 25 minutes to recover from an interruption.
주어 자리에 빈칸이 나와 있으므로 명사가 정답이 될 수 있다. 즉 다른 사람이 일으키는 방해와 같은 빈도로 일어나는 것이 가장 중요한 정답의 근거이다. 또한 그 주어를 설명해 주는 동사인 지문의 took place와 문제의 occurs도 서로 유의어 관계이다. 따라서 정답은 단수 명사인 self-interruption이 된다.	**4** Self-interruption occurs with the same frequency as distractions caused by other people.

Practice

You should spend about 10 minutes on **Questions 1–5**, which are based on Reading Passage 1 below.

Nikola Tesla and His Inventions

Things looked up for Tesla in 1887, when investors showed interest in his AC system and funded a new venture—Tesla Electric Company. By the end of the year, Tesla had been granted forty basic US patents for different inventions utilising AC power. George Westinghouse, the inventor of the railway air brake, believed that Tesla's invention could provide stable power over longer distances than Thomas Edison's DC power. The Westinghouse Corporation paid Tesla $60,000 in 1888 for the rights to his patents.

Tesla and Westinghouse became Edison's main rivals in supplying the nation with electricity. Edison then started an unsuccessful campaign slandering the use of AC power, but Westinghouse was chosen to supply lighting at the 1893 World's Exposition in Chicago. Two years later, Tesla showed the world his plans for the world's first large-scale AC hydroelectric plant at Niagara Falls. Once the plant was complete, it was used to power the entire city of Buffalo in New York. The proven success of AC power and its favourable reviews in the media sealed its fate as the primary power source for the 20th century.

Although Tesla is primarily known for his development of AC electricity, he also played an important role in the creation of radio. Tesla patented the basic system for radio signal transmission in 1896. Rival patent-holder Guglielmo Marconi used the same technology to transmit the first transatlantic wireless communication, between Britain and Canada. By 1900, Tesla had become certain that he could perfect the wireless transmission of both data and electricity around the world. Funded by world-famous financier J.P. Morgan, Tesla began working on his Wardenclyffe Project. His goal was to construct a power plant and transmission tower capable of sending wireless signals around the world. However, a successful overseas transmission by Marconi, combined with Tesla's perceived mishandling of funds, led Morgan to withdraw his support. Tesla had no other choice but to end the project.

Tesla was a respected inventor during his lifetime, but he missed out on a number of promising opportunities due to his lack of business sense. It wasn't until 1943 that Tesla received recognition for his role in the creation of radio. That was the year the US Supreme Court struck down Marconi's competing patent as being invalid, but unfortunately Tesla had passed away in 1942. He died penniless and alone at the age of 86 in New York City. Despite this, his inventions are still at the core of many of today's modern technologies helping to power wireless, radar, and remote control devices.

Questions 1–5

Complete the sentences below.

Choose **ONE WORD ONLY** *from the passage for each answer.*

Write your answers in boxes 1–5 on your answer sheet.

1 George Westinghouse was interested in Tesla's AC current for its ability to deliver power reliably for greater .... than DC currents.

2 Electricity was provided to all parts of the city of Buffalo by the first major .... power generation facility in the world.

3 Marconi was the first person to achieve a successful .... across an ocean.

4 J. P. Morgan believed that Tesla had failed to use .... in an appropriate manner.

5 In 1943, the Supreme Court ruled that a rival inventor's .... lacked legal merit.

READING PASSAGE 2

*You should spend about 10 minutes on **Questions 6–9**, which are based on Reading Passage 2 below.*

The History of the Manatee

According to scientific evidence, the origin of all living things, regardless of their current habitats, is the sea, but the migration to land has not always been permanent. Turtles, marine snakes, penguins, and whales used to be land-dwelling creatures, but they moved back to the sea when the land habitats could not support them any longer. Animals such as manatees and dugongs — which are members of the Sirenia order and thus referred to as 'sirenians' — are particularly interesting. They are the only herbivorous sea mammals, and they did not have any predators for almost 50 million years — until humans arrived.

Ancient manatees, remaining in the sea, had the abundance of food along the water's edge, and the species developed traits that would help survival in the changing habitat. Front limbs changed from legs into flippers, which were more useful for swimming. But nails, which are analogous to human fingernails, remained on the tips of the flippers. As on land, these nails are useful for grabbing objects underwater. Another significant set of changes relates to the structure of manatees' pelvic bones. In modern manatees, the entire bone has become smaller, and the left side usually weighs more than the right. The pelvic bone is also no longer attached to the spine. In both mammals and fish, these mutations are associated with the loss of limbs attached to the pelvis, such as hind legs. These limbs are a burden to manoeuvring in the ocean, so while the shrunken pelvis and undeveloped hind legs would be fatal mutations on land, in the sea they provide an advantage. Manatees' hind limbs have, in fact, completely disappeared from their exterior bodies.

Manatees' nostrils are kept sealed off by valves when underwater, and their lungs have grown longer and thinner to help improve the buoyancy of their enormous bodies, which range in length from 2.5 to 4 metres and can weigh as much as 1,500 kilograms. They are often found in tropical waters, and spend most of their time near the coastline. Manatees can be found in the Caribbean, Gulf of Mexico, Amazon River basin, and along the coast of West Africa where they feed on the thick vegetation lining the coast. Their closest relatives, the dugongs, can be found in East Africa, India, Malaysia, Indonesia, and the northern coast of Australia. What sets the dugongs apart from manatees is that they are smaller and have fluked (crescent-shaped) tails similar to the tails of whales and dolphins, rather than the rounded tails of manatees.

Questions 6–9

Answer the questions below.

Choose **NO MORE THAN TWO WORDS** *from the passage for each answer.*

Write your answers in boxes 6–9 on your answer sheet.

6   Where did all living creatures first live before some moved onto land?

7   Which part of the manatee's body is mentioned as that in which front legs on land mammals were redesigned as it moved to the sea?

8   Which physical feature, possessed by manatees, has shrunk and separated from the backbone?

9   Which animals might resemble manatees with different shaped tails?

READING PASSAGE 3

*You should spend about 20 minutes on **Questions 10–16**, which are based on Reading Passage 3 below.*

New Discoveries at Karnak Temple

A The Temple of Amun at Karnak was the most sizable religious structure standing in the times of ancient Egypt. Now, a series of new and surprising archaeological discoveries have caused experts to revise their assumptions about the history of this complex. These finds include the remnants of an enormous wall built nearly 3,000 years ago to protect against the rise and fall of the Nile River, a number of ceremonial baths, and a ramped entrance for the pharaoh's private use. These discoveries, along with a host of other smaller finds, have answered many longstanding questions and raised a number of new questions that archaeologists will puzzle over for years to come.

B Of particular interest to archaeologists is the wall, which seemingly served as a manmade embankment for the Nile. The temple is a religious shrine to the god known to ancient Egyptians as Amun-Re, and it covers 200 acres of land near the modern city of Luxor. This location makes the discovery of the wall all the more interesting as the Nile River currently flows 200 metres to the west of the temple. During scheduled maintenance near the temple's entrance, a team of archaeologists accidentally discovered sections of the wall, leading to a wide-scale excavation that uncovered a number of other artifacts. "[The discovery of the wall] changes the landscape [of Luxor]," said Mansour Boraik, general supervisor of the Supreme Council of Antiquities in Luxor. "It changes also our theory about the settlement of Luxor, and it changes our theory about the construction of the temple itself."

C The wall is made of sandstone, like most large structures built by the ancient Egyptians, and at its highest point it measures 7 metres tall and 2.5 metres wide. Zahi Hawass, secretary general of Egypt's Supreme Council of Antiquities, claims that the wall may have originally been even higher, but has been worn down by time and the elements. "This is the largest embankment ever built in any place in ancient Egypt," Hawass said. "This embankment is very important because it protected the Temple [at] Karnak from the [annual] Nile flood."

D This realisation is what makes this discovery so valuable to modern archaeologists and Egyptologists. "It means that the Nile was reaching the foot of Karnak in the time of the pharaohs," said Boraik. "It changes everything." According to Boraik, conventional theories about the temple's design and construction were based on depictions of the temple found in private tombs from the 18th Egyptian dynasty. For example, one of these tombs, housing the remains of Neferhotep, an official in ancient times, showed the temple with a large pool in front of it. The pool seemed to be connected to the Nile via a canal system. When earlier archaeological teams uncovered pieces of the wall, it was assumed that these pieces belonged to the back wall of this pool, according to Boraik. However, the recent archaeological team discovered pieces of the wall much too far away to be a part of this basin. It seems that after the depiction found in the Neferhotep's tomb was created, the pool was filled with earth and the temple was expanded out over it to the edge of the Nile.

E W. Raymond Johnson, an Egyptologist at the Oriental Institute at the University of Chicago, has visited the site several times, and he was impressed with the skills of the ancient Egyptians who constructed the embankment. "Being good engineers and practical, [ancient Egyptians knew] that to build something so big so close to the Nile, you have to have reinforcement in front of it. ... It stopped any erosion of the Nile River bank." He also pointed out that the discovery gives insight into the ancient urban centre of Thebes, which surrounded the Karnak temple. "We've assumed the ancient landscape in Thebes is relatively unchanged, and we have to completely reevaluate that now," Johnson said. "It really gives us pause when we make certain assumptions and then find out they are completely wrong."

F While the river embankment has the most far-reaching implications on Egyptian archaeology, it was not the only finding. The team of archaeologists also found a jar that held several hundred coins dating back to the first century B.C., as well as two public baths. The baths were actually found outside of the wall, meaning that they could only have been built after the Nile began to shift to the west. One of the circular baths has been completely excavated, and this process has revealed a richly detailed mosaic tile floor and enough seating for over 15 people. The other bath was also ornately decorated, with small dolphin statues on either side of the seats.

G Finally, archaeologists have discovered a massive ramp that leads from the area adjacent to the wall all the way to the temple complex itself. It is inscribed with the name of a 7th-century B.C. pharaoh by the name of Taharka, leading experts to suggest that this ramp was designed as a personal entrance for the pharaoh, who likely arrived at the temple by boat along the river. This is an exciting discovery for archaeologists because it suggests the possibility of finding pieces of ancient boats stuck in the former riverbed. "Now that we know the Nile has moved to the west, it means something is waiting for future generations of archaeologists and Egyptologists to possibly recover," Johnson of the University of Chicago said. "It's a wonderful gift to realise there is something down there."

Questions 10–16

Complete the sentences below.

*Choose **NO MORE THAN TWO WORDS** from the passage for each answer.*

Write your answers in boxes 10–16 on your answer sheet.

10 Portions of the wall were first found while researchers were performing routine .... around the temple's entryway.

11 The Ancient Egyptians used .... as the material for the majority of their large construction works.

12 Traditional assumptions about how Karnak Temple was built relied on pictures of it discovered in ....

13 Because of their sophisticated knowledge of engineering, the Egyptians understood the importance of having some sort of .... between large structures and the nearby river.

14 A .... containing ancient currency was found near the river embankment.

15 The ramp was likely built as a .... for an ancient ruler.

16 Some archaeologists hope that further research will uncover fragments of .... in the area.

Summary Completion

요약문 완성하기(Summary Completion) 문제 유형의 풀이 방법 역시 다른 내용 완성하기 유형들과 동일한 맥락에서 질문 이해 → Scanning한 단어를 지문에서 파악 → 관련된 1~2문장 독해 → 답안 작성 순서로 진행된다.

요약문이므로 문장 완성하기 유형보다 적은 분량인 2~3문단의 지문 안에서 답의 근거가 발견된다. 하지만 이 유형은 답의 순서와 지문에서 언급되는 순서가 반드시 일치하지 않을 수도 있다. 즉, 3번 답의 근거가 2번 답의 근거보다 먼저 나올 수도 있다는 뜻이다. 그리고 문제의 근거가 몇 문단부터 몇 문단까지 나오는지에 대한 정보 범위를 설정하는 것도 중요하다. 그렇게 해서 그 안에 있는 내용으로부터 답의 근거를 샅샅이 찾아내야 정답 확률을 높일 수 있기 때문이다.

가장 중요한 부분은 문제로 나온 요약문에 대한 완전한 이해다. 절대로 대충 읽어서 틀리는 경우가 없도록 꼼꼼하게 문제를 읽고 풀도록 하자.

🔷 단계별 실전 전략

Step 1 **지문과 문제의 제목을 먼저 읽고 파악한다.**

요약문 완성하기 유형은 지문 제목과는 별개로 요약문을 위한 제목이 주어지는 경우가 대부분이다. 당연히 주제와 밀접한 연관성이 있는 제목이므로 꼼꼼하게 읽고 이해하도록 하자.

Step 2 **개별 문제를 자세히 읽으면서 가장 구체적인 부분에서 키워드를 정한다.**

항상 구체적인 단어가 강력한 힌트가 되고 문제 풀이의 시간을 단축시켜 줄 수 있다는 점을 다시 한번 강조한다. 또 요약문 완성하기 유형에서는 앞에서 말했듯이 문제의 순서와 지문에서 해당 내용이 제시되는 순서가 약간 다를 수 있기 때문에, 요약문을 먼저 읽고 관련 부분을 지문에서 찾는 것을 추천한다. 어차피 지문에서 중요한 내용만을 선별해서 만든 요약문이므로 몇 개의 단어가 빠져 있더라도 지문 내용에 대한 이해도를 엄청나게 향상시켜 주기 때문이다.

Step 3 **지정한 키워드를 지문에서 Scanning하여 관련 있는 1~2개 문장을 꼼꼼하게 읽는다.**

대부분의 경우 키워드가 아래와 같이 여러 가지 형태로 Paraphrasing되어 있으므로, 반드시 차분하고 신속하게 찾는 훈련을 하도록 하자.

❶ 유의어　　　　　ⓔⓧ countless → many
❷ 더 일반화된 단어　ⓔⓧ manatees → animals
❸ 더 구체적인 단어　ⓔⓧ older teenagers → people between ages 16 and 18
❹ 정의　　　　　　ⓔⓧ the bright side → the advantages of this situation

Step 4 **답안 작성 조건에 맞게 정답을 작성한다.**

요약문 완성하기는 모든 문장들이 연결되어 하나의 문단을 구성하기 때문에 앞뒤 내용을 다 읽어야 한다. 답이 될 단어의 대체적인 긍정 또는 부정과 같은 톤을 유추해 가며 알맞은 품사를 결정하는 것이 답의 정확성을 높여 줄 것이다.

● 핵심 문제 유형

What will be our responsibilities?

Since the Industrial Revolution, much of the environment has been polluted and destroyed by human activities. First of all, countless factories built for mass production relied on fuel, and the pollutants emitted from such factories run by fossil fuels flowed into the air and water. A great amount of chemicals have been accumulated onto the river beds, thus leading to soil pollution. In addition, the growing number of private cars has caused many kinds of pollution, and this is considered the most important task that human beings must deal with in the 21st century.

우리의 책무는 무엇이 될 것인가?

산업 혁명 이후로 환경의 많은 부분들이 인간의 활동에 의해 오염되고 파괴되었다. 우선 대량 생산을 위해 지어진 수많은 공장들이 연료에 의존했고, 화석 연료에 의해 작동되는 그런 공장에서 배출된 오염물질이 공기와 물로 흘러 들어갔다. 다량의 화학물질이 강바닥에 축적되었고, 이는 토양 오염으로 이어지고 있다. 여기에 더해 자가용의 증가로 인해 많은 종류의 공해가 발생했고, 이것은 21세기에 인간이 반드시 해결해야 할 가장 중요한 과제로 여겨진다.

Complete the summary below.

*Choose **NO MORE THAN TWO WORDS** from the passage for each answer.*

아래 요약문을 완성하시오.

지문에서 **두 단어 이하**를 각각의 답으로 고르시오.

Who is the culprit?

It is since the **1** .... that the environment has been seriously polluted by humans. Many **2** .... were constructed to meet people's growing demands, eventually polluting the air and **3** ...., including rivers and lakes. In addition, another major cause to environmental pollution is **4** ...., whose numbers continue to increase, and humans must find a solution to this in the 21st century.

범인은 누구인가?

1 .... 이후로 인간에 의해 환경이 심각하게 오염되었다. 많은 2 ....이 사람들의 증가하는 수요를 충족시키기 위해 건설되었고, 결국 공기 및 강과 호수를 포함한 3 ....을 오염시켰다. 게다가 환경 오염의 또 다른 주요 원인은 4 ....인데, 그 수가 계속 증가하고 있기 때문에 21세기에 인간은 이에 대한 해결책을 찾아야 한다.

🔖 Vocabulary

Industrial Revolution 산업 혁명   countless [adj] 셀 수 없이 많은, 무수한   mass production 대량 생산   rely on 의존하다
emit [v] 배출하다   run [v] 작동시키다, 운영하다   accumulate [v] 축적하다   river bed 강바닥   deal with (문제 등을) 처리하다,
해결하다   meet [v] (필요, 요구 등을) 충족시키다

🔷 전략 적용하기

Step 1 지문과 문제의 제목을 먼저 읽고 파악한다.

- **지문 제목:** What will be our responsibilities?

  지문 제목을 통해 어떤 문제적 상황이 있고, 우리가 그 문제에 대해서 책임을 져야 할 부분이 있음을 알 수 있다. 여기에서 '우리'라는 부분은 '인간'이라고 짐작할 수 있다.

- **문제(요약문) 제목:** Who is the culprit?

  요약문 제목에서 '범인(culprit)'이라는 단어가 나왔기 때문에, 어떠한 문제를 발생시킨 원인에 대해 서술될 것이라는 점을 짐작할 수 있다.

Step 2 개별 문제를 자세히 읽으면서 가장 구체적인 부분에서 키워드를 정한다.

문제	키워드
It is since the **1** .... that the environment has been seriously polluted by humans. **1** .... 이후로 인간에 의해 환경이 심각하게 오염되었다.	since ~이후로 ≫ 시간 관련 단어가 답이 될 거라고 정답의 근거를 확실하게 정해야 한다.
Many **2** .... were constructed to meet people's growing demands, 많은 **2** ....이 사람들의 증가하는 수요를 충족시키기 위해 건설되었고,	were constructed ~들이 건설되었다 ≫ 빈칸에 올 단어가 복수 명사라는 것을 생각하면서, 무엇이 건설되었는지를 찾아야 한다.
eventually polluting the air and **3** ...., including rivers and lakes. 결국 공기 및 강과 호수를 포함한 **3** ....을 오염시켰다.	air 공기 including rivers and lakes 강과 호수를 포함한 ≫ 공기와 함께 오염된 명사 단어를 답의 조건으로 생각하면서, 강과 호수를 포함할 수 있는 더 상위 개념의 단어가 답이 될 거라고 짐작해야 한다.
In addition, another major cause to environmental pollution is **4** ...., whose numbers continue to increase, and humans must find a solution to this in the 21st century. 게다가 환경 오염의 또 다른 주요 원인은 **4** ....인데, 그 수가 계속 증가하고 있기 때문에 21세기에 인간은 이에 대한 해결책을 찾아야 한다.	whose numbers continue to increase 그 수가 계속 증가하고 있는 ≫ 수가 계속 증가하는 대상이 무엇인지 찾는 동시에, whose라는 관계대명사의 수식을 받을 수 있는 명사가 답이 되어야 한다는 것을 염두에 둔다.

Step 3 지정한 키워드를 지문에서 Scanning하여 관련 있는 1~2개 문장을 꼼꼼하게 읽는다.

키워드는 여러 가지 방식으로 Paraphrasing되어 있으므로 지문에서 딱 맞는 단어 하나하나를 찾는 게 아니라 해당 표현이 대략적으로 의미하는 바를 찾아야 한다는 것을 기억하자.

키워드	지문에서 Scanning한 문장
1 since ~이후로	Since the Industrial Revolution, much of the environment has been polluted and destroyed by human activities. 산업 혁명 이후로 환경의 많은 부분들이 인간의 활동에 의해 오염되고 파괴되었다.
2 were constructed ~들이 지어졌다	First of all, countless factories built for mass production relied on fuel, (…) 우선 대량 생산을 위해 지어진 수많은 공장들이 연료에 의존했고, (…) ≫ countless가 many로 Paraphrasing되었다.
3 air 공기 including rivers and lakes 강과 호수를 포함한	(…) and the pollutants emitted from such factories run by fossil fuels flowed into the air and water. (…) 화석 연료에 의해 작동되는 그런 공장에서 배출된 오염물질이 공기와 물로 흘러 들어갔다. ≫ pollutants flowed into가 polluting으로 Paraphrasing되었다.
4 whose numbers continue to increase 그 수가 계속해서 증가하고 있는	In addition, the growing number of private cars has caused many kinds of pollution, and this is considered the most important task that human beings must deal with in the 21st century. 여기에 더해 자가용의 증가로 인해 많은 종류의 공해가 발생했고, 이것은 21세기에 인간이 반드시 해결해야 할 가장 중요한 과제로 여겨진다. ≫ In addition과 another는 둘 다 병렬 구조 문장에서 다음 내용을 이끌어오는 역할을 하기 때문에 Paraphrasing의 근거가 된다. 또한 the growing number가 numbers continue to increase라는 단순한 유의어로 Paraphrasing되었다.

Step 4 답안 작성 조건에 맞게 정답을 작성한다.

작성 조건	정답
since 뒤에 나올 수 있는 시점에 관련된 명사는 Industrial Revolution 밖에 없다.	It is since the **1** Industrial Revolution that the environment has been seriously polluted by humans.
were constructed 앞에 올 수 있는 복수 명사이자 건설된 대상이 되는 명사는 factories 밖에 없다.	Many **2** factories were constructed to meet people's growing demands,
air와 병렬 구조 형태로 함께 오염이 된 대상은 water라는 것을 알 수 있고, 이는 rivers와 lakes를 충분히 예시로 가질 수 있는 상위 개념이기 때문에 정답은 water이다.	eventually polluting the air and **3** water, including rivers and lakes.
수가 증가하고 있는 대상은 private cars라고 할 수 있고 작성 조건의 단어수 제한에서 2단어까지 가능하다고 했으므로 정답은 private cars가 된다.	In addition, another major cause to environmental pollution is **4** private cars, whose numbers continue to increase, and humans must find a solution to this in the 21st century.

Practice

You should spend about 10 minutes on **Questions 1–6**, which are based on Reading Passage 1 below.

Manatee Facts and Information

Another terrestrial feature that manatees have put to good use in their habitat is hair. Through their hair, the animals can sense changes in water flow and topography. Despite their poor eyesight, they are able to navigate through muddy waters full of dense brush. Manatees also have an unusual ability to survive natural disasters. Some scientists believe that they are able to find places to take cover, but this seems unlikely considering the size and shape of the creatures. It may have more to do with their ability to sense changes in their surroundings and move away from dangerous areas. However, manatees are now on endangered species lists in many parts of the world. Although they are able to instantly sense many changes in their natural environment, they lack capacity to avoid a new threat — which is speedboats. Their physical slowness is part of the problem, but the main issue appears to be that the sound frequencies emitted by these craft are not in the manatee's range of hearing.

Questions 1–6

Complete the summary below.

Choose **NO MORE THAN TWO WORDS** from the passage for each answer.

Write your answers in boxes 1–6 on your answer sheet.

Manatee Survival

With **1** ...., manatees can sense changes in water movement. It compensates for their bad **2** .... Their impressive ability to survive natural disasters is probably not related to an ability to take cover, because the **3** .... and shape of the animals would make this difficult. Manatees seem to have some ability to avoid dangerous areas and move to safer locations. Despite this, they are now widely classified as **4** .... One of the newer threats to the survival of manatees is **5** .... Manatees can sense many threats instantly, but the noises made by these craft have a frequency outside the **6** .... of sounds they can detect.

READING PASSAGE 2

*You should spend about 20 minutes on **Questions 7–14**, which are based on Reading Passage 2 below.*

How to Feed a Growing World

An Interview with Journalist Cynthia Flanders

Cynthia Flanders is a contributing writer to *National Almanac* and has been published in *Science Today* and *Inside Magazine*. Before becoming a journalist, she earned a degree in agronomy; she researches global trends in population growth and agriculture. While she has deep concerns about the future of our planet's food resources, she expressed hope for what we might be able to accomplish in a conversation with *Science Explorer*'s Jessica Moran.

In your book, you wrote that the world's food supply is running out. Could you give us a general understanding of the problem?

We can understand the situation by looking at how the difference between grain production and consumption. If you look at each year individually, in the 1970s we consumed more than we produced four out of the ten years. In the last decade, this has occurred eight out of ten times. And this is a result of not only a rising demand, but a plateau when it comes to grain yields. The heat wave that hit Europe in 2003 killed over 70,000 people, and that made headlines of course. But most people didn't notice that a third of crops were also lost. And then, in the US in 2012, we had a massive drought and lost over a quarter of our grain yields. These kinds of climate events are not flukes — they are the new normal, and they come at a time when we really need to be ramping up grain production to keep up with demand.

Why was the ratio of supply to demand for grain so much better in the 1970s?

We experienced something called the Green Revolution in the 1960s that dramatically increased wheat, rice, and corn production. After the Second World War, hunger was a massive problem globally. During this period, an engineer for American company Dupont was sent to Mexico to start a breeding programme aimed at defeating a fungal disease known as wheat rust, which was obliterating wheat yields. He essentially developed a wheat hybrid that would be resistant to wheat rust. But at the same time he transformed wheat from a tall, flimsy plant with low yields to a short and sturdy plant that could produce a massive amount of grains without falling over. These same techniques were applied to rice with similar success. This one innovation essentially tripled the amount of food we were able to produce globally.

And some have pointed to this innovation as the basis for the industrialisation of several developing countries, is that right?

Yes, exactly. Frank Botz, the Yale economist, is one of the main proponents of this idea. He says that in Latin America and Asia, the Green Revolution created big societal changes by moving people off the farms. There wasn't a need for so much farm labour since the crops were so much more robust and easy to maintain. This led to rapid urbanisation, bringing along with it a rise in manufacturing and education. Without these agricultural innovations, it's really doubtful that these emerging industrial powerhouses like India and China would have developed at this rate. Suddenly these countries didn't have to spend so much energy and attention on food production and could set their sights on national development.

Could you tell us about the unintended consequences of this food revolution?

For one thing, the types of plants that were created back in the 50s and 60s rely on heavy fertilisation to be successful, and these are the same plant hybrids that are in use today. And we grow them so close together that a substantial amount of chemical pesticides are necessary as well. So we have massive amounts of these harmful substances turning up in our water sources and wetland areas. Every year, vast expanses of land in coastal regions and in river deltas become dead zones, where no plant can flourish. This problem is caused by algae bloom that thrives in the presence of these fertilisers and pesticides. This has taken an enormous toll on production.

Is biofuel production a part of the problem here?

That's a very controversial subject. The government has poured money into biofuels in an effort to kick-start the industry. In the US, 40 per cent of corn production every year is used to make ethanol. And in Europe, roughly 10 per cent of usable land is devoted to fuel production from crops like rapeseed and sunflower seeds. The problem is that we have created a link between food and fuel. So now when fuel prices go up, farmers have increased incentive to grow biofuels. That might be fine now, when the price of gas and oil is relatively low, but we have created a situation in which a rise in fuel prices will directly correspond to a rise in food prices.

Are genetically modified seeds and plants having any impact?

Well, the good news about genetic modification is that we haven't seen many negative environmental impacts, at least not yet. The bad news is that we haven't seen much of an effect on crop yields either. In fact, many scientists are starting to think that maybe genetics isn't the answer when it comes to yield. They theorise that there is a kind of yield cap when it comes to the amount of seed that can be produced from a plant given a fixed amount of sunlight. So no matter what genetic alterations we attempt, we will continue to run up against this cap.

Is there any hope that new research could change this situation?

Yes — definitely. It's amazing how much cheaper genetic research is becoming. These days, you can essentially sequence a genome on a computer the size of a smartphone. I talked to some researchers at UC Davis who have made a kind of rice that is able to withstand two to three weeks of flooding, making it perfect for flood-prone regions like Southeast Asia. The big goal is to produce what we call C4 rice. It is extremely high-yield and could essentially double global rice production. However, despite all the work being put into its development, we will have to wait at least 20 years to put it into use. So we cannot really afford to just sit around and wait for that to save us.

Questions 7–14

Complete the summary below.

*Choose **ONE WORD ONLY** from the passage for each answer.*

Write your answers in boxes 7–14 on your answer sheet.

For many reasons, we've consumed a lot more than the amount of grain produced. The increase in **7** .... is one reason. In addition, many kinds of climate patterns including **8** .... and heat wave have depleted our food supply. However, between 1960 and 1970, the world saw a significant rise in the **9** .... of grain. An employee of Dupont was able to solve the problem of poor harvests in Mexico by creating a **10** .... of the wheat grown there that was not seriously harmed by fungus. The wheat plant's height was also modified, so that it could bear more weight and previously-low **11** .... improved a great deal. Due to increased agricultural output and fewer problems, there was a decreased need for **12** .... on farms. This in turn allowed for a fast pace of **13** ...., leading to an increase in factories and schools. Countries were able to focus less on producing enough food, and they instead turned their attention to the **14** .... of their nations.

PAGODA
IELTS Reading

Table/Flow-chart/Diagram Completion

표/순서도/도표 완성하기(Table/Flow-chart/Diagram Completion) 문제 유형은 학생들을 긴장시키는 유형 중 하나이다. 하지만 문제가 체계적이고 구조적으로 글의 내용을 보여주는 방식으로 구성되어 있기 때문에, 지문 자체의 내용 이해와는 별개로 문제를 푸는 것은 예상보다 쉽게 진행할 수 있다. 3개의 유형 중 표 완성하기 유형이 가장 흔하게 출제되고 있다.

🔶 단계별 실전 전략

Step 1 지문과 문제의 제목을 먼저 읽고 파악한다.

제목은 많은 정보를 제공하므로 제목을 보며 추론할 수 있는 것은 적극적으로 파악해 두자.

Step 2 개별 문제를 자세히 읽으면서 가장 구체적인 부분에서 키워드를 정한다.

- **표(Table)**

  이 유형의 문제가 나왔을 때 가장 효과적인 접근법은 이것을 단순한 표가 아니라 내용을 이해하기 더 쉽게 만들어 놓은 효과적인 독해 도구로 인식하는 것이다. 반드시 표의 내용을 꼼꼼하게 파악하고 순서대로 표 안의 문제들을 읽어야 한다.

- **순서도(Flow-chart)**

  보통 순서도는 순서에 따라서 진행되는 절차가 포함된 지문에서 출제된다. 이러한 절차를 통해 무엇을 완성하는지를 제목에서 이해하는 것도 중요하지만, 각 단계에서 나오는 동사들을 키워드로 정하고 읽어나가는 것이 가장 중요하다.

- **도표(Diagram)**

  이 문제 유형은 자주 출제되지는 않는다. 보통 기술 및 과학 관련 지문에서 나오며 뭔가가 작동되는 원리에 대해서 빈칸을 채우도록 요구하는 문제 유형이다. 복잡하고 전문적인 내용인 만큼, 절대로 문제가 애매모호하게 나오지 않으며 훨씬 더 구체적이고 꼼꼼한 힌트가 제시된다. 주어진 그림을 문제 순서대로 잘 읽고 가장 구체적이고 독특한 단어를 키워드로 선택하자.

Step 3 지정한 키워드를 지문에서 Scanning하여 관련 있는 1~2개 문장을 읽는다.

이제 Scanning이 필요한 단계이다. 표/순서도/도표 완성하기 유형은 대부분 지문에 문제의 힌트가 차례대로 나와 있어서, 한 문제의 근거만 제대로 찾으면 나머지 문제의 근거들 또한 어렵지 않게 주변에서 찾을 수 있다. 그중에서 특히 순서도 완성하기 문제는 지문에 After that, Then, Next, Finally와 같이 순서를 나타내는 단어가 많기 때문에 잘 파악하도록 하자.

Step 4 답안 작성 조건에 맞게 정답을 작성한다.

문제에서 제시된 글자수 제한(Word Limit)에 맞게 지문에서 해당 단어를 그대로 가져와야 한다.

핵심 문제 유형

What are the purposes of educating people?

The three well-respected universities in the world have different characteristics. Built a century ago, college A has been credited for its contribution to the society. It was founded to teach ordinary people who have stopped studying, especially the elderly. In addition, when it comes to college B, it was founded in 1996 to spread what the founders of the institution believed in. Finally, college C was recently opened. It was founded as part of a government-led educational welfare project and is considered quite successful.

사람들을 교육하는 목적은 무엇인가?

세계에서 높이 평가되는 세 대학교는 각자 다른 특징을 지니고 있다. 백 년 전에 세워진 A대학은 사회에 기여한 공로를 인정받았다. 이곳은 공부를 중단한 일반인들, 특히 노인들을 가르치기 위해 설립됐다. 또한 B대학으로 말하자면 1996년에 설립자들이 믿는 바를 전파하기 위해 설립되었다. 마지막으로 C대학은 최근에 문을 열었다. 그것은 정부가 주도한 교육 복지 프로젝트의 일환으로 설립되었으며 꽤 성공적이라고 여겨지고 있다.

Complete the table below.

Choose **NO MORE THAN TWO WORDS** from the passage for each answer.

아래 표를 완성하시오.

지문에서 **두 단어 이하**를 각각의 답으로 고르시오.

Why was it built?

	History	Why it was founded
College A	100 years	To educate **1** .... and other people who discontinued study
College B	Founded in 1996	To **2** .... motto of the founders
College C	**3** .... built	As a part of educational **4** .... project

왜 세워졌는가?

	역사	왜 설립되었는가
A대학	100년	학업을 중단했던 **1** ....과 다른 사람들을 교육하기 위해서
B대학	1996년에 설립됨	설립자들의 좌우명을 **2** ....하기 위해서
C대학	**3** .... 지어짐	교육적인 **4** .... 프로젝트의 일환으로

Vocabulary

well-respected adj 높이 평가되는, 존경받는　**characteristic** n 특징, 특질　**be credited for** (공로를) 인정받다　**contribution** n 기여, 이바지　**ordinary** adj 보통의, 일반적인　**when it comes to** ~에 관한 한　**founder** n 창립자, 설립자　**institution** n 기관, 단체, 협회　**found** v 설립하다, 세우다　**welfare** n 복지, 후생

● 전략 적용하기

Step 1 지문과 문제의 제목을 먼저 읽고 파악한다.

- **지문 제목:** What are the purposes of educating people?

  제목을 통해 일단 교육에 관련된 지문임을 알 수 있고, 사람들을 가르치는 목적을 알려주는 내용이 나올 거라고 짐작할 수 있다. 또한 '목적(purposes)'이 복수형으로 나와 있기 때문에 하나가 아니고 여러 개임을 추론할 수 있다.

- **문제(표) 제목:** Why was it built?

  일단 '지어졌다(built)'라는 표현이 나왔으므로 지문 제목과 연결해서 봤을 때 교육 기관이 지어졌음을 짐작할 수 있고, 그 지어진 이유에 대한 문제가 출제되었을 거라고 이해할 수 있다.

Step 2 개별 문제를 자세히 읽으면서 가장 구체적인 부분에서 키워드를 정한다.

문제			키워드
	History	Why it was founded	College A A대학 | 100 years 100년
College A A대학	100 years 100년	To educate 1 .... and other people who discontinued study 학업을 중단했던 1 ....과 다른 사람들을 교육하기 위해서	>> 가장 정확한 힌트 discontinued study 학업을 중단했다 >> 구체적인 내용 = 강력한 키워드
	History	Why it was founded	College B B대학 | 1996 1996년
College B B대학	Founded in 1996 1996년에 설립됨	To 2 .... motto of the founders 설립자들의 좌우명을 2 .... 하기 위해서	>> 가장 정확한 힌트 motto 좌우명 >> 구체적인 내용 = 강력한 키워드
	History	Why it was founded	College C C대학 | built 지어짐
College C C대학	3 .... built 3 .... 지어짐	As a part of educational 4 .... project 교육적인 4 .... 프로젝트의 일환으로	>> 가장 정확한 힌트 >> 3번 문제의 빈칸이 동사 앞에 있으므로 당연히 부사가 올 수 있고, History에 해당하는 부분이므로 시간 부사가 와야 한다는 기본적인 문법적 논리를 인지하고 Scanning하자. educational project 교육적인 프로젝트 >> 구체적인 내용 = 강력한 키워드

Step 3 지정한 키워드를 지문에서 Scanning하여 관련 있는 1~2개 문장을 읽는다.

키워드	지문에서 Scanning한 문장
1 College A A대학 100 years 100년 discontinued study 학업을 중단했다	It was founded to teach ordinary people who have stopped studying, especially the elderly. 이곳은 공부를 중단한 일반인들, 특히 노인들을 가르치기 위해 설립됐다.
2 College B B대학 1996 1996년 motto 좌우명	when it comes to college B, it was founded in 1996 to spread what the founders of the institution believed in. B대학으로 말하자면 1996년에 설립자들이 믿는 바를 전파하기 위해 설립되었다.
3 College C C대학 built 지어짐	college C was recently opened. C대학은 최근에 문을 열었다.
4 educational project 교육적인 프로젝트	It was founded as part of a government-led educational welfare project and is considered quite successful. 그것은 정부가 주도한 교육 복지 프로젝트의 일환으로 설립되었으며 꽤 성공적이라고 여겨지고 있다.

Step 4 답안 작성 조건에 맞게 정답을 작성한다.

작성 조건	정답
educate 뒤에서 목적어 역할을 할 명사가 필요하고 의미상 '학업을 중단한 사람들' 중에서 구체적인 명사가 들어가야 하므로 지문의 especially the elderly에서 2단어, 즉 the elderly가 정답이다.	To educate **1** the elderly and other people who discontinued study
to 뒤에 올 동사원형이 필요하고, 설립자들의 motto를 '~하기 위해서'라는 뜻에 맞아야 하므로 spread가 정답이다.	To **2** spread motto of the founders
시간 부사가 필요하므로 recently가 정답이다.	**3** Recently built
educational과 project 사이에 있기 때문에 복합 명사 형태일 가능성이 가장 높으므로 빈칸에 넣을 명사를 찾는 것이 문법적으로 가장 타당하다. 따라서 정답은 welfare다.	As a part of educational **4** welfare project

Practice

You should spend about 10 minutes on **Questions 1–4**, which are based on Reading Passage 1 below.

Iceland's Geothermal Power

With developments in geothermal and hydroelectric power, Iceland is one of the world leaders in renewable energy and technology. A cooperative effort is now underway to harness even more powerful geothermal energy sources to power Iceland into the future.

A Similar in principle to wind and hydroelectric power, geothermal energy is produced by spinning turbines in order to generate electricity. However, unlike other forms of renewable energy, geothermal energy sources have the advantage of being constant and predictable. While geothermal electricity is used across Europe, New Zealand, and the western United States, Iceland is doubtless the authority on tapping the Earth's heat for energy. Iceland already produces 100% of the energy it needs using renewable sources, but it is not stopping there. New projects are underway to make even further progress in geothermal energy production, highlighting the untapped potential of geothermal power on a global scale.

B At various sites across the country, geothermal electricity accounted for 26.2% of total electricity production as of 2010, the remaining power being supplied by hydroelectric power plants. Geothermal heat also satisfies the heating needs of over 85% of Iceland's buildings. One site alone, Nesjavellir Geothermal Power Station, near Thingvellir in southeast Iceland, produces over 1000 megawatt hours (MWh) of electricity, enough to power over 110,000 homes in the capital of Reykjavik. Another geothermal plant, Hellisheidi, built as recently as 2006, is located just 11 kilometres from Nesjavellir, and was constructed in order to meet the growing electrical demands of the capital. Svartsengi Power Station, located near Grindavik, is well-known as the site of Blue Lagoon, a popular bathing resort attracting over 600,000 visitors per year, created by surplus mineral-rich water from the plant.

C Flash steam power plants are the most common way of transforming thermal energy into usable electricity. Over centuries, rainwater has been trickling through the Earth's crust and collecting in large reservoirs deep underground. In areas with a lot of volcanic activity, liquid magma near the surface superheats this liquid to temperatures of over 300 degrees. The plant operates by pumping this superheated liquid to the surface through a production well and into a large separator. In this separator, pressure is slowly reduced, and large quantities of high-pressure steam are released from the liquid, collected, and piped into turbines. These turbines spin, creating electricity, which is sent via wires to nearby urban centres. A condenser facility is then used to send the steam through a process of gradual condensation so that the resulting liquid can be safely piped back into the earth via an injection well. Geothermal power produces very little waste and is considered sustainable, because with proper management, geothermal resources are renewable.

Questions 1–4

Label the diagram below.

*Choose **ONE WORD ONLY** from the passage for each answer.*

Write your answers in boxes 1–4 on your answer sheet.

A Flash Steam Power Plant

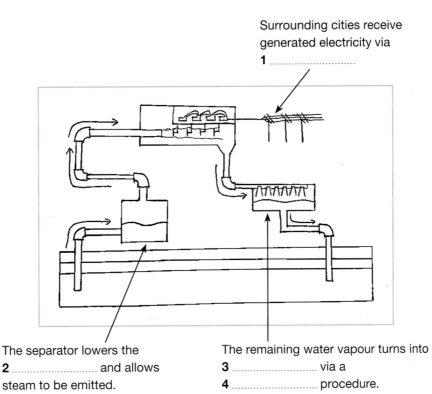

Surrounding cities receive
generated electricity via
1 ....

The separator lowers the
2 .... and allows
steam to be emitted.

The remaining water vapour turns into
3 .... via a
4 .... procedure.

*You should spend about 10 minutes on **Questions 5–8**, which are based on Reading Passage 2 below.*

Do Animals Have Culture?

Birds have become a popular study subject on the topic of animal culture due to their behaviours indicative of imitation-based learning, one of the main types of social learning. For example, the great tit population in Britain is among the most closely monitored bird populations in the world, particularly those nesting in the Wytham Woods near Oxford. Every member of the bird community in this region is outfitted with a microchip which is then tracked by sensors located throughout the habitat. It is among this population that Dr. Lucy Aplin of Oxford University conducted a groundbreaking experiment in 2014. The experiment is unique in that it investigates not only how a new behaviour is spread within the community but also how a newcomer adapts to the behaviour of the wider society.

To set up the experiment, Dr. Aplin and her colleagues captured two pairs of birds from different great tit groups in the area. She constructed a simple wooden puzzle box, and trained the birds on how to open it, while replicas of this same box were scattered throughout the birds' habitat. Over the course of several weeks, each pair of birds was taught a different method of opening the box and then released back into their community. The research team closely monitored each population and, as expected, the trained birds taught the other members their own technique. Within months, a majority of the birds from each population were able to open the box using their community's own specific method.

Questions 5–8

Complete the flow-chart below.

Choose **ONE WORD ONLY** from the passage for each answer.

Write your answers in boxes 5–8 on your answer sheet.

How the 2014 study was conducted

Four birds were **5** ...., two pairs of two.

⬇

Each pair was taught a different way to open a wooden box.

⬇

Box **6** .... were spread around the environment.

⬇

The birds were **7** .... into the wild.

⬇

The birds passed their **8** .... to the birds around them.

*You should spend about 20 minutes on **Questions 9–13**, which are based on Reading Passage 3 below.*

The Discoveries of Gold in Australia

The first giant Australian gold nugget, fittingly called the 'Welcome Nugget', was discovered on 15 June 1858. It was found by a group of 22 inexperienced Cornish miners who had only recently arrived in Australia. It took the miners 30 minutes to carry the nugget just 55 metres from the site of its discovery up to the surface. It was then sold by the Wittkowski brothers for £10,050, which was an incredible sum in those days. At the time, it was the largest gold nugget ever found — 60 by 45 by 19 centimetres, weighing 69 kilos. After a brief exhibition in Melbourne, and then at the Crystal Palace in London, it was eventually melted down and used as currency.

The fame of the Welcome was short-lived, as just 11 years later, on 5 February 1869, an even bigger nugget was found, weighing in at 72 kilos, in the small town of Moliagul. Dubbed the 'Welcome Stranger', it was discovered by a miner by the name of John Deason. He was digging around in some tree roots when his shovel hit the top of the nugget, which was resting just 3 centimetres below the surface. It was taken to London Bank in Dunolly, where it had to be broken into three pieces, as it was too large for the scales. A stone monument was erected in 1897 to mark the spot of discovery.

By the middle of the 1850s, a loose system had been developed to bring some order to the way gold was being mined. Land was divided into small areas called "claims," and prospectors had to apply for a license to work a particular claim. When a group of inexperienced miners arrived at Mount Alexander Goldfield in June of 1855, they were tricked into visiting a claim in Golden Gully, which was thought to be empty, by rival miners who wanted to keep away the competition.

Fortunately for these amateur miners, this 'trick' backfired immensely. On just the second day of digging, they uncovered a massive nugget weighing over 1,000 ounces. At the time, it was the seventh biggest gold nugget ever found. The nugget took its name, the Heron Nugget, not from the discoverer but from the popular gold commissioner who arranged the sale.

On September 26th, 1980, a man by the name of Kevin Hiller made history by finding the largest gold nugget ever discovered using a metal detector. While somewhat smaller than other findings, at 27 kilos, it is famous for its unusual shape, for which it also takes its name: the Hand of Faith. It was discovered behind a primary school just 30 centimetres below the surface, and at first, its discoverer did not recognise just how large the nugget was, as it was resting in a vertical position. The discovery was announced at a press conference and, despite efforts to keep it in Australia, the Hand of Faith was eventually sold for around 1 million US dollars to a casino in Las Vegas, where it remains on display.

It is always surprising when a massive gold nugget is unearthed, considering that most gold is found scattered in small pieces within other rock formations. So while the Welcome Stranger remains the largest nugget ever discovered, it is not the largest mass of gold to be found in

Australia. This title belongs to the Holtermann Nugget, a large mass of gold found under Hawkins Hill in New South Wales on October 26, 1872. Despite the name, it was not really a nugget of pure gold: streaks of gold were blended with streaks of quartz in a pattern known to miners as 'reef gold'. Findings of this size are typically broken up underground to make them easier to carry, but in this case, under the supervision of Bernard Otto Holtermann, the mine manager, the mass was brought to the surface intact. Holtermann cut a piece off of the top as a souvenir, and then it was crushed to extract the gold.

The Gold Rush put Victoria on the map, causing the population to grow seven-fold between 1850 and 1860, and new cities like Bendigo and Ballarat attracted modern cultural and economic developments such as theatres, stock exchanges, and railways to the area. The rise of the city of Melbourne is perhaps the biggest proof of the impact of the Gold Rush. By the 1880's, Melbourne had transformed into 'Marvellous Melbourne' — one of the most exciting cities in the world at the time. The economy of Victoria has diversified a great deal since those days, but it remains among Australia's strongest. There can be no doubt about the role of the Gold Rush in the development of Melbourne and Victoria as we know them today.

Questions 9–13

Complete the table below.

*Choose **NO MORE THAN TWO WORDS AND/OR A NUMBER** from the passage for each answer.*

Write your answers in boxes 9–13 on your answer sheet.

Gold Nuggets Found in Australia

Nugget	When found	Where found	Notes
Welcome	June 1858	**9** .... underground	shown in Melbourne and London
Welcome Stranger	February 1869	3 centimetres underground	marked with a **10** ....
Heron	June 1855	Golden Gully	named after a **11** ....
Hand of Faith	September 1980	in back of a **12**	can now be seen in a casino
Holtermann	October 1872	Hawkins Hill	gold was mixed with **13** ....

True, False, Not Given/ Yes, No, Not Given

이 문제 유형은 IELTS Reading에서 가장 독특한 유형이다. 지문을 기준으로 문제에서 주어진 문장이 맞는지, 아닌지, 아니면 그 문장을 판단할 수 있는 내용이 지문에 나오지 않았는지를 구별하는 문제이다.

TRUE, FALSE, NOT GIVEN(참, 거짓, 주어지지 않음) 문제 유형에서 각각의 판단 기준은 다음과 같다.

- **TRUE if the statement agrees with the information**
  만약 문장이 지문의 내용(정보)과 일치한다면 답은 TRUE이다

- **FALSE if the statement contradicts the information**
  만약 문장이 지문의 내용(정보)과 상반된다면 답은 FALSE이다

- **NOT GIVEN if there is no information on this**
  만약 이것에 대한 정보가 없다면 답은 NOT GIVEN이다

또한 YES, NO, NOT GIVEN(예, 아니오, 주어지지 않음) 유형의 문제도 종종 출제된다. 이 문제는 지문에 나와 있는 정보에 판단 기준을 두기보다는 글쓴이의 주장에 정답 판단의 기준을 둔다.

- **YES if the statement agrees with the claims of the writer**
  만약 문장이 글쓴이의 주장과 일치한다면 답은 YES이다

- **NO if the statement contradicts the claims of the writer**
  만약 문장이 글쓴이의 주장과 상반된다면 답은 NO이다

- **NOT GIVEN if it is impossible to say what the writer thinks about this**
  만약 이것에 대해서 글쓴이가 어떻게 생각하는지 말하는 것이 불가능하다면 답은 NOT GIVEN이다

🔷 단계별 실전 전략

Step 1 문제를 읽고 가장 핵심이 되는 단어를 키워드로 선택한다.

이 유형은 각각의 문제가 전체 지문의 흐름과는 비교적 관련이 적다. 제목을 읽는 것이 전체 내용의 이해도를 향상시킨다는 것은 부인할 수 없는 사실이지만 각각의 문제에 더욱 집중하자. 이 유형에서 문제로 출제되는 문장들은 100% 사실이라고는 할 수 없다. TRUE 문장도 있긴 하지만, FALSE나 NOT GIVEN 문장들도 섞여 있기 때문이다. 따라서 되도록 명사 혹은 구체적인 동사 위주로 Scanning을 위한 키워드를 정하는 게 좋다.

Step 2 키워드를 지문에서 Scanning한다.

다양한 형태로 Paraphrasing되어 있을 것이다. 내용 전체를 읽고 이해하는 독해가 아니고, 선택한 키워드를 찾는 과정이다.

Step 3 지문에서 찾은 문장으로 문제 내용을 판단한다.

내가 풀고 있는 문제가 TRUE, FALSE 유형인지 YES, NO 유형인지 반드시 확인하고 답을 적도록 한다. 이 유형에서 수험자들을 틀린 답으로 이끄는 몇 가지 원인이 있다.

❶ 단어의 의미를 모름
단어의 의미를 모른다는 것은 답을 결정해야 하는 마지막 순간에 판단을 엄청나게 흐려지게 만든다.

지문 Babies cry late at night because of the pain of growing teeth.
아기들은 늦은 밤중에 치아가 나는 아픔 때문에 운다.

문제 Babies about a year old sometimes cry from the ache because they are getting their incisors.
태어난 지 1년쯤 된 아기들은 앞니가 나고 있기 때문에 그 통증으로 울 때가 종종 있다.

⋯▸ TRUE? FALSE? NOT GIVEN?

⋯▸ 정답은 **TRUE**이다. 이 문제에서 가장 핵심이 되는 부분은 incisors라는 단어를 아는지 여부이다. incisors의 뜻이 '앞니'라는 것을 분명하게 아는 사람들은 곧바로 답이 TRUE라고 확신할 수 있겠지만, 그렇지 않다면 답을 결정하기까지 시간적 소모가 커진다.

❷ 부정확한 해석
보이는 단어 몇 개만 가지고 해석을 대충 한다면, 당연히 불충분하거나 잘못된 정보를 얻게 된다.

지문 There are a variety of reasons why people take the IELTS, such as for studying abroad.
사람들이 IELTS 시험을 보는 데에는 해외 유학 등 다양한 이유가 있다.

문제 The reason why people take the IELTS is that they want to study abroad.
사람들이 IELTS 시험을 보는 이유는 해외에서 공부하기를 원하기 때문이다.

⋯▸ TRUE? FALSE? NOT GIVEN?

⋯▸ 정답은 **FALSE**이다. 지문에서는 분명 '다양한 이유(a variety of reasons)'가 있다고 했고 그 예시 중 하나가 해외 유학이었는데, 문제에서는 사람들이 IELTS 시험을 보는 이유가

해외 유학이라고 단정지어 말하고 있기 때문에 이는 분명히 잘못된 정보가 된다. 일부를 전체로 확대하면 FALSE라는 것을 기억하자.

❸ 잘못된 내용 분석

세 번째 이유는 단어의 뜻이나 문장 해석이 아닌 내용 분석 자체에서 오류가 생기는 경우이다.

지문 Most of the semiconductors exported from South Korea head for the United States.
한국에서 수출되는 반도체의 대부분은 미국으로 향한다.

문제 Most of the semiconductors imported in the U.S. were made in South Korea.
미국으로 수입된 반도체의 대부분은 한국에서 만들어졌다.

⋯▸ TRUE? FALSE? NOT GIVEN?

⋯▸ 정답은 **NOT GIVEN**이다. 이 문제는 실제로 두 문장이 굉장히 비슷하게 보인다. 하지만 둘은 엄연히 다른 문장이다. 비교 대상이 아예 다르기 때문이다. 한국에서 수출된 반도체와 미국으로 수입된 반도체는 절대 동일한 대상을 가리키는 것이 아니다. 따라서 두 문장을 비교해서 Paraphrasing 여부를 판단할 수 있는 내용이 아니므로, 주어지지 않은 정보라고 판단하는 게 옳다.

핵심 문제 유형

When Australia Struck Gold

The Victorian Gold Rush, which took place from around 1850 to 1860, had a massive impact on the Australian economy. With the gold collected during this decade, Australia was able to repay all of their debts to Britain and create a stable economic foundation for national development. In total, the amount of gold collected in Australia from 1850 to 1900 would be worth 9 billion dollars today. The Gold Rush transformed the region of Victoria in particular. The most popular locations for gold prospecting were near streams or in old river beds, and when a prospector struck it rich, swarms of people from all over the world would converge on the spot. Thousands of tents would be erected in just months, with whole cities seeming to spring up out of the ground. These days, although the Gold Rush is long past, mining companies and individuals seeking their fortunes still comb the area for signs of riches hiding beneath the surface. Their enthusiasm is understandable: Australia has been such a productive source of gold that among the 10 largest nuggets ever found, 8 of them have come from Australia.

호주가 노다지를 캤을 때

1850년경부터 1860년까지 일어난 빅토리아 시대의 골드러시는 호주 경제에 큰 영향을 미쳤다. 이 10년 동안 모아진 금으로 호주는 영국에 모든 빚을 갚을 수 있었고 국가 발전을 위한 안정적인 경제적 기반을 세울 수 있었다. 1850년부터 1900년까지 호주에서 모아진 금의 총액은 오늘날 가치로 치면 90억 달러가 될 것이다. 골드러시는 특히 빅토리아주 지역을 바꿔놓았다. 금광 탐사를 위한 가장 인기 있는 장소는 개울 근처나 오래된 강바닥이었는데, 시굴자가 금맥을 찾아내면, 전 세계에서 수많은 사람들이 그 자리로 모여들곤 했다. 단 몇 달 만에 수천 개의 텐트가 세워졌고, 도시 전체가 땅 속에서 솟아나온 것처럼 생겨나곤 했다. 요즘은 비록 골드러시가 옛말이 되었지만, 광업 회사들과 일확천금을 바라는 개인들은 여전히 지표면 아래에 숨어 있는 재물의 흔적을 찾기 위해 그 지역을 샅샅이 뒤지고 있다. 그들의 열정은 이해할 수 있다. 호주는 매우 풍부한 금 공급원이어서 지금까지 발견된 10개의 가장 큰 금 덩어리 중 8개가 호주에서 나온 것이었다.

Do the following statements agree with the information given in Reading Passage?

In boxes 1–3 on your answer sheet, write

아래 문장들이 읽기 지문에서 주어진 정보와 일치하는가?

답지의 1–3번 상자에 쓰시오

TRUE	if the statement agrees with the information	**참**	문장이 지문 내용과 일치할 경우
FALSE	if the statement contradicts the information	**거짓**	문장이 지문 내용과 상반될 경우
NOT GIVEN	if there is no information on this	**주어지지 않음**	여기에 대한 정보가 없을 경우

1   Modern people are attracted to tents where gold was once found.

2   People looked for nuggets near currents or ancient sources of water.

3   A minority of the biggest nuggets were found in Australia.

1 현대인들은 한때 금이 발견되었던 텐트에 이끌린다.

2 사람들은 물줄기나 오래된 수원 주변에서 금 덩어리를 찾았다.

3 가장 큰 금 덩어리들 중 소수가 호주에서 발견되었다.

🔲 Vocabulary

prospect v (금 등을 찾아) 탐사하다, 탐광하다   **stream** n 개울   **swarm** n 떼, 군중   **strike** v (탄광 등에서 금, 석유 등을) 발견하다
erect v 세우다   **fortune** n 재산, 부   **comb** v 샅샅이 뒤지다   **beneath** prep 아래에, 밑에   **productive** adj 비옥한, 생산적인

🔷 전략 적용하기

Step 1 문제를 읽고 가장 핵심이 되는 단어를 키워드로 선택한다.

보통 명사와 동사에 집중하는 것이 좋다. 왜냐하면 형용사와 부사에서 많은 오답이 나올 수 있기 때문이다.

문제	키워드
1 Modern people **are attracted to** tents where gold was once found. 현대인들은 한때 금이 발견되었던 텐트에 이끌린다.	modern people 현대인 tents 텐트
2 People **looked for** nuggets **near** currents **or** ancient sources of water. 사람들은 물줄기나 오래된 수원 주변에서 금 덩어리를 찾았다.	nuggets 금 덩어리 currents 물줄기 sources of water 수원
3 A minority of the biggest nuggets were found in Australia. 가장 큰 금 덩어리들 중 소수가 호주에서 발견되었다.	minority 소수 biggest nuggets 가장 큰 금 덩어리

Step 2 키워드를 지문에서 Scanning한다.

키워드는 다양한 형태로 Paraphrasing되어 있을 것이다. 내용 전체를 읽고 이해하는 독해가 아니라 선택한 키워드를 찾는 과정으로 생각하자.

키워드	지문에서 Scanning한 문장
modern people 현대인 tents 텐트	Thousands of tents would be erected in just months, with whole cities seeming to spring up out of the ground. 단 몇 달 만에 수천 개의 텐트가 세워졌고, 도시 전체가 땅 속에서 솟아나온 것처럼 생겨나곤 했다.
nuggets 금 덩어리 currents 물줄기 sources of water 수원	The most popular locations for gold prospecting were near streams or in old river beds, (…) 금광 탐사를 위한 가장 인기 있는 장소는 개울 근처나 오래된 강바닥이었는데, (…)
minority 소수 biggest nuggets 가장 큰 금 덩어리	Australia has been such a productive source of gold that among the 10 largest nuggets ever found, 8 of them have come from Australia. 호주는 매우 풍부한 금 공급원이어서 지금까지 발견된 10개의 가장 큰 금 덩어리 중 8개가 호주에서 나온 것이었다.

Step 3 지문에서 찾은 문장으로 문제 내용을 판단한다.

내가 풀고 있는 문제가 TRUE, FALSE 유형인지 YES, NO 유형인지 반드시 확인하고 답을 적도록 한다.

1. 학습자들을 꽤 혼란스럽게 하는 문제이다. 일단 우리가 판단해야 하는 것은 '현대인들은 금이 발견되었던 텐트로 모이는가'이다. 하지만 지문에는 과거 몇 천 개의 텐트가 세워졌다는 정보만 나와 있을 뿐 그곳으로 현대인들이 모인다는 내용과 그 텐트에서 금이 발견되었다는 내용은 나와 있지 않다.

   만약 앞 문장을 같이 봤다면 더 분명하게 판단해야 한다. 앞 문장은 when a prospector struck it rich, swarms of people from all over the world would converge on the spot (시굴자가 금맥을 찾아내면, 전 세계에서 수많은 사람들이 그 자리로 모여들곤 했다)라고 나와 있다. 장소를 가리키는 대명사 it을 앞에 있는 stream이나 river beds라고 볼 수 있으나 절대로 tent라고 판단할 수는 없다.

   이 문제에서 우리가 알아야 할 것은 '절대 연관 없는 2개의 정보를 임의로 연결해서 마음대로 문제를 판단하면 안 된다'는 포인트이다. 또한, 이 문제를 TRUE 또는 FALSE로 판단할 수 없는 명백한 두 번째 이유는 우리가 판단해야 하는 문장의 주어는 modern people이고, 시제도 are attracted라는 현재시제이지만, 우리가 읽은 지문은 전부 다 과거의 이야기이기 때문이다. 특히 지문에서 쓰인 would는 '(과거에) ~하곤 했다'라는 과거시제 표현이기 때문에 정답은 **NOT GIVEN**이 된다.
   정답 NOT GIVEN

2. 우리가 판단해야 할 정보는 사람들이 물줄기나 오래된 수원 주변에서 금 덩어리를 찾았는지 여부인데, 지문에서 찾은 문장을 보면 금광 탐사를 위한 가장 인기 있는 장소는 개울 근처나 오래된 강바닥이었다고 말하고 있다. looked for nuggets → gold prospecting | near streams or in old river beds → near currents or ancient sources of water이므로 정답은 **TRUE**가 된다.
   정답 TRUE

3. 우리가 판단해야 할 정보는 가장 큰 금 덩어리들 중 소수가 호주에서 발견되었는지 여부인데, 지문에서는 호주가 매우 풍부한 금 공급원이어서 지금까지 발견된 10개의 가장 큰 금 덩어리 중 8개가 호주에서 나온 것이었다고 정반대 이야기를 하고 있다. 10개중 8개는 minority(소수)가 아닌 majority(대다수)이므로 정답은 **FALSE**가 된다.
   정답 FALSE

Practice

READING PASSAGE 1

*You should spend about 10 minutes on **Questions 1–3**, which are based on Reading Passage 1 below.*

Bilingual Education in Schools

If we look more closely at the research on bilingual education, we see that the positive effects take some time to emerge, which explains some of the criticism bilingual programmes receive. Many educators note that very young children in these programmes show great aptitude for literacy in their mother tongues, but progress in the target language is not noticeably better than that of children in immersion programmes. Studies show, however, that after several years, first language development has a positive impact on progress in both first and second languages. Not every study has been able to reproduce these results, but this is understandable, given the difficulty of controlling all of the social and cultural influences that affect student progress. In any case, it must be noted that in each of these studies, results for students have been neutral or positive, but never negative.

Looking beyond the question of language development, it should be noted that bilingual programmes also encourage students to be more active in the classroom and help to boost self-esteem. Immersion programmes tend to involve more passive activities like extensive listening and recitation. The idea is to provide the learners with heavy amounts of input and slowly increase the amount of output as time goes by. Students who can use their native languages in class are able to express their knowledge, creativity, and innovation to their peers and their instructors. This encourages them to participate more freely in class, a point which has been confirmed by the research. Unsurprisingly, dropout rates and instances of student failure are markedly lower in bilingual programmes than in immersion programmes.

Strong forms of bilingual education are more effective but are also more difficult to implement. One success story has been voluntary participation in French language education programmes by students from English-speaking homes. These programmes have worked well, but it should be noted that both English and French are commonly perceived as 'prestigious' world languages, and students are there because they have a special interest in (or at least, parental support for) becoming bilingual. Another successful model has been two-way bilingual education, which involves native speakers from two language groups mixed in the same classroom. The learners are instructed in both languages and can learn from each other through cooperative assignments. This model requires a context in which native speakers of just two different languages are present in the classroom, in roughly equal numbers. Thus, it can be appropriate for French-English exchange in many parts of Canada, or Spanish-English exchange in many parts of the United States. For environments with a more complex variety of native languages (not to mention the various social, economic, and political dynamics that can exist behind them), other instruction models will need to be explored.

Questions 1–3

Do the following statements agree with the information given in Reading Passage 1?

In boxes 1–3 on your answer sheet, write

> **TRUE**   *if the statement agrees with the information*
>
> **FALSE**   *if the statement contradicts the information*
>
> **NOT GIVEN**   *if there is no information on this*

1   Strong forms of bilingual education are more common in classroom settings.

2   The bilingual education system in Canada results in increased parental support.

3   There are at least two strong models of bilingual education that have been found effective.

You should spend about 20 minutes on **Questions 4–11**, which are based on Reading Passage 2 below.

Social and Cultural Anthropology

Graduate Programme

The Department of Anthropology is a vibrant centre for graduate and postgraduate students. For over 15 years, the department has offered a Master of Science (MSc) degree in Social and Cultural Anthropology, a flagship of research-led training in historical and social anthropology. The programme is unique in its wide spectrum of options for specialisation, spanning social, medical, and digital anthropology, as well as ecology and evolutionary biology. This highlights our distinctly broad-based approach, whereby we emphasise in-depth training in social anthropology complemented by knowledge of interdisciplinary sub-fields. In order to complete the programme, students must complete one foundational course titled Anthropological Methods, as well as two elective classes of their choosing. Coursework will be followed by a 20,000-word thesis and a 20-minute oral defense.

The Anthropological Methods course provides broad training in anthropological research techniques and methodology, and it runs throughout Term 1 and Term 2. In the first term, coursework will consist of two-hour lectures and interactive workshops, emphasising specific research techniques, such as questionnaire and survey design, ethics of field research, statistical analysis, and interview techniques. Term 2 changes focus to ethnography as the primary research methodology for working anthropologists. Term 2 coursework is administered exclusively by the Social Anthropology faculty and aims to help students to explore the role of ethnography both as a source of data and as a perspective by which anthropologists ground their thinking and writing. This course is assessed by way of a 3,000-word essay due at the end of each term, as well as an independent presentation based on one or more concepts explored in the course.

There are a number of electives offered by the Department of Anthropology available to students in the MSc programme. The availability of each course varies by term and can be confirmed by checking the online course catalogue for the most up-to-date information. Students are encouraged to explore the course listings for related departments and to pursue academic interests that combine elements of multiple fields of study. Electives from outside departments must be approved by both the appropriate department chair as well as the student advisor prior to enrollment. Elective courses available through the Department of Anthropology are as follows:

The Anthropologies of Religion course explores multiple perspectives on the phenomena of spiritual and religious experiences and worldviews. Almost every human culture in history has left behind materials giving us clues as to their religious customs and beliefs. Students learn the theoretical background to the study of religion as a human phenomenon, engage in debates surrounding the place of religion in anthropological study, and explore the effects of ritual practices on the human body and human societies.

The Practice of Medicine provides a fascinating window into cultural beliefs, values, and practices. The course in medical anthropology provides a theoretical background in three systems of health and well-being: traditional, cosmopolitan, and hybrid. The reading lists draw on a variety of modern and classic texts, and the principal aim of the course is to explore the relationship between healer, patient, and community, the so-called 'therapeutic triangle', in a range of human cultures. An increased focus is placed on the ways in which minority communities are treated within medical communities. In addition, participants examine multiple perspectives on illness, wellbeing, medical expertise, and therapeutic risk.

Anthropology of India seeks to unpack one of the most vibrant modern cultures on the planet. In this course, participants learn about contemporary and classical views of the culture and society of post-independence India. The study of this country's history and contemporary cultural characteristics gives students a practical backdrop for the wider theoretical study of political development and social change. Students also explore the role of language in Indian culture and how rapid modernisation has impacted Indian society. Special attention is given to social division and the caste system, emphasising the effects on the daily lives of Indian people.

Psychology and Anthropology explores the ways in which these two related fields interact, contribute to one another, and at times contradict one another. Specifically, this course examines (a) notions of "mental illness" and their relation to wider aspects of society; (b) how different societies throughout human history have viewed psychology. Additionally, the course seeks to provide a general understanding of how notions of national character are developed and spread in a society. Students come away from this course understanding how psychological perspectives on human behaviour complement and expand on the basic theoretical frameworks underlying the study of anthropology.

Questions 4–11

Do the following statements agree with the information given in Reading Passage 2?

In boxes 4–11 on your answer sheet, write

TRUE   *if the statement agrees with the information*

FALSE   *if the statement contradicts the information*

NOT GIVEN   *if there is no information on this*

4   The Anthropology department previously offered only undergraduate courses.

5   Social and Cultural Anthropology graduate programme allows students to specialise in a broader range of subjects than other anthropology programmes.

6   Students can replace the Anthropological Methods course with two elective courses.

7   The Anthropological Methods course is completed in the first semester of graduate studies.

8   Term 1 involves a greater amount of coursework than Term 2.

9   In the Anthropological Methods course, the final grade is composed of two written assignments and a student presentation.

10   All listed electives are available year-round.

11   Electives from other departments are allowed by the programme.

UNIT 06 Matching Features

특징적 정보 연결하기(Matching Features) 문제 유형은 문제에서 주어진 특징이 지문의 어떤 대상과 관련이 있는지 찾아서 연결하는 문제이다. 연결 대상으로는 인물, 국가, 장소, 이벤트, 시간 등 여러 가지가 출제되고 있다. 이 유형의 문제를 푸는 데에는 빠른 Scanning 실력이 반드시 필요하다. 빈칸 채우기(Completion) 유형처럼 직접 단어를 찾아 적는 것은 아니기 때문에 품사를 따져가며 빈칸에 들어갈 정확한 단어를 선택하지 않아도 된다는 점에서는 압박이 조금 덜하지만, 대신 이 문제는 Scanning의 범위가 다소 넓기 때문에 시간이 많이 소요될 수도 있다.

🔷 단계별 실전 전략

Step 1 문제를 읽고 가장 핵심적이고 구체적인 단어를 키워드로 정한다.

전체 주제에 해당하는 사실은 키워드로 적절하지 않다. 가장 특이하거나 구체적인 내용을 선택해야 하며, 몇 개의 단어만 선택하기 힘든 문장의 경우에는 그 문장의 전체적인 의미를 반드시 명확하게 이해하도록 하자.

Step 2 지정한 키워드를 지문에서 꼼꼼하게 Scanning한다.

이 유형에서는 가장 중요한 부분이 Scanning이다. 문제에서 찾기로 결정한 키워드나 내용이 여러 가지 방식으로 Paraphrasing되어 있을 것이므로 가능성을 골고루 생각하며 찾아야 한다. 빈칸 채우기 유형보다는 간단하지 않을 것이다. 그리고 문제와 지문의 순서가 일정하지 않다는 점을 염두에 두어야 한다. 어떤 문제는 순서대로 근거가 제시되는 경우도 있고, 다른 문제는 뒤죽박죽 섞여 있는 경우도 있다.

Step 3 지문에서 찾은 내용을 보고 관련 있는 대상과 문제를 알맞게 연결한다.

Scanning한 내용을 바탕으로 문제에서 요구하는 대로 그 특징을 주어진 대상과 연결한다.

핵심 문제 유형

Does Your Language Affect How You Think?

In the 1950s, a psychologist named Benjamin Lee Whorf conducted a series of studies based on the differences between English and other languages. He assumed that if people speak differently, it must mean that they also think differently. Whorf took this idea one step further by theorising that not only does language influence the way we think, but that humans actually think in language. This was both a popular theory and also wildly controversial, as it seemed to imply that people from different language groups had different mental abilities and worldviews.

In 2008, linguist Daniel Casasanto showed English and Greek speakers an event and later asked them to estimate the duration of the event. During each event, he showed them some type of distracting information, either related to distance or quantity. The distance distractor was in the form of a line growing across a screen, while the quantity distractor was a container being slowly filled. In the study, Casasanto also attempted to show how easily our mental patterns can be changed by altering our linguistic patterns. He gave his English-speaking subjects a pen and paper exercise, asking them to choose a quantity that matches a number of events. For example, "wedding" might be matched with a bowl full of water, while "football game" might be matched with a bucket full of water. After 30 minutes of this kind of "training", the subjects repeated the earlier experiment with the distractors and were found to estimate the duration of events in nearly the same way as Greek subjects.

Casasanto's study succeeded because he narrowed his focus, observing only the non-linguistic behaviour of his subjects. In 2013, a study conducted by Keith Chen of Yale University took the opposite approach, taking the broadest possible view of human behaviour across language groups. Chen observed that some languages (i.e. English) are futured, meaning that they force speakers to grammatically distinguish between present and future. Languages like German, on the other hand, are futureless, allowing speakers to use the same grammatical tense for both present and future.

언어가 당신이 생각하는 방식에 영향을 미치는가?

1950년대에 벤자민 리 워프라는 이름의 심리학자가 영어와 다른 언어들 사이의 차이점에 근거한 일련의 연구들을 수행했다. 그는 만약 사람들이 다르게 말한다면, 이는 틀림없이 그들이 또한 다르게 생각한다는 것을 의미한다고 가정했다. 워프는 언어가 우리가 생각하는 방식에 영향을 미칠 뿐만 아니라, 사람들은 실제로 언어로 생각을 한다는 이론을 내세움으로써 이런 생각을 한 단계 더 발전시켰다. 이것은 인기 있는 이론인 동시에 크게 논란이 되었는데, 서로 다른 언어 집단 출신의 사람들이 서로 다른 정신적 능력과 세계관을 가지고 있음을 의미하는 것처럼 보였기 때문이다.

2008년에 언어학자 다니엘 카사산토는 영어와 그리스어 화자들에게 한 사건을 보여준 후 그 사건의 지속 시간을 추산해 달라고 요청했다. 각각의 사건이 진행되는 동안 그는 그들에게 집중을 방해하는 몇 가지 정보를 보여주었는데, 그것은 거리나 수량과 관련된 것이었다. 거리를 나타내는 방해 요소는 화면을 가로질러 자라나는 선 형태였고, 수량을 나타내는 방해 요소는 서서히 채워지는 용기였다. 이 연구에서 카사산토는 또한 우리의 언어적 패턴을 변화시킴으로써 우리의 정신적 패턴이 얼마나 쉽게 변화될 수 있는지 보여주려고 시도했다. 그는 영어 화자인 피실험자들에게 펜과 종이를 이용한 연습문제를 주면서, 몇 가지 사건들과 일치하는 수량을 고르도록 요청했다. 예를 들어, '결혼식'은 물이 가득 찬 한 개의 그릇과 맞먹을 수 있고, '축구 경기'는 물이 가득 찬 양동이 하나와 맞먹을 수 있다. 이런 '훈련'을 30분 동안 진행한 후 피실험자들은 방해 요소와 함께 이전의 실험을 반복했고, 그 결과 그리스인 피실험자들과 거의 비슷한 방식으로 사건의 지속 시간을 추산하는 것으로 확인됐다.

카사산토의 연구는 피실험자의 비언어적인 행동만을 관찰하면서 그의 초점을 좁혔기 때문에 성공했다. 2013년에 예일대학교의 키스 첸에 의해 진행된 연구는 정반대의 접근 방식을 취했는데, 여러 언어 그룹에 걸쳐 인간의 행동에 대한 가능한 한 가장 광범위한 관점을 취했다. 첸은 일부 언어(예를 들어, 영어)가 '미래형화' 되었다는 것을 발견했는데, 이는 언어가 화자들로 하여금 현재와 미래를 문법적으로 구분하게 만든다는 의미이다. 반면에, 독일어 같은 언어는 미래시제가 없어서 화자들이 현재와 미래에 대해 문법적으로 같은 시제를 사용하게 만든다.

Look at the following statements (Questions 1–3) and the list of researchers below.

*Match each statement with the correct researcher, **A–C**.*

***NB** You may use any letter more than once.*

1   Conducted the research by using only non-linguistic data

2   Proved that the grammar of a language can affect group behaviour

3   Operated under the assumption that human thought is linguistic in nature

아래 문장들(1–3번 문제)과 연구자 명단을 보시오.

각각의 문장을 알맞은 연구자 A–C와 연결하시오.

주의 각 문자는 한 번 이상 쓸 수 있다.

1   비언어적 데이터만을 사용하여 연구를 수행함

2   한 언어의 문법이 집단 행동에 영향을 미칠 수 있다는 것을 증명함

3   인간의 생각이 본질적으로 언어적이라는 가정하에 진행함

List of Researchers

A   Benjamin Lee Whorf
B   Daniel Casasanto
C   Keith Chen

연구자 명단

A   벤자민 리 워프
B   다니엘 카사산토
C   키스 첸

📖 **Vocabulary**

psychologist n 심리학자   conduct v 수행하다   a series of 일련의   further adv 더 나아가, 더 멀리에   theorise v 이론화시키다   imply v 암시하다   worldview n 세계관   estimate v 추산하다, 어림잡다   duration n 기간   distracting adj 방해가 되는   across prep 가로질러서, 가로지른   container n 그릇, 용기   attempt v 시도하다   subject n 피실험자, 주제, 과목   bucket n 양동이   narrow v 좁히다   observe v 관찰하다   non-linguistic adj 비언어적인   distinguish v 구별하다

● 전략 적용하기

Step 1 문제에서 가장 핵심적이고 구체적인 단어를 키워드로 정한다.

문제	키워드
1 Conducted the research by using only non-linguistic data 비언어적 데이터만을 사용하여 연구를 수행함	non-linguistic data 비언어적 데이터
2 Proved that the grammar of a language can affect group behaviour 한 언어의 문법이 집단 행동에 영향을 미칠 수 있다는 것을 증명함	Proved 증명함 grammar 문법 group behaviour 집단 행동
3 Operated under the assumption that human thought is linguistic in nature 인간의 생각이 본질적으로 언어적이라는 가정하에 진행함	assumption 가정 thought is linguistic in nature 생각은 본질적으로 언어적

Step 2 지정한 키워드를 지문에서 꼼꼼하게 Scanning한다.

키워드	지문에서 Scanning한 문장
non-linguistic data 비언어적 데이터	Casasanto's study succeeded because he narrowed his focus, observing only the non-linguistic behaviour of his subjects. 카사산토의 연구는 피실험자의 비언어적인 행동만을 관찰하면서 그의 초점을 좁혔기 때문에 성공했다. ≫ 동일한 단어를 이용한 Scanning
Proved 증명함 grammar 문법 group behaviour 집단 행동	Chen observed that some languages (i.e. English) are futured, meaning that they force speakers to grammatically distinguish between present and future. Languages like German, on the other hand, are futureless, allowing speakers to use the same grammatical tense for both present and future. 첸은 일부 언어(예를 들어, 영어)가 '미래형화' 되었다는 것을 발견했는데, 이는 언어가 화자들로 하여금 현재와 미래를 문법적으로 구분하게 만든다는 의미이다. 반면에, 독일어 같은 언어는 미래시제가 없어서 화자들이 현재와 미래에 대해 문법적으로 같은 시제를 사용하게 만든다. ≫ 보다 구체적인 예시로 Paraphrasing된 표현 Scanning
assumption 가정 thought is linguistic in nature 생각은 본질적으로 언어적	He assumed that if people speak differently, it must mean that they also think differently. 그는 만약 사람들이 다르게 말한다면, 이는 틀림없이 그들이 또한 다르게 생각한다는 것을 의미한다고 가정했다. ≫ 같은 의미지만 문장을 더 풀어서 설명한 표현 Scanning

Step 3 지문에서 찾은 내용을 보고 관련 있는 대상과 문제를 알맞게 연결한다.

1. 지문에서 찾아낸 문장의 주어가 Casasanto's study인 것으로 보아 1번 문제에 관련된 사람은 Casasanto이며, 따라서 정답은 **B – Daniel Casasanto**가 된다.

정답 B

2. 문장의 주어와 동사를 보면 '첸이 관찰했다'고 나와 있는 것으로 보아, 정답은 **C – Keith Chen**으로 연결할 수 있다.

정답 C

3. 지문에서 찾은 문장의 주어가 He이기 때문에 반드시 그 대명사가 누구를 지칭하고 있는지 확인해야 한다. 그러므로 앞 문장을 반드시 읽는다. In the 1950s, a psychologist named Benjamin Lee Whorf conducted a series of studies based on the differences between English and other languages.(1950년대에 벤자민 리 워프라는 심리학자가 영어와 다른 언어들 사이의 차이점에 근거한 일련의 연구들을 수행했다.)에서 주어가 Benjamin Lee Whorf라고 되어 있는 것으로 보아, 정답은 **A – Benjamin Lee Whorf**임을 알 수 있다.

정답 A

Tip!

NB: You may use any letter more than once.

문제에 가끔 등장하는 'NB(Nota Bene; 주의)'는 글에서 중요한 정보 앞에 붙이는 표시인데 'You may use any letter more than once.'라는 말은 '문자를 1번 이상 사용해도 된다', 즉 중복 답안을 허용한다는 의미이다.

Practice

*You should spend about 10 minutes on **Questions 1–5**, which are based on Reading Passage 1 below.*

Halley's
The Discovery and Influence of the World's Most Well-Known Comet

*One of the most well-known comets of our time,
Halley's Comet returns to Earth every 75 to 76 years.*

A Halley's Comet is a short-period comet that completes its orbit around the Sun in less than 200 years. It has returned often enough to appear many times in ancient historical records. One of the earliest records was made by the ancient Greeks: Aristotle's record of a comet that streaked across the summer night sky in 466 B.C. was recently determined to be a description of Halley's.

B In ancient times, apparitions of the comet were seen as omens heralding significant events like the death of a ruler or the rise and fall of a kingdom. For instance, in their annals, Chinese astronomers made a note that the Empress Dowager of China died during the summer of 239 B.C. when Halley's Comet appeared. In 1066, when Halley's was spotted all over Europe, many people associated it with the Norman conquest of Britain, the subsequent death of King Harold II, and the beginning of the reign of William the Conqueror. This is evident from the Bayeux Tapestry — a long embroidered cloth which gives an account of the conquest — in which the comet is shown in the sky above King Harold. While early astronomers spanning different eras and regions made detailed observations, the apparitions were seen as isolated events independent of each other.

C It wasn't until the 17th century that scientists sought to better understand comets — what they are, where they come from, and what they are made out of. In 1681, the English astronomer John Flamsteed proposed that two bright comets, one in 1680 and then another in 1681, were a single comet passing by the Earth twice — initially towards the Sun and later travelling outbound. Flamsteed, who is also known for being the first person to document the existence of Uranus, kept meticulous notes on the trajectory of the comet, and these eventually fell into the hands of Isaac Newton. Newton was another contemporary scientist who was interested in understanding the forces of attraction — what we today call *gravity* — between celestial bodies. While he initially disagreed with Flamsteed about the comets of 1680 and 1681, he later incorporated Flamsteed's work to arrive at his theory on the motions of celestial bodies. This was included in the groundbreaking *Principia*, published in 1687, in which he explained the role of gravity in the movement of planets around the Sun.

D However, it was only later in 1705 that Edmond Halley, an English astronomer who was also Newton's friend and financial supporter, published a comprehensive work on comets and their orbits. By employing Newton's work, Halley was able to calculate the orbits of comets and eventually discovered a similarity in the orbital patterns of three comets — a comet he personally observed in 1682, one observed in 1531 by Petrus Apianus, and another observed in 1607 by Johannes Kepler. He noted that these comets were regularly passing by the Earth — once every 76 years, to be precise — and this observation encouraged him to suggest that these three apparitions were of a single comet and that the same comet would be returning in 1758, exactly 76 years after its last sighting. He did not live to see if his prediction came true, as he died in 1742. However, the same comet was indeed spotted on Christmas day in 1758, marking the first time a comet had been proven to be periodic. It was also the first time anything other than planets had been proven to orbit the Sun. To acknowledge his contributions, the comet was named in his honour.

Look at the following statements (Questions 1–5) and the list of people below.

Match each statement with the correct person, **A–D**.

Write the correct letter, **A–D**, in boxes 1–5 on your answer sheet.

NB   You may use any letter more than once.

1   He discovered a pattern of comet sightings in historical records and forecast the next appearance.

2   He understood that forces of attraction caused planets to orbit the Sun.

3   He observed Halley's Comet when it appeared in the 16th century.

4   He proposed that a pair of consecutive comet appearances over the span of two years were of the same comet.

5   He observed and made a record of a previously-unknown planet.

List of People

A   John Flamsteed
B   Isaac Newton
C   Edmond Halley
D   Petrus Apianus

READING PASSAGE 2

*You should spend about 20 minutes on **Questions 6–12**, which are based on Reading Passage 2 below.*

The Rise of Coding Bootcamps

In 2011, a software engineer in California posted an ad online offering to teach six people how to write computer code. This was much more than a private tutoring opportunity, for two reasons. First, tuition was only accepted if the participants got a job with a software company. Second, the course would take only eight weeks. He called it a coding bootcamp, taking its name from the 10-week physical training course necessary to join the US military. It didn't take long for the idea to spread, and soon there were dozens of coding bootcamps popping up all over the country. Last year, over 16,000 new coders graduated from bootcamps in the US alone.

Bootcamps, also known by the more general term coding schools, promise excellent job placement rates and they cost little, both in terms of time and money. And the results don't lie: a report released in 2015 revealed that alumni were able to raise their salaries by an average of 38% after finishing their programmes. This is impressive, especially considering that the average tuition is under $12,000. That means that it's possible to pay off your education expenses in less than a year, something that can hardly be said for a 4-year computer science degree.

The initial reaction to the bootcamp style of education was decidedly mixed, with many in the industry doubting whether even the most intensive 2-month course could ever compete with a 4-year degree. Gordon Meyer, co-founder of technical hiring company DoubleBay, has found that each group finishes their education with a different skill set. He writes, "Bootcamp graduates are not the finished article, they are junior programmers. The same can be said of college graduates. As a rule, programmers coming out of bootcamp have the upper hand when it comes to writing simple, modular code and programming content for the web. On the other hand, college graduates better understand computers and their underlying algorithms." Meyer has also found that coding schools do a better job at preparing students for work in specialised fields in the tech industry, as well as giving well-rounded job applicants a specific area of expertise. This can be the difference-maker when it comes to the job search.

As bootcamps become more influential, they are beginning to have an effect on the tech industry as a whole. Paul Brown, researcher for TechWatch, conducted a survey, which seems to suggest that coding schools are helping to diversify the industry, particularly in terms of gender. Brown's research has revealed that women comprise 36 per cent of bootcamp graduates, compared to just 14 per cent of computer science undergraduate degree holders. Women also see a bigger rise in salaries than men after completing the programmes. Brown suggests that coding schools reflect a more progressive workforce because they target students earlier in their careers (the average age is 31 years old).

Bootcamps owe their success in part to their image as being an alternative to traditional education, a shortcut to success. However, their success has resulted in more difficult entry requirements and higher tuitions, making them increasingly similar to college programmes. In fact, it has become so difficult to get accepted into top-level bootcamps that a company called App Village has started a prep programme designed to help students with their applications. CEO Margaret Little explains that as competition for prestigious bootcamps like Bloc and Coder Camps is so fierce, they will happily pay the $3,000 prep programme fee. According to Little, "We only charge tuition for our programme when and if a graduate is placed in a full-time coding position for a recognised company, or if a graduate's salary rises significantly."

James Hartford, associate dean at Adams College, points out that colleges are beginning to fold their own bootcamps into existing computer science curriculums. Educators appreciate that they are so centred on job readiness, and the no-nonsense approach makes them a hit with students. Hartford has spoken about university bootcamps as the perfect marriage between the efficiency of coding schools and the reliability of well-established colleges or universities. "With the exception of the more prestigious coding schools, you really can't be sure what you're paying for with these private bootcamps. There are very few regulations, and no organizing body to create a fair ranking system or hold these schools accountable. Until this market matures, it makes more sense to put your faith in a well-known institution with established instructors and a verifiable history."

Paul Brown writes that the bootcamp market will continue to be co-opted by traditional educational institutions. Unfortunately, this is happening at a time when more and more low-quality coding schools are springing up, looking to take advantage of the bootcamp bubble while it lasts. Brown warns that these two trends will quickly deaden the revolutionary impact of the bootcamp system, resulting in a pivot in hiring practices back toward 4-year university programmes. Make no mistake: major players like Bloc and Coder Camps will continue to help the American workforce catch up to coding powerhouses like India and China, but the initial excitement of the coding bootcamp revolution is beginning to fade.

Questions 6–12

Look at the following statements (Questions 6–12) and the list of people below.

*Match each statement with the correct person, **A–D**.*

*Write the correct letter, **A–D**, in boxes 6–12 on your answer sheet.*

NB   *You may use any letter more than once.*

6   Bootcamps run by universities are more trustworthy than those run privately.

7   Getting into the best coding programmes is very difficult.

8   Traditional education has more conservative trends than coding schools in terms of gender.

9   Companies will again begin to favor applicants with university degrees.

10   University instructors prefer programmes which focus on career preparation.

11   Graduates from universities and bootcamps are proficient in different ways.

12   For applicants who want to focus their expertise on specific tech fields, coding schools are a better choice than universities.

List of People
A   Gordon Meyer
B   Paul Brown
C   Margaret Little
D   James Hartford

UNIT 07 Matching Information to Paragraph

정보와 문단 연결하기(Matching Information to Paragraph) 문제 유형은 간단하게 말하면 주어진 문장을 지문에서 찾는 문제이다. 말은 쉽지만, IELTS Reading처럼 길이가 긴 지문에서 몇 개의 구체적인 문장을 찾는 일은 시간이 꽤 많이 걸린다. 또한 찾아야 하는 문장들이 모두 다 간단하고 쉽게 Paraphrasing되어 있는 것은 아니기 때문에, 전체 유형 중에서 수험자들의 시간을 많이 빼앗는 문제로 여겨진다.

이러한 문제는 반드시 주어진 문장의 구체적인 내용을 몇 단어 중심으로 파악한 후 지문을 읽어야 한다. 더 쉽게 생각해 보자면, 가령 한국어 시험에 응시하는 외국인에게 수능 국어 영역의 비문학 지문을 주면서 7개의 문장을 찾으라고 요구하는 상황을 가정해 보자. 전체 지문을 읽고 문장을 찾도록 하는 게 나을까? 아니면 문장을 먼저 파악한 후 지문에 접근하도록 하는 게 나을까? 만약 전자의 방법으로 문제를 푼다면 각 문제를 풀 때마다 '어 아까 본 문장 같은데?'라는 생각으로 전체 지문을 몇 번이고 반복해서 읽게 될 것이다. 하지만 무슨 문장을 찾아야 하는지에 대한 대략의 기준이라도 있다면, 지문을 읽다가 중간중간 멈출 수 있는 구간이 생기고, 문제를 풀면서 지문 읽기를 진행할 수 있다는 점에서 시간을 더 효율적으로 사용할 수 있을 것이다. 지문 내용 순서대로 나오지도 않고, 지문 전체를 봐야 하는 문제 유형이므로 시간을 단축시키는 것만큼 중요한 포인트는 없다.

단계별 실전 전략

Step 1 문제를 읽고 가장 핵심적이고 구체적인 단어를 키워드로 정한다.

Scanning의 전제 조건은 '전체 주제에 해당하는 사실은 키워드로 포함시키지 말 것'이다. 가장 특이하거나 구체적인 내용을 선택해야 하며, 몇 개의 단어만 선택하기 힘든 경우에는 그 문장의 전체적인 의미를 반드시 명확하게 이해하도록 하자. 적어도 긍정적인 내용인지 부정적인 내용인지, 문제에 대한 원인인지, 또는 미래에 시행할 해결책인지 정도만이라도 먼저 파악한 후 문제에 초점을 맞춰서 지문을 읽자.

Step 2 지정한 키워드를 지문에서 꼼꼼하게 Scanning한다.

여러 가지 Paraphrasing 가능성이 있다는 것을 잊지 말자.

Step 3 지문에서 찾은 문장이 포함되어 있는 문단을 문제에 맞춰 연결한다.

문제가 원하는 것은 그 문장이 포함되어 있는 문단이 어느 것이냐는 점이다. 항상 문제를 제대로 읽자.

핵심 문제 유형

Nikola Tesla

The man who supplied the world with electricity

A Unable to reenter university, Tesla moved to Budapest, where he became the chief electrician at the local telephone exchange. He is said to have made a number of improvements to the system, including a newly-designed amplifier. These innovations appear to have been Tesla's first commercially-viable inventions, although he obtained no patents or other documentation at the time and they are now lost to history. Sadly, this foreshadowed later events in his life and career.

B In 1882, Tesla was offered a job at the Continental Edison Company in France. Tesla designed and built a working prototype of an alternating current (AC) induction motor the following year, but was unable to garner any interest in Europe. Tesla then moved to New York City to work directly with Thomas Edison. They worked together to improve Edison's inventions, but parted ways after payment disputes and disagreements over the relative merits of direct current (DC) and AC electricity.

C By 1885, Tesla had landed funding from investors to start his first company, Tesla Electric Light and Manufacturing. He was initially tasked with developing a better system of arc lighting, but once the project was successfully completed, investors saw little use for Tesla's other ideas and forced him out of his own company. Tesla was forced to work as a manual labourer digging ditches and doing electrical repair jobs.

니콜라 테슬라

전 세계에 전기를 공급한 사람

A 대학에 재입학할 수 없었던 테슬라는 부다페스트로 이사를 갔고, 지역 전화 교환소에서 최고 전기 기술자가 됐다. 그는 새롭게 고안된 증폭기를 포함해서 시스템을 여러 가지로 개선했다고 한다. 이러한 혁신은, 비록 그가 당시 어떤 특허권이나 다른 기록 문서를 받지 않았고 지금은 역사 속으로 사라져 버렸지만, 테슬라의 첫 번째 상업적으로 유용한 발명품들이었던 것으로 보인다. 슬프게도 이것들은 그의 삶과 경력에 있어서 향후에 일어날 일들의 전조가 되었다.

B 1882년에 테슬라는 프랑스에 있는 콘티넨털 에디슨 사에서 일자리 제의를 받았다. 테슬라는 이듬해 교류(AC) 유도 모터의 구동 시 제품을 설계하고 제작했지만 유럽에서는 어떠한 관심도 끌지 못했다. 테슬라는 그 후 토마스 에디슨과 직접 일하기 위해서 뉴욕시로 이사했다. 그들은 에디슨의 발명품을 발전시키기 위해 함께 일했지만, 지불 분쟁 및 직류(DC)와 교류의 상대적인 장점에 대한 의견 차이 이후에 갈라섰다.

C 1885년까지 테슬라는 자신의 첫 회사인 테슬라 전광 및 제조사를 시작하기 위해서 투자자들로부터 사업 자금을 받았다. 그는 처음에는 더 나은 아크등 시스템을 개발하는 업무를 맡았으나, 일단 프로젝트가 성공적으로 완료되자 투자자들은 테슬라의 다른 아이디어들이 별로 쓸모가 없다고 보고 그의 회사에서 그를 쫓아냈다. 테슬라는 도랑을 파고 전기를 수리하는 일을 하는 육체 노동자로 일해야 했다.

Reading Passage 1 has three paragraphs, **A–C**.

Which paragraph contains the following information?

*Write the correct letter, **A–C**, in boxes 1-3 on your answer sheet.*

1 details of Tesla working as a manual labourer after being forced to leave his own company

2 the reason behind the separation of Tesla and Edison

3 an account of Tesla's first inventions for business purposes

읽기 지문 1에는 A–C 3개의 문단이 있다.

어떤 문단이 아래 정보를 포함하고 있는가?

A–C 중 알맞은 문자를 답지의 1–3번 상자에 쓰시오.

1 자기 회사에서 쫓겨난 뒤 육체 노동자로 일했던 테슬라에 대한 세부 내용들

2 테슬라와 에디슨이 갈라선 이유

3 테슬라의 첫 번째 상업적 목적의 발명품들에 대한 설명

Vocabulary

chief `adj` 최고(위)의   **electrician** `n` 전기 기술자   **amplifier** `n` 증폭기, 앰프   **viable** `adj` 실행 가능한, 실용성 있는   **patent** `n` 특허   **documentation** `n` 기록 문서, 증거 문서   **foreshadow** `v` ~의 전조가 되다, ~의 조짐을 나타내다   **prototype** `n` 원형, 시제품   **induction** `n` 유도, 도입   **garner** `v` 모으다, 얻다   **dispute** `n` 분쟁, 분규   **disagreement** `n` 의견차, 의견 충돌   **relative** `adj` 상대적인, 비교적인   **land** `v` (노력 끝에) 얻어내다, 획득하다   **be tasked with** ~의 임무를 맡다   **little** `adj` 거의 없는   **manual** `adj` 손으로 하는, 육체노동의   **dig** `v` 파다, 파헤치다   **ditch** `n` 도랑, 배수구   **repair** `v` 수리하다

🔵 전략 적용하기

Step 1 문제를 읽고 가장 핵심적이고 구체적인 단어를 키워드로 정한다.

문제	키워드
1 details of Tesla working as a manual labourer after being forced to leave his own company 자기 회사에서 쫓겨난 뒤 육체 노동자로 일했던 테슬라에 대한 세부 내용들	manual labourer 육체 노동자 being forced to leave his own company 자기 회사에서 쫓겨남
2 the reason behind the separation of Tesla and Edison 테슬라와 에디슨이 갈라선 이유	reason 이유 separation 갈라섬 Edison 에디슨
3 an account of Tesla's first inventions for business purposes 테슬라의 첫 번째 상업적 목적의 발명품들에 대한 설명	first inventions 첫 발명품들 business 상업

Step 2 지정한 키워드를 지문에서 꼼꼼하게 Scanning한다.

키워드	지문에서 Scanning한 문장
manual labourer 육체 노동자 being forced to leave his own company 자기 회사에서 쫓겨남	**C** (…) investors saw little use for Tesla's other ideas and forced him out of his own company. Tesla was forced to work as a manual labourer digging ditches and doing electrical repair jobs. 투자자들은 테슬라의 다른 아이디어들이 별로 쓸모가 없다고 보고 그의 회사에서 그를 쫓아냈다. 테슬라는 도랑을 파고 전기를 수리하는 일을 하는 육체 노동자로 일해야 했다. ≫ 같은 단어와 유의어를 이용한 Scanning
reason 이유 separation 갈라섬 Edison 에디슨	**B** They worked together to improve Edison's inventions, but parted ways after payment disputes and disagreements over the relative merits of direct-current (DC) and AC electricity. 그들은 에디슨의 발명품을 발전시키기 위해 함께 일했지만, 지불 분쟁 및 직류 (DC)와 교류의 상대적인 장점에 대한 의견 차이 이후에 갈라섰다. ≫ 유의어와 더 구체적인 내용으로 Paraphrasing된 표현 Scanning
first inventions 첫 발명품들 business 상업	**A** These innovations appear to have been Tesla's first commercially-viable inventions, (…) 이러한 혁신은 테슬라의 첫 번째 상업적으로 유용한 발명품들이었던 것으로 보인다. ≫ 같은 단어와 유의어를 이용한 Scanning

Step 3 지문에서 찾은 문장이 포함되어 있는 문단을 문제에 맞춰 연결한다.

1. 1번 문제의 문장과 같은 내용이 Paraphrasing되어 있는 문단은 **C**이다. 　　정답 C

2. 2번 문제의 문장과 같은 내용이 Paraphrasing되어 있는 문단은 **B**이다. 　　정답 B

3. 3번 문제의 문장과 같은 내용이 Paraphrasing되어 있는 문단은 **A**이다. 　　정답 A

문제의 순서와 해당 내용이 지문에서 등장하는 순서가 일치하지 않는 경우가 많으므로 주의하자.

PAGODA
IELTS Reading

Practice

You should spend about 20 minutes on **Questions 1–6**, which are based on Reading Passage 1 below.

How Does Multitasking Impact Productivity?

A   Virtually every one of us spends half of our day switching between tasks, juggling work, school, family, and our personal lives. We operate under the assumption that all this multitasking is saving us time and making our lives easier, but new research in the field of neuroscience has revealed that the opposite may be true. It seems more fun and energising to listen to music while studying, or talking to friends on the phone while responding to work emails. However, as Edward M. Hallowell, founder of The Hallowell Center for Cognitive and Emotional Health, says, "You have to keep in mind that you sacrifice focus when you do this." When we multitask, what we are really doing is rapidly switching our focus back and forth between multiple tasks. "It gives the illusion that we're simultaneously tasking, but we're really not. It's like playing tennis with three balls."

B   Researchers are exploring what exactly is happening in our brains as we work at several different tasks simultaneously. Earl Miller, professor of neuroscience at the Massachusetts Institute of Technology, is one of the leading experts in this field. He explains that the prefrontal cortex, the area of the brain that is responsible for 'executive control', is larger in humans than in most other mammals, at over 30% of our total brain mass. By comparison, in monkeys the percentage is just 15 and in dogs just 4 or 5. This explains our enhanced ability to prioritise and switch between tasks. Professor Miller says, "With the growth of the prefrontal cortex, animals become more and more flexible in their behaviour." Unfortunately, there are limits to this ability, even in humans. Miller conducted a study in which participants were outfitted with electrodes attached to their heads, monitoring brain activity as they performed various tasks. This study revealed that "when there's a bunch of visual stimulants out there in front of you, only one or two things tend to activate your neurons, indicating that we're really only focusing on one or two items at a time."

C   A recent study by Gloria Mark, professor at University of California at Irvine, found that people actually worked faster in conditions where they were interrupted, but they produced less. She also found that the self-interruption occurred as often as interruptions from other people. As a scientist, Professor Mark is hesitant to put her finger on the exact causes of this phenomenon, saying that more research is required to say for sure. However, we can safely assume that our ever-shortening attention spans are a contributing factor. And Mark's research has confirmed this hypothesis. Her study found that feelings of pressure, increased effort, frustration, and stress rise significantly after just 20 minutes spent on uninterrupted activity. Losing the ability to work on one thing for an extended period of time cannot be good for our productivity. Professor Mark takes this further, saying, "I also argue that it's bad for innovation. Ten and a half minutes on one project is not enough time to think in-depth about anything."

D   'Attention deficit trait' is the term that Dr. Hallowell has given to this unhealthy drive to multitask. This set of behaviours differs from the more well-known attention deficit disorder, or ADD, which is fundamentally a neurological disorder. Instead, as he wrote in an article for *Harvard Business Review*, it "springs entirely from the environment." He wrote, "As our minds fill with noise — [senseless] synaptic events signifying nothing — the brain gradually loses its capacity to attend fully to anything." As we strive ever more desperately not to fall behind on any of our wide array of tasks and responsibilities, we "feel a constant low level of panic and guilt." This feeling of mild but incessant dread has become one of the hallmarks of the digital age.

E   Fortunately, all is not lost for our generation. And as they say, the first step is recognising the problem for what it is. Too often we try to wake up earlier or stay up later in an effort to catch up with our spiraling workload. The problem, however, is not in the amount of work that we do, but in the degree of efficiency with which we are operating. The next step is to realise that we actually have a much greater capacity for controlling our workload than we give ourselves credit for. Dr. Hallowell's advice is simple: "We need to recreate boundaries." Each of us multitasks in different ways, utilising different devices. For one person, creating boundaries might mean leaving your smartphone at your desk when you take lunch. For another, it might mean checking your email every hour instead of every minute. It is time to recognise the means by which you excessively multitask and take conscious action to change your behaviour.

Questions 1–6

Reading Passage 1 has five paragraphs, **A–E**.

Which paragraph contains the following information?

*Write the correct letter, **A–E**, in boxes 1–6 on your answer sheet.*

NB *You may use any letter more than once.*

1 an explanation of the human brain's improved ability to multitask

2 mention of a common misunderstanding

3 suggestion that the way we multitask vary from individual to individual

4 a contrast between a brain disorder and a behaviour pattern

5 research confirming an assumption about the causes of excessive multitasking

6 references to problems when human beings do not switch tasks often enough

READING PASSAGE 2

You should spend about 20 minutes on **Questions 7–14**, *which are based on Reading Passage 2 below.*

Dyslexia in the Classroom

A The learning disability dyslexia can have a major impact on students' ability to read, spell, and generally comprehend and communicate information through text. It is imperative that researchers and schools work together to find ways to help students with dyslexia reach their educational potential. According to the British Dyslexia Association, based on nearly a decade of research, over a tenth of the nation's population is affected by dyslexia, with 4% experiencing severe effects.

B The intensity of the effects of dyslexia falls along a broad spectrum, but common educational struggles have been identified by educational research. For younger learners in particular, the most visible effects include the inability to acquire spelling and grammar rules, difficulty in reading, deficient auditory short-term memory, and impeded vocabulary growth. Recently, dyslexia research has centred on the additional problems associated with a failure to diagnose dyslexia in a timely manner. Despite a total lack of correlation between dyslexia and intelligence, when teachers are not properly trained, students with dyslexia are often branded as lazy or dull-witted. This leads to a loss of confidence which can prove an enduring obstacle to a student's long-term academic growth.

C Despite the propensity of children with dyslexia to have excellent verbal, visual and artistic skills, the failure to understand and accommodate this disorder in the classroom can restrict a student's potential. International and national groups like the International Dyslexia Organisation (IDO) and the British Dyslexia Association (BDA) continue to collaborate with the aim of providing institutional solutions to better assist this surprisingly sizable portion of our society.

D The term dyslexia describes a number of interrelated learning difficulties that are neurobiological in origin. The severity of the effects, as well as the specific ways it manifests itself, differ from individual to individual, and this has created debate among researchers insofar as how dyslexia should be classified. Therefore, while there is officially only one type of dyslexia, scientists have suggested categories or sub-types which continue to be explored, most prominently phonological dyslexia and surface dyslexia.

E Children experiencing phonological dyslexia struggle to break down words into their component parts. They generally have no trouble understanding and repeating a word in its entirety, but may be unable to understand how the word is composed of various sounds. Difficulty with this skill, known as decoding, becomes clear when a child is asked to spell a word, at which point sounds must be matched with written symbols. Children with phonological dyslexia often falter when encountering a new word, as they struggle to understand how the letters fit together one-by-one to form a concrete unit. This lack of sequencing ability extends beyond the realm of linguistics. When shown a series of colours or numbers, children with dyslexia have shown difficulty recalling the order in which they were shown.

F   Surface dyslexia is a reduced capacity to recognise words by sight. Some of the most commonly used words in English have unusual spellings, such as walk and eight. Students are taught to recognise these words, and other common words, as whole units, rather than sounding them out phonetically. Problems recognising sight words quickly affect reading fluency and vocabulary acquisition. Many researchers hesitate to classify this as a separate type of dyslexia, as most children who struggle with sight words also struggle with decoding.

G   Educators should avoid thinking of dyslexia as a reading disorder, when in fact it would be more accurately described as a language disorder. Because language plays such a central role in modern education, the effects of dyslexia are often misperceived as a general lack of academic ability. The sooner dyslexia can be diagnosed, the better chance a student has of achieving a level of academic success commensurate with their intelligence. According to the International Dyslexia Association, early detection is of primary concern in the effort to better assist children with dyslexia. Further research is needed to determine the most effective and efficient ways to identify dyslexia as early as possible, including screening exams and teacher training programmes. Knowledgeable educators play a vital role in preventing students from experiencing undue academic hardship.

H   As part of a larger effort to promote a wider acceptance and understanding of dyslexia, the British Dyslexia Association has assisted the government in developing guidelines for the Early Identification of Specific Learning Difficulties. This guide shapes the group's lobbying efforts as well as informing the kinds of research the BDA promotes. Stressing the importance of early identification, Statement 1 of the policy states that educational bodies have a duty to identify academic difficulties 'at the earliest opportunity in a child's school career'. It is vital for this duty to be extended to students with any kind of learning difficulty, but it is especially important for those with a disorder like dyslexia, which can prove challenging to diagnose.

I   A convincing body of research has clearly shown the pervasiveness of dyslexia in both children and adults, as well as the best methods for identifying and helping children with dyslexia reach their potentials. Policy makers, however, have been slow to respond. While the British Dyslexia Association's policy has been in place for close to a decade, national governments around the world have failed to adopt similar policies. The next important step for helping children cope with dyslexia is to raise public awareness and put pressure on governments and international organisations to create policies that create equal educational opportunities for children with learning difficulties.

Questions 7–14

Reading Passage 2 has nine paragraphs, **A–I**.

Which paragraph contains the following information?

*Write the correct letter, **A–I**, in boxes 7–14 on your answer sheet.*

7   official guidance regarding diagnosis of learning disorders

8   a list of general educational struggles which are associated with the learning disability

9   a call for more research about early detection

10   an explanation of how children with dyslexia struggle to decode words

11   a statement about the proportion of the population who experience dyslexia in the UK

12   a reference to the importance of global action

13   examples of non-reading skills commonly displayed by children with dyslexia

14   mention of a lack of consensus regarding how to categorise dyslexia

Matching Heading to Paragraph

소제목과 문단 연결하기(Matching Heading to Paragraph) 문제 유형은 학생들이 가장 어렵다고 생각하는 대표적인 유형이다. 보통 소제목(Heading)이라는 말을 들으면 그 문단을 아우를 수 있는 '주제'를 한 문장으로 함축해서 만든 제목을 떠올리겠지만, 실제 시험에서는 이렇게 풀 수 있는 문제는 전체의 절반에도 미치지 못한다. 즉 속시원하게 내 마음에 쏙 드는 소제목을 찾으려고 하면 정답은 더더욱 눈에 보이지 않을 것이다. 실제 IELTS 시험 문제를 풀어보아도, 답을 알고 나서 '이게 정답이라고…?'하는 생각이 들 만큼 그 문단 내용 전체를 포함하는 제목이 아닌 경우가 대다수이다. 그렇기 때문에 분명한 '정답'을 찾으려고 하기보다는 절대 정답이 될 수 없는 확실한 '오답'들을 소거하는 것이 훨씬 더 현실적인 풀이 방법이다.

때로는 맨 처음 문장을 읽거나(두괄식), 맨 처음 문장과 맨 마지막 문장을 읽어서(양괄식) 답을 얻을 수도 있다. 하지만 그런 단순한 풀이 방법은 정말 일부 문제에서만 적용되기 때문에, 실제 시험에 대비한 문제 풀이 기술을 훈련해야 한다. 소제목 문제는 시간이 많이 소모되는 유형이다. 따라서 시간을 다 써버린 후에도 답안에 확신을 갖지 못하게 되는 풀이 방법 대신, 반드시 정확하고 꼼꼼하게 문제들을 차근차근 해결해 나갈 수 있는 풀이 방법을 익히는 것이 중요하다.

그리고 마지막 한 가지. 소제목 문제는 어떤 문단을 먼저 풀든 상관 없다. 즉, 무조건 차례대로 풀 필요가 없다는 것이다. 만약 A문단이 너무 헷갈려서 답을 정하지 못하겠다면, 일단 넘기고 B문단부터 풀어나가자.

◆ 단계별 실전 전략

Step 1 **지문의 제목을 먼저 읽고 파악한다.**

전체 내용을 보여주는 지문 제목은 언제나 중요하다. Reading 지문으로 향하는 첫 번째 문이다. 적극적으로 해석하고 이해하자.

Step 2 **주어진 소제목(Heading)을 먼저 읽으며 특이하거나 구체적인 단어를 눈여겨본다.**

바로 지문을 읽게 되면, 개별 문단의 구체적 주제를 골라 내기가 애매해진다. 소제목을 먼저 읽으면서 가장 중점이 되는 키워드들을 확인하자.

Step 3 **각 문단과 소제목 목록(Heading List)을 비교하며 소거법을 통해 문단과 소제목을 연결한다.**

한 문단씩 읽어가면서 문제를 푼다. 즉, 한 문단을 읽고 소제목 목록(Heading List)으로 돌아와 방금 읽은 문단과 비교하며 정답을 고른다. 한눈에 정답이 들어온다면 정말 좋겠지만, 만약 그렇지 않을 경우에는 빨리 소거법을 적용한다. 일단 반드시 아닌 것, 즉 지문에서 전혀 언급되지 않는 정보가 담겨 있는 것들을 먼저 소거한다. 그리고 난 다음, 너무 한쪽 입장으로 편협하게 서술되어 있는 보기들을 소거한다. '답이 못 될 이유가 없는 것'을 고르는 게 애매한 문제에서 탈출하는 방법이다.

핵심 문제 유형

Reading Passage 1 has one paragraphs, **A.**

Choose the correct heading for the paragraph from the list of headings below.

*Write the correct letter, **i–iii**, in box 1 on your answer sheet.*

읽기 지문 1에는 A 1개의 문단이 있다.

아래 소제목 목록에서 문단에 알맞은 소제목을 고르시오.

i–iii 중 알맞은 문자를 답지의 1번 상자에 쓰시오.

List of Headings

i   The importance of sunlight for biological processes

ii Business applications of military technology

iii Technology emulating nature

소제목 목록

i   생물학적 과정을 위한 햇빛의 중요성

ii 군사 기술의 상업적 응용

iii 자연을 모방한 기술

1   A문단

---

1   Paragraph A

Biomimetics: Harnessing the Ingenuity of Nature

A Biologists are constantly discovering amazing feats of engineering accomplished by animals. For example, an ant can lift 20 times its body weight, certain bacteria can split hydrogen atoms at room temperature, and a golden eagle can see a rabbit from over 1.5 kilometres away. Engineers and robotics experts can learn much by studying how these organisms operate, and that's the principle behind an emerging scientific field called biomimetics. Initially a branch of robotics, it is now applied to engineering, material science, and medicine, among other fields. What makes biomimetics projects unique is that they attempt to mimic features of biological organisms.

생체 모방 기술: 자연의 독창성 활용하기

A 생물학자들은 동물들이 성취한 놀라운 공학적 위업들을 끊임없이 발견하고 있다. 예를 들어, 개미는 자기 체중의 20배에 달하는 무게를 들 수 있고, 특정 세균은 상온에서 수소 원자들을 분리할 수 있으며, 검독수리는 1.5km 이상 떨어진 곳에서 토끼를 볼 수 있다. 엔지니어와 로봇 전문가들은 이 유기체들이 어떻게 작동하는지 연구함으로써 많은 것을 배울 수 있는데, 이것이 바로 '생체 모방 기술'이라고 불리는 신흥 과학 분야의 배후에 있는 원리이다. 처음에는 로봇 공학 분야였는데, 현재는 공학, 재료 과학, 의학 등 다양한 분야들에 적용되고 있다. 생체 모방 기술 프로젝트를 특별하게 만드는 것은 그들이 생물 유기체의 특징을 모방하려고 시도한다는 점이다.

📝 Vocabulary

biomimetics n 생체 모방 기술   **harness** v 이용하다, 활용하다   **ingenuity** n 재간, 기발한 재주, 독창성   **feat** n 위업, 개가, 솜씨
room temperature 상온(평상시 온도)   **organism** n 유기체, 생물   **branch** n 분야, 분파   **mimic** v 흉내내다, ~처럼 보이다, 꼭 닮다

🔷 전략 적용하기

Step 1 **지문의 제목을 먼저 읽고 파악한다.**

'생체 모방 기술: 자연의 독창성 활용하기'라는 제목은 자연의 어떠한 모습을 모방해서 인간이 기술에 적용했다는 내용을 짧게나마 전달한다. 그렇다면 당연히 자연의 어떤 부분이 독창적이었고, 무엇을 기술에 접목시켰는지에 대해서 집중적으로 확인해야 한다.

Step 2 **주어진 소제목(Heading)을 먼저 읽으며 특이하거나 구체적인 단어를 눈여겨본다.**

사실 모든 소제목들이 그렇게 길지 않은 짧은 문장 또는 문구로 이루어져 있기 때문에, 모든 단어들이 핵심적인 의미를 지니고 있을 것이다. 하지만 그중에서도 지문 제목에서 발견할 수 없었던 특이한 단어들이 보일 경우 확인하며 지나가자. 아니면 적어도 부정적인 어감인지 긍정적인 어감인지만이라도 확인하자.

소제목	키워드
i The importance of sunlight for biological processes 생물학적 과정을 위한 햇빛의 중요성	importance 중요성 sunlight 햇빛
ii Business applications of military technology 군사 기술의 상업적 응용	Business 상업적 military 군사
iii Technology emulating nature 자연을 모방한 기술	이 보기는 주제 그 자체를 말한다고 할 수 있다.

Step 3 **각 문단과 소제목 목록(Heading List)을 비교하며 소거법을 통해 문단과 소제목을 연결한다.**

모든 문장을 꼼꼼하게 다 해석하기보다는 Skimming 기술을 활용할 필요가 있다. 중요 주어와 동사들 위주로 읽어나가되, 내용이 반전되는 However나 Nevertheless 등의 연결어가 나오면 꼭 문장의 흐름이 어떻게 바뀌었는지 반드시 확인하자.

❶ A문단에서 가장 주목해야 할 것은 첫 번째 문장 Biologists are constantly discovering amazing feats of engineering accomplished by animals.(생물학자들은 동물들이 성취한 놀라운 공학적 업적들을 끊임없이 발견하고 있다.) 다음에 바로 For example(예를 들어)이 나왔다는 점이다. 항상 중요한 주제가 나오면, 그 다음에는 그 주제의 중요성을 이해시키기 위해서 예시가 나올 것이다. 즉 예시가 나오면 그 이전 문장이 중요한 주제 문장이다.

동물들이 성취한 놀라운 공학적 위업들을 설명하는 몇 가지 예시가 나오고, 다음으로 Engineers and robotics experts can learn much by studying (…) (엔지니어와 로봇 전문가들은 (…) 연구함으로써 많은 것을 배울 수 있다)가 나오고, 그 다음 문장은 이렇게 배운 것이 어떻게 적용되었는지 설명한다. 그리고 마지막 문장 What makes biomimetics projects unique is that they attempt to mimic features of biological organisms.(생체 모방 기술 프로젝트를 특별하게 만드는 것은 그들이 생물 유기체의 특징을 모방하려고 시도한다는 점이다.)로 마무리된다.

❷ 다음으로 이러한 내용을 지닌 문단의 제목을 소제목 목록에서 찾아보자. 일단 아닌 것을 다 소거하며 진행한다. 전혀 언급되지 않은 단어들이 포함되어 있는 소제목들은 다 제외하도록 하자.

i   The importance of ~~sunlight~~ for biological processes   ⋯⋯ X
    생물학적 과정을 위한 햇빛의 중요성

ii Business applications of ~~military technology~~   ⋯⋯ X
    군사 기술의 상업적 응용

iii Technology emulating nature
    자연을 모방한 기술

우리가 선택할 수 있는 것은 A문단의 전반적인 내용, 그중에서도 특히 첫 번째 문장과 마지막 문장에서 확실하게 알 수 있는 **iii – Technology emulating nature**다.

정답 iii

Tip!
모든 문제를 두괄식이나 양괄식으로 풀 수 있는 것은 아니므로 반드시 소거법을 사용할 수 있도록 연습해 두자.

Practice

READING PASSAGE 1

*You should spend about 20 minutes on **Questions 1–5**, which are based on Reading Passage 1 below.*

Questions 1–5

Reading Passage 1 has five paragraphs, **A–E**.

Choose the correct heading for each paragraph from the list of headings below.

*Write the correct number, **i–v**, in boxes 1–5 on your answer sheet.*

List of Headings

i	Adaptations of numerous species over vast time frames
ii	A nuisance that inspired an invention
iii	An instance of how biomimetics may one day save lives
iv	Obstacles to further development of biomimetic technology
v	Nature's clues of where to begin

---

1 Paragraph A

2 Paragraph B

3 Paragraph C

4 Paragraph D

5 Paragraph E

Biomimetics and Innovation

Natural beauty has provided inspiration for visual artists for centuries. Now, engineers and designers are getting in on the act, solving human problems by observing and copying the solutions that nature has already developed.

A   Biomimetics is one of the recently emerging scientific fields; it is a study of nature and natural phenomena to imitate the models, systems, and elements of nature for the purpose of solving complex human problems. The biggest biomimetics success story involves a product that almost everyone recognises — Velcro. On a summer day in 1948, Swiss inventor George de Mestral went out walking with his dog. Mestral noticed upon returning home that his dog was covered in burrs, plant seed-sacs that cling to the fur of animals to spread and pollinate. On examination, he saw that the burrs were covered in stiff hooks, which enable them to stick to soft loops of hair or fabric. After several years spent learning how to manipulate plastics to suit his needs, by 1955 Mestral had perfected his Velcro design, and the Velcro industry has been extremely profitable ever since.

B   One of the leading proponents of biomimetics is Andrew Parker, a researcher at the Natural History Museum in London. He works in conjunction with military and corporate entities to recreate the innovative solutions that DNA has already provided. Much of Parker's work has revolved around the iridescent properties found in the eyes of various animal species, such as beetles and moths, now being harnessed by tech companies to brighten cell phone screens. Parker has put algae's ability to reflect light to good use in new products for cosmetics companies, and its ability to repel water has drawn interest from the British Ministry of Defense. Parker has also recently applied biomimetics to improve the capacity of solar panels by 10%. The inspiration: a 45-million-year-old fly on display at a museum in Warsaw. Parker believes that every organism contains a lesson to be learned. Evolution has taken millions of years to perfect these amazing instruments, and we would be foolish not to take advantage.

C   While the processes found in nature are fascinating and impressive, they can be difficult to recreate. That is why some scientists, like Robert Cohen of MIT, take a more practical approach to biomimetics, using nature simply as a starting point — the basic inspiration. Cohen explains, "You don't have to reproduce a lizard skin to make a water collection device, or a moth eye to make an antireflective coating. The natural structure provides a clue to what is useful in a mechanism. But maybe you can do it better." According to Cohen, biomimetic projects should be assessed not by how closely they mirror nature, but by how well they serve human society. As Cohen puts it, "What I want to know is, can we actually transform these structures into an embodiment with true utility in the real world?"

D   The key to developing useful biomimetic designs may be found in the origins of the field of robotics. From the beginning, scientists interested in robotics were inspired by the idea of creating equipment that can stand in for humans, in places or situations where it would be too dangerous for humans to go. A recent example is the Crabster CR200, a large robot designed for deep sea exploration. It was developed in 2013 by the Korea Institute of Ocean

Science and Technology, led by Bong-Huan Jun. Designed to mimic the behaviour of crabs and lobsters, it can be deployed in areas with currents too dangerous for scuba divers. It is currently being used to help excavate ancient shipwrecks in the Yellow Sea, and Jun hopes that future models may one day be able to help with deep sea rescues of ferries and other passenger ships. "I think the next Crabster should be a powerful hydraulic-powered one having enough power to break the doors and windows of cabins," Jun said. "Then the robot will be able to install guide ropes and make routes to inside the ferry for divers at the initial rescue stage."

E   The accomplishments and potential of biomimetic applications in engineering and medicine are impressive and inspiring. And yet, despite the brilliance of the scientists and inventors in the field, biomimetics has not produced many well-known products, with the exception of Velcro of course. In part, this is due to the typically industrial or military funding sources — they tend not to be particularly concerned with consumer applications. But the main reason lies at the very heart of the biomimetic concept. Nature itself has had billions of years of trial and error to perfect the incredible feats of design that we see in the natural world. This slow process allows an almost infinite degree of precision and complex workings that science can scarcely comprehend, let alone replicate. The gap between science and nature is closing, but ever so slowly.

READING PASSAGE 2

*You should spend about 20 minutes on **Questions 6–12**, which are based on Reading Passage 2 below.*

Questions 6–12

Reading Passage 2 has seven paragraphs, **A–G**.

Choose the correct heading for each paragraph from the list of headings below.

*Write the correct number, **i–ix**, in boxes 6–12 on your answer sheet.*

List of Headings

i	Increasing health risks due to the typical American diet
ii	Newfound concern for the distance food must travel to reach consumers
iii	Positive effects of giving students freedom to make their own choices
iv	Logical flaws with the notion that local food is always best
v	An existing food independence project that added schools with good results
vi	Career opportunities in agriculture and food service
vii	Specific advantages of locally-produced food
viii	Programmes that have expanded to reach nearly half of schools nationwide
ix	Adjustments that must be made to ensure programme success

---

6   Paragraph A

7   Paragraph B

8   Paragraph C

9   Paragraph D

10   Paragraph E

11   Paragraph F

12   Paragraph G

Farm to Cafeteria

A   The White Plains Food Project (WPFP) has been in operation since 1991 and its primary goal has been to restore food independence to the people residing in this Native American community, in part by reclaiming barren land for use in vegetable and grain production. In 1999, WPFP added a Farm to School element to the project, and it has since become one of the most successful Farm to School programmes in America today. Breakfasts and lunches at the White Plains elementary school now include fresh, local ingredients such as organic carrots, yellow watermelon and even buffalo meat. In addition to food consumption, Farm to School programmes are a clever way to improve students' health and educate them about where their food comes from, while also creating benefits for local farmers and the wider community as a whole.

B   In fact, Farm to School Programmes all over the country have been gaining in popularity in the past decade. First trialed in just a handful of Florida and California schools in 1996, they now reach over 23 million students in 46% of US schools. Activities in these programmes vary, including taste testing events for unfamiliar ingredients, field trips to local farms and ranches, and cooking classes held by area chefs. Aside from the environmental benefits of these programmes, one of the highest-priority aims is to change students' attitudes toward school lunches. By increasing engagement with the process of food production and creating social bonds between students and the farming community, students have been found to choose healthy school lunch options more often, rather than eating junk food or having their parents pack their lunch.

C   The rise in Farm to School programmes mirrors a general trend toward eating local food in recent decades. Eating local food simply means eating food that was raised and processed nearby, rather than being shipped from other regions or countries, and it implies a stronger connection between food consumers and food producers. People's awareness of local food has been boosted by the concept of "food-kilometres", the distance that food travels to get from the farm to the plate. A 2005 study found that the ingredients used to make strawberry yogurt (milk, sugar, strawberries) travelled 3,558 kilometres simply to arrive at the processing plant. This idea has offered the public a convenient way to think about the disadvantages of our current food production system.

D   Proponents of local food emphasise that in terms of the environment, non-local food creates more emissions, while local food has a relatively low impact. Local food also pumps money into the local economy, while non-local food tends to benefit large corporations. And from a health standpoint, buying locally often results in consumers having a higher level of awareness of the origins of their food, as opposed to non-local food which often contains ingredients that can harm them.

E   Several schools in the Madison Metropolitan School District (MMSD) have used local food principles to create "garden bars" for their elementary school students. Before this programme, students at MMSD were given a hot pack and a cold pack from the lunch line, with the addition of milk and utensils. The garden bars are a novel idea in that they introduce the concept of choice. Rather than the usual pre-packaged salad, students are given a tray and told that they can choose six different fruits or vegetables from the salad bar. Students have expressed a sense of empowerment based on their new ability to choose what they want to consume, and this has had a number of effects. Parents have been especially pleased that students are becoming much more likely to eat fruits and vegetables both at school and at home. According to Natasha Smith, Farm to School Programme Manager, "Students are more likely to eat a fruit or vegetable if they have the power to choose it."

F It may be difficult initially for the schools' facilities to adapt to the increased demands in terms of processing the fresh produce. In the past, packaged foods were delivered from a central kitchen site, cutting down on costs and reducing the need for additional staff. The need for additional staff and enhanced facilities will take time to accommodate. Another obstacle is related to the bidding process, which is set up to allow the lowest possible prices and simple ordering. As a result, it tends to be dominated by large distributors as opposed to local farmers. Adjusting this bidding process to be more flexible and easier for farmers to use will make it easier for administrators as well as farmers to deliver fresh produce to the garden bars.

G The concept of eating locally has inspired many to be more conscious about their food choices, but the idea is not without fault, especially when it comes to the environment. For one thing, the method of transportation, not just the distance food travels, affects the environmental impact of food production. For example, food shipped by truck uses 10 times more greenhouse gas emissions than trains do, so that a tomato shipped 200 miles by train has half of the impact of a tomato shipped 40 miles by truck. The way that food is grown should also be considered. Open-air farms use far less energy to grow food than greenhouses heated with fossil fuels, meaning that factory farms located some distance away may in fact have less environmental impact than many local farms. Farm to School progammes are a good start, but we must keep in mind that many other issues remain to be addressed.

Matching Sentence Ending

문장 완성하기(Matching Sentence Ending) 문제 유형은 지문마다 난이도 차이가 꽤 나는 편이다. 어떤 문제는 지문에서 문제의 핵심 키워드만 찾아내면 바로 답이 보일 만큼 간단하게 나오는 경우도 있고, 또 어떤 문제는 지문 몇 문장을 다 읽고 요약을 해야 풀 수 있을 만큼 난이도가 높은 경우도 있다. 하지만 모든 문제는 반드시 문제로 주어진 문장을 읽고 난 다음 Scanning으로 시작해야 한다는 점을 기억하자. 다른 문제보다 이 문제 유형에 시간이 조금 더 걸리는 이유는 지문을 읽고 나서 문제를 풀 때에도 주어진 나머지 문장 목록을 또 해석해야 하기 때문이다.

문장 완성하기 유형은 난이도가 높은 문제이지만 빈번하게 출제되지는 않는다. 하지만 고득점을 위해서는 필수적으로 맞춰야 할 문제이다.

◆ 단계별 실전 전략

Step 1 문제를 읽고 가장 핵심적이고 구체적인 단어를 키워드로 정한다.

주어진 반쪽짜리 문장에서 가장 중요한 키워드를 표시한다. 제시된 정보가 주어라면 당연히 가장 알맞은 동사를 찾는 것이 요구된다. 어떤 경우에는 문장 전체가 나와 있고, 거기 들어있는 내용의 시기나 이유, 아니면 역접의 내용을 찾는 문제도 출제된다.

Step 2 지정한 키워드를 지문에서 꼼꼼하게 Scanning한다.

연결하기 유형 문제에서 가장 중요한 부분은 역시 Scanning이다. 문제에서 찾기로 결정한 키워드나 내용이 여러 가지 방식으로 Paraphrasing되어 있을 것이므로 다양한 가능성을 골고루 생각하며 찾아야 한다.

Step 3 지문의 내용과 일치하는 나머지 반쪽 문장과 연결한다.

주어진 문장을 읽고 나서 그 문장의 내용과 거의 흡사한 내용을 찾는 것이 대부분의 문제 유형이다. 하지만 가끔 문장 여러 개를 읽고 나서 그 내용들을 요약한 문장을 찾아야 하는 경우도 있으므로 주의하자.

The National Gallery of Victoria

Museums have always played an important role in human culture. For hundreds of years, museums were places of collected knowledge and culture, where educated members of society could learn and share their insights with others. Now, rather than catering to a small group of elite scholars, the modern museum is expected to serve the entire community, providing a common space for the public to gather for the purpose of education, socialising and even entertainment.

This evolving role represents a challenge to museums around the world. How can a museum remain relevant in the artistic landscape while expanding its influence on the local community? One example of a museum attempting to bridge this gap is the National Gallery of Victoria (NGV), located in Melbourne, which was redesigned in 2003. The architect was chosen by means of an invitation-only competition, won by Italian architect Mario Bellini. According to Bellini, "The winning idea was that of returning this great monument to the citizens of Melbourne absolutely intact in its role as urban symbol, yet, simultaneously, radically rethought and transformed in its role as a museum."

빅토리아 국립 미술관

박물관은 항상 인간의 문화에서 중요한 역할을 해 왔다. 수백 년 동안 박물관은 사회의 교육받은 구성원들이 학습하고 자신들의 통찰력을 다른 사람들과 나눌 수 있는 지식과 문화의 집결지였다. 이제 현대의 박물관은 소수의 엘리트 학자들을 위한 서비스를 제공하기보다는, 교육과 사회화, 심지어 오락의 목적을 위해 대중이 모일 수 있는 공용 장소를 제공함으로써 지역 사회 전체에 봉사할 것으로 기대된다.

이 진화하는 역할은 전 세계 박물관이 맞닥뜨린 도전을 보여준다. 어떻게 박물관이 지역 사회에 대한 영향력을 확대하면서도 예술적 환경과의 관련성을 유지할 수 있을 것인가? 이 간극을 좁히려는 박물관의 시도 중 한 예는 2003년에 재설계된, 멜버른에 위치한 빅토리아 국립 미술관(NGV)이다. 건축가는 초청자 한정 경연대회를 통해 선정되었으며, 우승자는 이탈리아의 건축가 마리오 벨리니였다. 벨리니에 따르면, "우승을 한 아이디어는 멜버른 시민들에게 이 엄청난 기념비적인 건축물을 도시 상징물로서 완전히 온전하게 돌려주면서도, 동시에 철저하게 박물관으로서의 역할을 다시 생각하고 변화시키는 것이었다."

*Complete each sentence with the correct ending, **A–D**, below.*

*Write the correct letter, **A–D**, in boxes 1–3 on your answer sheet.*

1 Over the centuries, those who were highly educated in society

2 In modern times, as the role that museums had played has changed,

3 In 2003, Victoria's National Museum of Art was a typical example of museum

---

A had gathered in museums to share their knowledge and thoughts.

B they are now available to the public for various purposes.

C they can provide more space only for the elite to gather.

D both trying to have a positive impact on residents living in the area where it was located, while maintaining its artistic status.

각각의 문장을 아래 알맞은 끝부분 A–D와 연결해 완성하시오.

A–D 중 알맞은 문자를 답지의 1–3번 상자에 쓰시오.

1 여러 세기에 걸쳐서 사회에서 고등 교육을 받은 사람들은

2 현대에는 박물관이 해 오던 역할이 변화했기 때문에,

3 2003년에 빅토리아 국립 미술관은 박물관의 대표적인 사례였다

A 자신들의 지식과 생각을 공유하기 위해 박물관에 모였다.

B 그것들은 이제 여러 가지 다양한 목적으로 대중들이 이용할 수 있게 되었다.

C 그들은 엘리트들만을 위한 모임 공간을 더 많이 제공할 수 있다.

D 예술적인 위상을 유지하면서 동시에 그것이 위치한 지역의 주민들에게 긍정적인 영향을 미치려고 노력하는

📘 **Vocabulary**

insight n 통찰력 cater v 서비스를 제공하다, ~의 구미에 맞추다 scholar n 학자 evolve v 진화하다 attempt v 시도하다 bridge v 다리를 놓다, 간극을 메우다 radically adv 철저하게 monument n 기념비적인 건축물 intact adj 온전한 transform v 변화시키다, 바꿔 놓다

🔷 전략 적용하기

Step 1 문제를 읽고 가장 핵심적이고 구체적인 단어를 키워드로 정한다.

문제	키워드
1 Over the centuries, those who were highly educated in society 여러 세기에 걸쳐서 사회에서 고등 교육을 받은 사람들은	centuries 여러 세기 highly educated 고등 교육을 받은
2 In modern times, as the role that museums had played has changed, 현대에는 박물관이 해 오던 역할이 변화했기 때문에,	modern 현대 role 역할 changed 변화했다
3 In 2003, Victoria's National Museum of Art was a typical example of museum 2003년에 빅토리아 국립 미술관은 박물관의 대표적인 사례였다	2003 2003년 example 사례

Step 2 지정한 키워드를 지문에서 꼼꼼하게 Scanning한다.

키워드	지문에서 Scanning한 문장
centuries 여러 세기 highly educated 고등 교육을 받은	For hundreds of years, museums were places of collected knowledge and culture, where educated members of society could learn and share their insights with others. 수백 년 동안 박물관들은 사회의 교육받은 구성원들이 학습하고 자신들의 통찰력을 다른 사람들과 나눌 수 있는 지식과 문화의 집결지였다. ≫ 같은 단어와 유의어를 이용한 Scanning
modern 현대 role 역할 changed 변화했다	Now, rather than catering to a small group of elite scholars, the modern museum is expected to serve the entire community, providing a common space for the public to gather for the purpose of education, socialising and even entertainment. 이제 현대의 박물관은 소수의 엘리트 학자들을 위한 서비스를 제공하기보다는, 교육과 사회화, 심지어 오락의 목적을 위해 대중이 모일 수 있는 공용 장소를 제공함으로써 지역 사회 전체에 봉사할 것으로 기대된다. ≫ 같은 단어와 더 구체적인 내용으로 Paraphrasing된 표현 Scanning
2003 2003년 example 사례	One example of a museum attempting to bridge this gap is the National Gallery of Victoria (NGV), located in Melbourne, which was redesigned in 2003. 이 간극을 좁히려는 박물관의 시도 중 한 예는 2003년에 재설계된, 멜버른에 위치한 빅토리아 국립 미술관(NGV)이다. ≫ 같은 단어를 이용한 Scanning

지문의 내용과 일치하는 나머지 반쪽 문장과 연결한다.

1. 지문에서 찾은 내용에 수백 년 동안 박물관은 지식인들이 학습하고 통찰력을 나누던 장소였다고 나와 있으므로 가장 알맞은 선택지는 **A – had gathered in museums to share their knowledge and thoughts.**(자신들의 지식과 생각을 공유하기 위해 박물관에 모였다)이다. 그러므로 완성된 1번 문장은 Over the centuries, those who were highly educated in society had gathered in museums to share their knowledge and thoughts.(여러 세기에 걸쳐서 사회에서 고등 교육을 받은 사람들은 자신들의 지식과 생각을 공유하기 위해 박물관에 모였다.)가 된다.

   정답 A

2. 지문에서 찾은 내용에 주로 엘리트만이 박물관을 사용했던 과거와는 달리, 현대의 박물관은 대중들이 모일 수 있는 공간으로 사용되고 있다고 나와 있다. 또한 사용되는 목적이 교육, 사회화, 오락을 위한 장소라고 설명되어 있기 때문에 가장 알맞은 선택지는 **B – they are now available to the public for various purposes.**(그것들은 이제 여러 가지 다양한 목적으로 대중들이 이용할 수 있게 되었다)이다. 그러므로 완성된 2번 문장은 In modern times, as the role that museums had played has changed, they are now available to the public for various purposes.(현대에는 박물관이 해 오던 역할이 변화했기 때문에, 그것들은 이제 여러 가지 다양한 목적으로 대중들이 이용할 수 있게 되었다.)가 된다.

   정답 B

3. 지문에서 찾은 내용을 보면 this gap(이 간극)을 좁히려고 노력한 예시가 2003년에 재설계된 NGV라고 한다. 그러므로 this gap이 무엇을 의미하는지 앞 문장에서 확인해야 한다. 앞 문장을 보면 How can a museum remain relevant in the artistic landscape while expanding its influence on the local community?(어떻게 박물관이 지역 사회에 대한 영향력을 확대하면서도 예술적 환경과의 관련성을 유지할 수 있을 것인가?)라고 나와 있다. 예술과 지역 사회 간의 간극에 대한 언급이 있고, 이것을 줄여주려고 노력한 예시가 2003년 재설계된 NGV인 것이다. 그렇기 때문에 가장 알맞은 선택지는 **D – both trying to have a positive impact on residents living in the area where it was located, while maintaining its artistic status.**(예술적인 위상을 유지하면서 동시에 그것이 위치한 지역의 주민들에게 긍정적인 영향을 미치려고 노력하는)가 가장 알맞다. 따라서 완성된 3번 문장은 In 2003, Victoria's National Museum of Art was a typical example of museum both trying to have a positive impact on residents living in the area where it was located, while maintaining its artistic status.(2003년에 빅토리아 국립 미술관은 예술적인 위상을 유지하면서 동시에 그것이 위치한 지역의 주민들에게 긍정적인 영향을 미치려고 노력하는 박물관의 대표적인 사례였다.)가 된다.

   정답 D

PAGODA
IELTS Reading

Practice

READING PASSAGE 1

You should spend about 10 minutes on **Questions 1–5**, which are based on Reading Passage 1 below.

The National Gallery of Victoria

Making the transition to a modern museum

The original iconic building for the NGV (The National Gallery of Victoria) is grand and forbidding when viewed from the outside, and the interior is filled with a myriad of eccentric details — hanging surfaces, unusual baffle ceilings, yellow carpeting. Bellini's approach to redesigning the building was dramatic and clever, leaving the exterior untouched, but radically altering the interior, both in terms of style and organisation. Within the north and south courtyards, towers of exhibition halls have been placed to house the impressive permanent collection. These towers are surrounded by ramps made of etched glass, allowing visitors to see the original courtyard walls from close up, with the material highlighting the difference between old and new architectural features. In contrast to these north and south courts, the central court has been expanded. The practical service needs of visitors — information desks, the museum shop, and the coat room — have been relocated to the sides in order to make room for a massive open space. Bellini meant to create something of a public square, inviting guests to be comfortable and at ease as they enter the building. The floor of the square has been paved with the same signature blue stone as the street directly outside, further enhancing the impression that the building is a part of the surrounding community.

These changes have not been without their critics, however. Some in the artistic community have been outraged at some of the more drastic changes to the interior of the NGV. They claim that in Bellini's effort to make the museum more inviting, he made unnecessary changes to the original design of the building, and made a too radical departure from the décor's traditional theme. Large areas of the museum have now been allocated for conference halls and performance spaces, not to mention a large café, capable of serving 250 guests. The exhibition areas now feel cramped, and the permanent collection has been moved to a much less prominent area.

All of the changes are indicative of a clear programming shift at the NGV, aimed at attracting as broad a spectrum of the public as possible. From a marketing perspective, temporary exhibitions are easier to promote, and therefore draw bigger crowds and more substantial revenue. The museum now seems to put all of its marketing into 'blockbuster exhibitions.' The most recent among these, titled *Melbourne Now*, puts the spotlight on modern artists living in the Melbourne area. It has been touted by the museum as 'the biggest exhibition in the NGV's history', bringing in much-needed revenue, while at the same time receiving heavy criticism for lacking any true artistic depth or sophistication. It is true that these types of exhibitions have played an important role in making material more accessible and inviting to the public. But are museums going too far, sacrificing their artistic merit for the sake of a broader audience?

The blurring of the line between education and entertainment can be seen in almost every area of today's cultural landscape. Theme parks like KidZania, where kids role-play different occupations and learn real-world skills, are beginning to outperform more traditional amusement parks. Television channels like the Food Network and the Discovery Channel are increasing their viewership by creating programming that manages to present skills and knowledge without sacrificing entertainment value. Museums clearly are no exception—it is what the public demands. That said, it is important to make this transition to 'edutainment' slowly and carefully. While it may be necessary to welcome in a larger audience, it is not worth sacrificing the respect of the artistic community. It remains to be seen if the NGV will be able to navigate this path and successfully balance its financial realities with its cultural and social responsibilities.

Questions 1–5

Complete each sentence with the correct ending, **A–G**, below.

Write the correct letter, **A–G**, in boxes 1–5 on your answer sheet.

1   The glass used to construct the ramps

2   The stone used in the central courtyard

3   Moving the location of the information desk

4   *Melbourne Now* has been criticised because it

5   'Edutainment' should be introduced at a cautious pace because it

A	places more importance on monetary value than artistic value.
B	emphasises how the new design differs from the original.
C	damages the museum's relationship with the public.
D	provides more space for the public to gather.
E	proceeds with transitions in a gradual, cautious manner.
F	risks damaging the museum's reputation among artists.
G	makes the building feel like part of the neighbourhood.

READING PASSAGE 2

*You should spend about 20 minutes on **Questions 6–13**, which are based on Reading Passage 2 below.*

Good News for Latin Lovers

When it comes to a "dead" language like Latin, one that is no longer spoken, a programme of study must be judged in just one way: how quickly and easily students can read original texts with accuracy, comprehension and appreciation. The Coop of Language Educators operated under the belief that we could create a Latin Language and Literature (LLL) course of study that would be more efficient and effective than any other existing programme. This ambition provided the initial spark for the creation of the Latin Language Project, and the same ambition sustains the project today.

It is beyond doubt that the prevalence of Latin in the public school curriculum has been in decline in recent decades. However, this decline does not seem to correspond to a decline in the interest and popularity of Ancient Roman culture and history. In fact, the reverse is likely the case: translations of Latin literature and other writings have been increasingly in demand, and attendance numbers in Latin language and Ancient Roman history courses have been trending upward in recent years. The Coop of Language Educators saw a gap waiting to be filled. A project like this needs funding, and when Dr. Michael Annis made the initial appeal for £35,000 in 1982 it was met with skepticism in some circles. But a year later, over double that amount had been raised and the project got underway. When the project ran out of money and needed a financial push to see it through, another £10,000 was raised within weeks. Anyone who benefits from this text owes a debt of appreciation to the W. P. McArthur Foundation, the Bedford University Department of Classic Languages, and countless other individuals, schools and institutions.

Sitting down to plan the LLL course, the simplest approach would have been to simply put together step-by-step Latin grammar lessons for the students to follow, mixing in reading and writing tasks that would assess their progress as they went through the text. Latin courses based on this idea, as popular as they may be, are lacking in their treatment of classic texts, the inspiration for so many students of Latin. Another approach would be to pick out the most fundamental and engaging Latin texts and present them in translated form, with a few grammar tips here or there in hopes of inspiring the students to understand the basic ideas of the language and the key elements of the literature presented to them. The problem, of course, is that this quantity-over-quality approach would be ineffective. As enjoyable as it might be, how much educational benefit could come from reading a massive quantity of texts without adequate linguistic guidance and support?

Most educators agree that when it comes to modern spoken languages, being immersed in a modern language from dawn until dusk, surrounded by the social atmosphere and sounds of the language is an excellent environment for learning. But we must keep in mind that progress can only be made in this context insofar as the listener is made a part of that environment. At times, this requires the native speakers to slow their speech, communicate nonverbally, simplify and repeat themselves. The same kind of consideration must be made for beginner-level readers of a classic text. Without simplification, explanation and some amount of linguistic hand-holding, the chances are very high that the meaning of the text will be distorted, and possibly misunderstood completely, defeating the whole purpose of the enterprise.

The minds behind the Latin Language Project are pragmatic when it comes to their methodology. In other words, they do not look down on traditional methods while blindly accepting modern ones, or vice versa. The course begins with an understandably narrow focus on only the simplest vocabulary and grammatical constructions. Long sentences have been broken down into shorter pieces, but the structure is always true to its linguistic roots. To balance this simplicity, great care has been taken to leave enough of the original to avoid the creation of a watered-down version. The course begins with modern reconstructions of classic texts, but as the students work their way through the course, the ancient voices begin to gradually make themselves heard in all their complexity. By the final section, the risks of distortion and misunderstanding have been sufficiently lessened to allow students to directly engage with the original texts, focusing on culture and language in equal parts.

If this project proves anything, it is the impossibility of pleasing everyone. The decision to reconstruct and simplify classic texts met with plenty of resistance. The writers and scholars behind the Latin Language Project found it necessary to make unpopular decisions all along the way, even (and perhaps especially) after much deliberation and input from all sides. It should be noted that those who put in the effort to produce this course come from a broad spectrum of backgrounds; that various drafts were put through trials all along the way by the APR Elective Course and the Compton School of Classics, to ensure both their efficacy and accuracy, and subsequent drafts were revised based on feedback from these programmes; and that when it comes to the approach to language courses, every decision is likely to divide opinion. The imagination, resourcefulness, speed and willingness to respond and adapt to criticism has been praiseworthy at every step of the process, and their effort and perseverance has resulted in a Latin language course which will prove itself to be the best ever produced.

Questions 6–13

*Complete each sentence with the correct ending, **A–J**, below.*
*Write the correct letter, **A–J**, in boxes 6–13 on your answer sheet.*

6   Courses in languages with no living native speakers

7   Latin in the public school system

8   A grammar-based approach to a Latin course

9   Learning a modern language in a social environment

10 Novice readers of classical literature in its original language

11 The beginning of the Latin Language and Literature course

12 The last part of the Latin Language and Literature course

13 Reaching a consensus with which all parties are satisfied

A   consider grammar to be unnecessary.

B   undervalues the importance of classical literature.

C   requires native speakers to adjust to the learner.

D   focuses as much on culture as it does on language.

E   is less widespread than it was before.

F   is not a realistic goal.

G   is ineffective for most students.

H   simplifies the words and expressions in the texts.

I   should be evaluated based on reading comprehension progress.

J   risk missing the author's intended messages.

Multiple Choice Question

객관식 문제(Multiple Choice Question) 유형은 실제로 모든 수험자들이 실력에 상관없이 부담을 느끼는 부분이다. 왜냐하면 주어진 문제에 대한 정보를 지문에서 찾는 것뿐만 아니라, 4개의 선택지 중에서 3개의 헷갈리는 오답을 제거해야 정답을 찾을 수 있기 때문이다. 그렇기 때문에 선택지를 여러 번 읽기보다는 오히려 지문에서 찾은 문장을 제대로 해석하는 데 초점을 맞춰야 한다.

단계별 실전 전략

Step 1 문제를 읽고 가장 핵심적이고 구체적인 단어를 키워드로 정한다.

가장 특이하거나 구체적인 내용을 선택해야 하며, 몇 개의 단어만 선택하기 힘든 경우에는 그 문장의 전체적인 의미를 반드시 명확하게 이해하자.

Step 2 지정한 키워드를 지문에서 꼼꼼하게 Scanning한다.

다른 유형들에 비해서 객관식 문제는 먼저 질문에서 물어보는 내용을 확실하게 이해한 다음 키워드를 지문에서 Scanning해야 한다. 하지만 몇몇 문제에서는 in the second paragraph와 같이 몇 문단을 근거로 해서 문제를 풀어야 하는지 구체적으로 지정되어 나오는 경우도 있다.

Step 3 관련된 문장을 정확하게 해석하고 답을 찾는다.

문제에서 요구하는 특징을 Scanning한 문장에서 찾아 알맞은 선택지와 연결한다. 해석을 정확하게 하지 않으면 선택지를 고를 때 많이 혼란스러울 수 있으므로 객관식 유형만큼은 직독직해를 통해서 처음부터 정확히 내용을 파악하고 풀어야 한다.

핵심 문제 유형

Science evidence sheds light on bird culture

The existence of culture in non-human animal societies is a hotly contested topic in scientific circles. Some studies point toward animal behaviours that resemble the way humans learn and pass on the cultural traditions of their social groups. The most well-known of these studies centre on animals that seem to act and think most like humans, primates like the Japanese macaque or cetaceans like dolphins.

However, birds have become an increasingly popular subject of animal culture studies, showing several behaviours indicative of complex social learning systems. Most notably, evidence has shown that birds from neighbouring regions sing different songs and exhibit different foraging behaviours. This seems to indicate that these activities are learned rather than innate, strengthening the claim that some species of birds are capable of creating culture specific to their individual communities.

과학적 증거가 새들의 문화를 밝혀내다

인간이 아닌 동물 사회에서의 문화의 존재는 과학계에서 논쟁이 치열한 주제이다. 몇몇 연구들은 인간이 자신들이 속한 사회 집단의 문화적인 전통을 배우고 전달하는 방식과 유사한 동물들의 행동을 지적한다. 이러한 연구들 중 가장 잘 알려진 것들은 인간처럼 생각하고 행동하는 것으로 보이는 일본 짧은꼬리원숭이 같은 영장류나 돌고래 같은 고래목 동물에 초점을 맞추고 있다.

하지만 새들이 복잡한 사회적 학습 시스템을 나타내는 몇 가지 행동들을 보여주면서, 동물 문화 연구에서 점점 더 인기 있는 연구 대상이 되었다. 그중에서도 특히, 인접한 지역에 사는 새들이 서로 다른 노래를 부르고 서로 다른 수렵 채집 행동들을 나타낸다는 것이 입증되었다. 이것은 이러한 행동들이 선천적이기보다는 학습된 것이라는 점을 나타내며, 몇몇 종의 새들은 그들의 개별적인 지역 사회 고유의 문화를 창조할 수 있다는 주장을 강화해 준다.

*Choose the correct letter, **A, B, C** or **D**.*

Write the correct letter in boxes 1–2 on your answer sheet.

A, B, C, D 중 알맞은 문자를 고르시오.
알맞은 문자를 답지의 1–2번 상자에 쓰시오.

1 Why does the author refer to Japanese macaque or dolphins in paragraph 1?

   A To show that many animals have good relationships with humans

   B To show the studies of living creatures that think and act like human beings

   C To highlight the reasons why primates or cetaceans should be protected

   D To emphasise the fact that research on animals varies

1 저자는 왜 1문단에서 일본 짧은꼬리원숭이나 돌고래를 언급하는가?

   A 많은 동물들이 인간과 좋은 관계를 맺고 있다는 것을 보여주기 위해서

   B 인간처럼 생각하고 행동하는 생물에 대한 연구들을 보여주기 위해서

   C 영장류나 고래목 동물들이 보호되어야 하는 이유를 강조하기 위해서

   D 동물에 대한 연구가 다양하다는 사실을 강조하기 위해서

2 In paragraph 2, scientists studying birds in different locations have found that

    A learning how to sing and find food is unnatural.

    B songbirds are not able to spread cultural traditions.

    C social learning is common in only a few bird species.

    D certain behaviours and abilities are not present from birth.

2 2문단에서 서로 다른 장소에 서식하는 새들을 연구하는 과학자들은 밝혀냈다

    A 노래하는 법과 먹이를 찾는 법을 배우는 것은 부자연스럽다.

    B 명금들은 문화적 전통을 전파할 수 없다.

    C 사회적 학습은 단지 소수의 새 종에서만 흔하게 일어난다.

    D 어떤 행동과 능력은 태어날 때부터 존재하지 않는다.

🗂 Vocabulary

hotly [adv] 맹렬하게, 치열하게   contest [v] 논쟁하다   point toward ~를 가리키다   centre on ~에 초점을 맞추다   primate [n] 영장류   cetacean [n] 고래목 동물   indicative [adj] ~을 나타내는, 징후가 있는   increasingly [adv] 점점 더   notably [adv] 현저히, 명백히, 특히   forage [v] 먹이를 찾다   exhibit [v] 내보이다, 나타내다   innate [adj] 본성의, 타고난   specific to ~에게 고유한, ~에 특수한

🔹 전략 적용하기

Step 1 문제를 읽고 가장 핵심적이고 구체적인 단어를 키워드로 정한다.

문제	키워드
1 Why does the author refer to Japanese macaque or dolphins in paragraph 1? 저자는 왜 1문단에서 일본 짧은꼬리원숭이나 돌고래를 언급하는가?	Japanese macaque or dolphins 일본 짧은꼬리원숭이나 돌고래
2 In paragraph 2, scientists studying birds in different locations have found that 2문단에서 서로 다른 장소에 서식하는 새들을 연구하는 과학자들은 밝혀냈다	birds in different locations 서로 다른 장소에 서식하는 새

Step 2 지정한 키워드를 지문에서 꼼꼼하게 Scanning한다.

키워드	지문에서 Scanning한 문장
Japanese macaque or dolphins 일본 짧은꼬리원숭이나 돌고래	The most well-known of these studies centre on animals that seem to act and think most like humans, primates like the Japanese macaque or cetaceans like dolphins. 이러한 연구들 중 가장 잘 알려진 것들은 인간처럼 생각하고 행동하는 것으로 보이는 일본 짧은꼬리원숭이 같은 영장류나 돌고래 같은 고래목 동물에 초점을 맞추고 있다.
birds in different locations 서로 다른 장소에 서식하는 새들	Most notably, evidence has shown that birds from neighbouring regions sing different songs and exhibit different foraging behaviours. This seems to indicate that these activities are learned rather than innate, strengthening the claim that some species of birds are capable of creating culture specific to their individual communities. 그중에서도 특히, 인접한 지역에 사는 새들이 서로 다른 노래를 부르고 서로 다른 수렵 채집 행동들을 나타낸다는 것이 입증되었다. 이것은 이러한 행동들이 선천적이기보다는 학습된 것이라는 점을 나타내며, 몇몇 종의 새들은 그들의 개별적인 지역 사회 고유의 문화를 창조할 수 있다는 주장을 강화해준다.

Step 3 관련된 문장을 정확하게 해석하고 답을 찾는다.

1. 문제에서 '1문단'이라고 명시했고, 일본 짧은꼬리원숭이나 돌고래가 언급된 목적을 묻고 있다. 즉 이것이 예시라면 무엇을 보여주고 증명하기 위해서 이 동물들을 언급했는지 확인하면 된다.

지문에서 찾은 내용을 확인하면 The most well-known of these studies centre on animals that seem to act and think most like humans, (…)(이러한 연구들 중 가장 잘 알려진 것들은 인간처럼 생각하고 행동하는 것으로 보이는 (…) 동물에 초점을 맞추고 있다.)라고 나와 있다. 즉 인간처럼 생각하고 행동하는 동물들 중 가장 잘 알려져 있는 예시로 일본 짧은꼬리 원숭이나 돌고래가 언급된 것이다. 그러므로 정답은 **B - To show the studies of living creatures that think and act like human beings**(인간처럼 생각하고 행동하는 생물에 대한 연구들을 보여주기 위해서)가 된다.

정답 B

2. 이 문제 역시 2문단에서 정답의 근거를 찾으라고 미리 알려주고 있다. 서로 다른 장소의 새들
을 연구하고 난 다음 어떠한 것을 알아냈는지, 즉 연구 결과에 대해 묻는 문제이다.

지문에서 찾은 내용을 보면 This seems to indicate that these activities are learned rather
than innate, strengthening the claim that some species of birds are capable of creating
culture specific to their individual communities.(이것은 이러한 행동들이 선천적이기보
다는 학습된 것이라는 점을 나타내며, 몇몇 종의 새들은 그들의 개별적인 지역 사회 고유의 문
화를 창조할 수 있다는 주장을 강화해준다.)고 되어 있다. 따라서 **D - certain behaviours
and abilities are not present from birth.**(어떤 행동과 능력은 태어날 때부터 존재하지
않는다.), 즉 학습된다는 내용의 선택지가 정답이다.

정답 D

> **Tip!**
> 연구의 결과를 말해주는 많은 표현들 중 대표적인 것이 This seems to ~(이것은 ~한 것으로 보인다)이다.
> 반드시 외워두도록 하자.

PAGODA
IELTS Reading

Practice

*You should spend about 10 minutes on **Questions 1–2**, which are based on Reading Passage 1 below.*

Iceland Deep Drilling Project

A In the year 2000, the National Energy Authority of Iceland, in conjunction with three Icelandic energy companies, founded the Iceland Deep Drilling Project (IDDP). The goal of this ongoing project is to develop and test technologies to dig into the roots of a hydrothermal system, in order to extract fluids at temperatures of 400-600 degrees. The first drilling attempt, known as IDDP-1, yielded surprising results, as the drilling team accidentally drilled straight into liquid magma, a very rare occurrence globally. Although the drilling pipe was blocked, cool water was pumped into the pipe to break up the blockage, and it was repaired enough to allow steam to be released at temperatures of over 450 degrees, a world record for geothermal heat. According to Wilfred Elders, editor of the January 2014 issue of *Geothermics* dedicated to the IDDP, "Essentially, the IDDP-1 created the world's first magma-enhanced geothermal system. This unique engineered geothermal system is the world's first to supply heat directly from a molten magma."

B Using the success of IDDP-1 as a springboard, the IDDP programme intends to move forward, with two more wells, IDDP-2 and IDDP-3 scheduled in the next several years. The principal goal remains to produce higher-value, high-pressure steam, and increase the power output of geothermal plants, perhaps by as much as ten times their current capacity. It may eventually be possible to sell this additional clean electricity to Great Britain, creating a welcome source of income for Iceland and greater energy flexibility for Great Britain. In addition, the IDDP project has given the scientific community a greater understanding of hydrothermal systems. As Elders suggests, "The IDDP is an example of fruitful collaboration between industry and the scientific community for the benefit of both. The cost of drilling these deep wells far exceeds funds normally available to academic scientists. In turn, the industrial partners gain access to scientific techniques and expertise that otherwise would not be available to them."

C One obstacle to the extraction of fluid in excess of 300 degrees is that rocks at these temperatures undergo a structural transition which destroys their permeability. If the rocks are not permeable, fluid flow rates will not be high enough for long-term energy production. Another major limitation of geothermal energy in general is that unlike wind and solar energy, it is location-specific. High-volume geothermal energy plants will only succeed in areas of relatively new volcanic activity, like Iceland, or areas located along tectonic plates, like New Zealand and California. Further resources must be invested in developing technologies that will allow the power generated in geothermal plants to be transported across vast distances with minimal losses.

Questions 1–2

*Choose **TWO** letters, **A–E**.*

*Which **TWO** of the following claims about geothermal power are made by the writer?*

A   It is capable of producing more electricity than wind or solar energy.

B   It can be productive in only certain geographic regions.

C   It is unstable due to continuous volcanic activity.

D   Its introduction has come under public scrutiny.

E   It could be a way to increase Iceland's national income.

*You should spend about 10 minutes on **Questions 3–6**, which are based on Reading Passage 2 below.*

The Relationship between Language and Thought

In the 1950s, a psychologist named Benjamin Lee Whorf assumed that if people speak differently, it must mean that they also think differently. He took this idea one step further by theorising that not only does language influence the way humans think, but that humans actually think in language. Whorf tested his idea, now referred to as the Whorfian hypothesis, by conducting a study of the Hopi tribe from Arizona, USA, in which he found that the Hopi language has "no words, grammatical forms, construction or expressions that refer directly to what we call 'time'". Based on this observation, he went on to posit that because the Hopi had no way to talk about time, they also had no way to think about time. In other words, linguistic limitations translate into cognitive limitations, proof that a person's experience of the world is fundamentally shaped by language.

The Whorfian hypothesis has been attacked vigorously by many psychologists and ethnolinguists over the years, mostly aimed at the weak methodology employed in the studies. The most complete criticism came at the hands of Ekkehart Malotki, who published a 600-page paper dissecting the Hopi language study. Malotki referred to hundreds of examples of Hopi words that refer to temporal relations and claimed that Whorf's analysis lacked any kind of proof of the language's effect on cognition.

More recently, researchers have attempted to improve on Whorf's methodology. One such researcher was Toshi Konishi, who in 1993 performed a study comparing speakers of German and Spanish, which are both gendered languages, meaning that they assign gender to all nouns, whether living or nonliving. He found that German and Spanish speakers tend to describe objects differently according to their linguistic gender, seemingly proving that the speakers' language had affected them on a mental level. However, many have pointed out that the results do not necessarily prove a cognitive difference between German and Spanish speakers, but may instead simply confirm differences inherent in each language.

Questions 3–6

*Choose the correct letter, **A, B, C** or **D**.*

Write the correct letter in boxes 3–6 on your answer sheet.

3   What assumption is at the core of the Whorfian hypothesis?

    A   Speakers of multiple languages have greater mental abilities.

    B   People who speak English are cognitively more able than others.

    C   All mental differences are the direct result of language.

    D   People from different linguistic backgrounds do not think the same.

4   Whorf's linguistic studies suggested that

    A   speakers of Hopi do not have time to think about language.

    B   it is impossible for the Hopi to relate events in time.

    C   the Hopi's language did not limit their cognitive faculties.

    D   personal experience shapes linguistic expression.

5   In a paper criticising Whorf's study of the Hopi, Malotki showed that

    A   the Hopi language contains grammatical categories to express time.

    B   the methodology in Whorf's study was biased toward English speakers.

    C   Whorf's study recognised hundreds of time-related words in the Hopi language.

    D   Whorf failed to prove the connection between language and mental processes.

6   What did Konishi research using subjects who spoke German and Spanish?

    A   the effect of assigning inanimate objects genders in these languages

    B   the inherited differences between speakers of the languages

    C   how speakers of each language assign gender to living nouns

    D   how male and female speakers of both languages think differently

*You should spend about 20 minutes on **Questions 7–12**, which are based on Reading Passage 3 below.*

In the Mind of the Teenage Driver

According to the National Center for Statistics and Analysis, Americans between the ages of fifteen and twenty years old are involved in 14% of fatalities related to car crashes and other vehicular accidents, while adolescents constitute only 6.4% of the total number of drivers in the United States. In 2005, the crash rate per mile driven was four times higher for sixteen- to nineteen-year-olds than for older drivers. Risk peaks with sixteen-year-olds, who crash twice as often per mile as drivers between eighteen and nineteen years old. A glance at the Center for Disease Control and Prevention (CDC) website shows that these accidents are typically chalked up to driver inexperience, risk-taking behaviours, and alcohol abuse. While these concerns are valid, recent research indicates that the structure of the teenage brain itself may hold the key to understanding this phenomenon.

It has long been presumed that the human brain develops at the same rate as it grows, meaning that the brain would be finished developing and changing by age six, when the brain reaches 95% of its fully-developed adult size. In fact, previous research showed that during a child's first 1-2 years of life, the brain goes through an 'overproduction' stage, producing more than the necessary number of brain cells. These extra cells are then 'pruned', or discarded, which scientists believed signaled that the brain was finished developing. However, Dr. Judith Rapoport of the National Institute of Mental Health recently conducted a study proving otherwise. Rapoport administered MRI scans to 149 children and adolescents at two-year intervals, and her research shows that brains do not stop developing during childhood. Instead, they enter a second period of overproduction during which grey matter, the tissue responsible for information processing, thickens. In addition, this period is characterised by significant growth of the frontal lobe, a part of the brain that controls personality, reasoning, impulse, and emotions.

It is significant that the frontal lobe continues to develop into young adulthood, as researchers believe that this division of the brain is typically responsible for using rational decision-making processes to make 'executive decisions'. In childhood and adolescence, therefore, other areas of the brain have to step in and assist in the processing of emotions and decision-making. Expanding on Rapaport's earlier research, Devorah Yurgelun-Todd, Director of Cognitive Neuro-imaging at McLean Hospital, conducted a study wherein she asked a group of adults and teenagers to look at a variety of photographs of facial expressions and identify the emotion they observed. While they considered, she observed their brains using an MRI. The MRI showed that adolescents and adults used different parts of their brains to complete this task, causing half of the teenage subjects to misidentify the expression of fear as shock or sadness, while 100% of adults primarily used their frontal lobes and identified the emotion correctly. This study confirms the idea that when it comes to analysing a situation and its potential consequences, the teenage brain relies much more on emotional reactions rather than the cognitive reasoning processes available to a fully matured adult.

These studies add much-needed subtlety to the explanations of adolescent risk-taking behaviours, particularly within the context of driving. Clearly, teenagers interpret the world in different ways than fully matured adults, due to their underdeveloped frontal lobes. In a driving scenario, an adolescent might interpret another driver's behaviour as threatening or dangerous, causing them to overreact or react aggressively. In another situation, a teenage driver may fail to logically consider the consequences of a decision and instead make a decision based on 'gut feeling' or emotion, particularly in a high-stress driving environment or in the presence of peers. This understanding must be taken into account when considering the capabilities of adolescent drivers and helping them to develop the level of awareness of themselves and their environment necessary to drive responsibly. Further, this research tells us that during this vital stage of development, adolescents should be encouraged to learn a range of activities and skills. Their brains will never again be more flexible and productive, full as they are with grey matter.

This research forces us to consider a number of fascinating ethical questions. At 21, the age at which one can legally consume alcohol in the United States is one of the highest in the world. The legislation which created this minimum drinking age was signed into law in 1984, in the midst of much criticism and debate. However, these studies seem to offer support to proponents of this law, and could be used as justification for other guidelines that restrict the behaviour and rights of young adults and adolescents. It could be argued that, based on the results of these studies, lawmakers should raise the legal driving age, protecting drivers and pedestrians from the accidental damage an underdeveloped mind could do behind the wheel. Many states have already taken some action on this front, passing regulations limiting the number of passengers allowed to accompany a teenage driver.

The implications of this research extend beyond the realm of driving, as well. For example, it could be argued that it is irresponsible to extend voting rights to individuals whose decision-making facilities have been proven to be underdeveloped. Moreover, this research offers support to those who argue that the military should not be allowed to draft citizens under the age of 25, for two reasons. Most obviously, if high-stress situations are proven to cause lapses in judgment in adolescent drivers, the same would certainly be true in a combat environment. From a less obvious but equally valid perspective, these studies show that adolescence is one of the most formative periods of an individual's life. What kind of irreparable damage might be done, then, if young adults are exposed to regular and systematic violence over an extended period of time? As much as society must be protected to some degree from adolescents' immaturity and mistake-riddled decision-making, adolescents themselves must be seen as a vulnerable segment of the population, in need of protection from the potentially harmful effects of certain environments and situations. There are points to be made on every side of these arguments, but one thing remains clear: this research exposes how much we have yet to learn about the amazingly complex human brain.

Questions 7–12

*Choose the correct letter, **A, B, C** or **D**.*

Write the correct letter in boxes 7–12 on your answer sheet.

7   What statement is made in paragraph 1?

    A Over ten per cent of American drivers are adolescents.

    B Eighteen- to nineteen-year-old drivers are most at risk of having an accident.

    C Sixteen-year-old drivers are more likely to crash than any other age group.

    D Teenagers abuse alcohol more frequently than adults.

8   What did Rapoport's research reveal?

    A The brain is almost completely developed in early childhood.

    B The brain undergoes two stages of 'overproduction.'

    C MRI scans have no effect on the brain's development.

    D Additional grey matter leads to increased development of the frontal lobe.

9   For adolescents, executive decisions are made

    A without the use of the frontal lobe.

    B in order to help them to process emotions.

    C using more than one part of the brain.

    D with the assistance of mature adults.

10 In Yugelun-Todd's study,

    A MRI scans revealed the reason teenagers misread emotions.

    B participants were asked to make a variety of facial expressions.

    C teenage participants showed more fear than adult participants.

    D some adolescents reacted with shock and sadness rather than fear.

11 Which of the following summarises paragraph 4?

    A Adolescent minds make errors in judgment but are also very powerful.

    B Research implies that restrictions on teenage drivers should be enhanced.

    C Adolescent drivers are overly sensitive to stressful situations.

    D Adolescents take risks because they are unaware of their environments.

12 The research cited in paragraph 5 supports the idea that

    A the minimum legal drinking age should be lowered.

    B guidelines for adolescents should be extended to adults.

    C adolescents should be accompanied by at least one passenger.

    D the minimum legal driving age is too low.

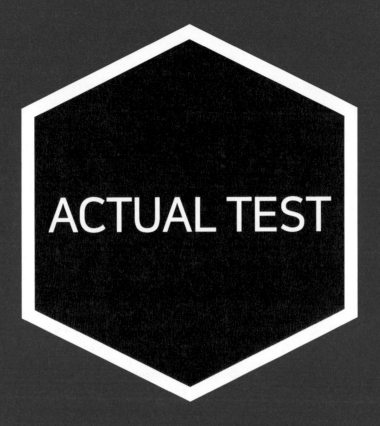

ACTUAL TEST

Actual Test 1

READING PASSAGE 1

*You should spend about 20 minutes on **Questions 1–13**, which are based on Reading Passage 1 below.*

How Insects Communicate

Entomologists, scientists that study insect behaviour, have come to understand much about how insects communicate with one another. Scientific understanding of this phenomenon, however, is made more difficult by the fact that some aspects of insect communication are more subtle and difficult to measure than human communication. While it takes humans many years to learn how to communicate with one another, in insects this process is inborn and instinctual. Because of these differences, it is important when studying insects to widen our concept of communication to include any act or condition of an organism that alters the behaviour of another organism. The insect that performs the act of communication is called the *emitter*, while the one whose behaviour is altered is known as the *receptor*. In many cases, communication between insects involves a two-way exchange of information, and thus one individual can be both the emitter and receptor at the same time.

Insects communicate mainly with members of their own species (intraspecific communication), because they share the same 'vocabulary'. They use these signals to find mating partners, warn others of danger, and give information about food sources. They sometimes communicate with members of other species as well (interspecific communication). The information coded into these signals is designed to be straightforward and difficult to misinterpret, usually to ward off predators. Some insects are able to perceive and even reproduce a form of communication used by another species. Known as *animal mimicry*, this skill can be used by an insect either as camouflage to hide itself from predators, or as a way of luring potential prey. Visual communication is not as dominant as it is in humans, due to the fact that an insect's sense of sight provides very different information than that of a human. Therefore, tactile communication, auditory communication, and chemical communication are all used extensively.

Insects have compound eyes, each one composed of hundreds of miniscule lenses. While these eyes do not allow them to see very well, they do make insects extremely sensitive to movement and light. Visual communication is employed in an active way to attract mates for reproduction. Fireflies use a process called *bioluminescence* to emit light from their bodies, and they use this light to attract their mates. To avoid confusion, each species of firefly has its own unique signal, with differing numbers and lengths of flashing lights. Some insects also use visual signals to avoid predators. For example, the Viceroy butterfly has no natural defenses, so it mimics the appearance of the poisonous Monarch butterfly. Birds learn to avoid eating the Monarch, and the Viceroy benefits as a result.

Tactile communication is not entirely different from the sense of touch in humans. While insects have an underdeveloped nervous system compared to vertebrate animals, the principle of tactile communication is the same in that it must entail physical contact. Most people are familiar with the fact that honey bees perform dances to indicate the location and quality of surrounding food sources. However, because these dances take place inside the beehive, the visual qualities are irrelevant. Instead, the movements are perceived by the other bees through vibrations that are transmitted through the hive. Another example of tactile communication can be seen in a phenomenon known as 'tandem running'. While walking in a line, ants will place their antennae on the ant in front of them. When they can no longer feel the antennae of the ant behind them, they stop and wait for the other ants to catch up.

Humans are quite familiar with some of the sounds that insects produce, such as the chirp of a cricket or the buzzing of a housefly. However, most of the sounds created by insects are actually too high-pitched for us to hear. Insects have extremely sensitive membranes called *tymbals* attached to their legs or abdomen which allow them to hear one another. The tymbal is used not only for receiving sounds, but for producing them as well. The cicada, for example, can produce a powerful sound by vibrating their tymbals. Like in a drum, their body cavity works as a resonating chamber to make the sound even louder. The sounds of cicadas are primarily used for marking their territory or finding a mate.

The senses involved in chemical communication can be thought of as a combination of the analogous senses of smell and taste in humans. The types of chemicals emitted by insects are wide-ranging, including pheromones for marking trails and attracting reproductive partners, as well as allelochemicals for informing others of possible danger. Insects can detect chemicals through sensors located primarily on their feet and their antennae. They are able to detect the chemicals emitted by their own species remarkably well. Pheromones released by Small Emperor Moth females, for instance, can be detected by males located over 15 kilometres away. Insects can also learn to detect the chemical emissions of other species. Such is the case with some types of parasitic bedbug who are able to track down a suitable host by detecting the chemicals that the host emits. When a chemical benefits the receptor more than the emitter, they are referred to as *kairomones*.

Questions 1–4

Do the following statements agree with the information given in Reading Passage 1?

In boxes 1–4 on your answer sheet, write

> **TRUE**   *if the statement agrees with the information*
> **FALSE**   *if the statement contradicts the information*
> **NOT GIVEN** *if there is no information on this*

1   Insects know how to communicate from birth.

2   Among insects, it is rare for information to be passed in only one direction.

3   Interspecific communication is more complex than intraspecific communication.

4   An insect's sense of sight is weaker than its sense of hearing.

Questions 5–13

Complete the table below.

*Choose **NO MORE THAN TWO WORDS** from the passage for each answer.*

Write your answers in boxes 5–13 on your answer sheet.

Communication Method	Description	Examples
Visual	• sensitive to movement and light • purposes include getting partners to approach and keeping away from 5	• Fireflies attract mates using a unique sequence of 6 .... lights. • The Monarch is 7 .... so the Viceroy mimics its appearance.
Tactile	• similar to human touch • always involves 8	• Honey bees' dancing is communicated through 9 .... rather than sight. • Tandem running allows ants to stay together.
Auditory	• extremely 10 .... insect sounds cannot be heard by humans • membranes can transmit and receive sounds	• The cicada uses its 11 .... to resonate sounds.
Chemical	• many types of chemicals, including 12 .... and allelochemicals • feet and antennae can sense chemical signals	• One type of moth can identify chemicals at long distances. • A bedbug can find a 13 .... using chemical communication.

READING PASSAGE 2

You should spend about 20 minutes on **Questions 14–26**, which are based on Reading Passage 2 below.

Question 14–20

Reading Passage 2 has nine paragraphs, **A–I**.

Choose the correct heading for each paragraph from the list of headings below.

Write the correct number, **i–x**, in boxes 14–20 on your answer sheet.

List of Headings

i	The connection between sleep disruption and health
ii	The effects of posture on sleep quality
iii	A research study conducted on human subjects
iv	Evidence that astronauts struggle to sleep well
v	Environmental factors affecting sleep in a spacecraft
vi	The importance of further research
vii	Living things operate according to a fixed schedule
viii	The role of sleep in social interactions
ix	Research connecting light patterns to the immune system
x	The difference between a day on Earth and a day in space

Example	Answer
Paragraph **A**	**iv**

---

14 Paragraph B

15 Paragraph C

16 Paragraph D

17 Paragraph E

18 Paragraph F

19 Paragraph G

20 Paragraph H

Sleepless in Space

Research uncovers the long-term effects of disrupted sleep on astronauts

A   Adequate sleep is essential in order to perform cognitive functions as well as to maintain an immune system capable of fighting off diseases. Unfortunately, a study of astronauts who spent significant time in space shuttles or on the International Space Station (ISS) found time for an average sleeping period of only six hours per 24-hour period. Researchers monitored brain waves, muscle tone, and eye movements, and found that astronauts in space got less sleep — and what little they got was of poorer quality — than those on Earth. In addition, it was found to be more difficult to fall asleep in space, with the result that astronauts opted to use sleep-promoting hypnotic therapy on over half of the nights they spent in a shuttle.

B   Our lives on Earth are based on a 24-hour light cycle, fixed by the planet's rotation around its axis. We follow this cycle not only for reasons of convenience and productivity, but because it is hardwired into our biology. Lora Hooper, immunologist at the University of Texas Southwestern Medical Center and leading researcher on the importance of healthy sleep, writes, 'Virtually all life forms on Earth undergo physiological and behavioural changes on a 24-hour daily, or circadian, cycle in accordance with the changes in natural light. Human beings are no exception.' Many factors combine to regulate this process, including feeding, temperature, posture, and light. These factors account for many of our sleeping habits. We get sleepy after eating, our bodies become colder, and we sleep best when lying down in the dark.

C   However, for astronauts spending long periods in space, these conditions are disrupted. For one thing, the lack of gravity makes it impossible to "lie down", simply because the concept of up and down is irrelevant. In fact, it is necessary for astronauts to secure themselves to their sleeping bags just to avoid floating around in random directions. Without a means of orientation, the brain's impulse to sleep cannot be triggered by adjusting one's posture. This situation also affects the body's tendency to cool down while asleep, as the presence of gravity changes the way the blood flows around the arms and legs.

D   In addition to the physical problems caused by weightlessness, conditions inside a shuttle or the ISS can add to the difficulty of both falling asleep and remaining asleep. The noise levels inside the sleeping quarters, for example, are 65 decibels (dB), approximately as loud as a hair dryer or a vacuum cleaner. In 2009 the World Health Organization recommended that 'annual average night exposure should not exceed 40dB' in order to avoid the risk of sleep disturbance, insomnia, high blood pressure, and heart attacks. Another problem is related to ventilation, as the carbon dioxide expelled through the astronauts' nose and mouth tends to collect around them, causing oxygen deprivation.

E   Perhaps the biggest factor related to astronauts' quality of sleep is related to the patterns of light and darkness. The ISS orbits the earth approximately once every 90 minutes, meaning that the astronauts aboard experience sunrise and sunset an average of nearly 20 times in a 24-hour period. In this environment, the concepts of "day" and "night" have little relevance. However, light is the principal synchronizing cue for the mechanism that aligns us to the 24-hour light cycle, known as the circadian biological clock. When we experience an unusual cycle of light and darkness, the chemical balance in our brains is disrupted, keeping us awake when we should be asleep.

F   The functioning of the circadian biological clock is managed by a component of the brain called the Suprachiasmatic Nucleus (SCN), a collection of cells that react to light waves. Light enters the body through the optic nerve and then travels to the SCN, giving the internal clock the signal to be awake. Disrupting this internal clock can have detrimental effects on our health, as Johanna Meijer of Leiden University Medical Centre in the Netherlands notes. 'We used to think of light and darkness as harmless or neutral stimuli with respect to health. We now realise this is not the case based on accumulating studies from laboratories all over the world, all pointing in the same direction.' That the connection exists is beyond dispute, but what has been elusive to scientists is an explanation for why disrupting our circadian clock has a negative impact on our health.

G   Results of a study led by Lora Hooper suggest a possible solution, that the SCN may be intimately associated with certain immune cells. Hooper's team took a group of mice and shifted their light/dark cycles every four days by 6 hours, creating something like artificial jetlag. 'It would be like flying from the U.S. to Europe, India, and Japan and spending 4 days in each country,' she explains. They found that the test group, those with altered light cycles, had nearly twice the number of a cell called Th17, compared with the test group. These cells live in the intestines, and at normal levels, they help to fight infection. 'However, if their numbers are not controlled properly, Th17 cells can produce too much friendly fire and lead to inflammatory diseases such as inflammatory bowel disease (IBD), which afflicts about 600,000 Americans each year,' Hooper said.

H   This study adds to a growing body of research that suggests those with altered sleep patterns, such as shift workers, international travelers, and astronauts, are putting themselves at risk when it comes to their long-term health. Understanding and counteracting the long-term effects of weightlessness and altered light patterns is essential if we want to entertain the thought of sending humans into space for more than just a few months. A trip to Mars and back, for example, would take at least 18 months in space. This kind of mission will not be feasible until we can reduce or counteract the effects of sleep pattern disruption during space travel.

I   One research team, led by Ulrich Limper, a cardiologist for DLR's Institute of Aerospace Medicine, is attempting to simulate space conditions at a facility located deep within the Earth. 'We can control all the environmental conditions — noise, light, temperature, even the mix of gases in the air.' This allows for tightly controlled studies that replicate the conditions of space, without the extreme expense of sending astronauts into space. Limper explains, 'To cheat gravity, we tilt the subjects head-down by six degrees. This is very important, so that the head is below the rest of the body.' Experiments like these will someday pave the way for long-term space flight that does not jeopardise the success of the mission or the health of the astronauts.

Questions 21–22

Complete the sentences below.

*Choose **NO MORE THAN THREE WORDS** from the passage for each answer.*

Write your answers in boxes 21–22 on your answer sheet.

21 In space, blood circulation in the .... is limited by a lack of gravity, causing astronauts' bodies not to cool as they should.

22 Unless we learn how to minimise or .... the health effects of altered sleep patterns, long-term space travel will not be possible.

Questions 23–26

Look at the following statements (Questions 23–26) and the list of researchers below.

*Match each statement with the correct researcher, **A–C**.*

*Write the correct letter, **A–C**, in boxes 23–26 on your answer sheet.*

NB   *You may use any letter more than once.*

23 The scientific community underestimated the potential impact of light on human health.

24 We can conserve money spent on scientific experiments by creating a facility that mimics the experience of being in space.

25 Exposure to irregular cycles of light can heighten the occurrence of some common but serious diseases.

26 The daily pattern of light and darkness affects every organism, including humans.

List of Researchers
A Lora Hooper
B Johanna Meijer
C Ulrich Limper

*You should spend about 20 minutes on **Questions 27–40**, which are based on Reading Passage 3 below.*

What Architecture Can Learn from Starbucks

In 2009, Starbucks was ranked #8 on SyncForce's annual list of the top 100 global brands. What amazes many people about the success of this coffee franchise is that a coffee drink at Starbucks is almost indistinguishable from a coffee drink at any other coffee establishment. In his book, *Starbucked: A Double Tall Tale of Caffeine, Commerce, and Culture*, journalist Taylor Clark explains that it is the respect that Starbucks has always had for its clientele that has allowed the company to infiltrate the American landscape so quickly and effectively. As Clark discovered, extensive psychological research precedes even the most minute design decisions. For example, Starbucks eschews the typical square table shape for a circular one. The reason is not aesthetic, but based on research showing that round tables protected the self-esteem of patrons who sat alone. There are no empty seats at a round table. Put simply, Starbucks is successful because they give their customers what they want. And the only way to do that is to listen to them.

Christine Outram, Invention Director at Deutsch LA, noticed a stark contrast between Starbucks and her former professional field, namely, architecture. In an article written directly for fellow architects, she took aim at what she perceived to be arrogance and soulless methodology. 'You rely on rules of thumb and pattern books, but you rarely do in-depth ethnographic research. You might sit at the building site for an hour and watch people "use space" but do you speak to them? Do you find out their motivations? Do your attempts really make their way into your design process?' Outram was especially incensed with the current state of the profession considering the number of options available to architects for doing the kind of sociological research that has been so successful for companies like Starbucks. Her experience told her that architects value theory and tradition than they value the wants and needs of the people who live, work, and socialise in the spaces they create.

As expected, Outram's article garnered a lot of attention, and raised plenty of hackles. She was criticised for being out of touch with modern methodologies and misguided in her critique. In order to prove her point, she created an online survey for architects, asking them various questions about their planning methodology. Among her findings, it was revealed that 67% of surveyed architects either do not do post-occupancy evaluations or do not formally capture the results of such evaluations. According to Outram, this implies that the aesthetic appearance of the structure seems to matter more to architects than the impact (or lack thereof) it has on the community. More damning, however, is how architects responded to the question asking them to list the methods they use to plan a project. As Outram expected, technology-based information gathering and large-scale surveys were used by only a small percentage of architects surveyed, while the top two methods were reported to be interviews with clients and the architect's own intuition and experience.

Outram's findings highlight a question that hits straight at the heart of the practice of architecture: to what extent does an architect have a responsibility to the public? Of course, the public does have some interests that the law recognises in the form of zoning laws. But there are some within the field, including Outram, who believe the public's interests should be extended beyond what is legally required. Some cases are more clear-cut than others. A city museum is clearly part of the common sphere, while a private residence is not. Between these two extremes, however, the issue is murkier. An apartment complex, for example, is legally recognised as private property, but when it is located near a riverside park, it is undoubtedly part of a community's collective experience.

The ideological battle between public interests and private property has been being waged for decades. The rise of mass manufacturing and improvements in technology that marked the 19th and 20th centuries brought about an architectural paradigm that perceived of architecture as more about product than process. Decisions about the design of public spaces were made not by the people who would use them but by land development experts and governments, who pushed a brand of suburbanisation with little consideration for the community. The 1960s saw the beginning of a shift back to a brand of architecture that was responsive to the needs of the community. This culminated in the creation of the Charter of the New Urbanism in the 1990s, an attempt to standardise the ideological principles aimed at creating a healthier relationship between the public arena and the built environment. New Urbanists, as they are known, strive to create walkable neighborhoods that connect via public transportation, and support greater flexibility in the way land is used at the neighborhood level.

This movement is more broadly known as *placemaking*, and according to a recent paper published by the Massachusetts Institute of Technology (MIT), the emphasis is on the *making* rather than the *place*. Only when architects and city planners allow the public itself to play a part in the creation of public space do they empower citizens with a sense of ownership over it. Placemaking thus requires modern architects to look past some of their own instincts about a project and alter their designs according to the will of the people. As the MIT paper reads, 'This "making" provides opportunities for people to collaborate, deliberate, disagree, and act—providing a host of benefits to communities and offering a critical arena in which people can lay claim to their "right to the city"'. The success of placemaking is measured less by the aesthetics or efficiency of the design than by the creation of *social capital*, the sense of trust and belonging that come from healthy social interaction.

A prime example of placemaking was the design process that led to the creation of Denver's Mariposa Complex. The original aim of the Complex was to replace distressed public housing and revitalise a stagnant community. Employed by the Denver Housing Authority, Mithun Architects began the planning stage of the project by conducting a cultural audit, described by the firm as 'a methodology of documentation and rigour that uses interview, survey, and in-depth market analysis to provide a contextual community snapshot.' The audit included open-ended interviews with visitors as well as residents and revealed in-depth information about the community, including but not limited to their aspirations for the future, economic issues, services needed, transportation, and safety. These findings remained at the core of the design and construction process throughout, and the result is a public space that the public can claim as their own. This is just the kind of tech-savvy, people-centred approach that Outram called for in her article. This is how Starbucks would design a building.

Complete the sentences below.

Choose **NO MORE THAN TWO WORDS** from the passage for each answer.

Write your answers in boxes 27–31 on your answer sheet.

27 According to Taylor Clark, Starbucks owes its success to the .... it shows to its customers.

28 The use of .... tables is an example of designs prioritising consumer preference.

29 Outram believes that architects should do more .... considering the variety of methods available today.

30 Outram was criticised for no longer understanding ....

31 Architects seemingly pay more attention to .... than public impact.

Questions 32–36

Do the following statements agree with the claims of the writer in Reading Passage 3?

In boxes 32–36 on your answer sheet, write

YES	if the statement agrees with the claims of the writer
NO	if the statement contradicts the claims of the writer
NOT GIVEN	if it is impossible to say what the writer thinks about this

32 New Urbanists strive to strengthen the ties between architecture and the people.

33 Architects today must retain full control over their designs.

34 Aesthetics will no longer be important to the practice of 'placemaking'.

35 The Mariposa Complex has brought new growth to the surrounding community.

36 The results of open-ended interviews played a minor role in the final design of the Mariposa Complex.

Questions 37–40

*Choose the correct letter **A, B, C** or **D**.*

Write the correct letter in boxes 37–40 on your answer sheet.

37 What point is emphasised in the third paragraph?

    A the quality of Outram's writing
    B recent changes in planning methodology
    C the importance of individual intuition
    D the indifference of architects to public opinion

38 What does the author think of the definition of private vs. public space?

    A The distinction is not always obvious.
    B It must be based on legal standards.
    C It is dependent on a community's decision.
    D It has been over-emphasised.

39 How did the Industrial Revolution affect building policies?

    A A wider variety of products could be used.
    B Emphasis was placed on the end result of construction.
    C Opportunities in suburban communities increased.
    D A higher level of expertise was required.

40 What is a core principle of placemaking?

    A creating community engagement by inviting participation
    B analysing the surrounding area to protect the environment
    C benefitting the economy by using local resources
    D improving infrastructure for future public transportation needs

Actual Test 2

READING PASSAGE 1

*You should spend about 20 minutes on **Questions 1–13**, which are based on Reading Passage 1 below.*

The Rise and Fall of the Western

A The western film genre was born in 1903 with the production of the first narrative film in history, *The Great Train Robbery*. Based on an 1896 story written by Scott Marble, the film was only ten minutes long, composed of just 14 static scenes. The popularity and commercial success of the film proved the viability of the entire medium and helped to pave the way for the birth of the American film industry. Aside from the ingenuity of the storytelling and the innovative filmmaking techniques used throughout the movie, *The Great Train Robbery* set out the essential themes and tropes that would be repeated throughout the history of American cinema.

B The story of the film was based on a real event which occurred on August 29, 1900. The No. 3 train was on its way to Table Rock, Wyoming when legendary outlaws Robert Leroy Parker (aka Butch Cassidy), Harry Longabaugh (aka The Sundance Kid), and other members of the infamous "Wild Bunch" stopped the train and successfully made off with over $45,000. In the film adaptation, the outlaws are not quite so lucky. After the daring train robbery, a posse of cowboys is quickly assembled. They pursue the bandits on horseback, and the film concludes with the lawmen catching the "bad guys" in the woods and getting the better of them in a gunfight.

C Throughout the first half of the 20th century, the western thrived. In the midst of World War I and World War II, westerns featured classic heroes saving their defenseless communities from savage enemies. The 1939 film *Stagecoach,* directed by John Ford, solidified the template for the genre, with a combination of action, drama, humor, and a diverse set of characters. It also featured a breakout performance by John Wayne as the crafty fugitive "The Ringo Kid". Wayne would go on to become one of the Hollywood's most prominent leading men. In 1948, Wayne teamed up with director Howard Hawks in *Red River*, a massive hit renowned for its conflicted main character and immaculate black-and-white cinematography.

D The 1960s saw a decline in the popularity of westerns in Hollywood. There are a number of reasons for this downturn. For one thing, American society was undergoing fundamental changes. The war in Vietnam and the Civil Rights Movement, in particular, complicated American identity, as well as America's role on the world stage. The tried-and-true themes and formulas of the western, so successful in the past, no longer resonated with the American public. The film industry as a whole was also changing, with studios aiming to attract global audiences. The western, a fundamentally American genre, simply lacked the international appeal to compete economically with dramas, comedies, and the emerging genre of science fiction.

E   As Hollywood made fewer and fewer western films, however, the mantle was picked up by Italian director Sergio Leone. In 1964, he directed *A Fistful of Dollars*, launching a subgenre of western films referred to as *spaghetti westerns*, so called because they were mostly directed and produced by Europeans. Spaghetti westerns broke with tradition by making their characters much more realistic and complex, both in their appearance and in their morality. They portray a more brutal western landscape, characterised by extreme violence carried out by villains and heroes alike. Filmmakers found that the best way to ensure success was to copy the style and techniques of earlier films, which also made them very cheap and fast to produce. From 1960 to 1978, over 600 spaghetti westerns were released.

F   Throughout the 1970s and 80s, the western continued its decline in American cinema. However, the themes and characters never really disappeared; rather, they transformed, seeping into other genres. Great plains and rough prairie settlements were replaced by bustling cities and dark streets. Sheriffs and bandits became detectives and hitmen. Director John Carpenter is responsible for several films that are, by his own admission, westerns in all but name. Carpenter's 1979 film *Assault on Precinct 13*, for example, centres around an angry Los Angeles gang trying to break into a police precinct defended by a few frightened officers. This story parallels almost perfectly that of *Rio Bravo*, the 1959 western directed by Howard Hawks. While the classic "cowboys-and-outlaws" western had all but disappeared, the timeless stories lived on in modern form.

G   The 1990s saw a brief revival of the classic western, with award-winning films like *Dances with Wolves* and *Unforgiven*. The directors of these two films, Kevin Costner and Clint Eastwood, had plenty of experience in the genre, having worked as actors in earlier western films. At the same time, independent filmmakers, working outside of the confines of Hollywood, began to explore the limits of the genre. In 1995, Jim Jarmusch directed *Dead Man*, which has become known as a "postmodern western." It was shot in monochrome and includes surreal imagery. The 1993 film *Geronimo: An American Legend* tells the story of Geronimo, an Apache chief, and his fight against the US government. Setting Geronimo as the hero is quite a turnaround, considering that Geronimo was the villain in *Stagecoach* back in 1939.

H   Westerns continue to be produced in the 21st century, updating the themes of the 1930s and 40s for modern audiences. In addition, many have pointed out that superhero movies, one of the most common genres of film today, share many similarities to westerns, especially in their development over time. Early comic books featuring superheroes dealt with simple themes, like the triumph of good over evil and the noble hero protecting his city. Modern superhero films now feature complex, flawed heroes searching for their role in a complex society. This evolution is very similar to the way westerns developed throughout the 20th century. Through the superhero genre as well then, the original themes of the western can be said to live on in contemporary cinema.

Questions 1–8

Do the following statements agree with the information given in Reading Passage 1?

In boxes 1–8 on your answer sheet, write

TRUE   *if the statement agrees with the information*
FALSE   *if the statement contradicts the information*
NOT GIVEN   *if there is no information on this*

1   The success of *The Great Train Robbery* showed that westerns were a profitable film genre.

2   *The Great Train Robbery* made around $45,000 in theaters.

3   Westerns thoroughly excluded the context of the socio-political circumstance.

4   John Ford, John Wayne, and Howard Hawks were all directors of western films in first half of the 20th Century.

5   "The Ringo Kid" was based on a real-life criminal.

6   The decline of the Hollywood western in the 1960s was primarily due to economic factors.

7   Spaghetti westerns were mostly produced outside of the United States.

8   Advances in technology allowed spaghetti westerns to be produced cheaply and quickly.

Questions 9–13

Complete the notes below.

*Choose **NO MORE THAN TWO WORDS** from the passage for each answer.*

Write your answers in boxes 9–13 on your answer sheet.

1970s and 1980s

western themes seeped into other genres
- Plains - cities, sheriffs - detectives

story of 1979 *Assault on Precinct 13* **9** .... that of 1959 *Rio Bravo*

1990s

classic western experienced short **10** ....

award-winning films, *Dances with Wolves* and *Unforgiven*
- directed by former **11** ....

independent films pushed genre forward
- *Dead Man* used surreal imagery, filmed in monochrome
- Geronimo became hero instead of **12** ....

2000s

several western films made each year

superhero genre includes similar evolution and themes to western genre
- basic themes in early **13** ....
- complex characters in modern films

READING PASSAGE 2

You should spend about 20 minutes on **Questions 14–26**, which are based on Reading Passage 2 below.

Question 14–18

Reading Passage 2 has six paragraphs, **A–F**.

Choose the correct heading for each paragraph from the list of headings below.

Write the correct number, **i–x**, in boxes 14–18 on your answer sheet.

List of Headings
i   New design for intercepting and destroying an asteroid
ii   Plan for dealing with an asteroid at close range
iii   Data on the composition of asteroids
iv   Catastrophic but avoidable disaster
v   Global cooperation for asteroid tracking
vi   Three methods of preventing an asteroid strike
vii   Research on the health effects of nuclear radiation
viii Asteroid deflection with an explosion
ix   Potential damage from an underground nuclear blast
x   Limitations with the current technology

Example	Answer
Paragraph **A**	**iv**

14   Paragraph B

15   Paragraph C

16   Paragraph D

17   Paragraph E

18   Paragraph F

Preventing an Asteroid Strike

A An asteroid hitting the Earth is one of the few natural disasters that would threaten all of humankind. However, unlike earthquakes and volcanoes, asteroid strikes are preventable. If we are aware of an asteroid on a collision path with Earth a decade or more in advance, a slight deflection, changing the velocity or direction of the asteroid, would shift its orbit, taking it out of the path of Earth. This method is known as *deflection*. But what if we discover the asteroid too late, only a few years before it's due to hit us? A slight nudge would no longer be sufficient, so the idea is to launch a spacecraft at the asteroid, causing a significant change in its velocity and direction, taking it off course. For a small asteroid, that certainly seems possible. But the larger the asteroid, the larger the spacecraft would need to be.

B That's when the nuclear option may become necessary. A spacecraft could carry a nuclear weapon, detonating near the asteroid and releasing x-rays and neutrons. "Those heat up the surface of the asteroid to very high temperatures, vaporise it—and then the blow-off momentum from that vaporised material imparts a gentle change in velocity to the asteroid," according to Megan Syal, a researcher at the Lawrence Livermore National Laboratory in California. Syal works on developing planetary defense scenarios. She warns, however, that the same blast wouldn't affect all asteroids the same way. "There's really a lot of variables for an asteroid in a given scenario, including the composition, the porosity, the strength of the material, the way it sustains damage, the shape, its rotational state, and its internal structure."

C The worst-case scenario would be an asteroid that is just a few years, or even months, from striking the Earth. It would be too late, in this case, to knock the asteroid off course, even with a nuclear weapon. Brent Barbee, an engineer at NASA's Goddard Space Flight Center, has another solution: use a nuclear weapon to blow it to pieces. According to Barbee, "Anything less than ten years falls into the range of scenarios where you would need to use some kind of a nuclear solution. The NRC [Nuclear Research Council] report that was released several years ago, sort of identified that range of warning time, from ten years down to zero, essentially, as being the regime in which you need to have some kind of a nuclear solution." Barbee conducted a three-year study aimed at determining the most effective method of intercepting an incoming asteroid and hitting it with a nuclear bomb. As opposed to the deflection scenario, Barbee's proposal is to penetrate the surface of the asteroid and detonate the nuclear device deep inside.

D The idea of subterranean nuclear detonation is not new. Previous studies had been conducted by the military, exploring the idea of using ground-penetrating nuclear bombs as bunker busters. These studies revealed that a below-ground nuclear explosion could do up to 20 times more damage than a surface-level explosion. However, issues were raised regarding the feasibility of penetrating beneath the surface with a conventional missile. According to George Ullrich, the civilian deputy director of the Defense Special Weapons Agency, "There is a limit to how deep you can get with a conventional unitary penetrator. Fundamentally, you're not going to come up with a magic solution to get 100 feet or deeper in rock. If you go to higher velocities you reach a fundamental material limit where the penetrator will eat itself up in the process."

E Faced with this obstacle, Barbee and his colleagues developed a two-piece spacecraft called a Hypervelocity Asteroid Intercept Vehicle (HAIV). The top piece, a kinetic interceptor, strikes the asteroid first, creating a massive crater. The lower piece contains the nuclear device. It enters the crater and detonates before it reaches the bottom. With only three weeks' advance notice, the HAIV could intercept and eviscerate an asteroid of up to 140 metres in diameter, blowing it into pieces small enough to be safely burned up in the Earth's atmosphere. The next step, as Barbee emphasises, would be to test-fly the HAIV, hopefully many times. "It's much, much better to have investigated the solution, tested it, done many dress rehearsals, so that we're very, very comfortable and very adept at doing it, when the day comes that we have to call upon those systems to stop an asteroid impact."

F The more we know about the asteroids in our solar system, the more warning we will have and the better prepared we will be. Tracking these asteroids must become a world-wide priority. The International Asteroid Warning Network, with the support of NASA and the United Nations, was set up "to establish a worldwide effort to detect, track, and physically characterise near-Earth objects," according to its website. Unfortunately, this may be a case of "too little, too late." Russell "Rusty" Schweickart, founder of the B612 Foundation, doubts if we have the capacity to work together globally to identify the threats in time. "I fear there's not enough of a collective survival instinct to really overcome the centrifugal political forces," says Schweickart. "That is, in a nutshell, the reason we'll get hit. Not because technically we don't know it's coming, or we can't do something about it."

Questions 19–22

Look at the following statements (Questions 19–22) and the list of scientists below.

*Match each statement with the correct person, **A, B, C** or **D**.*

*Write the correct letter, **A, B, C** or **D**, in boxes 19–22 on your answer sheet.*

NB   *You may use any letter more than once.*

19 If we do not have at least a decade of warning about an incoming asteroid, a nuclear solution will be necessary.

20 There's a good chance that each asteroid can react differently to a nuclear blast.

21 Our technology is sufficient, but the political will to act may be lacking.

22 It is important to perform multiple test runs of our technology in order to be confident in our ability to prevent an asteroid strike.

List of Scientists

A Megan Syal
B Brent Barbee
C George Ullrich
D Russell Schweickart

Questions 23–26

*Complete the summary using the list of words, **A–G**, below.*

*Write the correct letter, **A–G**, in boxes 23–26 on your answer sheet.*

Barbee's Nuclear Option

If an asteroid is detected at close range, the only solution is to destroy it with a nuclear weapon. Barbee's proposal involves getting beneath the **23** .... of the asteroid and setting off a nuclear device underground. Although such an explosion would be highly effective, previous attempts by the **24** .... to use nuclear weapons as bunker busters have failed. This led Barbee and his team to develop a two-piece **25** .... designed to first create a **26** .... and then detonate a nuclear weapon inside it.

A crater	**B** solution	**C** military	**D** surface
E missile	**F** core	**G** spacecraft	

READING PASSAGE 3

You should spend about 20 minutes on **Questions 27–40**, *which are based on Reading Passage 3 below.*

Science of Sleep

Healthy sleep is one of the most important factors affecting human health. During sleep, our heart rate, blood pressure, and body temperature drop, allowing the brain and body to rest and recharge. At the same time, the brain remains active, making connections and restoring daytime functions. Research clearly shows the negative effects of inadequate sleep on physical health, brain function, emotional wellbeing, and daytime performance. However, it is also one of the least understood areas of human health, full of mysteries that have eluded scientists for centuries.

Sleep is not unique to humans, and despite some differences, similarities in sleep behaviours can be seen across the spectrum of animal life. One commonality is that baby animals, much like their human counterparts, spend most of their time sleeping, which indicates that sleep is essential to development and growth early in life. Each animal species, however, is faced with unique challenges as it goes about the business of survival, from procuring food to defending against predators, and this has resulted in the evolution of a wide range of sleep patterns and behaviours. Elephants, for example, sleep a mere two hours per night in the wild. Frogs, by comparison, can sleep for months in a state of hibernation. Walruses are an unusual case, as they often settle into long bouts of deep sleep when on land, while in the water they might go for more than two days without sleep.

All mammals (as well as some birds) share one important characteristic in that they all experience rapid eye movement (REM) sleep, the stage of sleep that is often associated with dreaming. During REM sleep, similar levels of cerebral activity and changes in heart rate can be observed in various animals. According to Adrian Morrison, professor of Behaviour Neuroscience at the University of Pennsylvania Veterinary Center, "During REM sleep, you see the same kind of eye movement, paralysis and twitching across species." Cats and dogs often twitch their legs, or bark or meow during REM sleep, which can be compared to humans who often talk in their sleep or sleep walk. Generally, cognitively developed animals, humans included, require more REM sleep, hinting at its importance to brain development.

Much of our understanding of sleep is the product of only the last 70 years of scientific research. In the 1920s, Dr. Nathaniel Kleitman, known today as the "father of American sleep research", began to study variations in the sleep patterns of different populations. His research culminated in the pivotal discovery of REM sleep in 1953. One of Kleitman's students, Dr. William C. Dement, took his teacher's research further and in 1975 defined the cyclical nature of sleep. Dement was one of the first scientists to use electroencephalography (EEG) in his work, and his findings revealed that sleep consists of a series of 90-minute cycles. During each cycle, the brain begins with light sleep, then moves into deep sleep, then into REM sleep, and then back into light sleep, where the cycle begins again. This has remained the generally-accepted understanding of the sleep stages to this day.

One of the current aims of sleep research is to discover the different physiological roles of REM and non-REM sleep. According to Vladyslav V. Vyazovskiy and Alessio Delogu's 2014 study, the primary function of non-REM sleep is recovery of brain cells. "Specifically, we suggest that cortical slow oscillations, occurring within specific functionally interconnected neuronal networks during non-REM sleep, enable information processing, synaptic plasticity, and prophylactic cellular maintenance." REM sleep, on the other hand, seems to play a role in selecting which circuits in the brain are in most need of rehabilitation.

Ionnanis Tsoukalas of Stockholm University has another hypothesis about REM sleep. He speculates that the dreaming we experience in REM sleep is a way of "rehearsing" dangerous or traumatic events, to prepare our brains to deal with similar real-life events later. According to Tsoukalas, the rapid eye movement we experience during dreams is evidence that the brain is gathering as much information as possible, much as we do during traumatic or dangerous events. Penny Lewis, a professor at the Cardiff University School of Psychology, on the other hand, is interested in how REM and non-REM sleep help the brain to restructure memories. She postulates that memories are replayed in both REM and non-REM sleep, but each state has a different function. In non-REM sleep, the memory is organised and consolidated according to a set of rules, while in REM sleep, novel associations can be formed.

It is relatively common knowledge that REM sleep is associated with dreaming. However, Francesca Siclari, along with a team of researchers from the U.S., Italy, and Switzerland, are challenging that assumption. Their findings outline the results of experiments conducted on participants outfitted with electroencephalography (EEG) head monitors, which showed that low-frequency and high-frequency brain activity take place during both sleep states. The data from their experiments support the idea that dreaming can also occur during non-REM sleep. Participants reported dreaming during periods of decreased low-frequency activity in posterior cortical regions and high frequency activity during both REM and non-REM sleep.

Future research is sure to expand the knowledge base on sleep behaviours, due in part to improvements in relevant technologies. For one thing, sleep studies will no longer be tied to a laboratory. "Many of the portable devices currently available show a lot of promise for producing information that is in line with what we see in the lab," says Charlene Gamaldo, M.D., medical director of Johns Hopkins Center for Sleep at Howard County General Hospital. "These technologies can monitor people's sleep or what's going on with their breathing during sleep." In addition, thanks to the explosion in popularity of smartphone apps, wearable items and sleep monitors that collect and analyse movement, heart rate, blood pressure, and respiration during sleep, scientists will have a much more detailed understanding of our human cognitive experience in REM and non-REM sleep, as well as the overall benefits of sleep for health.

Questions 27–32

Look at the following statements (Questions 27–32) and the list of researchers below.

*Match each finding with the correct researcher(s), **A–H**.*

*Write the correct letter, **A–H**, in boxes 27–32 on your answer sheet.*

27 REM sleep identifies the parts of the brain that require repair, while non-REM sleep performs the necessary repairs.

28 Memories are replayed during sleep; non-REM is the organiser, while REM creates new connections.

29 During a night of sleep, the brain experiences a number of cycles, each composed of a series of stages, including REM sleep.

30 Evidence of REM sleep can be seen in a variety of animals.

31 Dreaming does not only occur in REM sleep, as previous research indicated.

32 The dreams that we have during REM sleep allow the brain to prepare for future experiences.

List of Researchers

A Adrian Morrison

B Dr. Nathaniel Kleitman

C Dr. William C. Dement

D Vladyslav V. Vyazovskiy and Alessio Delogu

E Ionnanis Tsoukalas

F Penny Lewis

G Francesca Siclari

H Charlene Gamaldo

Questions 33–39

Complete the sentences below.

*Choose **NO MORE THAN THREE WORDS** from the passage for each answer.*

Write your answers in boxes 33–39 on your answer sheet.

33 Just like humans, ... sleep a great deal, across all species.

34 REM sleep is essential for ...., as indicated by the fact that animals with higher cognitive function need more REM sleep.

35 Early research into the .... of various groups of people resulted in the discovery of REM sleep.

36 Non-REM sleep helps the brain cells to recover, while REM sleep chooses the brain .... that need to be repaired.

37 While dreaming, the brain collects a great deal of ...., helping to prepare us for traumatic events.

38 Research involving participants wearing .... indicates that dreaming occurs in both REM and non-REM sleep.

39 .... will allow research to be conducted outside of laboratories.

Question 40

*Choose the correct letter **A, B, C** or **D**.*
Write the correct letter in box 40 on your answer sheet.

40 What is the main purpose of the article?

  A to compare the sleep habits of humans and other animals
  B to show the importance of sleep to human health
  C to disprove previous theories regarding sleep stages
  D to show the differences between REM and non-REM sleep

Actual Test 3

READING PASSAGE 1

*You should spend about 20 minutes on **Questions 1–13**, which are based on Reading Passage 1 below.*

Grazing to Combat Climate Change

Cattle, sheep, and other livestock have long been pointed to as drivers of climate change. Not only do they produce large amounts of methane gas, but they also require vast areas of grassland, bringing about the destruction of rainforest. It comes somewhat of a surprise, then, to hear prominent ecologist Allan Savory's claim that these climate change enemies could actually become unlikely heroes.

Indeed, Savory argues that one of the most efficient ways to reverse climate change relies on more livestock and more grassland, not less. His approach calls on farmers and consumers to think differently about their relationship with the land, to manage the land in a more holistic way. Savory's approach is called Holistic Management, and he developed it in over 50 years of experience as both an ecologist and a farmer. He hopes that by applying Holistic Management practices, we can restore the world's grasslands, and in doing so, create a more sustainable culture of agriculture.

Roughly 40 per cent of the earth's land is covered in grassland. Now, these grasslands are in dire straits. A combination of drought and poor management has opened these areas up to a process called desertification, where previously fertile land becomes desert. Desertification is a cycle, whereby soil erosion leads to droughts, floods, and famines, resulting in even worse soil conditions. For farmers, the immediate result is poverty, as rural communities are left with no usable land on which to grow crops or tend livestock. In the long term, the carbon lost from the soil and released into the atmosphere contributes to global warming. Livestock have been identified by many ecologists as the primary culprits in this process, as "overgrazing" has put so much pressure on the plants that they cannot properly recover.

But overgrazing and desertification were not always the norm. Hundreds of years ago, grasslands were a thriving ecosystem, home to vast herds of grazing mammals, like cows and buffalo. Herds would stick close together, moving quickly to avoid predators. This behaviour was essential to the regeneration of the plant life, as the animals would eat mature grass, making room for new growth. Their hooves would churn the soil, and their dung acted as a fertiliser. The plants provided food for the animals, and the movement of the animals allowed the plants to recover and thrive anew.

The biggest difference now is that we have removed the predators from the equation. Without predators, herds of livestock do not need to stay tightly packed together or move quickly from one area to another. A growing number of ecologists and farmers believe that mimicking these predator/prey behaviours are critical to restoring the ecological balance of grasslands, possibly reversing the effects of desertification, regaining the productivity of the land, and restoring the lost carbon back into the earth. According to Savory, many farmers have already begun to put these principles into practice.

Holistic Management is a framework that encourages farmers and ranchers to make decisions about land management in an integrated way, taking a variety of factors into account, including social, ecological, and financial considerations. For the long-term health of the land, decisions about livestock management must be made in a way that considers the farm as an ecosystem, not simply a financial system. There is no one-size-fits-all solution; land-owners must be flexible, applying the principles of Holistic Management based on the changing conditions of real grassland. But applied on a global level, Savory believes that proper land management will restore enough carbon back into the earth to mitigate the effects of climate change.

Savory and his system of Holistic Management have come under plenty of criticism. Writer George Monbiot is doubtful that enough carbon could be reabsorbed to make much of an impact on a global level. He suggests that our entire energy system needs to change and that grasslands will not be enough to turn back the tide on climate change. Monbiot also suggests there is insufficient evidence that such a radical idea will work in reality, saying, "I would love to believe him. But I've been in this game too long to take anything on trust — especially simple solutions to complex problems."

Christopher Ketcham, a freelance journalist who specialises in Western ecology and agriculture, has denounced the idea that livestock can be anything but detrimental to the already-damaged grassland ecosystem. He argues that when you have "too many cows in places with intermittent or little rain, where the vegetation is brittle and the soil fragile, the animals spell trouble. Overgrazing denudes the soil and produces erosion, which leads to a landscape where plants can't revive and grow."

Few would argue with the basic premise that improving biodiversity and soil health are vital to our fight against global warming. A growing number of scientists are putting forward the idea that many of the most promising solutions to climate change are rooted in agricultural practices. When soil becomes damaged, over-farmed, and eroded, the result is a depletion of organic matter. Economically, this is a problem, as without robust plant life, soil can no longer store water, which is what exposes the land to droughts and floods. From a climate change perspective, the soil can no longer store carbon, making it part of the climate change problem rather than part of the solution.

When considering the idea of Holistic Management, it is important to separate the principles from the practices. No one, not even Savory, is claiming that livestock are the magic solution to climate change. The takeaway is that livestock can actually have regenerative effect on soil health, and this flies in the face of public opinion. Of course grassland management does not represent a comprehensive solution to global warming. But the ideas at the core of Holistic Management, that decisions about land use must include financial, ecological, and social considerations, will be essential to solving the problem of climate change.

Questions 1–7

Complete the sentences below.

Choose **NO MORE THAN TWO WORDS** from the passage for each answer.

Write your answers in boxes 1–7 on your answer sheet.

1 The short-term result of desertification on farmers is ....

2 Many scientists claim that .... are the main cause of desertification.

3 Animals used to consume ...., allowing fresh plant growth to develop.

4 Monbiot points to a lack of .... supporting the practical application of Savory's idea.

5 Christopher Ketcham claims that livestock are a problem in areas with fragile soil and .... plant life.

6 .... may provide some of the most effective responses to climate change, according to scientists.

7 Damaged soil cannot store ...., which contributes to the climate change problem.

Questions 8–13

Do the following statements agree with the information given in Reading Passage 1?

In boxes 8–13 on your answer sheet, write

TRUE   if the statement agrees with the information
FALSE   if the statement contradicts the information
NOT GIVEN   if there is no information on this

8   Allen Savory has worked both as an ecologist and a farmer.

9   Farmers have not begun to suffer economically from desertification.

10 Centuries ago, cows and buffalo were the primary grazing animals.

11 The lack of predators has changed the original behaviour of livestock.

12 Farmers receive economic incentives to use Holistic Management techniques.

13 Christopher Ketcham believes that livestock is detrimental to damaged grassland areas.

READING PASSAGE 2

*You should spend about 20 minutes on **Questions 14–26**, which are based on Reading Passage 2 below.*

The Egocentric Bias

A The egocentric bias is one of the most powerful cognitive biases that we experience, and it is at the core of many other oft-studied biases, such as "the illusion of transparency", "the spotlight effect", and "the false consensus effect". Essentially, the egocentric bias causes people to value their own point of view too highly, distorting their rational judgment. For example, if you are caught in an embarrassing situation, the egocentric bias may make you believe that other people are likely to notice it, as you naturally assume that others are paying as much attention to your actions as you are.

B As a study conducted by Wimmer and Perner illustrates, the egocentric bias can be a problem when it causes us to assume others have a similar viewpoint to our own, or to completely ignore others' perspectives. In the study, a child and a stuffed animal were placed in front of two boxes, labelled A and B, and a special item was placed in box A. The stuffed animal was then taken out of the room. Next, the child watched as the special item was moved to box B. The child was then asked, "If the stuffed animal were searching for the special item, where would he look?" Overwhelmingly, the child subjects pointed to box B, even though the stuffed animal had not "seen" that the item had been moved. This study shows that we have a natural tendency to assume that others share the same information and perspective that we do. What's more, we tend to focus solely on our own emotions, affecting our ability to empathise with others.

C This bias also affects our judgment of fairness. People tend to believe situations that favor them are fair, while favoring others in a similar way would be unfair. This can cause us to feel entitled to more than others when it comes to splitting positive outcomes, like profits, or to feel the opposite when splitting negative outcomes, like blame. Any parent of two or more children would be able to provide countless anecdotes in support of this finding. To demonstrate this effect more objectively, Ken'ichiro Tanaka performed a study in 1993 wherein subjects wrote down fair and unfair behaviours that were performed by themselves or by others. Excerpts about fair actions tended to begin with the word "I", whereas unfair actions began with some reference to others.

D Like other cognitive biases, the root cause of the egocentric bias can be found in our brain's limited capacity to process information. Our cognitive processes are heuristic-based, meaning that we tend to value efficiency over accuracy. We come to conclusions as quickly as possible, putting us at risk of forming incorrect or incomplete judgments. Accordingly, assuming that the thought process of another is similar to that of our own takes up much fewer resources and less time than actually considering the perspective of the other person. The same idea can be applied to the way we form memories. Our brains find it easiest to arrange memories around ourselves, as we already spend a great deal of time thinking about our own actions and thoughts.

E Not everyone experiences this particular cognitive bias in the same way, nor to the same degree. Several background factors also play a role, although with limited effect. Age is one significant factor, as the prevalence of egocentric bias is stronger in adolescents and older adults, when compared with young and middle-aged adults. Gender also seems to play a role. In Tanaka's study on perceived fairness, it was found that women were more likely to consider others' perspectives and the correlation between "I" and "other" sentences was less pronounced. In addition, a person's predisposition to the egocentric bias may be affected by the number of languages that she speaks. Bilinguals appear to be less likely to be affected than monolinguals.

F   As discussed above, the egocentric bias is a product of our natural brain functions, and as such it is completely natural. However, there may be situations in which mitigating its effects would allow you to assess situations more clearly and make more rational decisions. One method is to increase your psychological self-distance. This can be accomplished by changing the language you use to consider the situation. For example, instead of using the first-person pronoun (What should I do?), switch to the second-person pronoun (What should you do?) or use your name instead (What should Jacob do?). This simple trick can allow you to step back from the situation and see it more objectively, reducing your egocentric bias.

G   Ironically, being more self-aware can also help reduce the effects of egocentric bias, by making you more conscious of your tendency to focus on yourself. One study, conducted by Jerald Greenberg, was based on the hypothesis that confronting one's own image in a mirror would raise one's self-awareness level and result in less egocentric bias. The subjects were given a situation in which they did the same amount of work as another, but were paid more. Subjects without a mirror tended to state that the situation was fairer than if the same payment were made to another, displaying classic signs of egocentric bias. On the other hand, the effect was entirely erased when students were asked to look in a mirror as they made their statements. Entering a self-aware state resulted in a more objective judgment.

Questions 14–18

Reading Passage 2 has seven paragraphs, **A–G**.

Which paragraph contains the following information?

*Write the correct letter, **A–G**, in boxes 14–18 on your answer sheet.*

14   an explanation of why our brains struggle to understand other perspectives

15   evidence of our difficulty making objective judgments of fairness

16   a language-based solution to egocentric bias

17   the role of age on the effects of egocentric bias

18   research showing our inability to ignore our own perspective

Questions 19–22

Look at the following statements (Questions 19–22) and the list of researchers below.

*Match each finding with the correct researcher(s), **A–C**.*

*Write the correct letter, **A–C**, in boxes 19–22 on your answer sheet.*

NB   *You may use any letter more than once.*

19   We tend to assume situations that favor us are fair.

20   We assume that others share our perspective and information.

21   Women are less affected by the egocentric bias than men are.

22   Increasing one's level of self-awareness can mitigate egocentric bias.

List of Researchers

A Wimmer and Perner
B Ken'ichiro Tanaka
C Jerald Greenberg

Questions 23–26

Complete the sentences below.

*Choose **NO MORE THAN TWO WORDS** from the passage for each answer.*

Write your answers in boxes 23–26 on your answer sheet.

23 We have a tendency to focus on our own emotions, reducing our capacity to
    ....

24 When dividing ...., people tend to feel they deserve more than others.

25 Teenagers and .... are the age groups most vulnerable to egocentric bias.

26 A simple shift in pronoun usage can allow people to look at situations more
    ....

READING PASSAGE 3

*You should spend about 20 minutes on **Questions 27–40**, which are based on Reading Passage 3 below.*

Forty Years of Offender Profiling

A   The profession of "criminal profiler" is quite well-known today, having been the subject of countless books, TV shows, and well-known films like *The Silence of the Lambs*. But when James A. Brussel, an American psychiatrist, first began profiling a suspected criminal back in the 1950s, he was met by widespread skepticism from the law enforcement community. As it turned out, Brussel was able to accurately determine the suspect's clothing, height, and even religion. This surprising success story marked the beginning of offender profiling (OP) as a profession. In 1974 the FBI formed its Behavioral Science Unit to study the minds of serial violent offenders. Now the work of criminal profilers is often the key to ensuring the safety of cities and communities across the world.

B   40 years after the FBI officially made the job of offender profiling a reality, can we now say that this profession is a trustworthy craft, a science grounded in well-established methodology? Or would it be more accurate to consider it an art-form, based on foggy intuition and supplying us with vague, uncertain findings and predictions? This question was tackled recently by Bryanna Fox from the University of South Florida and David P. Farrington from the University of Cambridge. Their findings, published in the December edition of *Psychological Bulletin*, consist of a detailed review and meta-analysis of over 400 publications on offender profiling between 1976 and 2016.

C   It's true that Fox and Farrington point to significant improvements in the field of offender profiling, especially with regard to the scientific integrity of its research. Even so, I believe that a more detailed examination of their work presents a fairly bleak outlook on the profession moving forward. That the situation has improved is more down to the fact that there was almost no scientific rigor to begin with, so while improvement should be lauded, there is still a very long way to go.

D   The percentage of OP publications that utilise advanced statistical analysis, for example, has grown significantly. Even so, while 40 years ago they were at 0 per cent, they make up just 33 per cent of total publications today, not exactly an impressive figure. Over the past decade, peer-reviewed studies outnumbered non-peer-reviewed studies three to one, and that is a good sign. That being said, Fox and Farrington's review reveals that scientific support for the field of OP has failed to materialise. A science still failing to justify itself after 40 years can hardly continue to call itself a science. In contrast to how often OP is used in police investigations, rarely are evaluations performed on the profiles' effectiveness or accuracy. Without such data, it is impossible to come to any consensus on the relative probability of success of the various profiling methods used by professionals.

E   Prior to Fox and Farrington's review, no comprehensive analysis had been performed in order to identify the recurring themes or criminal profile frameworks that have appeared in OP publications. Fox and Farrington took on this task, searching for a common profiling framework within the 62 publications containing criminal profiles. Far from consensus, they discovered considerable variation in the characteristics describing otherwise similar profile types, as well as a broad range of terminology employed by the profilers. The categories strayed a good distance from the "Organised" and "Disorganised" binary used by the FBI in the 1980s, including profile themes or category types such as expressive, instrumental, visionary, hedonistic, power/control, traveling, and local homicide offenders.

F   Compared to the consistency and exactitude of other scientific methods, the inconsistency in both methodology and terminology across the OP field is worrying. Some practitioners created profiles based on their own investigative experience or the particular characteristics of the crime scene, while others drew from their understanding of previous OP literature or a statistical analysis of crime scene data. This broad range of methodology makes it very difficult to synthesise the validity of the OP field as a whole.

G   The bright moment in Fox and Farrington's review is the analysis of case-linkage research between 2002 and 2016. Case linkage refers to the process of finding clear connections, or distinct behavioural links, associating two or more previous criminal cases. These connections can be based on crime scene analysis, victim characteristics, method of attack, location type, verbal activity, modus operandi, and the amount of time spent in the criminal act. Results suggest that case linkage can be a quite effective tool in identifying potential serial offenders. By the numbers, almost 20 per cent of analyses of case-linkage accuracy were statistically in the very strong range, with over half in the moderate to strong range.

H   Without a doubt, the field of offender profiling has made tremendous strides over the past four decades. That being said, the results of Fox and Farrington's review suggest that OP continues to fail to meet the "Daubert standard". This term originates from a 1993 criminal case, and it defines the minimum level of scientific credibility that must be achieved in order for evidence to be presented in court. Due to the variability in approach and terminology, it is impossible to even create a single reliability or error rate for the OP field. Looking back on the last few decades, Fox and Farrington remain optimistic, writing that "OP appears to be on a positive trajectory in terms of the use of more scientific and statistical methods, data and analyses, and evaluations of our work. Continuation on this trajectory, particularly in the next 10 years, will help the field of OP transform from a 'cocktail napkin pseudoscience' into an evidence-based discipline that produces research used to help police, inform policy, and ultimately, make the world a safer place."

I   Of course, we all hope that will be the case. For the time being, however, that same mistrust that Brussel confronted back in the 1950s has never quite disappeared. And I, for one, am not convinced it ever will.

Questions 27–31

Choose the correct letter **A, B, C** or **D**.

Write the correct letter in boxes 27–31 on your answer sheet.

27 James A. Brussel

    A was unable to determine the spiritual beliefs of his suspect.
    B was initially doubted by fellow police officers.
    C appeared in the popular film *The Silence of the Lambs*.
    D was the first criminal profiler hired by the FBI.

28 Fox and Farrington's research shows

    A a lack of accuracy in criminal profiles.
    B a decrease in OP publications using statistical analysis.
    C a 33% increase in peer-reviewed studies in the past 10 years.
    D insufficient data on the effectiveness of criminal profiles.

29 Fox and Farrington found that profile frameworks

    A are not based on a single standard methodology.
    B display a lack of useful terminology.
    C are broadly in line with the categories originally used by the FBI.
    D have become more effective since the 1980s.

30 Which of the following summarises paragraph F?

    A It is hard to judge whether the OP field is grounded in science.
    B Some OP practitioners fail to use their experience to guide their understanding.
    C The complex methodology and terminology in the OP field is worrying.
    D The OP field would benefit from a broader range of methodology and terminology.

31 Case linkage

    A is proven effective in less than 20 per cent of criminal cases.
    B can be used to determine how much time a criminal spends in the act.
    C creates associations between multiple cases, based on a number of factors.
    D is effective enough to meet the "Daubert standard".

Questions 32–37

Do the following statements agree with the claims of the writer in Reading Passage 3?

In boxes 32–37 on your answer sheet, write

> **YES**　　　　　　if the statement agrees with the claims of the writer
> **NO**　　　　　　if the statement contradicts the claims of the writer
> **NOT GIVEN**　　if it is impossible to say what the writer thinks about this

32　James A. Brussel was not expected to succeed.

33　Fox and Farrington should have considered more publications in their review.

34　Case linkage is the promising area in the OP field.

35　Some OP techniques should already be accepted as evidence in court.

36　Fox and Farrington's study has not been analysed in enough detail in statistical terms.

37　Distrust in the OP field is sure to disappear in the future.

Questions 38–40

Complete each sentences with the correct ending, **A–E**, below.

Write the correct letter, **A–E**, in boxes 38–40 on your answer sheet.

38　Fox and Farrington

39　Criminal profilers

40　Serial criminal offenders

> **A**　are generally pessimistic about the future of the OP field.
> **B**　have not reached a consensus on methodology and terminology.
> **C**　can often be identified using the technique of case linkage.
> **D**　have not been employed by the FBI since the 1980s.
> **E**　have identified key areas of improvement in the OP field.

READING PASSAGE 1

*You should spend about 20 minutes on **Questions 1–13**, which are based on Reading Passage 1 below.*

The Tragedy of the Burke and Wills Expedition

Adventuring into the unknown sometimes comes with a price. The members of the Burke and Wills expedition, the first attempt by Europeans to cross Australia by land, learned this lesson the hard way. The expedition set out from Melbourne, Victoria in 1860 and successfully arrived at the Gulf of Carpentaria, but disaster struck on the return journey. Of the four men who reached their destination, only one survived, and he only thanks to the help of a community of Aboriginal Australians.

1851 marked the beginning of the gold rush in Victoria, which sparked a surge in immigration to Australia. Over the next ten years, the population of victoria grew from 29,000 to nearly 140,000. The newfound wealth of the Victorian colonists inspired them to make a name for themselves in the field of exploration. In 1860, the Victorian Exploring Expedition (VEE) was formed, composed of private citizens, the Victorian government, and the Royal Society of Victoria. The primary goal of the VEE was to be the first to cross central Australia to arrive at the Gulf of Carpentaria.

The VEE appointed Robert O'Hara Burke and William John Wills to lead the expedition. Burke was originally from Ireland but had emigrated to Australia just seven years prior to the formation of the VEE. Upon his arrival, he joined the police force and quickly rose through the ranks, earning additional renown for his contribution to ending the Buckland River riots of 1857. By 1860, the veteran officer had tired of police work and was searching for a new adventure. Although he had never been trained in navigation, he jumped at the chance to join the VEE and worked hard to be appointed leader of the expedition.

William John Wills was born in England in 1834 and arrived in Australia the same year as Burke did. His first job in Australia entailed working as a shepherd, but his primary interests were astronomy and exploration. Over time, he was able to secure a position as a surgeon's assistant, and eventually he became director of the Observatory at Melbourne. Wills was never intended to be a leader of the expedition. But when George Landells, the second in command, fell out with Burke, Wills was appointed the new second in command, as well as official surveyor and astronomer.

On August 20, 1860, around 15,000 Victorians gathered in Melbourne to see off the expedition. The crew was well outfitted with horses, camels, food, and firewood, among other supplies. According to reports, it was one of the most well-supplied expeditions in Australian history. The trek was going smoothly when they reached Menindee just two months later. Their breakneck speed was due in part to the fact that Burke was competing with another group of adventurers who were determined to beat Burke to the Gulf. In a rush not to be overtaken, Burke took a lead group onward to Cooper

Creek, putting a man named William Wright in charge of the rest of the party and instructing him to wait in Menindee for supplies.

Burke reached Cooper Creek in December of 1860, but soon grew impatient waiting for the rest of his party. Fearful of losing the race, he set off with just three men — John King, Charles Gray, and William John Wills — and made for the Gulf of Carpentaria. Their rush to be first to the coast may have been their undoing. Several weeks later, they found themselves amid saltmarshes that showed signs of being affected by ocean tides. They had arrived at the Gulf of Carpentaria, but the marshes prevented them from reaching the coast itself. They would have to be satisfied with coming as close as they did.

On February 9, 1861, the four men, all that remained of the original Burke and Wills expedition, began the return journey to Melbourne. Their depleted party, however, lacked supplies, and the journey would prove too much for the four European adventurers, unaccustomed to the unforgiving arid landscape and climate of the Australian outback. Charles Gray was the first to succumb to the harsh conditions. Burke, Wills, and King pressed on, finally arriving in Cooper Creek in April 1861, only to find that the rest of their party had already abandoned their post.

In June of 1861, both Burke and Wills died while trying to reach the aptly named Mount Hopeless. King had managed to survive, but just barely. He was found clinging to life by the Yandruwandha community, native Australians who had made their home in the desert for centuries. The Yandruwandha rescued King, restoring him to health and caring for him until he was finally retrieved by a rescue party. King was the only member of this part of the expedition left to tell the story of their ill-fated return journey.

Months later, the rescue party was able to locate and recover the bodies of Burke and Wills near Mount Hopeless. At the request of King, the party carried a set of ceremonial breastplates, which they awarded to the Yandruwandha people for their goodwill and generosity. The bodies of Burke and Wills were brought back to Melbourne and given an official burial in January 1863. Memorials in their honor have since been erected in Melbourne and at various locations along the original route taken by the expedition.

In telling the story of the Burke and Wills expedition, historians often focus on the tragic nature of the journey, and the price the explorers paid for their impatience and hubris. However, the expedition was significant in many positive ways. Herman Beckler, a physician who accompanied the party to Cooper Creek, collected a large number of plant samples, which greatly improved the scientific understanding of Australian plant life. King's interaction with the indigenous Australians also improved the relationship between native Australian tribes and the European settlers.

Explorers are boldly setting out into the unknown, in order to bring back new insights and experiences. Their successes are rightly celebrated, but we should never forget the price many paid for failure. The story of the Burke and Wills expedition remains a grim reminder of the risks of exploration.

Questions 1–8

Do the following statements agree with the information given in Reading Passage 1?

In boxes 1–8 on your answer sheet, write

TRUE	if the statement agrees with the information
FALSE	if the statement contradicts the information
NOT GIVEN	if there is no information on this

1   The population of Victoria more than doubled as a result of the gold rush.

2   Robert O'Hara Burke left the police force because the work was too strenuous.

3   William John Wills was a successful astronomer before he joined the expedition.

4   The expedition stayed together until they reached Cooper Creek.

5   Burke only trusted three men to join him on the way to the Gulf of Carpentaria.

6   The desert environment was too harsh for the men on the return journey.

7   John King was suffering from an illness when he was discovered by the Yandruwandha.

8   The expedition has a negative impact on the relationship between the Europeans and the indigenous Australians.

Questions 9–13

Complete the table below.

Choose **NO MORE THAN TWO WORDS AND/OR A NUMBER** from the passage for each answer.

Write your answers in boxes 9–13 on your answer sheet.

Leaders of the Expedition

Robert O'Hara Burke	• in charge of the expedition • arrived in Australia from **9** .... • earned his reputation in the **10** .... • helped to stop the Buckland River riots • Lacked education in **11** ....
William John Wills	• second in command for the expedition • first worked as a **12** .... in Australia • became director of the Observatory at Melbourne • died on the return journey close to **13** ....

READING PASSAGE 2

You should spend about 20 minutes on **Questions 14–26**, which are based on Reading Passage 2 below.

Question 14–20

Reading Passage 2 has eight paragraphs, **A–H**.

Choose the correct heading for each paragraph from the list of headings below.

Write the correct number, **i–x**, in boxes 14–20 on your answer sheet.

List of Headings
i   A new threat to the UK's ash population
ii   The economic impact of ash dieback
iii Types of wildflowers threatened by ash dieback
iv   A scientific proposal for replacing ash trees
v   Factors affecting plant health in Europe
vi   The effects of ash dieback on trees
vii A critical situation requiring a controversial approach
viii The way ash dieback spread across the UK
ix   Disagreements within the scientific community
x   The ecological impact of ash dieback

Example	*Answer*
Paragraph **A**	**vi**

14 Paragraph B

15 Paragraph C

16 Paragraph D

17 Paragraph E

18 Paragraph F

19 Paragraph G

20 Paragraph H

The UK's Ash Population is in Danger

A   Ash dieback, a serious plant disease also known as Chalara dieback of ash, is threatening to wipe out the great ash forests of Great Britain. The ash tree has great importance, both culturally and ecologically, and scientists are gathering resources and preparing countermeasures in hopes of postponing or even reversing the damage. The disease is caused by the fungus *hymenoscyphus fraxineus*, which damages the tree's water transport system. Young trees succumb quickly to the infection, while older trees are able to resist the effects for longer, often surviving for several years. Ultimately, scientists predict that almost all of the ash trees across Europe will be lost within just a few decades.

B   The damage to local wildlife is difficult to predict with exactitude, but the effects are likely to be catastrophic. The UK alone is home to 90 million individual ash trees, making up roughly 20 per cent of UK forests, and over 1,000 species of wildflowers, birds, and animals rely on the ecosystem they sustain. "If the ash went, the British countryside would never look the same again," said Peter Thomas, an ecologist at Keele University. Thomas noted that the over 100 types of lichens, insects, and fungi would decrease in number, and many would likely face extinction.

C   According to a recent study, the loss of such an important tree is also predicted to cost the British economy upwards of £15bn, £7bn of which will be realised in the next 10 years. This calculation takes into account the benefits provided by the trees, including storing carbon dioxide and providing clean water and air. £4.8bn of the costs will come in the form of clean-up efforts, cutting down infected trees which threaten roads and railroad lines. The total economic fallout from ash dieback will far outstrip the annual value of UK live plant trading, which totaled a mere £300m in 2017.

D   Ash dieback was first recognised in British nurseries in 2012, and by 2013 it had been spotted in the wild. The fungus which causes the disease originates in Asia, and was likely brought to Europe on imported ash trees. Spores may have also been carried on the wind from Denmark, where the disease has already eliminated 90% of native ash trees. Movement of ash trees across national borders was banned in 2012, but this has done little to prevent the spread of the disease, as ecologists have been unable to prevent continued windborne dispersion of the fungal spores within the UK.

E   Ecologists have noted that plant diseases have been a growing problem throughout Europe over the past decade. Rising temperatures due to climate change have been identified as one factor, as the new climate is able to sustain diseases and pests against which local plant life has not developed resistances. Professor Rick Mumford, a scientist at Fera Science, is adamant that the rise in wood imports is the principal factor. Much of this wood is used for packing other products, mainly from China, as well as wood for furniture production. "Wood goods and packaging should be treated so they do not carry pathogens, but clearly this process is not being enforced as strictly as it should be in some cases," he noted.

F   In the face of dire predictions, scientists are staking their hopes on a process called resistance breeding. Some 3% of ash trees have shown resistance to the disease, and ecologists are working quickly to identify these trees and use them to breed a new crop of invulnerable saplings. While it may be too late to save existing ash groves, this breeding technique could allow ash forests to be replaced eventually. A nationwide replanting programme, they claim, could cut the cost of ash dieback by £2.5bn. Richard Buggs, leader of the project at Queen Mary University, is cautiously optimistic about their progress, saying, "Only time will tell — it's a very novel [genetic] method. We don't want people saying ash dieback doesn't matter or it's all going to be fine — we do still need to worry about it."

G   Selective breeding can have unintended consequences, and Richard Buggs's team has uncovered a potential setback. Their research indicates that disease-resistant trees also show signs of susceptibility to insects, particularly the emerald ash borer. This dangerous beetle is currently at the top of the UK's risk register, having laid waste to ash tree forests in North America, and it is currently spreading across Russia and into Europe. According to Peter Thomas, "It is only a matter of time before it spreads across the rest of the Europe — including Britain. Our European ash is very susceptible to the beetle and the beetle is set to become the biggest threat faced by ash in Europe — potentially far more serious than ash dieback."

H   It is vital to first develop ash trees that are not affected by ash dieback, but time is of the essence. "There's some urgency to make sure we've got a healthy population of ash trees so that if, or when, the ash borer gets here we will find some trees with a resistance to it," said Professor Allan Downie of the John Innes Centre. This sense of urgency has prompted some scientists to propose using genetic modification to speed along the process of developing disease-resistant ash trees. But the public is generally skeptical of introducing GM plants into the environment, and many members of the scientific community share their concerns. Anne Petermann, director of the Global Justice Ecology Project, warns, "A forest ecosystem is wildly complex and biodiverse, with little known about the natural interactions between soils, fungi, insects, understory plants, wildlife and trees. Any attempt to engineer genomes by invasive methods can cause unexpected effects."

Questions 21–24

Look at the following statements (Questions 21–24) and the list of researchers below.

*Match each statement with the correct researcher, **A–E**.*

*Write the correct letter, **A–E**, in boxes 21–24 on your answer sheet.*

21   Using genetics to replace the ash population is a promising approach, but the problem remains very serious.

22   Biodiversity will be severely damaged if ash trees in the UK are destroyed.

23   We do not know enough about forest ecology to use genetic modification safely.

24   International trade has allowed foreign diseases and pests into the UK ecosystem.

List of Researchers

A   Peter Thomas
B   Rick Mumford
C   Richard Buggs
D   Allan Downie
E   Anne Peterman

Questions 25–26

Complete the sentences below.

*Choose **NO MORE THAN THREE WORDS** from the passage for each answer.*

Write your answers in boxes 25–26 on your answer sheet.

25   The cost of ash dieback is predicted to be an amount much greater than the value of ....

26   The disease has continued to spread within the UK, as the .... are carried to wider and wider areas by the wind.

READING PASSAGE 3

You should spend about 20 minutes on **Questions 27–40**, *which are based on Reading Passage 3 below.*

Decisions, Decisions

New research has challenged the traditional decision-making process and raises questions about how we should approach complex choices.

Legend has it that in the fourth century B.C., the palace at Gordium housed an oxcart which had been tied to a pole using an intricate knot that proved impossible to untie. An oracle had proclaimed that the first person to unravel it would rise to become "king of all Asia." According to the story, when Alexander confronted the knot, he considered for a few moments before slicing the knot in two with his sword. Not long after, he went on to conquer "all of Asia," at least as it was defined at that time. True or not, this legend gave rise to the idea of a "Gordian solution" — a clever but simple solution to an impossibly complex problem.

Attractive as the idea may be, psychologists tend to warn against such simplistic approaches to decision-making. In the landmark book *Decision Making*, Irving Janis and Leon Mann proposed the "conflict model" of decision making, suggesting that complex decisions be made only after thorough canvassing and meticulous examination of all information relevant to the situation. John F. Kennedy's successful resolution of the Cuban missile crisis in 1962 is often held up as an example of the benefits of careful consideration, while the disastrous Bay of Pigs invasion is cited as an unfortunate counterexample of a hasty decision made without proper deliberation. However, psychologists Peter Suedfeld and Roderick Kramer, of the University of British Columbia and the Stanford Graduate School of Business respectively, examined these historical moments and found that in both cases, the president and his staff gave each decision its due consideration — similar decision-making processes resulting in very different outcomes.

This is indicative of a trend in recent literature on the subject of decision-making, bringing into question the common-sense notion that complex decisions are preferable to simple ones. Instead, research indicates that in some situations, "snap" judgments fare better on average than complex ones, a notion that caught the public's attention through Malcom Gladwell's 2005 bestseller *Blink*.

An article published in February 2006 by Ap Dijksterhuis and his team from the University of Amsterdam, titled "On Making the Right Choice: The Deliberation-without-Attention Effect," expands on Gladwell's ideas. Dijksterhuis argues that complex decision-making requires us to spend considerable cognitive resources. As the level of complexity rises, these resources come under increased strain, and the quality of our decisions subsequently declines. Conversely, passive decision-making, what we might refer to as "sleeping on it" (and what the author calls "deliberation without attention"), requires little to no cognitive resources, rendering the complexity of the decision a non-factor. In short, it may be in our best interest to scale back on conscious deliberation in the face of complex decisions.

Dijksterhuis and his team mention a number of compelling studies to support this idea. One study asked participants to rank four hypothetical cars in terms of quality. One group was given four attributes to consider (simple) while the other was given 12 (complex). Those given the simple task performed better when allowed to directly reflect on the decision, compared to those who were distracted and not allowed to deliberate effectively. For those given 12 variables to consider, the opposite trend emerged. In this test case, active deliberation on a complex decision resulted in an inferior decision.

Another study highlighted by Dijksterhuis and his co-workers examined the decision-making of shoppers at two stores — the Dutch store Bijenkorf, selling "simple" products like clothing, and IKEA, which sells "complex" products such as furniture. When surveyed, shoppers at Bijenkorf who consciously deliberated on their decisions reported feeling happier with their purchases, while IKEA customers who applied the same level of deliberation felt less happy. Counterintuitively, passive decision-making seems to have produced better results for those in the market for products of greater complexity.

Armed with studies like these, the researchers make a somewhat radical inference: There is no reason to assume that the deliberation-without-attention effect does not generalise to other types of choices — political, managerial or otherwise. In such cases, it should benefit the individual to think consciously about simple matters and to delegate thinking about more complex matters to the unconscious.

This controversial notion has provoked a strong response, as it essentially flies in the face of decades of standard managerial and political theory. One shudders to think where this insight could lead in the hands of an individual whose decisions have a real impact on society.

Clearly, generalizing these findings to the realms of governance and society has problematic implications. We must be extremely cautious when attempting to extrapolate findings based on simple, elegant studies on decisions about cars and clothing to real-life situations with potentially life-altering significance. Perhaps the most important question we should consider is how we are defining a "good" decision.

Kurt Lewin, notable social psychologist of the 20th century, noted that an objectively "good" decision that is disagreeable to the public is actually bad. Lewin's landmark studies showed that people are generally more receptive to decisions that align with their interests, regardless of the validity of the decision-making process. If decisions are assessed to be not that good, therefore, the underlying reason is more to do with their very personal view, rather than other rational standards of judgment.

Gladwell's book and Dijksterhuis's article are commendable in that they demonstrate the limitations of the traditional conflict model and its assumption that the quality of our decisions is always enhanced by conscious deliberation. But the effects of ideology, politics, and group membership should not be overlooked, lest we assume that decision making is solely a question of psychology, simply a matter of managing cognitive resources. Exclusive consideration of the psychological dimension will end up doing more harm than good.

Questions 27–31

*Choose the correct letter **A, B, C** or **D**.*

Write the correct letter in boxes 27–31 on your answer sheet.

27 The author uses the legend of Alexander and the Gordian Knot to illustrate the idea that

    A many legends are not based on fact.

    B complex problems can have simple solutions.

    C careful consideration is the best way to deal with a complex problem.

    D simple solutions often have unintended consequences.

28 Irving Janis and Leon Mann's "conflict model" requires that

    A all related facts should be considered.

    B careful examination is not sufficient to make a good decision.

    C complex decisions can be solved with simple solutions.

    D a lack of data is the main reason for bad decisions.

29 Malcolm Gladwell's book suggests that good decisions

    A require careful deliberation.

    B cannot be made under extreme pressure.

    C require no more than common sense.

    D are often made very quickly.

30 Dijksterhuis and his colleagues claim that

    A sleep has little effect on the quality of decisions.

    B passive decision-making is ideal for simple choices.

    C the complexity of a decision does not affect our cognitive resources.

    D careful deliberation has a negative impact on complex decision outcomes.

31 The car study performed by Dijksterhuis found that, when given simple tasks, participants

    A benefited from careful deliberation.

    B were more distracted than participants with complex tasks.

    C were unable to make decisions effectively.

    D performed more effectively when distracted.

Complete the summary using the list of words, **A–G**, below.

Write the correct letter, **A–G**, in boxes 32–35 on your answer sheet.

Dijksterhuis's Shopping Study

Investigating decisions made by shoppers buying clothing and furniture, Dijksterhuis and his research team conducted a study surveying shoppers on their levels of satisfaction with their purchases. The study showed that shoppers at Bijenkorf, which sells simple products, made **32** .... decisions when they were given **33** .... time to deliberate on their decisions. At IKEA, on the other hand, shoppers who carefully considered their purchases made poorer decisions. The researchers concluded that, even for more important decisions than shopping, **34** .... decisions should be left to the unconscious. The writer notes that this conclusion is **35** ...., and potentially even dangerous.

A controversial	**B** worse	**C** reasonable	**D** more
E complex	**F** unexpected	**G** better	

Questions 36–40

Do the following statements agree with the claims of the writer in Reading Passage 3?

In boxes 36–40 on your answer sheet, write

YES	if the statement agrees with the claims of the writer
NO	if the statement contradicts the claims of the writer
NOT GIVEN	if it is impossible to say what the writer thinks about this

36 Existing management and political theories are in alignment with Dijksterhuis's findings.

37 Some politicians already make decisions based on unconscious deliberation.

38 Decisions about governance and society are more complex than decisions about shopping.

39 When a decision is judged by one individual, sometimes the yardstick may lie elsewhere than the logicality.

40 Gladwell and Dijksterhuis's ideas are problematic in that they challenge existing theories.

PAGODA
IELTS Reading

Sony 박, 파고다교육그룹 언어교육연구소 | 저

PAGODA
IELTS

Reading

Academic Module

해설서

파고다 아이엘츠

PAGODA Books

Sony 박, 파고다교육그룹 언어교육연구소 | 저

PAGODA
IELTS

Reading

Academic Module

해설서

PAGODA Books

Exercise

1. ① – ⓓ 새의 개체군을 안전하게 유지하는 노력을 하는 것에 대한 재설계 필요성이 있을 수도 있다.

② – ⓒ 많은 종류의 새들은 그들 스스로를 무리로 편성하기 위해 소리를 사용한다.

③ – ⓔ 새들에 대한 우리의 윤리적인 관점들 또한 변화를 겪어야 할 필요가 있어 보인다.

④ – ⓑ 그들은 무리의 구성원이 되고자 하며 문화적 전통을 전달한다.

⑤ – ⓐ 추가적인 연구들은 또한 새들이 인간과 그렇게 다르지 않을 수도 있다는 것을 암시했다.

2. ① – ⓑ 우리는 현대의 박물관이 사람들이 보통 함께 만나는 장소로서 일부 상류층 집단에 국한되지 않고 전체 공동체에 기여하기를 기대한다.

② – ⓒ 지난 몇 세기 동안 사회의 교육받은 지식인들은 당대의 지식과 문화가 축적된 박물관에서 함께 공부하고 소통해 왔다.

③ – ⓔ 박물관은 몇 안 되는 예술 교육 기관 중 하나였기 때문에, 정부는 박물관을 유지하기 위해 상당한 재정 지원을 했다.

④ – ⓐ 인류 문명의 중요한 부분은 항상 박물관에 의해 충족되어 왔다.

⑤ – ⓓ 그러나 오늘날 미술관은 예술적 직업을 갖고자 하는 사람들이 대부분 자신들의 교육에 대한 재정적 부담을 지고 있어 정부로부터의 자금 지원 축소를 겪고 있다.

Exercise

1.

With the advent of the railroad, cities were no longer limited to port areas, and many cities suddenly appeared across the nation as people flocked to work in the mines and factories. As ❶ <u>new technologies such as safe elevators and the means to pump water higher than the fifth floor of a building were developed</u>, taller buildings were built for residential purposes. And people moved to different areas depending on what they could afford, creating different areas for different social classes. In addition, ❷ <u>the factories' need for bigger premises near transportation lines</u> led to separate residential and business areas, and large "downtown"-oriented cities flourished. Funding was given to construct low-cost housing, schools, and other facilities for the urban poor.

철도의 등장으로 도시는 더 이상 항만 지역에 국한되지 않게 되었고, 탄광과 공장에 사람들이 일하러 몰려들면서 갑자기 많은 도시가 전국에 생겨났다. ❶ 안전한 엘리베이터와 건물의 5층 높이 이상으로 물을 퍼올리는 방법 등 신기술이 개발되면서 주거용으로 더 높은 건물들이 세워졌다. 그리고 사람들은 그들의 형편에 따라 다른 지역으로 이주하여 각각 다른 사회 계층을 위한 다양한 지역을 만들었다. 또한 ❷ 공장들이 교통 노선 근처에 더 큰 부지를 필요로 함으로써 주거 지역과 상업 지역이 분리되게 되었고, 대규모의 '다운타운'을 중심으로 한 도시들이 번성했다. 도시 빈곤층을 위한 저비용 주택, 학교 및 기타 시설을 건설하기 위한 자금이 제공되었다.

해석 ❶ 어떤 발전 덕분에 사람들은 더 이상 낮은 건물에만 살지 않게 되었는가?

정답 new technologies such as safe elevators and the means to pump water higher than the fifth floor of a building were developed

해석 ❷ 왜 사람들이 사는 지역과 장사를 하는 지역이 분리되었는가?

정답 the factories' need for bigger premises near transportation lines

2.

Data gathered from the 1986 apparition have allowed us to find out interesting things about Halley's Comet. For instance, while we generally think that the comet must be an extremely brilliant object — as it is visible even to the naked eye — it is one of the darkest known objects in our Solar System. It reflects a mere ❶ 4 per cent of the sunlight it receives. Then what makes it so bright? As Halley's Comet travels close to the Sun, the material covering the comet's surface sublimate — transfer directly from a solid to a gaseous state — under the heat. This creates an atmosphere of dust and vapour called a coma, which surrounds the comet and also reflects the sunlight. So the bright light we see in the sky is not the comet itself, but ❷ the coma surrounding it. Scientists are hoping to gather more information on Halley's Comet when it returns in July 2061.

1986년 출현 당시 수집된 자료는 우리로 하여금 핼리혜성에 대한 흥미로운 것들을 알아낼 수 있도록 해 주었다. 예를 들어, 우리는 일반적으로 혜성이 극도로 밝은 물체라고 생각하지만 (심지어 육안으로도 볼 수 있을 만큼) 그것은 우리 태양계에서 가장 어두운 것으로 알려진 물체들 중 하나이다. 그것은 자신이 받는 햇빛의 겨우 ❶ 4%만을 반사한다. 그렇다면 무엇이 그것을 그토록 밝게 만들까? 핼리혜성이 태양 가까이 다가갈 때, 혜성의 표면을 덮고 있는 물질은 열에 의해 승화된다(고체에서 기체 상태로 곧장 바뀐다). 이것은 혜성을 감싸고 또한 햇빛을 반사하는 코마라고 불리는 먼지와 증기로 된 대기를 만든다. 그래서 우리가 하늘에서 보는 밝은 빛은 혜성 그 자체가 아니라, 그것을 둘러싸고 있는 ❷ 코마이다. 과학자들은 핼리혜성이 돌아오는 2061년 7월에 더 많은 정보를 얻기를 바라고 있다.

해석 ❶ 혜성은 자연 햇빛의 몇 퍼센트를 반사하는가?
해석 ❷ 우리가 하늘에서 밝은 혜성으로 착각할 수 있는 것은 무엇인가?

정답 4 per cent
정답 the coma

CHAPTER 01. 기초 다지기 | UNIT 03. Skimming

Exercise

1. 해석 애플린 박사와 그녀의 팀은 일 년 뒤에 그들의 관찰을 반복했다. 이때쯤에는 몇몇의 새들이 상자를 여는 두 가지 방법 모두에 노출되어 있었고, 각각의 방법을 성공적으로 적용할 수 있었다. 연구원들은 새가 그들의 지역 개체군에서 지배적으로 쓰이는 방법을 사용할 가능성이 훨씬 더 높다는 것을 보여줄 수 있었다. 이것은 인간이 아닌 동물이 사회 순응의 징후를 보여준 첫 번째 경우였다. 새들은 사람들이 우리 주변 사람들처럼 행동하고 말하면서 '어울리기' 위해 노력하는 것과 거의 동일한 방식으로 그들의 공동체에서 만연하는 행동들을 따라 하는 것으로 보인다.

해설 첫 번째 문장을 보면 repeated their observations(관찰을 반복했다)라는 내용이 나온다. 이 관찰이 무엇인지는 모르겠지만, 관찰을 했다는 것은 반드시 무엇인가를 확인하고 싶어서 했을 것이라는 추측을 하며 그 관찰의 결론을 찾는다. 그리고 세 번째 문장에서 Researchers were able to show that(연구원들은 보여줄 수 있었다)이라는 부분을 보면, 과연 그들이 무엇을 밝혀낼 수 있었는지가 나와 있다. 새가 그 지역 개체군에서 지배적으로 쓰이는 방법을 사용할 가능성이 크다는 것이다. 그리고 다음 문장을 보면, 무엇인가를 발견한 게 최초였다고 한다. '최초, 가장'과 같은 정보는 중요한 내용을 담고 있으므로 반드시 집중해서 읽는다. 발견한 내용은 the first time that a non-human animal has shown signs of social conformity(인간이 아닌 동물이 사회 순응의 기미를 보여준 첫 번째 경우)로, 즉 동물에게서 사회 순응을 찾을 수 있었다는 것이다. 뒤에 내용의 반전이 없고 fit in이라는 표현이 강조되어 있는데 '맞추다, 적응하다'라는 뜻이므로 앞에서 다룬 것과 비슷한 내용으로 이해할 수 있다. 이를 요약해 보면, '실험을 통해 새가 사회 순응적인 모습을 보여준다는 것을 알아냈다'가 답이 된다.

정답 A research has shown that a bird shows social conformity.

2. 해설 원형(原型) 바이올린 소리는 현대의 바이올린이 내는 소리와는 전혀 달랐다. 처음에는 그것의 현을 만드는 소재인 양의 내장이 적당히 팽팽하게 조여질 수 밖에 없었기 때문에 다소 낮고 조용한 소리를 냈다. 그러나 현 생산의 개선, 특히 내장으로 만들어진 현을 금속으로 감는 기술은 바이올린을 더 높은 장력으로 맬 수 있게 만들었다. 이로 인해 바이올린은 더 견고하게 만들어져야 했지만, 더 완전하고, 더 선명하고, 더 생생한 음색을 만들 수 있게 되었다. 이러한 발전은 작곡가들이 바이올린을 작품에 더 활용하도록 고무시켰고, 음악가들로 하여금 바이올린의 새롭게 발견된 자질을 활용하는 매우 정교한 왼손 기술을 창조하도록 자극했다.

해설 첫 번째 문장에 The sound of the prototype violins was quite different than that which is produced by modern violins(원형 바이올린 소리는 현대 바이올린 소리와 달랐다)라는 언급이 나온다. 그리고 엄청나게 주목할 필요가 있는 Initially라는 단어가 보인다. Initially는 전형적인 시간 순서로 내용을 설명하겠다는 것을 보여주는 단어이다. 그러므로 이 문단은 시간 순서에 따른 변화를 보여주게 될 것이다. 따라서 요약해 보면, '바이올린의 시대적 변화와 발달'이 답이 된다.

정답 Historical changes and improvements of violins

3. 해설 1800년대 초 미국은 신문의 수와 판매 부수에 있어 엄청난 증가를 경험했다. 그 당시까지 미국 독자들은 주로 문학과 정치에 관심이 있는 교육받은 소수였기 때문에, 신문들은 이러한 주제들에 관심을 가지고 있었다. 그러나 좀 더 경제적인 인쇄 기법이 도입되면서 '페니 페이퍼(값싼 신문)'가 대중에게 보급되어 내용과 판매 부수 면에서 크게 확대되었다. 사실, 신문의 역동적인 성장은 널리 흩어져 있던 미국인들을 한 국가로 묶는 데 큰 도움이 되었다.

해설 첫 번째 문장에서는 미국에서 신문이 엄청나게 많이 팔렸다는 것을 언급한다. 하지만 중요한 것은 세 번째 문장에 However가 나오며 내용이 반전된다는 점이다. 그 문장을 보면, 더 경제적인(더 싼) 인쇄 기법이 도입되며 신문이 대중에게 보급되어 신문 판매 부수가 확대되었음을 알 수 있다. 따라서 요약해 보면, '더 저렴한 인쇄 기술로 인한 신문의 대중 보급 확대'가 답이 된다.

정답 With the introduction of more economical printing techniques, newspapers became widely available to the masses.

4. 해설 도시 지역이 더 따뜻한 또 다른 이유는 높은 건물, 아스팔트 도로, 콘크리트 보도 등이 일반적으로 있는 곳인 도시를 건설하는 데 사용되는 재료 때문이다. 이 재료들은 식물이나 토양보다 태양 복사로부터 더 많은 열을 흡수하고 저장한다. 또한 불침투성 콘크리트는 빗물이 빠르게 흘러 지나가기 때문에 비가 온 후에 수분이 증발하는 정도가 심하게 감소한다. 그 결과 증발에 사용될 수 있었을 모든 열이 표면 물질을 더 가열한다. 도시와 시골 지역 모두 밤에는 시원해지지만 도시의 콘크리트와 아스팔트 표면은 축적된 열을 서서히 발산하기 때문에 도시 지역이 더 따뜻하게 유지된다.

해설 첫 번째 문장에서 도시 지역이 더 따뜻한 다른 이유로 건설 재료가 언급된다. 그리고 다음 문장부터 재료의 특성이 설명되며, 이것이 어떻게 열을 높이는지 그 과정이 자세히 설명된다. 또한 마지막 문장도 urban areas remain warmer(도시 지역이 더 따뜻하게 유지된다)로 아무런 반전 없이 문단이 정리된다. 따라서 요약해 보면, '건설 재료 때문에 도시 지역의 온도가 더 높다'가 답이 된다.

정답 Urban areas are warmer because of the materials used in the construction of cities.

Practice

1 time-sensitive **2** bacteria **3** fungi **4** stone
5 transportation service **6** driver's licence **7** part-time **8** threat
9 challenge **10** taximetre **11** hail **12** technology
13 reliability

READING PASSAGE 1

 해석

아이스맨 외치

초기 분석 이후로 끈질기게 남아 있는 미스터리 중 하나는 외치가 정확하게 어떻게 죽었는지에 관한 것이었다. 신발과 배낭은 그가 실수로 산에서 최후를 맞이한 건 아니라는 것을 나타내는 것처럼 보인다. 그리고 그의 진보된 도구들과 무기는 그가 악천후와 잠재적인 인류의 적들을 모두 상대할 준비가 꽤 잘 되어 있었다는 것을 보여준다. 10년 동안 과학자들이 내놓을 수 있었던 가장 좋은 설명은 그가 눈보라 속에서 길을 잃었다는 것이었다. 이 모든 것은 2001년, 방사선 전문의 폴 고스트너가 다른 모든 사람들이 놓쳤던 것을 발견했을 때 바뀌었다. 그는 외치의 몸 엑스레이 사진 수천 장을 검토하다가 견갑골 근처에 있는 작은 흰 점을 발견했다. 이후의 분석은 이전의 검사가 놓쳤던 것이 무엇인지 확인해 주었는데, 그것은 화살촉이었다. 갑자기 외치가 급작스러운 눈보라에 노출되어 죽은 것이 아니라 대신 잔혹한 공격의 희생자였음이 분명해졌다.

2010년에 지역 병리학자 에두아르드 에가르터-비글이 이끄는 과학자 팀은 그가 어떻게 살고 죽었는지에 대해 더 알아보기 위해서, 발견된 이후로 계속 냉동 상태로 보관 중이던 그 미라를 녹이기로 결정했다. 이것은 분초를 다투는 과정이었는데, 그 미라가 최대 9시간 동안 해동될 수 있었기 때문이었다. 그것은 또한 매우 부정적인 결과를 낳을 가능성을 지니고 있었다. 에가르터-비글은 "한 가지 위험은 방에 들어오는 과학자들이 세균과 곰팡이를 같이 달고 오는 것이다. 또 다른 위험은 미라 자체에 아직 살아 있는 유기체가 남아 있는지, 그리고 그것들이 해동되면서 다시 활성화될지 알 길이 없다는 것이다"라고 말했다. 참석한 몇 안 되는 과학자들 중 한 명은 폴 고스트너였는데, 그는 은퇴 후 집에서 일종의 취미로 엑스레이 원본을 여전히 연구했다. 그는 외치가 돌 위에 엎어진 채 발견되었기 때문에, 그의 온전한 위가 흉곽 밑으로 밀려 올라가서 과학자들이 초기 분석에서 그것을 놓치게 되었을지도 모른다는 가설을 세웠다. 고스트너가 옳았다는 것이 다시 한 번 증명되었고, 위 속의 내용물은 이후에 수많은 이론과 발견들을 불러일으켰다.

아이스맨의 해동
- 그 미라를 녹이는 실험은 **1** 분초를 다투는(time-sensitive) 것이었다.
- 과학자들은 그 표본이 **2** 세균(bacteria)과 **3** 곰팡이(fungi)로 오염되지 않도록 조심해야 했다.
- 위는 **4** 돌(stone)에 의해서 그의 흉곽 아래로 밀어넣어졌다.

어휘 end up in 결국 ~로 끝나다 weaponry ⓝ 무기 elements ⓝ 악천후, 비바람, 폭풍우 muster ⓥ 내다, 긁어모으다 radiologist ⓝ 방사선 전문의 look through 검토하다, ~을 (빠르게) 살펴보다 pathologist ⓝ 병리학자 thaw ⓥ 녹다, 해동되다, 해동시키다 fungi ⓝ 균류, 곰팡이류(fungus의 복수형) defrost ⓥ 해동하다, 성에를 제거하다 intact adj 온전한, 전혀 다치지 않은 ribcage ⓝ 흉곽 a plethora of 다양한, 수많은

해설 **1. 키워드 experiment to thaw out the mummy**

❶ 본문에서 이 키워드를 Scanning하면, 2문단 첫 번째 문장 In 2010, a team of scientists led by local pathologist Eduard Egarter-Vigl decided to thaw out the mummy(2010년에 지역 병리학자 에두아르드 에가르터-비글이 이끄는 과학자 팀은 그 미라를 녹이기로 결정했다)를 찾을 수 있다. 과학자들이 어떠한 행동을 했다는 것은 충분히 experiment라고 볼 수 있다는 점을 기억하자.

❷ 이 문제에서 요구하는 정답 조건은 be동사 뒤 빈칸에 들어갈 한 단어이므로 명사나 형용사가 정답이 될 수 있다. 즉 그 실험의 특징이나 성격을 찾아야 한다는 의미이다.

❸ 이러한 점에서, 다음 문장인 This was a time-sensitive procedure를 보면 This → 앞 문장을 지칭 |

procedure → experiement로 볼 수 있으므로, 정답은 형용사인 **time-sensitive**가 된다.

2-3. 키워드 scientists | contaminate the specimen

❶ 본문에서 이 키워드를 Scanning하면, 2문단 네 번째 문장 One risk is that scientists who enter the room bring their bacteria and fungi with them.(한 가지 위험은 방에 들어오는 과학자들이 세균과 곰팡이를 같이 달고 오는 것이다.)을 찾을 수 있다.

❷ 2번 문제에서 요구하는 정답 조건은 with 뒤의 빈칸에 들어갈 한 단어이고 3번 문제는 2번 답과 and로 이어질 수 있는 한 단어이므로 명사가 정답이 될 수 있다.

❸ 이러한 점을 염두에 두고 One risk is that scientists who enter the room bring their bacteria and fungi with them을 보면 '방에 들어오는 과학자들이 bacteria와 fungi를 가지고 들어온다'고 나와 있기 때문에, 정답은 각각 명사인 **bacteria**와 fungi가 된다.

>
> **Tip!**
> 과학자들이 뭔가를 오염시키지 않기 위해서 조심해야 했다는 것은 다른 말로 하면 그 표본을 오염시킬 가능성이나 위험이 있었다는 것을 의미한다. 예를 들어, '아이들은 감기 바이러스에 걸리는 것을 조심했어야 했다'라는 문장을 읽으면 '감기 바이러스에 걸릴 수 있는 충분한 가능성/위험이 있었구나'라는 점을 같이 추론할 수 있어야 한다. 반드시 이러한 사고방식을 기억해 두자.

4. 키워드 stomach | ribcage

❶ 이번 문제의 키워드는 둘 다 독특한 명사이다. 항상 흔하지 않은 구체적 단어는 좋은 Scanning 단어가 된다는 점을 기억하자. 본문에서 이 키워드를 Scanning하면, 2문단에서 because Ötzi was found draped over a stone, his intact stomach might have been pushed up under his ribcage(외치가 돌 위에 엎어진 채 발견되었기 때문에, 그의 온전한 위가 흉곽 밑으로 밀려 올라갔을 수 있다)를 찾을 수 있다.

❷ 이 문제가 요구하는 것은 무엇에 의해서 위가 흉곽 아래로 밀어넣어졌는지를 찾는 것이고, by a 뒤에 나와 있는 빈칸이므로 반드시 명사가 와야 한다.

❸ 이러한 점에서, because Ötzi was found draped over a stone을 보면 '돌 위에 엎어진 채'라고 나와 있기 때문에, 정답은 명사인 **stone**이 된다.

READING PASSAGE 2

해석

협력 소비를 통한 성공 찾기

A 2008년 경제 위기 이후로 우리의 사회적, 재정적 시스템은 소유권보다는 접근성에 기반한 공유 경제의 방향으로 움직이고 있다. 그것은 디지털 세상에서부터 시작되었는데, 음악이나 다른 미디어들을 빠르고 자유롭게 디지털화해서 공유하는 것이 가능해졌기 때문이다. 지금은 차량, 공간, 그리고 심지어 지식까지 모든 것들을 공유할 수 있게 되었다. 이 현상의 경제적인 측면은 '협력 소비'라고 불리게 되었다. 기업가들에게는 거대한 가능성이 되겠지만, 모든 큰 기회들이 그렇듯, 그것은 중대한 위험을 수반한다. 규제들은 산업을 따라잡기 위해서 빠르게 발전하는데, 이는 즉 경쟁력을 유지하려면 기업들이 유연하고 변화에 개방적이어야 한다는 것을 의미한다.

B 융통성 외에도 공유 경제에서 성공한 회사들은 공통적인 특징이 있다. 복잡한 도시에서 사는 것은 서로에게 연결되어 있음을 느끼고자 하는 자연스러운 욕구를 우리 안에 만들어 냈고, 사업체가 이 새로운 경제 안에서 성공하려면 이러한 느낌을 이용하는 것이 필수적이다. 브랜드는 이미지 그 이상이어야 한다. 그것은 공동체여야 한다. 성공적인 기업가들은 고객, 종업원 그리고 기업 간에 상호 신뢰를 기르고 공유하는 것의 가치를 알고 있다. 게다가 가장 성공적인 기업들은 전문화하는 기업들이다. 틈새가 더 작을수록 당신이 찾고 있는 공동체 의식을 키우기가 더 쉬워진다.

C 공유 경제에서 성공하는 방법을 이해하기 위한 가장 좋은 사례 연구 중 하나는 2007년에 조 게비어와 브라이언 체스키가 설립한 에어비앤비다. 세계에서 가장 비싼 주택이 있는 샌프란시스코에서 살아남기 위해 고군분투하던 그들은, 모든 호텔이 예약되었던 붐비는 주말에 그들의 아파트에 있는 몇 개의 에어 매트리스를 임대하기로 결정했다. 이 첫 시도는 성공과는 거리가 멀었지만, 게비어와 체스키가 음악 축제를 목표로 하면서 그 아이디어는 더 큰 규모로 확립되었다. 곧 투자가 쏟아져 들어오기 시작했고, 2011년에 이르러 그 회사는 13억 달러 가치를 지닌 것으로 평가 받았다.

D 에어비앤비의 초기 투자자들 중 한 명은 공동 창업자들에게 귀중한 조언을 해 주었다. 100명의 사람들이 당신을 사랑하는 것이 100만명의 사람들이 당신을 좋아하는 것보다 낫다는 것이다. 처음부터 에어비앤비는 가능한 한 많은 회원들을 얻기 위해 노력하기보다는 회원들에게 완벽한 경험을 만들어주는 데 신경을 썼다. 그 경험에 가장 중요한 것은 신뢰감이다. 인간의 뇌는 다른 사람을 신뢰하고 그 대가로 신뢰받는 것에 긍정적으로 반응하도록 연결되어 있다. 게비어와 체스키의 회사는 신뢰 경제의 개념을 처음으로 적용한 기업들 중 하나이며, 그 개념에 대한 그들의 헌신은 에어비앤비의 성공을 이룬 기반이 되었다.

E 에어비앤비 사용자에 대한 인구 통계 자료 분석에 의하면 이 사이트는 젊은 사용자들 사이에서 매우 인기가 있는 것으로 나타났다. 이것은 25세 미만의 대부분의 사람들이 온라인에서 음악, 책, 영화를 공유하는 것이 일반적인 환경에서 자랐다는 것을 고려하면 놀랍지 않은 일이다. 그들에겐 에어비앤비의 근본적인 아이디어가 전혀 새로운 것이 아니다. 55세 이상인 사람들이 에어비앤비 사용자 인구 통계 중 중 큰 부분을 차지하고 있다는 것이 더욱 놀라운 일일 것이다. 작가 레이첼 보츠먼은 에어비앤비와 같은 기업들이 20세기 초에 흔했던, 하지만 30대나 40대인 사람들에게는 그렇게 익숙하지 않은 '공유, 교환, 대여, 임대 등과 같은 오래된 시장 행위로 우리를 되돌리고 있다'고 설명한다.

F 여러 방면에서 에어비앤비와 유사한 협력 소비 성공 사례는 우버인데, 그것은 2007년 설립 이후 거의 틀림없이 세계에서 가장 가치 있는 교통 서비스가 되었다. 우버는 트래비스 캘러닉과 그의 친한 친구 개릿 캠프에 의해 만들어졌는데, 알맞은 시간에 알맞은 장소에서 택시를 찾고자 하는 전 세계적인 문제에 대한 해결책으로 만들어졌다. 우버는 이 문제를 해결하기 위해 지리적 위치 앱을 사용해서 사용자들이 운전자가 그들을 데리러 오기를 원하는 시간과 장소를 지정할 수 있도록 해 준다. 그러나 우버에서 가장 혁신적인 측면은 일반 운전 면허증을 가진 사람이라면 누구나 자신의 차를 이용해 운전자로 지원할 수 있다는 점이다. 대다수의 우버 운전자들은 시간제 운전만 하면서 퇴근 후 몇몇 사람들을 집까지 태워주거나 주말에 약간의 돈을 추가로 번다.

G 우버는 전 세계의 택시와 차량 대여 업체들에게 주된 위협으로 여겨지고 있고, 그들은 법적 근거 면에서 계속 회사에 이의를 제기하고 있다. 예를 들어, 런던에서는 개인 차량에 자동 요금 표시기가 있는 것은 불법이다. 우버 차량들에 이 장비가 필요하지는 않지만, 운전자의 스마트폰이 그것처럼 작동하고 있다는 주장도 있다. 또한 보행자가 거리에서 택시를 부르는 것도 불법인데, 우버 이용자들이 단순히 손 대신에 휴대전화로 택시를 부른다고 주장할 수 있다. 이러한 규제들은 운송 회사들에게 공평한 경쟁의 장을 만들기 위해 경쟁 규약으로 제정된 것들이다. 우버를 비난하는 사람들은 회사가 이러한 규칙을 어기기 위해 기술을 이용하고 있다고 말한다.

H 불공정한 경쟁이라는 주장 외에도, 안전은 비평가들에 의해 종종 제기되는 또 다른 걱정거리이다. 뉴델리에서 우버 운전자가 연루된 폭력 사건 이후로, 지방 정부는 이 서비스가 수도에서 운영되지 못하도록 금지했다. 우버의 기업 인프라는 매우 적기 때문에(그들은 운영하는 각 도시마다 3명의 임원만 고용한다) 그들은 운전자들의 신뢰성을 보장하기 위해 충분히 노력하지 않고, 승객들을 잠재적으로 위험한 상황에 노출시킨다는 비난을 받아 왔다. 우버는 앞으로 운전자와 여행 정보를 지역 당국과 공유하기로 서약했다.

I 우버의 규제와의 싸움은 협력 소비를 기반으로 하는 신규 사업자들 사이에서는 늘 있는 일이다. 하지만 이 회사들이 극복해야 할 다른 많은 과제들이 있다. 공유 경제는 기성 기업이 거의 없고 창업 비용이 상대적으로 저렴한데, 이는 투자자와 소비자를 두고 경쟁이 치열하다는 것을 의미한다. 모든 공유 기반 기업들에는 천편일률적인 모델이 없다는 것을 이해하는 것 또한 중요하다. 다른 성공 사례에서 영감을 얻으면서도, 당신의 사업을 위한 가장 효율적인 경제적 틀을 찾기 위해 스스로의 길을 개척하는 것을 두려워하지 말아야 한다. 마지막으로 모든 회사는 일관된 정체성을 보여줘야 한다. 당신의 핵심 가치가 유연성과 변화일 때, 이러한 일관성은 유지되기 어려울 수 있다.

우버의 초창기

일반적 사실들	• 2007년에 두 명의 친한 친구에 의해서 설립됨 • 많은 사람들에게 세계에서 가장 높은 가치를 지닌 **5** 교통 서비스(transportation service)로 간주됨 • 사용자 편의를 위한 전문화된 휴대전화 어플리케이션 • 모든 표준 **6** 운전 면허(driver's licence) 소지자의 차량 운행 신청이 받아들여짐 • 이 서비스를 제공하는 사람들 대부분은 **7** 시간제(part-time) 기반으로 한다.

어휘 collaborative adj 협력적인, 합작의 digitise v 디지털화하다, 숫자로 표시하다 freely adv 자유롭게, 기꺼이, 흔쾌히, 솔직히 dub v (새 이름이나 별명을) 주다, 붙이다 grave adj 심각한, 엄숙한, 진지한 regulation n 규제, 규칙 keep up with 따라잡다 besides prep ~외에도 dense adj 밀집한, 농후한, 짙은 vital adj 필수적인, 불가결한 tap into ~를 활용하다 foster v ~을 촉진/조장하다 specialise v 전문으로 하다, 특수화하다 niche n 틈새 cultivate v 기르다, 함양하다 rent out 임대하다 pour in 연달아 오다, 쏟아져 들어오다 concern v ~에 관심을 갖다, ~하는 것을 중시하다 central adj 중심의, 중간의, 중심이 되는 wire to 연결하다 demographics n 인구 통계(자료) behind prep ~의 뒤에, ~의 배후에 lend v 빌려주다, 대여하다 parallel v 유사하다, ~에 필적하다 inception n 처음, 시초, 개시 geolocation n 지리적 위치 legal ground 법적 근거 hail v (택시, 버스, 사람 등을) 부르다, 묘사하다 institute v (제도, 정책 등을) 도입하다, 마련하다, 시작하다, 실시하다 mean to ~할 셈이다 level playing field 공평한 경쟁의 장 detractor n 가치를 깎아내리는 사람, 비방하는 사람 following adj 그 다음의, 잇따른 infrastructure n 인프라, 사회적 생산 기반 accuse v 고발하다, 고소하다 ensure v ~을 확실하게 하다, 보증하다 pledge v ~을 서약하다, 약속하다 going forward 앞으로, 장차 one-size-fits-all adj 널리 적용되도록 만든 blaze a trail to ~을 개척하다, 창시하다 framework n 뼈대, 골격

해설 **5. 키워드 the world's most highly-valued**

❶ 본문에서 이 키워드를 Scanning하면, F문단 첫 번째 문장에서 which since its inception in 2007 has become arguably the most valuable transportation service in the world(2007년 설립 이후 거의 틀림없이 세계에서 가장 가치 있는 교통 서비스가 되었다)를 찾을 수 있다.

❷ 이 문제에서 요구하는 정답 조건은 highly-valued라는 형용사 뒤에 있는 빈칸에 알맞은 단어이므로 두 단어 이내의 명사가 답이 될 수 있다.

❸ 따라서 정답은 명사인 **transportation service**이다.

6. 키워드 all holders of a standard

❶ 본문에서 이 키워드를 Scanning하면, F문단 네 번째 문장에서 anyone with a regular driver's licence can apply to be a driver(일반 운전 면허증을 가진 사람이라면 누구나 운전자로 지원할 수 있다)를 찾을 수 있다. 여기서 헷갈리지 말아야 할 것은 문제에서 말하는 Applications는 휴대전화 앱을 가리키는 것이 아니라 apply to be a driver의 apply를 명사형으로 Paraphrasing한 표현이라는 점이다.

❷ 이 문제에서 요구하는 정답 조건은 a standard 다음의 빈칸에 올 단어이므로 두 단어 이내의 명사가 답이 될 수 있다.

❸ all holders of → anyone with │ standard → regular이므로 정답은 **driver's licence**가 된다.

7. 키워드 Most of those who provide the service

❶ 노트 완성하기(Note Completion) 유형에서는 대부분 순서대로 답의 근거가 나오는 편이므로 바로 이전 문제 내용을 고려하면서 Scanning하도록 하자. 본문에서 이 키워드를 Scanning하면, F문단 다섯 번째 문장 The vast majority of Uber drivers only drive part-time(대다수의 우버 운전자들은 시간제 운전만 한다)을 찾을 수 있다.

❷ 이 문제에서 요구하는 것은 a와 basis 사이의 빈칸에 들어갈 단어이므로 형용사가 정답이 될 수 있다.

❸ The vast majority of Uber drivers → Most of those who provide the service │ drive → do so │ part-time → on a .... basis이므로 정답은 형용사인 **part-time**이다.

8. 키워드 Traditional vehicle service providers consider

❶ 여기서 반드시 이해하고 넘어가야 하는 부분은 traditional이라는 단어가 '전통적인'이라는 뜻이기는 하지만 '새로운 것이 아니라 원래 존재하던'의 의미로도 해석할 수 있다는 점이다. 원래부터 차량 서비스를 제공하던 업체들이 우버에 대해서 생각하는 부분을 본문에서 Scanning하면, G문단 첫 번째 문장 taxi and car rental companies around the world(전 세계의 택시와 차량 대여 업체들)을 찾을 수 있다. 6번 문제와 마찬가지로 이처럼 Paraphrasing된 표현이 문제에 제시될 수도 있다는 점을 기억하자.

❷ 이 문제에서 요구하는 것은 a serious 뒤에 나와 있는 빈칸에 올 명사이다.

❸ taxi and car rental companies around the world → Traditional vehicle service providers │ is viewed as → consider │ a major threat → a serious ....이다. 따라서 정답은 명사인 **threat**이 된다.

9. 키워드 by accusing it of violating local laws

❶ 본문에서 이 키워드를 Scanning하면, G문단 첫 번째 문장에서 they continue to challenge the company on legal grounds(그들은 법적 근거 면에서 계속 회사에 이의를 제기하고 있다)를 찾을 수 있다.

❷ Competitiors라는 주어 뒤에 빈칸이 나와 있으므로 동사가 정답이 될 수 있다.

❸ 따라서 정답은 동사인 **challenge**가 된다.

10. 키워드 mobile phone is actually functioning

❶ 휴대전화가 무엇으로 기능을 하는지를 찾는 문제인데, 본문에서 이 키워드를 Scanning하면, G문단 세 번째 문장에서 the driver's smartphone is acting as one(운전자의 스마트폰이 그것처럼 작동하고 있다)을 찾을 수 있다.

❷ 여기서 가장 중요한 점은 Reading에서는 대명사의 의미를 정확하게 확인해야 한다는 점임을 기억하자. 즉 one이 무엇인지를 그 이전 문장을 통해 반드시 명확하게 밝혀야 한다. for example, it is illegal for a private hire vehicle to have a taximetre. Uber cars do not require this equipment, but some claim that the driver's smartphone is acting as one(예를 들어, 개인 차량에 자동 요금 표시기가 있는 것은 불법이다. 우버 차량들에 이 장비가 필요하지는 않지만, 운전자의 스마트폰이 그것처럼 작동하고 있다는 주장도 있다)를 해석해보면 a taximetre → this equipment → one이라는 것을 알 수 있다.

❸ 이 문제에서 요구하는 것은 as a 뒤에 나와 있는 빈칸에 올 단어이므로 명사가 답이 될 수 있다.

❹ 따라서 정답은 명사인 **taximetre**이다.

11. 키워드 이 문제는 키워드를 몇 개 단어로 단정짓기보다는 문제 자체가 매우 구체적인 상황에 대한 내용이기 때문에 그 문장을 이해하는 것도 하나의 스킬이라고 할 수 있다.

❶ In London, a person who is not in a vehicle should not stand at the roadside and .... a taxicab (런던에서는, 차량 안에 있지 않은 사람이 길가에 서서 택시를 .... 안 된다)라는 상황을 지문에서 Scanning하면, G문단 세 번째 문장에서 It is also illegal for a pedestrian to hail a taxi on the street(또한 보행자가 거리에서 택시를 부르는 것도 불법이다)를 찾을 수 있다.

❷ 이 문제에서 요구하는 정답 조건은 and 뒤에 오면서 a taxicab이라는 목적어를 수반하는 단어이므로 동사가 답이 될 수 있다.

❸ 이를 종합해 보면 정답은 hail a taxi에서 가져온 동사 **hail**이 된다.

12. 키워드 get around regulations

❶ 키워드 표현의 의미를 알고 있다면 쉽게 풀 수 있는 문제이다. get around laws/regulations는 '법이나 규제를 교묘하게 피하다'라는 뜻이기 때문에 '불법적인 행동을 저지르다'와 의미가 비슷하다. 이러한 점을 염두에 두고 본문에서 이 키워드를 Scanning하면, G문단 마지막 문장 Detractors say that the company is using technology to break these rules.(우버를 비난하는 사람들은 회사가 이러한 규칙을 어기기 위해 기술을 이용하고 있다고 말한다.)를 찾을 수 있다.

❷ 이 문제에서 요구하는 정답 조건은 of 뒤에 올 수 있는 단어이므로 명사가 답이 될 수 있다.

❸ Detractors say → Critics suggest | the company is using technology → Uber is taking advantage of | to break these rules → to get around regulations이므로 정답은 명사인 **technology**가 된다.

13. 키워드 hiring so few managers in each city | insufficient effort

❶ 본문에서 이 키워드를 Scanning하면, H문단 세 번째 문장 Because Uber's corporate infrastructure is so minimal—they hire only 3 executive employees in each city they operate in—they have been accused of not doing enough to ensure the reliability of their drivers, exposing passengers to potentially unsafe situations.(우버의 기업 인프라는 매우 적기 때문에(그들은 운영하는 각 도시마다 3명의 임원만 고용한다) 그들은 운전자들의 신뢰성을 보장하기 위해 충분히 노력하지 않고, 승객들을 잠재적으로 위험한 상황에 노출시킨다는 비난을 받아 왔다.)를 찾을 수 있다.

❷ 문제에서 요구하는 것은 the 뒤에, 그리고 of its drivers 앞에 올 수 있는 단어이므로 명사가 정답이 될 수 있다.

❸ 문제와 지문 문장을 비교해 보면 Because Uber's corporate infrastructure is so minimal—they hire only 3 executive employees in each city they operate in → By hiring so few managers in each city | they have been accused of not doing enough → some say Uber has made insufficient effort | to ensure the reliability of their drivers → to confirm the .... of its drivers라는 것을 알 수 있다. 따라서 정답은 명사인 **reliability**가 된다.

<table>
<tr><td>CHAPTER 02.
실전 다지기</td><td>**UNIT 02. Sentence Completion**</td></tr>
</table>

Practice

1 distances	**2** hydroelectric	**3** transmission	**4** funds
5 patent	**6** the sea	**7** flippers	**8** pelvic bones
9 the dugongs	**10** maintenance	**11** sandstone	**12** private tombs
13 reinforcement	**14** jar	**15** personal entrance	**16** ancient boats

READING PASSAGE 1

니콜라 테슬라와 그의 발명품들

1887년에 투자자들이 테슬라의 교류 시스템에 관심을 보이고 새로운 벤처기업인 테슬라 전기 회사에 자금을 지원했을 때 상황은 나아졌다. 그 해 말 즈음에 테슬라는 교류 전력을 사용한 다양한 발명품들에 대해 40개의 미국 내 기본 특허를 받았다. 열차 공기 제동기의 발명가인 조지 웨스팅하우스는 테슬라의 발명품이 토마스 에디슨의 직류 전력보다 더 먼 거리까지 안정적인 전력을 제공할 수 있다고 믿었다. 웨스팅하우스사는 1888년에 테슬라의 특허권을 얻기 위해서 그에게 6만 달러를 지불했다.

테슬라와 웨스팅하우스는 전국에 전력을 공급하는 데 있어서 에디슨의 주된 경쟁자가 됐다. 에디슨은 이후 교류 전력의 사용을 비방하는 성공적이지 못한 캠페인을 시작했지만, 웨스팅하우스는 시카고에서 열린 1893년 세계 박람회에 조명 공급자로 선정되었다. 2년 뒤에 테슬라는 나이아가라 폭포에 세계 최초로 대규모 교류 수력 발전소를 세우려는 그의 계획을 세상에 공개했다. 완성되고 나서, 발전소는 뉴욕주의 버팔로시 전체에 전력을 공급하는 데 사용되었다. 교류 전력의 입증된 성공과 매체들의 호의적인 평가는 20세기 주요 동력원으로서의 운명을 확정지었다.

테슬라는 주로 교류 전기를 개발한 것으로 알려져 있지만, 그는 또한 무선 통신 장치의 탄생에 있어서도 중요한 역할을 했다. 테슬라는 1896년에 무선 통신 신호 전송에 대한 기본 시스템의 특허를 받았다. 경쟁 특허권 보유자였던 굴리엘모 마르코니는 영국과 캐나다 사이에서 최초의 대서양 횡단 무선 전송을 위해 동일한 기술을 사용했다. 1900년에 테슬라는 자신이 전 세계에 정보 및 전력 무선 전송을 완벽하게 해낼 수 있을 거라 확신하게 되었다. 세계적으로 유명한 금융가인 J. P. 모건에게 투자를 받아 테슬라는 워든클리프 프로젝트를 시작했다. 그의 목표는 전 세계에 무선 신호를 보낼 수 있는 발전소와 송전탑을 건설하는 것이었다. 그러나 마르코니의 성공적인 해외 전송과 테슬라의 잘못된 자금 관리가 드러난 것이 맞물리면서 모건은 지원을 중단하게 되었다. 테슬라는 이 프로젝트를 끝낼 수밖에 없었다.

테슬라는 생전에 존경 받는 발명가였지만, 사업 감각의 부족으로 수많은 좋은 기회들을 놓쳤다. 1943년이 되어서야 테슬라는 무선 통신 장치 탄생에 있어서의 그의 역할을 인정받았다. 그 해는 미국 대법원이 마르코니의 경쟁 특허권에 대해 무효 판결을 내렸던 해였지만, 불행히도 테슬라는 1942년에 세상을 떠났다. 그는 무일푼에 홀몸으로 86세의 나이로 뉴욕시에서 죽었다. 그럼에도 불구하고 그의 발명품들은 여전히 무선, 레이더, 그리고 원격 조정 장치들에 동력을 공급하는 데 도움을 주는 많은 현대 기술의 핵심에 자리잡고 있다.

어휘 grant v 인정하다, 주다 stable adj 안정적인 slander v 중상모락하다, 비방하다 hydroelectric adj 수력 전기의 seal one's fate ~의 운명을 결정짓다 primarily adv 주로 transatlantic adj 대서양 횡단의 perceive v 감지하다, 인지하다 mishandle v 잘못 관리하다 miss out ~을 빠뜨리다 Supreme Court 대법원 strike down 폐지하다 penniless adj 무일푼인, 몹시 가난한

1. 해석 조지 웨스팅하우스는 직류보다 전력을 더 먼 거리(distances)까지 안정적으로 보낼 수 있는 테슬라의 교류에 관심을 가졌다.

해설 키워드 **George Westinghouse**

❶ 본문에서 이 키워드를 Scanning하면, 1문단 세 번째 문장 George Westinghouse, the inventor of the railway air brake, believed that Tesla's invention could provide stable power over longer distances than Thomas Edison's DC power.(열차 공기 제동기의 발명가인 조지 웨스팅하우스는 테슬라의 발명품이 토마스 에디슨의 직류 전력보다 더 먼 거리까지 안정적인 전력을 제공할 수 있다고 믿었다.)를 찾을 수 있다. 복잡한 문장이긴 하지만 문제를 풀 때는 반드시 내가 필요로 하는 답의 품사와 의미에만 집중해야 한다.

❷ 이 문제에서 요구하는 정답 조건은 for greater 뒤의 빈칸에 들어갈 한 단어이므로 명사가 답이 될 수 있다.

❸ 이러한 점에서 본문에서 찾은 문장을 보면 over longer distances라고 나와 있기 때문에, Tesla's invention could provide stable power → Tesla's AC current for its ability to deliver power reliably | over longer distances than Thomas Edison's DC power → for greater .... than DC currents이므로, 정답은 명사인 **distances**가 된다.

2. 해석 전기는 세계 최초의 대규모 수력 전기(hydroelectric) 발전 설비에 의해서 버팔로시 전역에 공급되었다.

해설 키워드 **Buffalo**

❶ 본문에서 이 키워드를 Scanning하면, 2문단 네 번째 문장 Once the plant was complete, it was used to power the entire city of Buffalo in New York.(완성되고 나서, 발전소는 뉴욕주의 버팔로시 전체에 전력을 공급하는 데 사용되었다.)을 찾을 수 있다.

❷ 하지만 문제에서 원하는 것은 '세계 최초의 대규모 .... 발전 설비'이므로 여기에 해당하는 문장을 찾아야 한다. the plant라고 지칭되기 전에 언급되었을 것이므로 앞 문장을 확인하면 Two years later, Tesla showed the world his plans for the world's first large-scale AC hydroelectric plant at Niagara Falls.(2년 뒤에 테슬라는 나이아가라 폭포에 세계 최초로 대규모 교류 수력 발전소를 세우려는 그의 계획을 세상에 공개했다.)를 찾을 수 있다.

❸ the first major는 the world's first large-scale과 의미가 같기 때문에, plant를 꾸며주는 정답은 **hydroelectric**이 된다.

3. 해석 마르코니는 성공적으로 대양 횡단 전송(transmission)을 이룬 최초의 인물이었다.

해설 키워드 **Marconi**

❶ 본문에서 이 키워드를 Scanning하면, 3문단 세 번째 문장 Rival patent-holder Guglielmo Marconi used the same technology to transmit the first transatlantic wireless communication, between Britain and Canada.(경쟁 특허권 보유자였던 굴리엘모 마르코니는 영국과 캐나다 사이에서 최초의 대서양 횡단 무선 전송을 위해 동일한 기술을 사용했다.)를 찾을 수 있다.

❷ 하지만 우리가 문제에서 찾아야 하는 것은 Marconi가 처음으로 무엇을 성취해 냈는지에 대한 것인데, 이 문장의 내용만 가지고는 실제로 이 사람이 이 기술을 사용했다는 것은 알 수 있지만 성공 여부에 대해서는 확실하게 알 수 없다. 항상 확실한 근거가 되는 문장을 찾아야 한다는 점을 기억하자. 조금 더 내려가 보면, Marconi가 언급된 문장이 또 있다. 일곱 번째 문장 a successful overseas transmission by Marconi (마르코니의 성공적인 해외 전송)이 확실한 근거다.

❸ 이 문제에서 요구하는 것은 a successful 뒤에 나와 있는 빈칸에 알맞은 단어이므로 명사가 답이 될 수 있다. 따라서 정답은 명사인 **transmission**이다.

4. [해석] J. P. 모건은 테슬라가 자금(funds)을 적절한 방식으로 사용하는 데 실패했다고 생각했다.

[해설] 키워드 **J. P. Morgan** | **fail to에서 느낄 수 있는 부정적인 맥락**

❶ 본문에서 이 키워드를 Scanning하면, 3문단 일곱 번째 문장에 However, the successful overseas transmission by Marconi, combined with Tesla's perceived mishandling of funds, led Morgan to withdraw his support.(그러나 마르코니의 성공적인 해외 전송과 테슬라의 잘못된 자금 관리가 드러난 것이 맞물리면서 모건은 지원을 중단하게 되었다.)라고 나와 있다.

❷ 이 문제에서 요구하는 것은 to use 뒤의 빈칸에 들어갈 한 단어이므로 목적어 역할을 할 수 있는 명사가 답이 될 수 있다.

❸ 이러한 점에서 지문의 mishandling → failed to use .... in an appropriate manner로 Paraphrasing되어 있으므로 정답은 **funds**가 된다.

5. [해석] 1943년에 대법원은 경쟁 발명가의 특허(patent)가 법률적 가치가 없다고 판결했다.

[해설] 키워드 **1943** | **Supreme Court** | **lacked legal merit**

❶ 꽤 구체적인 문장이 주어졌는데 본문에서 이 키워드를 Scanning하면, 마지막 문단 세 번째 문장 That was the year the US Supreme Court struck down Marconi's competing patent as being invalid(그 해는 미국 대법원이 마르코니의 경쟁 특허권에 대해 무효 판결을 내렸던 해였다)를 금방 찾을 수 있다. legal merit이 부족했던 주체는 앞에 있는 Marconi's competing patent이다.

❷ 더 구체적으로 이 문제에서 요구하는 것은 a rival intentor's 뒤의 빈칸에 들어갈 한 단어이므로 명사가 답이 될 수 있다.

❸ 이러한 점에서 정답은 명사인 **patent**가 된다.

READING PASSAGE 2

해우의 역사

과학적 증거에 따르면 현재 서식지에 관계 없이 모든 생물의 근원은 바다이지만, 육지로의 이주가 항상 영구적인 것만은 아니었다. 거북이, 바다뱀, 펭귄, 고래들은 육지에 사는 생물체였지만, 육지 서식지가 그들을 더 이상 먹여 살릴 수 없게 되자 바다로 돌아갔다. 해우목(目)에 속해서 '해우류 동물'로 불리는 해우와 듀공과 같은 동물들은 특히 흥미롭다. 그들은 유일한 초식성 해양 포유류이며, 인간이 나타나기 전까지 그들에게는 거의 5백만 년 동안 어떠한 포식자도 없었다.

바다에 계속 살면서 고대 해우들은 물가를 따라 나 있는 풍부한 먹이를 얻었고, 변화하는 서식지에서 살아남는 데 도움이 되는 특성들을 발전시켰다. 앞다리는 다리에서 지느러미로 바뀌었는데, 이는 수영하는 데 더 유용했다. 하지만 사람의 손톱과 비슷한 손톱은 지느러미 끝에 남았다. 육지에서와 마찬가지로 이 손톱들은 물속에서 물체들을 잡는 데 유용하다. 또 다른 중요한 변화는 해우의 골반뼈 구조와 관련이 있다. 오늘날의 해우들은 전체 뼈가 더 작아졌고, 보통 왼편이 오른편보다 무게가 더 나간다. 또한 골반뼈가 더 이상 척추에 붙어 있지 않다. 포유류와 어류 둘 다 이러한 돌연변이는 뒷다리와 같이 골반에 붙어 있는 사지를 잃은 것과 관련이 있다. 이 팔다리들은 바다에서 움직이는 데 부담이 되기 때문에, 쪼그라든 골반과 발달되지 않은 뒷다리가 육지에서는 치명적인 변이가 될지라도 바다에서는 이점이 된다. 해우의 뒷다리는 사실 그들의 외부 신체에서 완전히 사라졌다.

해우의 콧구멍은 물속에서 밸브로 밀폐되며, 그들의 폐는 2.5m에서 4m 길이에 많게는 1,500킬로그램까지 무게가 나갈 수 있는 그들의 엄청난 몸뚱이의 부력을 향상시키는 데 도움을 주기 위해서 더 길고 더 얇아졌다. 그들은 종종 열대 수역에서 발견되며, 대부분의 시간을 해안선 근처에서 보낸다. 해우들은 해안가를 따라 늘어선 울창한 식물들을 먹을 수 있는 카리브 해, 멕시코만, 아마존 강 유역, 서아프리카 해안에서 발견된다. 그들의 가장 가까운 친척인 듀공은 동아프리카, 인도, 말레이시아, 인도네시아, 호주 북부 해안에서 발견된다. 듀공을 해우와 구분 짓는 것은 듀공이 크기가 더 작다는 점과 해우의 둥근 꼬리보다는 고래나 돌고래 꼬리와 더 비슷한 움푹 패인(초승달 모양의) 꼬리를 갖고 있다는 점이다.

어휘 migration ⓝ 이주, 이동   permanent ⓐdj 영구적인   dwell ⓥ 살다, 거주하다, 존재하다   manatee ⓝ 매너티, 해우   herbivorous ⓐdj 초식성의   mammal ⓝ 포유동물   abundant ⓐdj 풍부한   abandon ⓥ 버리다, 떠나다, 유기하다   trait ⓝ 특징, 특색, 특질   limb ⓝ 팔다리   analogous ⓐdj 유사한   pelvic ⓐdj 골반의   spine ⓝ 척추, 등뼈   mutation ⓝ 돌연변이, 변화, 변형   seal off ～을 봉쇄하다/봉인하다   buoyancy ⓝ 부력, 부양성   gulf ⓝ 만(바다가 육지 쪽으로 들어와 있는 지형)   basin ⓝ (큰 강의) 유역, 분지   feed on ～을 먹다/먹고 살다   apart from ～외에는, ～을 제외하고

6. **해석** 일부가 육지로 이주하기 전 모든 생물들은 처음에 어디에서 살았는가?

해설 **키워드 all living creatures | first live**

❶ 문제가 where로 시작한다는 점에서 정답이 장소라는 것을 알 수 있다.

❷ 본문에서 키워드를 Scanning하면, 1문단 첫 번째 문장에서 According to scientific evidence, the origin of all living things, regardless of their current habitats, is the sea(과학적 증거에 따르면 현재 서식지에 관계 없이 모든 생물의 근원은 바다이다)라는 내용을 발견할 수 있다. 따라서 정답은 **the sea** 가 된다.

7. **해석** 육지 포유류가 바다로 이주했을 때 앞다리가 재설계된 경우로 해우의 신체 중 어느 부분이 언급되었는가?

해설 **키워드 front legs | redesigned**

❶ 문제가 which part로 시작한다는 점에서 정답이 신체 부위의 이름이라는 것을 알 수 있다.

❷ 본문에서 키워드를 Scanning하면, 2문단 두 번째 문장에서 Front limbs changed from legs into flippers(앞다리는 다리에서 지느러미로 바뀌었다)라는 내용을 발견할 수 있다. 따라서 정답은 **flippers**가 된다.

8. **해석** 해우가 갖고 있는 어떤 신체적 특징이 줄어들어 척추에서 분리되었는가?

해설 **키워드 separated from the backbone**

❶ 문제가 which physical feature로 시작한다는 점에서 정답이 신체적 특징이라는 것을 알 수 있다.

❷ 본문에서 키워드를 Scanning하면, 2문단 일곱 번째 문장에서 The pelvic bone is also no longer attached to the spine(또한 골반뼈가 더 이상 척추에 붙어 있지 않다)이라는 내용을 발견할 수 있다. 더 이상 붙어 있지 않다는 것은 분리되었다는 것과 같은 의미이므로 정답은 **pelvic bones**가 된다.

9. **해석** 어떤 동물들이 꼬리 모양은 다르면서 해우를 닮았는가?

해설 **키워드 resemble | different shaped tails**

❶ 문제가 which animals로 시작한다는 점에서 정답이 동물이라는 것을 알 수 있다.

❷ 본문에서 키워드를 Scanning하면, 3문단 네 번째 문장에서 Their closest relatives, the dugongs, can be found in East Africa, India, Malaysia, Indonesia, and the northern coast of Australia.(그들의 가장 가까운 친척인 듀공은 동아프리카, 인도, 말레이시아, 인도네시아, 호주 북부 해안에서 발견된다.)라는 내용을 찾을 수 있는데, relatives라는 것에서 resemble과 정보를 연결시킬 수 있다.

❸ 또한 다음 문장을 보면, What sets the dugongs apart from manatees is that they are smaller and have fluked (crescent-shaped) tails similar to the tails of whales and dolphins, rather than the rounded tails of manatees.(듀공을 해우와 구분 짓는 것은 듀공이 크기가 더 작다는 점과 해우의 둥근 꼬리보다는 고래나 돌고래 꼬리와 더 비슷한 움푹 패인(초승달 모양의) 꼬리를 갖고 있다는 점이다.)에 문제에서 말하는 다른 꼬리 모양에 대한 정보도 언급되어 있다. 따라서 정답은 **the dugongs**가 된다.

해석

카르나크 신전의 새로운 발견

A 카르나크에 있는 아문 신전은 고대 이집트 시대에 세워져 있던 가장 큰 종교적 건축물이었다. 최근 일련의 새롭고 놀라운 고고학적 발견들로 인해 전문가들은 이 복합 건물의 역사에 대한 가정을 수정하게 되었다. 이러한 발견물에는 나일 강의 조수 간만으로부터 보호하기 위해 거의 3천 년 전에 지어진 거대한 벽의 잔해와, 많은 의례용 목욕탕, 그리고 파라오가 개인적으로 사용한 경사로로 된 입구가 포함되어 있다. 이러한 발견물들은 더 작은 여러 가지 다른 발견물과 더불어 오랫동안 지속되어 온 많은 질문들에 답을 주었고 향후 여러 해 동안 고고학자들이 골똘히 답을 고민하게 될 많은 새로운 질문들을 제기했다.

B 그중에서도 고고학자들이 특별히 관심을 갖는 것은 바로 벽인데, 이것은 아마도 나일강에 대한 인공 제방 역할을 한 것으로 보인다. 그 사원은 고대 이집트인들에게 '아문-레'로 알려진 신을 모신 종교적 사당이고, 현재의 룩소르시 인근 200에이커의 땅에 걸쳐 있다. 나일강이 현재 사원의 서쪽 200m 지점에서 흐르고 있기 때문에 이 장소는 벽의 발견을 더욱더 흥미롭게 만든다. 사원 입구 부근에서 정기 보수를 하던 중, 한 고고학자 팀이 우연히 벽의 일부를 발견했고, 이것이 수많은 다른 유물들을 발견하게 된 광범위한 발굴로 이어졌다. 룩소르 최고유물위원회 총감독인 만수르 보라이크는 "[벽의 발견]이 [룩소르]의 풍경을 바꾸었다"고 말했다. "이것은 또한 룩소르의 정착 과정에 대한 우리의 학설을 바꾸고 사원 자체의 건설에 대한 우리의 학설도 바꾸고 있다."

C 그 벽은 고대 이집트인들이 지은 대부분의 대형 구조물들처럼 사암으로 만들어져 있으며, 가장 높은 곳의 높이는 7미터이고 너비는 2.5미터로 측정된다. 이집트 최고유물위원회 사무총장인 자히 하와스는 그 벽이 원래 더 높았을 수도 있지만 세월과 비바람에 의해 닳아 버린 것이라고 주장한다. 하와스는 "이것은 고대 이집트 전역을 통틀어 지어진 것 중에서 가장 큰 제방이다"라고 말했다. "이 제방은 [매년] 나일강 범람으로부터 카르나크[에 있는] 신전을 보호했기 때문에 매우 중요하다."

D 이러한 깨달음으로 인해 오늘날의 고고학자들과 이집트학자들에게 이 발견은 매우 가치 있는 발견으로 여겨진다. "이는 나일강이 파라오들의 시대에 카르나크 맨 아래 부분까지 도달해 있었다는 사실을 의미한다"고 보라이크는 말했다. "이는 모든 것을 바꾼다." 보라이크에 따르면, 신전의 디자인과 건축에 관한 종래의 학설은 이집트 제18왕조의 개인 무덤 안에서 발견된 신전의 묘사에 기반한 것이었다. 예를 들면, 이 무덤들 중 하나로 고대의 관리였던 네페르호텝의 유해가 안장된 무덤에서는 커다란 연못이 앞에 있는 신전을 볼 수 있었다. 연못은 수로 체계를 통해서 나일강과 연결되어 있는 것으로 보였다. 보라이크에 따르면, 예전 고고학 팀이 벽 조각들을 발견했을 때, 이 조각들은 이 연못의 뒤쪽 벽에 속한 것으로 추정되었다고 한다. 하지만 최근의 고고학 팀은 이 연못의 일부라고 하기에는 너무 먼 곳에서 벽 조각들을 발견했다. 네페르호텝의 무덤에서 발견된 그림이 만들어진 이후에, 연못은 흙으로 메워졌고 사원은 그것을 넘어 나일강 가장자리까지 확장됐던 것으로 보인다.

E 시카고 대학교 동양연구소의 이집트학자인 W. 레이먼드 존스는 그 지역을 여러 차례 방문했고, 그는 제방을 건설한 고대 이집트인들의 기술에 감명을 받았다. "훌륭한 기술자이자 실용적인 사람들이었던 [고대 이집트인들은] 그처럼 나일강 가까운 곳에 그렇게 큰 무언가를 짓기 위해서는 그 앞에 보강물이 있어야 한다는 점을 [알고 있었다]. … 그것은 나일강 기슭의 어떠한 침식도 막아 주었다." 그는 또한 이 발견이 카르나크 신전을 둘러싼 테베의 고대 도심지에 대한 이해를 제공한다고 지적했다. "우리는 테베의 고대 풍경이 상대적으로 변함이 없었다고 가정했지만, 이제는 그것을 완전히 재평가해야 한다"고 존스는 말했다. "어떤 가정을 하고 난 후 그것들이 완전히 틀렸다는 사실을 알게 되는 순간 우리는 정말 다시 한번 돌이켜 생각하게 된다."

F 강 제방이 이집트 고고학에 가장 지대한 영향을 미치기는 했지만, 이것이 유일한 발견은 아니었다. 고고학자 팀은 기원전 1세기까지 거슬러 올라가는 수백 개의 동전이 들어 있는 항아리와 더불어 두 개의 공공 목욕탕 또한 발견했다. 목욕탕은 사실 벽 바깥에서 발견되었는데, 이는 이것들이 나일강이 서쪽으로 이동하기 시작한 후에야 지어질 수 있었다는 것을 의미한다. 원형 목욕탕 중 하나는 완전히 발굴되었고, 이 과정에서 화려하게 꾸며진 모자이크 타일 바닥과 15명 이상이 충분히 앉을 수 있는 좌석이 드러났다. 다른 목욕탕 또한 좌석 양쪽의 작은 돌고래 조각과 함께 화려하게 장식되어 있었다.

G 마지막으로 고고학자들은 벽에 인접한 지역에서부터 신전 단지 자체까지 쭉 이어지는 광대한 경사로를 발견했다. 여기에는 타하르카라는 기원전 7세기 파라오의 이름이 새겨져 있어서, 전문가들은 이 경사로가 강을 따라 배를 타고 신전

에 도착했던 것으로 보이는 파라오의 개인용 입구로 설계되었다고 말했다. 이것은 고고학자들에게 흥미로운 발견이었는데, 왜냐하면 이는 과거 강바닥이었던 곳에 박힌 고대 배 조각들의 발견 가능성을 시사하기 때문이다. "이제 나일강이 서쪽으로 이동했다는 것을 알게 되었으니, 이는 다음 세대의 고고학자들과 이집트학자들이 아마도 찾아내게 될 무언가가 기다리고 있다는 것을 의미한다"고 시카고 대학교의 존슨이 말했다. "저 아래에 무언가가 있다는 것을 깨닫는 것은 멋진 선물이다."

어휘 archaeological [adj] 고고학의　complex [n] 복합 건물, 건물 단지　remnant [n] 남은 부분, 나머지, 유물　ceremonial [adj] 의식/예식의　a host of 다수의　longstanding [adj] 오랫동안/여러 해에 걸친, 다년간의　of particular 각별히, 특히　embankment [n] 제방, 둑, 경사면　shrine [n] 사당, 성소, 성지　all the more 오히려, 더욱더　excavation [n] 발굴, 발굴지　secretary general 사무총장　conventional [adj] 종래의, 관습적인, 관례적인　depiction [n] 묘사, 서술　basin [n] 유역, 분지, 대야　reinforcement [n] 보강(재), 강화　erosion [n] 침식, 부식　urban [adj] 도시의　far-reaching [adj] 지대한 영향을 가져올　implication [n] 결과, 영향　date back ~까지 거슬러 올라가다, 역사가 ~이나 되다, ~이래 계속 존재하고 있다　excavate [v] 발굴하다, 출토하다, 파다　ornately [adv] 화려하게, 꾸며서, 장식하여　adjacent [adj] 인접한, 가까운　inscribe [v] (이름 등을) 쓰다, 새기다　riverbed [n] 강바닥

10. **해석** 연구자들이 신전 입구 주변에서 정기 보수(maintenance)를 하는 동안 벽의 일부가 최초로 발견되었다.

해설 키워드 **Portion of the wall were first found**

❶ 본문에서 이 키워드를 Scanning하면, B문단 네 번째 문장 During scheduled maintenance near the temple's entrance, a team of archaeologists accidentally discovered sections of the wall(사원 입구 부근에서 정기 보수를 하던 중, 한 고고학자 팀이 우연히 벽의 일부를 발견했다)을 찾을 수 있다.

❷ 문제를 해석해 보면 일상적인 '무엇'을 하는 동안 벽의 일부를 발견했는지에 대한 답을 요구하고 있다. Scanning을 통해 발견한 문장에서 during이 바로 그것을 발견한 시기에 대한 내용이고, routine → scheduled │ around the temple's entryway → near the temple's entrance이므로, 정답은 명사인 **maintenance**가 된다.

11. **해석** 고대 이집트인들은 대부분의 큰 건축물들을 짓는 데 사암(sandstone)을 재료로 사용했다.

해설 키워드 **Ancient Egyptians │ majority of their large construction works**

❶ 본문에서 이 키워드를 Scanning하면, C문단 첫 번째 문장 The wall is made of sandstone, like most large structures built by the ancient Egyptians(그 벽은 고대 이집트인들이 지은 대부분의 대형 구조물들처럼 사암으로 만들어져 있다)를 찾을 수 있다.

❷ 이 문제에서 요구하는 것은 고대 이집트인들이 재료로 무엇을 이용했는지에 대한 정보인데, 지문에서 발견한 문장을 보면 대부분의 대형 구조물을 만들 때 사암(sandstone)을 이용한 것을 알 수 있다. 따라서 정답은 명사인 **sandstone**이다.

12. **해석** 카르나크 신전이 어떻게 지어졌는지에 대한 기존의 가정은 개인 무덤들(private tombs)에서 발견된 신전의 그림에 기반했다.

해설 키워드 **Traditional assumptions │ built │ relied on pictures**

❶ 본문에서 이 키워드를 Scanning하면, D문단 네 번째 문장 According to Boraik, conventional theories about the temple's design and construction were based on depictions of the temple found in private tombs from the 18th Egyptian dynasty.(보라이크에 따르면, 신전의 디자인과 건축에 관한 종래의 학설은 이집트 제18왕조의 개인 무덤 안에서 발견된 신전의 묘사에 기반한 것이었다.)라는 문장을 찾을 수 있다.

❷ 이 문제에서는 pictures of it discovered in ……에서 볼 수 있듯이 무엇에서 발견된 그림인지를 물어보고 있다. 지문에서 찾은 문장을 다시 보면, based on depictions of the temple found in private tombs from the 18th Egyptian dynasty(이집트 제18왕조의 개인 무덤 안에서 발견된 신전의 묘사에 기반한 것이었다)라고 나와 있다. 문제의 discovered in과 지문의 found in이 유의어 관계라는 점에서 정답은 명사인 **private tombs**가 된다.

13. 해석 그들의 뛰어난 공학적 지식 때문에 이집트인들은 큰 건축물과 근처의 강 사이에 일종의 보강물(reinforcement)을 놓는 것의 중요성을 이해했다.

해설 **키워드 knowledge of engineering │ between large structures and the nearby river**

❶ 본문에서 이 키워드를 Scanning하면, E문단 두 번째 문장 Being good engineers and practical, [ancient Egyptians knew] that to build something so big so close to the Nile, you have to have reinforcement in front of it.(훌륭한 기술자이자 실용적인 사람들이었던 [고대 이집트인들은] 그처럼 나일강 가까운 곳에 그렇게 큰 무언가를 짓기 위해서는 그 앞에 보강물이 있어야 한다는 점을 [알고 있었다].)을 찾을 수 있다.

❷ 이 문제에서 우리가 찾아야 할 정보는 importance of having some sort of ...., 즉 이집트인들이 '무엇'을 두는 것의 중요성을 이해했는가 하는 점이다. 본문에서 찾은 문장을 보고 건축물과 강 사이에 있어야 할 중요한 것이 무엇인가에 대한 정보를 찾으면, 정답은 명사인 **reinforcement**이다.

14. 해석 강 제방 근처에서 고대 화폐가 들어 있는 항아리(jar)가 발견되었다.

해설 **키워드 ancient currency │ near the river embankment**

❶ 본문에서 이 키워드를 Scanning하면, F문단 첫 번째 문장에서 While the river embankment has the most far-reaching implications(강 제방이 이집트 고고학에 가장 지대한 영향을 미치기는 했지만)와, 두 번째 문장 The team of archaeologists also found a jar that held several hundred coins dating back to the first century B.C.(고고학자 팀은 기원전 1세기까지 거슬러 올라가는 수백 개의 동전이 들어 있는 항아리를 발견했다.)에서 currency와 연관된 several hundred coins(수백 개의 동전)를 찾을 수 있다.

❷ 이 문제가 요구하는 것은 A .... containing ancient currency이므로, 빈칸에 알맞은 단어는 고대의 화폐가 들어 있었던 '명사'라는 것을 알 수 있다.

❸ 이러한 점에서 지문에서 찾은 두 번째 문장을 다시 보면, held와 containing이 '가지고 있다'라는 동일한 뜻을 나타내는 표현이라는 점이 힌트가 된다. 따라서 정답은 명사인 **jar**이다.

15. 해석 경사로는 고대 지배자를 위한 개인용 입구(personal entrance)로 지어졌을 가능성이 높다.

해설 ❶ 이 문제는 문장이 구체적이고 짧기 때문에 별도의 키워드 없이 문제 문장을 그대로 찾으면 된다. 본문에서 찾아보면, G문단 두 번째 문장 this ramp was designed as a personal entrance for the pharaoh(이 경사로는 파라오의 개인용 입구로 설계되었다)를 찾을 수 있다.

❷ 이 문제에서 요구하는 것은 경사로가 어떤 목적을 위해 지어졌는가 하는 점이다. 따라서 정답은 명사인 **personal entrance**가 된다.

16. 해석 일부 고고학자들은 추가적인 연구로 이 지역에서 고대의 배(ancient boats) 조각들을 찾아내기를 바라고 있다.

해설 **키워드 further research will uncover fragments**

❶ 본문에서 이 키워드를 Scanning하면, G문단 세 번째 문장 This is an exciting discovery for archaeologists because it suggests the possibility of finding pieces of ancient boats stuck in the former riverbed.(이것은 고고학자들에게 흥미로운 발견이었는데, 왜냐하면 이는 과거 강바닥이었던 곳에 박힌 고대 배 조각들의 발견 가능성을 시사하기 때문이다.)를 찾을 수 있다.

❷ 이 문제에서 요구하는 것은 '무엇'의 조각을 발견하기를 원하는가이다. uncover fragments → finding pieces로 Paraphrasing되었으므로 finding pieces of ancient boats에서 답을 찾을 수 있다. 따라서 정답은 명사인 **ancient boats**가 된다.

UNIT 03. Summary Completion

Practice

1 hair   **2** eyesight   **3** size   **4** endangered species

5 speedboats   **6** range   **7** demand   **8** drought

9 production   **10** hybrid   **11** yields   **12** labour

13 urbanisation   **14** development

READING PASSAGE 1

해석

해우에 관한 사실과 정보

해우가 서식지에서 잘 활용한 또 다른 육지 동물적 특징은 털이다. 털을 통해 그 동물들은 물의 흐름과 지형의 변화를 감지할 수 있다. 안 좋은 시력에도 불구하고 그들은 빽빽한 덤불로 가득 찬 흙탕물을 헤집고 다닐 수 있다. 해우는 또한 자연 재해에서 살아남는 흔치 않은 능력을 가지고 있다. 일부 과학자들은 그들이 숨을 곳을 찾을 수 있다고 믿고 있지만, 이 생물들의 크기와 모양을 감안하면 그럴 가능성은 별로 없어 보인다. 이는 주변 환경의 변화를 감지하고 위험한 지역에서 떠나는 그들의 능력과 더 관련이 있을 수 있다. 하지만 해우는 현재 세계 여러 지역에서 멸종 위기에 처한 종 목록에 올라 있다. 비록 자연 환경의 많은 변화를 즉각적으로 감지할 수는 있지만, 그들은 새로운 위협, 즉 쾌속정을 피할 능력이 부족하다. 신체적으로 느린 것이 문제점의 일부분이기는 하지만, 주된 문제점은 이러한 배가 내는 소리의 주파수가 해우의 청력 범위 내에 있지 않다는 것으로 보인다.

해우의 생존

1 털(hair)을 이용하여 해우는 물 움직임의 변화를 감지할 수 있다. 이것은 그들의 나쁜 **2** 시력(eyesight)을 보완한다. 자연 재해에서 살아남는 그들의 인상적인 능력은 아마도 숨는 능력과는 관련이 없을 것으로 보이는데, 왜냐하면 그 동물들의 **3** 크기(size)와 모양으로는 그러기 어려울 것이기 때문이다. 해우는 위험한 지역을 피하고 더 안전한 지역으로 이동하는 능력을 가진 것처럼 보인다. 이러한 점에도 불구하고, 그들은 지금 **4** 멸종 위기종(endangered species)으로 널리 분류되었다. 해우의 생존에 대한 새로운 위협 중 하나는 **5** 쾌속정(speedboats)이다. 해우는 많은 위협을 즉시 감지할 수 있지만, 이런 배들이 내는 소음은 그들이 감지할 수 있는 소리의 **6** 영역(range) 밖의 주파수를 가졌다.

어휘 terrestrial **adj** 육지의   sense **v** 감지하다   topography **n** 지형   navigate **v** 길을 찾다   take cover 숨다   have more to do with ~와 더 관계가 있다   endangered **adj** 멸종 위기에 처한   lack **v** 부족하다   emit **v** 내다, 내뿜다

해설 1. 키워드 sense changes in water movement

❶ 1번 문제가 포함되어 있는 문장은 해우가 물 움직임의 변화를 감지할 수 있는 이유가 무엇인지 묻고 있다.

❷ 본문에서 키워드를 Scanning하면, 두 번째 문장에서 the animals can sense changes in water flow(그 동물들은 물의 흐름을 감지할 수 있다)를 찾을 수 있다. 바로 앞에 주어진 정보가 Through their hair(털을 통해)이므로 털을 통해서 감지한다는 것을 알 수 있다.

❸ 이 문제에서 요구하는 정답 조건은 with라는 전치사 뒤에 나오는 빈칸에 알맞은 단어이므로 정답은 명사인 **hair**이다.

2. 키워드 bad

❶ 2번 문제가 포함되어 있는 문장은 그들의 나쁜 '2번'이 보완될 수 있다는 의미이므로, 해우들의 무엇이 좋지 않은지를 찾아야 한다.

❷ 본문에서 키워드를 Scanning하면, 세 번째 문장에서 Despite their poor eyesight(안 좋은 시력에도 불구하

고)를 찾을 수 있다. 따라서 정답은 명사인 **eyesight**이 된다.

3. 키워드 take cover

❶ 일단 여기서 찾아야 하는 정보는 그들의 숨는 능력(ability to take cover)과, 그 동물들의 모양과 '무엇'이 그들이 숨어서 살아남는 것을 어렵게 만드는가이다.

❷ 본문에서 키워드를 Scanning하면, 다섯 번째 문장 Some scientists believe that they are able to find places to take cover, but this seems unlikely considering the size and shape of the creatures.(일부 과학자들은 그들이 숨을 곳을 찾을 수 있다고 믿고 있지만, 이 생물들의 크기와 모양을 감안하면 그럴 가능성은 별로 없어 보인다.)를 찾을 수 있다.

❸ 이 문제에서 요구하는 정답 조건은 정관사 the 뒤의 빈칸에 올 단어이므로 정답은 명사인 **size**가 된다.

4. 키워드 now widely classified

❶ 4번 문제가 포함된 문장은 해우가 무엇으로 널리 분류되는지 묻고 있다.

❷ 본문에서 키워드를 Scanning하면, 일곱 번째 문장 manatees are now on endangered species lists in many parts of the world(해우는 현재 세계 여러 지역에서 멸종 위기에 처한 종 목록에 올라 있다)를 찾을 수 있다.

❸ now widely → now, in many parts of the world │ classified → on endangered species lists와 같다는 것을 알 수 있으므로, 이러한 점에서 정답은 명사인 **endangered species**가 된다.

5. 키워드 newer threats

❶ 5번 문제가 포함되어 있는 문장은 해우의 생존에 대한 새로운 위협 중 하나가 무엇인지 묻고 있다.

❷ 본문에서 키워드를 Scanning하면 여덟 번째 문장에서 거의 그대로의 표현을 찾을 수 있는데, they lack capacity to avoid a new threat—which is speedboats(그들은 새로운 위협, 즉 쾌속정을 피할 능력이 부족하다)라고 언급되어 있다. 따라서 정답은 명사인 **speedboats**가 된다.

6. 키워드 a frequency

❶ 6번 문제가 포함되어 있는 문장은 이런 배들이 내는 소음은 해우들이 감지할 수 있는 소리 '6번' 밖의 주파수를 가졌다고 말하고 있다.

❷ 본문에서 키워드를 Scanning하면, 마지막 문장에서 the main issue appears to be that the sound frequencies emitted by these craft are not in the manatee's range of hearing(주된 문제점은 이러한 배가 내는 소리의 주파수가 해우의 청력 범위 내에 있지 않다는 것으로 보인다)라는 내용을 찾을 수 있다.

❸ outside the .... of sounds → not in the manatee's range of hearing으로 바뀌어 동일한 의미를 나타내므로 정답은 명사인 **range**가 된다.

READING PASSAGE 2

해석

커져가는 세계를 어떻게 먹일 것인가

언론인 신시아 플랜더스와의 인터뷰

신시아 플랜더스는 〈내셔널 앨머낵〉의 기고 작가이고 〈사이언스 투데이〉 및 〈인사이드 매거진〉에도 글을 실은 바 있다. 언론인이 되기 전에 그녀는 농업 경제학 학위를 받았으며, 인구 증가와 농업의 전 세계적인 추세를 연구한다. 그녀는 지구의 식량 자원의 미래에 대해 깊은 우려를 품고 있지만, 〈사이언스 익스플로러〉의 제시카 모란과의 대화에서 우리가 성취할 수 있는 것에 대한 희망을 나타냈다.

당신의 책에서 당신은 세계의 식량 공급원이 고갈되고 있다고 썼습니다. 우리에게 그 문제에 대해 전반적으로 설명해 주시겠어요?

우리는 곡물 생산과 소비 간의 차이점을 보면서 상황을 이해할 수 있습니다. 각각의 연도를 개별적으로 놓고 보면, 1970대에 우리는 10년 중 4년을 생산한 것보다 더 많이 소비했습니다. 지난 10년 동안에는 이런 현상이 10번 중 8번 일어났습니다. 그리고 이것은 증가하는 수요뿐 아니라 곡물 생산량에 있어 정체기의 결과입니다. 2003년에 유럽을 강타했던 폭염은 7만 명 이상을 죽게 만들었고 그것은 당연히 화제가 되었습니다. 하지만 대부분의 사람들은 농작물의 3분의 1 또한 잃었다는 것을 알아차리지 못했습니다. 그리고 이후 2012년에 미국에서 우리는 극심한 가뭄을 겪었고 곡물 생산량의 4분의 1 이상을 잃었습니다. 이러한 기후적인 사건들은 우연히 일어난 것이 아닙니다. 이제 이것들은 새로운 일상이 되었고, 이 기후적인 사건들은 우리가 수요에 맞추기 위해 곡물 생산량을 정말로 증가시킬 필요가 있을 때마다 발생하고 있습니다.

1970년대에는 곡물 수요에 대한 공급 비율이 왜 훨씬 더 나았습니까?
우리는 1960년대에 밀, 쌀, 옥수수 생산을 급격하게 증가시킨 녹색 혁명이라고 불리는 것을 경험했습니다. 제2차 세계대전 이후, 굶주림은 전 세계적으로 심각한 문제였습니다. 이 기간 동안에 미국 회사인 듀폰의 엔지니어는 밀 수확량을 싹쓸이하던 밀 녹병이라고도 알려진 진균성 질병 퇴치를 목표로 하는 품종 개량 프로그램을 시작하기 위해서 멕시코로 보내졌습니다. 그는 본질적으로 밀 녹병에 저항력이 있는 밀 잡종을 개발했습니다. 그러나 동시에 그는 밀을 수확량이 적은 크고 조잡한 식물에서 쓰러지지 않고 엄청난 양의 곡식을 생산할 수 있는 짧고 튼튼한 식물로 바꾸었습니다. 이와 동일한 기술들이 쌀에도 적용됐고 비슷한 성공을 이루었습니다. 이 한 가지 혁신이 근본적으로 우리가 전 세계적으로 생산해 낼 수 있었던 식량의 양을 세 배로 증가시켰습니다.

그리고 어떤 사람들은 이 혁신을 여러 개발 도상국의 산업화 기반으로 지목했는데, 이것이 맞습니까?
네, 정확합니다. 예일대 경제학자인 프랭크 보츠는 이 생각을 지지하는 주요 인물 중 한 명입니다. 그는 라틴아메리카와 아시아에서 녹색 혁명이 사람들을 농장 밖으로 움직이게 함으로써 큰 사회적 변화를 일으켰다고 말합니다. 작물들이 훨씬 더 튼튼하고 유지하기 쉬워졌기 때문에, 그렇게 많은 농장 노동이 필요하지 않았습니다. 이는 급속한 도시화로 이어졌고, 제조업과 교육의 증가를 가져왔습니다. 이런 농업 혁신이 없었다면, 인도와 중국 같은 신흥 산업 강국들이 이 속도로 발전했을지 정말로 의심스럽습니다. 갑자기 이러한 국가들은 식량 생산에 그렇게 많은 에너지와 관심을 쏟을 필요가 없어졌고, 자신들의 목표를 국가 발전에 둘 수 있게 되었습니다.

이 식량 혁명의 의도되지 않았던 결과에 대해 말씀해 주시겠어요?
우선, 50년대와 60년대에 만들어진 식물 종류들은 성공적인 재배를 위해 다량의 비료 공급에 의존하고 있으며, 이들은 오늘날 재배되고 있는 것과 동일한 식물 잡종입니다. 그리고 우리는 이들을 너무 바싹 붙여서 기르기 때문에 상당한 양의 화학 살충제도 필요로 합니다. 그래서 엄청난 양의 이러한 유해물질들이 우리의 수원과 습지 지역에서 나타나게 됩니다. 매년 해안 지역과 강 삼각주 지역의 광대한 토지가 어떠한 식물도 번성할 수 없는 죽음의 구역이 됩니다. 이 문제는 이러한 비료와 살충제가 있는 곳에서 번성하는 조류 대번식 현상에 의해 야기됩니다. 이는 생산에 막대한 손해를 끼쳤습니다.

바이오 연료 생산도 이 문제의 일부입니까?
그것은 매우 논란이 많은 사안입니다. 정부는 산업을 활성화시키기 위해서 바이오 연료에 돈을 쏟아 부었습니다. 미국에서는 매년 옥수수 생산량의 40%가 에탄올을 만드는 데 사용됩니다. 그리고 유럽에서는 가용 토지의 약 10%가 유채씨나 해바라기씨와 같은 작물로부터 연료를 생산하는 데 할애됩니다. 문제는 우리가 식량과 연료 사이에 연관성을 만들어 냈다는 것입니다. 그래서 이제 연료의 값이 상승하면, 농부들은 바이오 연료를 재배하도록 더 많이 장려됩니다. 가스와 기름의 가격이 상대적으로 낮은 지금은 괜찮겠지만, 우리는 연료 값 상승이 직접적으로 식량 값 상승과 연동되는 상황을 만들었습니다.

유전적으로 변형된 씨앗과 식물이 어떤 영향을 미치고 있습니까?
음, 유전적 변형에 대한 좋은 소식은 우리가 부정적인 환경적 영향을 적어도 지금까지는 많이 보지 못했다는 것입니다. 나쁜 소식은 농작물 수확에 미치는 영향 또한 거의 보지 못했다는 것입니다. 사실 많은 과학자들은 유전자가 생산량에 있어서 해답이 아닐 수 있다고 생각하기 시작했습니다. 그들은 일정한 양의 햇빛을 받은 식물에서 생산될 수 있는 씨앗의 양에는 일종의 수확 상한선이 있다는 이론을 제시합니다. 그래서 우리가 어떠한 유전적 변화를 시도하든 간에, 우리는 계속해서 이러한 상한선을 맞닥뜨리게 될 것입니다.

새로운 연구가 이 상황을 바꿀 수 있다는 희망이 있습니까?
네, 분명히 있습니다. 유전자 연구가 얼마나 저렴해지고 있는지 생각하면 놀랍습니다. 오늘날 당신은 기본적으로 스마트폰 크기의 컴퓨터에서 게놈 서열을 밝힐 수 있습니다. 저는 동남아시아처럼 홍수가 나기 쉬운 지역에 안성맞춤인, 2-3주 간의 홍수를 견딜 수 있는 일종의 쌀을 만들어 낸 UC 데이비스의 몇몇 연구원들과 이야기를 나눴습니다. 커다란 목표는 우리가 C4 쌀이라고 부르는 것을 생산하는 것입니다. 그것은 매우 수확량이 높고 기본적으로 전 세계 쌀 생산량을 두 배로 늘릴 수 있습니다. 하지만 그것의 개발에 투입된 모든 노력에도 불구하고, 우리가 그것을 사용하게 되기까지는 적어도 20년을 기다려야 할 것입니다. 그래서 우리는 그냥 가만히 앉아서 그것이 우리를 구원해줄 때까지 기다릴 여유가 없습니다.

여러 가지 이유로 우리는 생산되는 곡물의 양보다 훨씬 더 많이 소비해 왔다. **7** 수요(demand)의 증가가 한 가지 이유다. 게다가 **8** 가뭄(drought)과 폭염을 포함한 많은 종류의 기후 패턴들이 우리의 식량 공급원을 고갈시켰다. 하지만 1960년에서 1970년 사이에 세계는 곡물의 **9** 생산(production)에 있어서 현저한 증가를 목격했다. 듀폰의 한 직원이 멕시코에서 그곳에서 재배되는 밀로 곰팡이균에 의해 큰 피해를 입지 않는 **10** 잡종(hybrid)을 만듦으로써 흉작 문제를 해결할 수 있었다. 밀 식물의 키도 변형되어 더 많은 무게를 견딜 수 있게 되었고 이전에는 낮았던 **11** 수확량(yields)도 상당히 개선되었다. 농업 생산량 증가와 문제 감소로 인해 농장에서의 **12** 노동(labour)의 필요성이 줄어들었다. 이것은 결국 빠른 속도로 **13** 도시화(urbanisation)가 진행될 수 있게 했고, 공장과 학교의 증가로 이어졌다. 나라들은 충분한 식량을 생산하는 데 덜 집중할 수 있게 되면서, 대신 자국의 **14** 발전(development)에 관심을 돌리게 되었다.

어휘 agronomy ⓝ 농업 경제학, 농경학   *A* out of *B* *B* 중에서 *A*만큼(A, B는 숫자)   plateau ⓝ 안정기, 정체기   yield ⓝ 생산량, 수확   heat wave 폭염, 열파, 열기   fluke ⓝ 우연, 요행   ramp up ~을 늘리다   breeding ⓝ 품종 개량, 번식, 사육   fungal [adj] 균류에 의한   obliterate ⓥ (흔적을) 없애다, 말소하다, 지우다   rust ⓝ 녹, 녹병, 곰팡이병   hybrid ⓝ 잡종, 혼합물, 혼성체   flimsy [adj] 조잡한, 엉성한, 얇은   societal [adj] 사회의   robust [adj] 탄탄한, 원기 왕성한   bring along ~을 데리고 오다, ~을 양성하다, ~의 성장을 촉진하다   doubtful [adj] 확신이 없는, 의심스러운, 불확실한   for one thing 우선   fertilisation ⓝ (토양을) 기름지게 함, 비옥화   substantial [adj] 상당한   turn up in ~에 나타나다   delta ⓝ 삼각주, 델타   expanse ⓝ 넓게 트인 지역   flourish ⓥ 번창하다, 잘 자라다   algae bloom 조류 대번식, 녹조 현상   fertiliser ⓝ 비료   take its toll on ~에 손해를 끼치다   controversial [adj] 논란이 많은   kick-start ⓥ 시동을 걸다, 촉진시키다, 활성화하다   devote ⓥ 바치다, 쏟다   rapeseed ⓝ 유채씨, 평지씨   incentive ⓝ 장려책, 장려금

해설 **7. 키워드** increase │ reason

❶ 문제의 문장은 '7번'이 증가한 것이 그 앞 문장 내용의 한 가지 이유라고 말한다. 앞 문장은 For many reasons, we've consumed a lot more than the amount of grain produced.(여러 가지 이유로 우리는 생산되는 곡물의 양보다 훨씬 더 많이 소비해 왔다.)이다.

❷ 본문에서 키워드를 Scanning하면, 인터뷰어의 첫 번째 질문에 대한 답에서 And this is a result of(그리고 이것은 ~의 결과물입니다)라는 부분을 찾을 수 있다. 해당 문장을 보면 this is a result of not only a rising demand(이것은 증가하는 수요뿐 아니라 ~의 결과물입니다)라고 말하고 있다.

❸ 문제에서 요구하는 것은 in이라는 전치사 뒤의 빈칸에 적절한 단어이므로 명사가 될 수 있다. 또한 rising과 increase가 유의어라는 점에서 정답은 명사인 **demand**가 된다.

8. 키워드 heat wave

❶ 이 문제는 climate patterns(기후 패턴)의 예시로 나와 있고, 키워드인 heat wave(폭염)와 병렬 구조로 언급되어 있는 다른 기후 패턴을 찾아야 한다.

❷ 일단 본문에서 키워드를 Scanning하면, 인터뷰어의 첫 번째 질문에 대한 답에서 다섯 번째 문장인 The heat wave that hit Europe in 2003(2003년에 유럽을 강타했던 폭염)를 찾을 수 있다. 그리고 그 다음 일곱 번째 문장 And then, in the US in 2012, we had a massive drought and lost over a quarter of our grain yields.(그리고 이후 2012년에 미국에서 우리는 극심한 가뭄을 겪었고 곡물 생산량의 4분의 1 이상을 잃었습니다.)에서 또 다른 기후 패턴인 가뭄을 발견할 수 있다.

❸ 문제에서 요구하는 것은 including이라는 전치사 뒤의 빈칸에 적절한 단어이므로 명사가 될 수 있다. 따라서 정답은 명사인 **drought**가 된다.

9. 키워드 between 1960 and 1970 │ a significant rise

❶ 이 문제에서는 곡식의 무엇이 상당한 증가를 했는지 묻고 있다. 인터뷰어의 두 번째 질문에 대한 답의 첫 번째 문장에서 in the 1960s(1960년대)를 찾을 수 있고, 뒤이어 that dramatically increased wheat, rice, and corn production(밀, 쌀, 옥수수 생산을 급격하게 증가시킨)이 바로 나온다. wheat, rice and corn은 문제에 나온 grain의 예시이다.

❷ 문제에서 요구하는 것은 정관사 the 다음에 나오는 빈칸에 적절한 단어이므로 명사가 답이 될 수 있다. 따라서

정답은 명사인 **production**이 된다.

10. 키워드 creating │ that was not seriously harmed by fungus

❶ 빈칸을 꾸며 주고 있는 관계대명사절인 that was not seriously harmed by fungus(곰팡이균에 의해 큰 피해를 입지 않는)가 가장 직접적으로 답을 찾는 데 도움이 된다. 또한 빈칸 앞에 creating이 나와 있기 때문에, 무엇을 만들어 냈는지를 찾으면 빨리 답을 발견할 수 있을 것이다.

❷ 인터뷰어의 두 번째 질문에 대한 답에서 구체적인 키워드 fungal disease를 찾을 수 있는데, 이 문장을 보면 to start a breeding programme aimed at defeating a fungal disease known as wheat rust(밀 녹병이라고도 알려진 진균성 질병 퇴치를 목표로 하는 품종 개량 프로그램을 시작하기 위해서)라고 나와 있다. 그래서 그것을 하기 위해 무엇을 만들어 냈는지를 찾아야 하므로 다음 문장을 연결해서 읽는다. He essentially developed a wheat hybrid that would be resistant to wheat rust.(그는 본질적으로 밀 녹병에 저항력이 있는 밀 잡종을 개발했습니다.)라는 문장에서 develop이 유의어인 create로 Paraphrasing되었다는 것을 알 수 있다.

❸ 문제에서 요구하는 것은 부정관사 a 다음에 오는 빈칸에 적절한 단어이므로 단수 명사가 답이 될 수 있다. 따라서 정답은 명사인 **hybrid**이다.

11. 키워드 height │ modified

❶ 문제의 문장은 밀 식물의 키가 변형된 결과 더 많은 무게를 견딜 수 있었고, 이전에는 낮았던 '11번'이 상당히 개선되었다고 말하고 있다. 특이한 내용이므로 구체적인 내용을 쉽게 발견할 수 있다.

❷ 본문에서 키워드를 Scanning하면, 인터뷰어의 두 번째 질문에 대한 답에서 he transformed wheat from a tall, flimsy plant with low yields to a short and sturdy plant that could produce a massive amount of grains without falling over(그는 밀을 수확량이 적은 크고 조잡한 식물에서 쓰러지지 않고 엄청난 양의 곡식을 생산할 수 있는 짧고 튼튼한 식물로 바꾸었습니다)를 찾을 수 있는데, tall plant에서 short plant로 변형시켰다는 내용이 나온다. 이 문장에서 이전에 낮았지만 상당히 개선된 것으로 low yields(적은 수확량)가 a massive amount(엄청난 양)가 된 것을 찾을 수 있다.

❸ 문제에서 요구하는 것은 previously-low라는 형용사 뒤에 오면서 동시에 뒤따라 나오는 improved라는 동사의 주어가 되는 단어이므로 명사가 답이 될 수 있다. 이러한 점에서 정답은 명사인 **yields**가 된다.

12. 키워드 decreased need

❶ 문제의 문장은 농업 생산량 증가와 문제 감소로 인해 농장에서 '12번'의 필요성이 줄어들었다고 말하고 있다. 즉 긍정적인 변화들 덕분에 덜 필요해진 것을 묻고 있다.

❷ 본문에서 키워드를 Scanning하면, 인터뷰어의 세 번째 질문에 대한 답에서 There wasn't a need(필요가 없었다)라는 부분을 발견할 수 있다. 그 문장을 보면 There wasn't a need for so much farm labour since the crops were so much more robust and easy to maintain.(작물들이 훨씬 튼튼하고 유지하기 쉬워졌기 때문에, 그렇게 많은 농장 노동이 필요하지 않았습니다.)라고 나와 있다.

❸ 문제에서 요구하는 것은 for라는 전치사 뒤에 오는 빈칸에 적절한 단어이므로 명사가 답이 될 수 있다. 이러한 점에서 정답은 명사인 **labour**가 된다.

13. 키워드 fast │ factories and schools

❶ 문제의 문장은 빠른 속도로 '13번'이 진행되도록 만들어서 공장과 학교의 증가를 가져왔다고 말하고 있다. 즉 무엇이 빠르게 진행되고 학교와 공장이 늘어났는지 원인을 찾아야 한다.

❷ 본문에서 키워드를 Scanning하면, 인터뷰어의 세 번째 질문에 대한 답에서 rapid(급속한)라는 단어와 a rise in manufacturing and education(제조업과 교육의 증가)라는 내용을 발견할 수 있다. 해당 문장을 더 들여다보면 This led to rapid urbanisation, bringing along with it a rise in manufacturing and education.(이는 급속한 도시화로 이어졌고, 제조업과 교육의 증가를 가져왔습니다.)라고 말하고 있다.

❸ 문제에서 요구하는 것은 of라는 전치사 뒤에 오는 빈칸에 적절한 단어이므로 명사가 답이 될 수 있다. 이러한 점에서 정답은 명사인 **urbanisation**이 된다.

14. 키워드 turned their attention

❶ 문제의 문장에서는 나라들이 대신 자국의 '14번'에 관심을 돌렸다고 나온다.

❷ 인터뷰어의 세 번째 질문에 대한 답의 마지막 문장을 보면 set their sights on(~에 목표를 두다)이라는 표현이 있는데, 해당 문장을 들여다 보면 could set their sights on national development(자신들의 목표를 국가 발전에 둘 수 있게 되었습니다)라고 말하고 있다.

❸ 문제에서 요구하는 것은 the라는 관사 뒤에 오는 빈칸에 적절한 단어이므로 명사가 답이 될 수 있다. 따라서 정답은 명사인 **development**가 된다.

CHAPTER 02.
실전 다지기   **UNIT 04. Table/Flow-chart/Diagram Completion**

Practice

1 wires	**2** pressure	**3** liquid	**4** condensation
5 captured	**6** replicas	**7** released	**8** technique
9 55 metres	**10** stone monument	**11** gold commissioner	**12** primary school
13 quartz			

READING PASSAGE 1

해석

아이슬란드의 지열 발전

지열 및 수력 발전 분야의 발달과 함께, 아이슬란드는 재생 가능한 에너지 및 기술 면에서 전 세계 선두 주자 중 하나이다. 지금보다 훨씬 더 강력한 지열 에너지원을 이용해서 아이슬란드를 미래로 나아가게 하기 위한 협동 노력이 현재 진행 중이다.

A 풍력 및 수력 발전과 비슷한 원리로 지열 에너지는 전기를 발생시키기 위해서 터빈을 돌려 생산된다. 그러나 다른 형태의 재생 가능한 에너지와는 다르게, 지열 에너지원은 끊임없고 예측이 가능하다는 장점을 지니고 있다. 지열 전기는 유럽, 뉴질랜드, 미국 서부에서 사용되고 있지만, 아이슬란드는 에너지를 얻기 위해 지열을 이용하는 데 있어서 의심의 여지 없는 권위국이다. 아이슬란드는 이미 필요로 하는 에너지의 100%를 재생 가능한 원천을 이용해서 생산하고 있지만, 거기서 멈추지 않는다. 지열 에너지 생산에 있어서 한 발짝 더 나아간 발전을 이루기 위한 새로운 프로젝트들이 진행 중인데, 이는 전 세계적인 규모로 아직 개발되지 않은 지열 발전의 잠재력을 강조하고 있다.

B 전국 다양한 장소에서 지열 전기는 2010년 기준 전체 전기 생산의 26.2%를 차지했고, 나머지 전력은 수력 발전소에서 공급되고 있다. 지열은 또한 아이슬란드 건물 85% 이상의 난방 수요를 충족시킨다. 아이슬란드 남동쪽의 싱벨리르 근처에 있는 네샤벨리르 지열 전력 발전소 한 곳만 하더라도, 수도인 레이캬비크의 11만 이상의 가구에 전력을 공급하기에 충분한 시간당 1000메가와트(MWh) 이상의 전기를 생산하고 있다. 최근 2006년에 지어진 또 다른 지열 발전소인 헬리셰이디는 네샤벨리르에서 단 11km 떨어진 곳에 위치해 있으며, 수도의 증가하는 전기 수요를 충족시키기 위해 건설되었다. 그린다비크 근처에 위치한 스바르트셍기 발전소는 블루 라군이 있는 곳으로 잘 알려져 있는데, 그곳은 매년 60만명 이상의 방문객을 끌어들이는 인기 있는 온천 휴양지이고 발전소의 미네랄이 풍부한 잉여의 물로 만들어졌다.

C 플래시 증기 발전소는 열에너지를 사용 가능한 전기로 전환하는 가장 보편적인 방법이다. 수 세기 동안 빗물은 지구의 표면을 흘러 지하 깊은 곳의 큰 저수지에 모였다. 화산 활동이 매우 활발한 지역에서, 지표면 근처의 액체 마그마는 이 액체들을 300도 이상의 온도로 가열시킨다. 발전소는 이 가열된 액체를 생산정을 통해 지면으로 퍼올려 커다란 분리기 안으로 보낸다. 이 분리기 안에서 압력은 서서히 줄어들고 많은 양의 고압 증기가 액체로부터 방출되어 수집된 후 파이프를 통해 터빈으로 보내진다. 이 터빈들은 회전하며 전기를 만들어 내고, 이는 전선을 통해서 근처의 도심지로 보내진다. 그 다음 응축기 시설은 증기를 점진적인 응축 과정을 통하게 함으로써 그 결과로 생긴 액체가 안전하게 주입정을 통해 땅속으로 돌려보내질 수 있도록 한다. 지열 발전은 폐기물을 거의 발생시키지 않고 지속 가능한 것으로 여겨지는데, 왜냐하면 적절한 관리를 통해 지열 자원은 재생 가능하기 때문이다.

어휘 geothermal [adj] 지열의   underway [adj] 진행 중인   harness [v] 이용하다   constant [adj] 끊임없는, 거듭되는   be the authority on ~의 권위자/대가이다   account for (부분, 비율을) 차지하다   meet [v] 충족시키다, ~에 닿다   thermal [adj] 열의   trickle [v] 흐르다, 흘러가다   crust [n] 껍질, 표면   reservoir [n] 저수지   superheat [v] (비등점 이상으로) 가열하다, 과열하다   production well 생산정, 채수정   pipe into ~까지 파이프로 끌어들이다   condenser [n] 농축기

1. 해석 주변 도시들은 발생된 전기를 **1** 전선(wires)을 통해서 받는다.

해설 **키워드 cities │ receive │ via**

❶ 무엇을 통해 전기가 가까운 도시들로 전달되는지를 찾는다. 본문에서 키워드를 Scanning하면, C문단 여섯 번째 문장에서 urban centres를 찾을 수 있는데, These turbines spin, creating electricity, which is sent via wires to nearby urban centres.(이 터빈들은 회전하며 전기를 만들어 내고, 이는 전선을 통해서 근처의 도심지로 보내진다.)라고 나와 있다.

❷ cites → urban centres │ receive → is sent라는 수동태로 Paraphrasing되었으므로, 무엇을 통해서 전기가 전달되는지를 via wires에서 알 수 있다. 따라서 정답은 명사인 **wires**이다.

2. 해석 분리기는 **2** 압력(pressure)을 낮추고 증기가 방출되도록 한다.

해설 **키워드 separator │ lowers**

❶ 분리기가 무엇을 낮추는지를 찾아야 한다. 본문에서 키워드를 Scanning하면, C문단 다섯 번째 문장에서 separator를 발견할 수 있는데, In this separator, pressure is slowly reduced(이 분리기 안에서 압력은 서서히 줄어든다)라고 나와 있다.

❷ 이 문장에서 reduce는 lower의 동의어이기 때문에 낮춰지는 것은 pressure이다. 그러므로 정답은 명사인 **pressure**가 된다.

3-4. 해석 나머지 수증기는 **4** 응축(condensation) 과정을 통해서 **3** 액체(liquid)로 변한다.

해설 **키워드 water vapour**

❶ 본문에서 키워드를 Scanning하면, 동의어인 steam을 C문단 일곱 번째 문장에서 찾을 수 있다. A condenser facility is then used to send the steam through a process of gradual condensation so that the resulting liquid can be safely piped back into the earth via an injection well.(그 다음 응축기 시설은 증기를 점진적인 응축 과정을 통하게 함으로써 그 결과로 생긴 액체가 안전하게 주입정을 통해 땅속으로 돌려보내질 수 있도록 한다.)라고 나와 있다.

❷ 3번 정답을 찾기 위해서는 증기가 결과적으로 무엇이 되었는지를 보아야 하는데, resulting이 근거 단어가 된다. 따라서 정답은 명사인 **liquid**이다.

❸ 4번은 그 변화 과정이 어떤 것인지를 물어보고 있다. 일단 정답을 찾기 위해 via의 동의어인 through 이후의 문장을 보면 through a process of gradual condensation(점진적인 응축 과정을 통해)라고 나와 있다. 그러므로 정답은 명사인 **condensation**이 된다.

READING PASSAGE 2

해석

동물도 문화를 갖고 있는가?

새들은 사회적 학습의 주요 유형 중 하나인 모방을 통한 학습을 보여주는 행동 때문에 동물 문화 분야에서 인기 있는 연구 대상이 되었다. 예를 들어, 박새의 영국 내 군집은 세계에서 가장 면밀하게 관찰되는 조류 군집 중 하나인데, 특히 옥스퍼드 근처 위덤 숲에 둥지를 튼 개체군이 그렇다. 이 지역 조류 군집의 모든 구성원에게는 서식지 도처에 위치한 센서들에 의해 추적되는 마이크로칩이 장착되어 있다. 2014년에 옥스퍼드 대학교의 루시 애플린이라는 박사가 실행한 획기적인 실험도 바로 이 개체군에 속해 있다. 이 실험의 독특한 점은 어떻게 공동체 안에서 새로운 행동이 퍼져 나가는지 뿐만 아니라 어떻게 새로운 구성원이 더 넓은 사회의 행동에 적응하는지를 조사한다는 점이다.

이 실험을 준비하기 위해서 애플린 박사와 그녀의 동료들은 지역 내 서로 다른 박새 무리에서 두 쌍의 새를 포획했다. 그

녀는 간단한 나무 퍼즐 상자를 만들어서 그것을 여는 방법을 새들에게 훈련시켰고, 그러는 동안 동일한 상자의 복제품들을 새들의 서식지 전체에 흩어놓았다. 몇 주 동안에 각각의 새 한 쌍은 박스를 여는 서로 다른 방식을 배웠고, 이후 그들의 공동체로 다시 방생되었다. 연구팀은 각각의 개체군을 면밀히 관찰했고, 예상한 대로 훈련 받은 새들은 다른 구성원들에게 자신들만의 기술을 가르쳤다. 몇 개월 안에 각 개체군에서 온 대다수의 새들은 그들 공동체만의 독특한 방법으로 박스를 열 수 있었다.

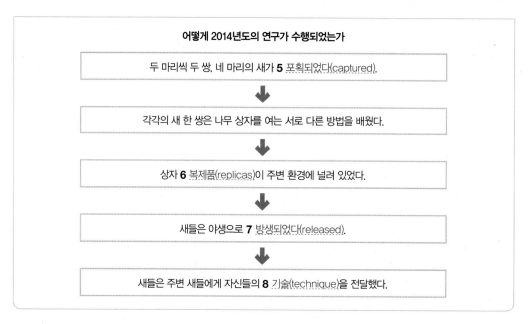

어휘 indicative adj ~을 나타내는/보여주는/시사하는   great tit 박새   closely adv 면밀히, 바짝, 빈틈없이   habitat n 서식지, 거주지
throughout prep 도처에   groundbreaking adj 획기적인   set up 준비하다   replica n (실물을 모방한) 복제품, 모형

해설 5. 키워드 2014 study | Four birds

❶ 이 문제가 포함되어 있는 문장은 2014년에 수행된 연구의 첫 번째 단계에 대한 내용이다. 일단 2014 study를 먼저 찾고, 다음으로 four birds를 찾아야 한다.

❷ 2문단 첫 번째 문장을 보면 To set up the experiment, Dr. Aplin and her colleagues captured two pairs of birds from different great tit groups in the area.(이 실험을 준비하기 위해서 애플린 박사와 그녀의 동료들은 지역 내 서로 다른 박새 무리에서 두 쌍의 새를 포획했다.)라고 나와 있다. 애플린 박사가 두 쌍의 새를 잡았다고 되어 있는데, 두 쌍은 네 마리이므로 정답은 동사인 **captured**이다.

6. 키워드 Box | spread

❶ 본문에서 키워드를 Scanning하면, 2문단 두 번째 문장에 She constructed a simple wooden puzzle box, and trained the birds on how to open it, while replicas of this same box were scattered throughout the birds' habitat.(그녀는 간단한 나무 퍼즐 상자를 만들어서 그것을 여는 방법을 새들에게 훈련시켰고, 그러는 동안 동일한 상자의 복제품들을 새들의 서식지 전체에 흩어놓았다.)라고 나와 있다. 여기서 scattered는 spread의 유의어이므로, 무엇이 뿌려졌는지 확인하면 replicas of this same box라는 것을 알 수 있다.

❷ 빈칸 뒤에 오는 동사 were를 통해 답이 복수 명사라는 것을 알 수 있다. 따라서 정답은 명사인 **replicas**가 된다.

7. 키워드 birds | the wild

❶ 본문에서 키워드를 Scanning하면서 6번 문제 답 뒤에 나오는 문장들을 살펴보면, 2문단 세 번째 문장에 Over the course of several weeks, each pair of birds was taught a different method of opening the box and then released back into their community.(몇 주 동안에 각각의 새 한 쌍은 박스를 여는 서로 다른 방식을 배웠고, 이후 그들의 공동체로 다시 방생되었다.)라고 나와 있다.

❷ 여기서 their community는 새들이 원래 살던 곳을 가리키므로 the wild와 일치한다고 볼 수 있다. 그러므로 정답은 동사인 **released**이다.

8. 키워드 passed

❶ 이 문제에서는 새들이 무엇을 주변 다른 새들에게 전달했는지를 찾아야 한다.

❷ 본문에서 키워드를 Scanning하면, 2문단 네 번째 문장에 The research team closely monitored each population and, as expected, the trained birds taught the other members their own technique.(연구팀은 각각의 개체군을 면밀히 관찰했고, 예상한 대로 훈련 받은 새들은 다른 구성원들에게 자신들만의 기술을 가르쳤다.)라고 나와 있다.

❸ 새들이 다른 새들에게 무엇을 전달한(passed) 것은 의미상 가르친(taught) 것으로 볼 수 있다. 따라서 정답은 명사인 **technique**이 된다.

READING PASSAGE 3

해석

호주에서의 금의 발견

딱 어울리게도 '환영 금덩이(Welcome Nugget)'라고 불리는 최초의 거대한 호주산 금덩이는 1858년 6월 15일에 발견되었다. 그것은 호주에 막 도착한 22명의 경험 없는 콘월 사람들이었던 광부들에 의해 발견되었다. 광부들이 그 금덩이를 발견 지점에서부터 표면까지 단지 55m 정도 옮기는 데 30분이 걸렸다. 그 후 금덩이는 위트코우스키 형제에게 10,050파운드에 팔렸는데, 그것은 당시로서는 믿을 수 없는 액수였다. 당시 그것은 60x45x19cm, 69kg 무게로, 지금까지 발견된 금덩이 중 가장 컸다. 멜버른과 런던 크리스털 팰리스에서 잠시 전시된 후에, 그것은 결국 녹여져서 화폐로 사용되었다.

'환영'의 명성은 오래 가지 못했는데, 불과 11년 후인 1869년 2월 5일에 몰리아굴이라는 작은 마을에서 72kg 무게의 더 큰 금덩이가 발견되었기 때문이다. '이방인 환영(Welcome Stranger)'이라고 불린 이것은 존 디슨이라는 이름의 광부에 의해 발견되었다. 그가 어떤 나무 뿌리 주변을 파던 중 삽이 지면 3cm 아래에 있던 금 덩어리의 윗부분에 부딪혔다. 금덩이는 더놀리에 있던 런던 은행으로 옮겨졌는데, 저울에 올리기엔 너무 커서 3조각으로 쪼개야 했다. 발견 지점을 표시하기 위해 1897년에 표석이 세워졌다.

1850년대 중반에 금 채굴 방식에 일종의 질서를 잡기 위한 느슨한 체계가 개발되었다. 토지는 '불하(拂下) 신청지'라고 불리는 작은 지역으로 나뉘었고, 금 시굴자들은 특정 신청지를 불하받기 위해서 면허를 신청해야 했다. 1855년 6월에 경험 없는 한 광부 그룹이 알렉산더 산 금광 지대에 도착했을 때, 그들은 경쟁자를 멀리하고 싶었던 라이벌 광부들에게 속아서 비어 있다고 생각되었던 골든 걸리에 있는 신청지를 방문하게 되었다.

이 아마추어 광부들로서는 운 좋게도, 이 '속임수'는 엄청난 역효과를 냈다. 채굴 두 번째 날에 1,000온스가 넘는 거대한 금덩이를 발견한 것이다. 그 당시 그것은 그때까지 발견된 것들 중 일곱 번째로 큰 금덩이였다. 그 금덩이는 발견자의 이름이 아닌 판매를 주선한 유명한 금 감독관의 이름을 따서 '헤런 금덩이(Heron Nugget)'라는 이름을 얻었다.

1980년 9월 26일에 케빈 힐러라는 이름의 남자가 지금까지 금속 탐지기를 이용해 발견된 것들 중 가장 큰 금덩이를 찾음으로써 역사에 남을 발견을 했다. 27kg으로 다른 발견물들보다는 약간 작지만, 그것은 특이한 모양으로 유명하며 또한 그 모양으로 인해 '신념의 손(Hand of Faith)'이라는 이름을 갖게 되었다. 그것은 초등학교 뒤편에서 고작 지면으로부터 30cm 깊이인 지점에서 발견되었고, 처음에 그것을 발견한 사람은 금덩이가 수직으로 놓여 있었기 때문에 그 크기가 얼마나 큰지 인지하지 못했다. 그 발견은 기자 회견에서 발표되었고, 호주 내에 보전하려는 노력에도 불구하고 '신념의 손'은 결국 미화 100만 달러에 라스베가스의 한 카지노에 팔렸고, 그곳에 전시되어 있다.

대부분의 금이 다른 암반층 내에서 작은 조각으로 흩어져 발견되는 것을 고려하면, 거대한 금덩이가 발굴되는 것은 항상 놀라운 일이다. 그래서 '이방인 환영'이 지금까지 발견된 것들 중 가장 큰 금덩이로 남아 있기는 하지만, 호주에서 발견된 것들 중 가장 큰 금 덩어리는 아니다. 이 칭호는 1872년 10월 26일에 뉴사우스웨일즈의 호킨스 언덕 아래에서 발견된 커다란 금 덩어리인 '홀터먼 금덩이(Holtermann Nugget)'의 것이다. 그 이름에도 불구하고, 그것은 사실 순수한 금덩이는 아니었다. 금 광맥은 광부들에게 '암초 금'으로 알려진 패턴으로 석영층과 함께 섞여 있었다. 이런 크기의 발견물은 보통 쉽게 운반하기 위해 지하에서 쪼개어지지만, 이 경우에는 광산 관리자인 버나드 오토 홀터먼의 감독 아래 덩어리가 온전히 지상으로 옮겨졌다. 홀터먼은 기념품으로 윗부분을 한 조각 잘라냈고, 그 후 그 덩어리는 금을 추출하기 위해 부수어졌다.

골드러시는 빅토리아주를 지도상에 올려 놓았고, 그로 인해 1850년에서 1860년 사이에 인구가 7배나 증가했으며, 벤디고나 발라랏과 같은 신도시들은 그 지역에 극장, 증권 거래소, 철도 같은 현대 문화와 경제 발전을 이끌어냈다. 멜버른시의 출현은 아마도 골드러시의 영향력에 대한 가장 큰 증거일 것이다. 1880년대에 멜버른은 당시 세계에서 가장 흥미로운 도시 중 하나인 '멋진 멜버른'으로 탈바꿈했다. 빅토리아주의 경제는 그 시절 이후로 크게 다양해졌지만, 여전히 호주의 가장 강력한 주 중 하나로 남아 있다. 오늘날 우리가 알고 있는 멜버른과 빅토리아주의 발전에 있어서 골드러시의 역할에 대해서는 의심의 여지가 없다.

호주에서 발견된 금덩이들

금덩이	발견된 시기	발견된 장소	기타 사항
환영	1858년 6월	지하 **9** 55미터(55 metres)	멜버른과 런던에서 전시됨
이방인 환영	1869년 2월	지하 3센티미터	**10** 표석(stone monument)으로 표시됨
헤런	1855년 6월	골든 걸리	**11** 금 감독관(gold commissioner)의 이름을 따옴
신념의 손	1980년 9월	**12** 초등학교(primary school) 뒤편	현재 카지노에서 볼 수 있음
홀터먼	1872년 10월	호킨스 언덕	금이 **13** 석영(quartz)과 섞여 있었음

어휘 fittingly adv 적합하게, 어울리게 sum n 총액, 액수 brief adj 짧은, 잠시 동안의 as just 불과, 단지 dub v 별명을 붙이다 shovel n 삽 mark v 표시하다 trick into 속여서 ~하게 하다 immensely adv 매우, 광대하게 backfire v 역효과를 내다 uncover v 폭로하다, 드러내다, 알아내다 somewhat adv 약간, 얼마간, 다소 unearth v 파내다, 발굴하다, 발견하다 scattered adj 뿌려진, 흩어진 streak n 층, 광맥, 줄, 선 blend v 섞다, 혼합하다, 조합하다 quartz n 석영 reef n 암초 intact adj 손상되지 않은, 온전한, 변하지 않은 souvenir n 기념품, 선물 stock exchange 증권 거래소 diversify v 다각화하다, 다양해지다

해설 9. 키워드 **Welcome**

❶ Welcome Nugget이 어디서 발견되었는지를 묻는 문제로 1문단 첫 번째 문장에서 Welcome Nugget을 Scanning할 수 있다. 그리고 세 번째 문장을 보면 It took the miners 30 minutes to carry the nugget just 55 metres from the site of its discovery up to the surface.(광부들이 그 금덩이를 발견 지점에서부터 표면까지 단지 55m 정도 옮기는 데 30분이 걸렸다.)라고 나와 있다.

❷ 위의 문장을 통해 금덩이가 표면으로부터 55m 아래에 묻혀 있었다는 사실을 알 수 있으므로 정답은 **55 metres**이다.

10. 키워드 **Welcome Stranger** | **marked with**

❶ 이 문제에서는 Welcome Stranger Nugget에 대한 정보를 묻고 있는데, 무엇으로 이 금덩이를 표시했는지(marked with)를 찾아야 한다.

❷ 2문단 두 번째 문장에서 Welcome Stranger를 발견할 수 있고, 다섯 번째 문장에서 mark the spot(지점을 표시하다)를 Scanning할 수 있다. 해당 문장 전체를 보면 A stone monument was erected in 1897 to mark the spot of discovery.(발견 지점을 표시하기 위해 1897년에 표석이 세워졌다.)라고 나와 있다.

❸ 위의 문장에서 발견 지점을 표시하기 위해 사용되었던 것이 표석임을 알 수 있으므로 정답은 명사인 **stone monument**가 된다.

11. 키워드 Heron

❶ 이 문제에서는 Heron Nugget의 이름이 무엇을 따서 지어졌는지를 찾아야 한다.

❷ 4문단 네 번째 문장을 보면 The nugget took its name, the Heron Nugget, not from the discoverer but from the popular gold commissioner who arranged the sale.(그 금덩이는 발견자의 이름이 아닌 판매를 주선한 유명한 금 감독관의 이름을 따서 '헤런 금덩이'라는 이름을 얻었다.)이라고 나와 있다.

❸ 위의 문장에 Heron Nugget의 이름은 금 감독관의 이름을 딴 것이라고 나와 있으므로, 정답은 명사인 **gold commissioner**가 된다.

12. 키워드 Hand of Faith │ back

❶ 이 문제에서는 Hand of Faith Nugget이 발견된 장소에 대한 정보를 묻고 있으며, 어떠한 장소의 뒤(back)라고 제시하고 있다.

❷ 본문에서 back을 Scanning하면, 5문단 두 번째 문장에서 the Hand of Faith를 발견할 수 있고, 그 다음 문장에 behind가 있다. 전체 문장을 보면 It was discovered behind a primary school just 30 centimetres below the surface(그것은 초등학교 뒤편에서 고작 지면으로부터 30cm 깊이인 지점에서 발견되었다)라고 나와 있다.

❸ was discovered behind라는 부분이 문제와 일치하므로 정답은 명사인 **primary school**이 된다.

13. 키워드 Holtermann │ mixed

❶ 이 문제는 Holtermann Nugget에 대한 정보 중 금이 무엇과 섞여 있었는지를 찾는 문제이다. mixed를 구체적인 키워드로 정하고 본문을 Scanning하면, 6문단 세 번째 문장에서 Holtermann을 먼저 발견할 수 있고, 그 다음 네 번째 문장에서 mixed와 같은 의미로 쓰인 blended with를 발견할 수 있다. 전체 문장을 보면 Despite the name, it was not really a nugget of pure gold: streaks of gold were blended with streaks of quartz in a pattern known to miners as 'reef gold'.(그 이름에도 불구하고, 그것은 사실 순수한 금덩이는 아니었다. 금 광맥은 광부들에게 '암초 금'으로 알려진 패턴으로 석영층과 함께 섞여 있었다.)라고 나와 있다.

❷ 무엇과 섞여 있는지 확인하기 위해 blended with 다음을 보면 streaks of quartz라고 나와 있다. 따라서 정답은 명사인 **quartz**이다.

CHAPTER 02. 실전 다지기 | **UNIT 05. True, False, Not Given/Yes, No, Not Given**

Practice

1 Not Given	**2** Not Given	**3** True	**4** Not Given
5 True	**6** False	**7** False	**8** Not Given
9 True	**10** False	**11** True	

READING PASSAGE 1

해석

학교에서의 2개 국어 교육

만약 우리가 2개 국어 교육에 대한 연구를 더 면밀히 본다면, 긍정적인 효과가 나타나는 데 시간이 좀 걸린다는 것을 알 수 있는데, 이것은 2개 국어 프로그램이 받는 비판의 일부를 설명해 준다. 많은 교육자들은 이 프로그램에 참여한 매우 어린 아이들이 모국어 읽고 쓰기 능력 면에서는 훌륭한 소질을 보이지만, 목표 언어에서의 발달은 몰입 프로그램에 참여한 어린이들보다 현저하게 좋은 것은 아니라는 점을 지적한다. 그러나 연구에 의하면 몇 년 후에는 제1언어 발달이 제1언어와 제2언어 발달 모두에 긍정적인 영향을 미친다. 모든 연구가 이러한 결과를 재현할 수 있었던 것은 아니지만, 학생의 학업 진도에 영향을 미치는 모든 사회적, 문화적 영향을 통제하는 것의 어려움을 고려해 볼 때 이는 이해 가능한 부분이다. 어쨌든 이러한 각각의 연구에서 학생들에 대한 결과는 중립적이거나 긍정적이었지, 절대로 부정적이지 않았다는 점에 주목해야 한다.

언어 발달에 대한 질문 너머를 보자면, 2개 국어 프로그램은 또한 학생들을 교실에서 더 활동적으로 만들고 자부심을 높이는 데 도움을 준다는 점에 주목해야 한다. 몰입 프로그램은 광범위한 청취 및 암송과 같이 좀 더 수동적인 활동들을 수반하는 경향이 있다. 이는 학습자들에게 많은 양의 정보를 입력하고 시간이 지나면서 천천히 출력되는 양을 늘려나가겠다는 생각이다. 교실에서 모국어를 사용할 수 있는 학생들은 그들의 지식, 창의력, 그리고 획기적인 생각을 자신들의 친구들과 선생님에게 표현할 수 있다. 이것은 그들이 수업에 더 자유롭게 참여할 수 있게 해 주는데, 이는 연구에 의해서 확인되었다. 놀랄 것도 없이, 중퇴율과 학생 낙제 사례는 몰입 프로그램보다 2개 국어 프로그램에서 눈에 띄게 낮았다.

강력한 형태의 2개 국어 교육은 더 효과적이지만 또한 실행하기에도 더 어렵다. 한 성공 사례는 영어권 가정의 학생들이 프랑스어 교육 프로그램에 자발적으로 참여한 것이다. 이런 프로그램들은 잘 운용되고 있지만, 영어와 프랑스어 모두 일반적으로 '명망 있는' 세계 언어로 인식되고 있으며 학생들은 두 가지 언어를 구사하는 데 특별한 관심을 가지고 있었기 때문에(또는 적어도 그에 대한 부모의 지원이 있었기 때문에) 그곳에 있었다는 점에 주목해야 한다. 또 다른 성공적인 모델은 같은 교실에 두 개의 언어 그룹에서 온 원어민들이 섞여 있는 양방향 2개 국어 교육이었다. 학습자들은 두 가지 언어로 교육을 받고 협력 과제를 통해 서로 배울 수 있다. 이 모델은 두 개의 다른 언어를 사용하는 원어민들이 교실에 거의 같은 숫자로 있는 환경을 필요로 한다. 그러므로 이는 캐나다의 많은 지역에서 일어나는 프랑스어-영어 교환이나, 미국의 많은 지역에서 일어나는 스페인어-영어 교환에 적합할 수 있다. 고유 언어가 좀 더 복잡하고 다양하게 존재하는 환경에 대해서는(그 뒤에 있을 다양한 사회적, 경제적, 정치적 역학은 말할 것도 없고) 다른 교육 모델을 탐구해 볼 필요가 있을 것이다.

어휘 noticeably **adv** 두드러지게, 현저히   reproduce **v** 복사하다, 재현하다   given **prep** ~을 고려해 볼 때   note **v** ~에 주목하다, 언급하다   extensive **adj** 아주 넓은, 대규모의, 폭넓은   recitation **n** 암송, 낭독, 낭송   instructor **n** 강사, 교사   prestigious **adj** 명망 있는, 일류의   cooperative **adj** 협력하는, 협동하는   roughly **adv** 대략, 거의   dynamic **n** 역학

1. **해석** 강력한 형태의 2개 국어 교육은 교실 환경에서 더 흔하다.

    해설 키워드 **Strong forms of bilingual education**

    3문단 첫 번째 문장에 Strong forms of bilingual education are more effective but are also more difficult to implement.(강력한 형태의 2개 국어 교육은 더 효과적이지만 또한 실행하기에도 더 어렵다.)라고 나와 있다. 효과와 실행 난이도에 대해서는 언급되어 있지만, 교실 환경에서 얼마나 흔한지에 대해서는 언급되지 않았으므로 정답은 **Not Given**이다.

2. **해석** 캐나다의 2개 국어 교육 시스템은 부모의 지원 증가로 이어진다.

    해설 키워드 **Canada** | **parental support**

    3문단 세 번째 문장에서 parental support(부모의 지원)가 언급되고, 일곱 번째 문장에서 French-English exchange in many parts of Canada(캐나다의 많은 지역에서 일어나는 프랑스어-영어 교환)이 언급된다. 하지만 캐나다에서 부모의 지원이 늘었다는 내용은 나와 있지 않은 정보이므로 틀린 것이 아니라 판단할 수 있는 근거가 없는 진술이다. 그러므로 정답은 **Not Given**이 된다.

3. **해석** 효과적인 것으로 밝혀진 2개 국어 교육의 강력한 모델이 적어도 두 개 이상 있다.

    해설 키워드 **two strong models** | **effective**

    이 문제는 3문단의 구조를 보는 것이 필요하다. 3문단 첫 번째 문장에 Strong forms of bilingual education are more effective(강력한 형태의 2개 국어 교육은 더 효과적이다)라고 나와 있고, 바로 다음 문장에 One success story(한 성공 사례)라고 나오며 이에 대한 구체적 설명이 이어진다. 또한 네 번째 문장에 Another successful model(또 다른 성공적인 모델)이라고 나오며 두 번째 성공적인 모델에 대한 내용이 이어진다. 즉 효과적임을 증명하는 모델이 적어도 2개 있는 것이기 때문에 정답은 **True**가 된다.

READING PASSAGE 2

해석

사회 및 문화 인류학

대학원 과정

인류학과는 대학 졸업생과 대학원생들을 위한 활기찬 구심점이다. 학과는 15년 이상 역사 및 사회 인류학 분야의 대표적인 연구 주도 교육 과정인 사회 및 문화 인류학의 이학 석사 학위(MSc)를 제공해 왔다. 이 과정은 포괄적인 사회적, 의학적, 디지털 인류학뿐만 아니라 생태학과 진화 생물학에까지 이르는 광범위한 세부 전공 선택 범주를 갖는다는 점에서 차별성을 지니고 있다. 이것은 우리의 뚜렷하게 광범위한 접근법을 강조해 주는데, 그에 따라 우리는 다양한 학문 분야가 관련된 하위 분야의 지식에 의해 보완되는 사회 인류학의 심층 교육을 강조한다. 이 과정을 수료하기 위해서 학생들은 '인류학적 방법'이라는 명칭의 기초 과정 하나와 자신들이 선택한 선택 강좌 두 개를 이수해야 한다. 수강 과정 다음으로는 2만 단어 분량의 논문과 20분간의 구술 문답시험이 뒤따를 것이다.

'인류학적 방법' 과정은 인류학 연구 기법 및 방법론에 대한 광범위한 교육을 제공하며, 1학기와 2학기 동안 진행된다. 첫 번째 학기는 2시간짜리 강의와 대화식 워크숍으로 구성될 것이고, 설문지 및 조사 설계, 현장 연구 윤리, 통계 분석, 인터뷰 기법과 같은 구체적인 연구 기법에 초점을 맞출 것이다. 2학기에는 현업 인류학자들을 위한 주요한 연구 방법론인 민족학에 초점을 맞춘다. 2학기 과정은 사회 인류학 교수진에 의해 독점적으로 운영되며, 자료의 원천이자 인류학자들이 생각과 글의 기반을 두는 관점으로서의 민족학의 역할에 대해 학생들이 탐구하도록 돕는 것을 목표로 한다. 이 과정은 각 학기 말에 예정된 3천 단어 분량의 소논문과 함께, 과정 진행 중에 연구했던 하나 또는 그 이상의 개념을 기반으로 한 개별적인 발표로 평가된다.

이학 석사 과정에 속한 학생들이 이용할 수 있도록 인류학과에서 제공하는 많은 선택 강좌들이 있다. 각 과정의 수강 가능 여부는 학기에 따라 다르며 온라인 과정 목록에서 최신 정보를 확인함으로써 알 수 있다. 학생들은 관련 학과의 과정 목록을 탐구하고 여러 학문 분야의 요소를 결합한 학문적 흥미를 추구하도록 권장된다. 외부 학과의 선택 강좌는 등록 전에 해당 학과장뿐만 아니라 학생 지도교수에게도 승인을 받아야 한다. 인류학과에서 수강 가능한 선택 과정은 다음과 같다.

종교 인류학 과정은 영적, 종교적 경험 현상 및 세계관에 대한 다양한 관점을 탐구한다. 역사상 거의 모든 인류 문화는 우리에게 그들의 종교적 관습과 신념에 대한 단서를 제공하는 자료들을 남겨 왔다. 학생들은 인간 현상으로서의 종교 연구를 위한 이론적인 배경을 배우고, 인류학 연구에서의 종교적 지역을 둘러싼 논쟁에 참여하고, 의식 실행이 인간의 몸과 사회에 미치는 영향을 탐구한다.

의료 관행은 문화적 신념, 가치, 실천에 대한 흥미로운 창을 제공한다. 의료 인류학 과정은 건강과 웰빙의 세 가지 시스템인 전통적인 것, 범세계적인 것, 혼종인 것에 대한 이론적인 배경을 제공한다. 독서 목록에는 다양한 현대 및 고전 문헌이 포함되며, 과정의 주된 목적은 이른바 '치료적 삼각형'이라고 알려진 치료자, 환자, 공동체 간의 관계를 인간 문화의 범위에서 탐구하는 것이다. 의료 공동체 내에서 소수 집단이 취급되는 방식에 더 많은 초점이 맞춰진다. 또한 참가자들은 질병, 웰빙, 의료 전문지식, 그리고 치료적 위험에 대한 다양한 관점을 검토한다.

인도 인류학은 지구상에서 가장 활기찬 현대 문화들 중 하나를 분석하고자 한다. 이 과정에서 참가자들은 독립 이후 인도의 문화와 사회에 대한 현대적이고 고전적인 관점에 대해서 배운다. 이 나라의 역사와 현대의 문화적 특징에 대한 연구는 학생들에게 정치적 발전과 사회 변화에 대한 보다 넓은 이론적 연구를 위한 실질적인 배경을 제공한다. 학생들은 또한 인도 문화에서의 언어의 역할과 급속한 현대화가 인도 사회에 어떻게 영향을 미쳤는지에 대해서도 탐구한다. 사회적 분열과 카스트 제도에 대해 특별히 관심을 기울이면서 이것들이 인도 사람들의 일상 생활에 미치는 영향에 초점을 둔다.

심리학과 인류학은 이 두 관련 분야가 상호 작용하고 서로 기여하며, 때로는 서로 모순되는 방식을 탐구한다. 구체적으로 이 과정은 (a) '정신 질환'이라는 개념과 사회의 더 폭넓은 측면과의 관계, (b) 인류 역사를 통틀어 서로 다른 사회들이 심리학을 어떻게 보아 왔는지를 검토한다. 또한 이 과정은 한 사회에서 국민성의 개념이 어떻게 발달하고 퍼져 나가는지에 대한 일반적인 이해를 제공하고자 한다. 학생들은 이 과정을 끝내고 나면 어떻게 인간 행동에 대한 심리학적 관점이 인류학 연구에 기초가 되는 기본적인 이론적 구조를 보충하고 확장하는지 이해하게 된다.

어휘 anthropology ⓝ 인류학   graduate programme 대학원 과정   vibrant adj 활기찬, 생기가 넘치는, 강렬한, 선명한   **master of science** 이학 석사   flagship ⓝ 주력/대표 상품   span ⓥ ~에 걸치다/걸쳐 이어지다, 포괄하다   distinctly adv 뚜렷하게, 분명하게.

의심할 나위 없이　**broad-based** adj 광범위한　**whereby** adv (그것에 의하여) ~하는　**in-depth** adj 철저한, 상세한, 면밀한　**interdisciplinary** adj 여러 학문 분야가 관련된, 학제간의　**complement** v 보완하다, 덧붙이다　**thesis** n 학위 논문, 논제, 주장　**throughout** prep 도처에, ~동안 쪽, 내내　**term** n 학기　**coursework** n 수업 활동　**statistical** adj 통계적인, 통계학상의　**ethnography** n 민족학　**administer** v 관리하다, 운영하다, 집행하다　**exclusively** adv 독점적으로, 오로지, 오직　**faculty** n 교수진　**ground** v ~에 근거를 두다, 입각하다　**due** adj ~하기로 되어 있는/예정된　**elective** n 선택 강좌　**vary** v 다르다, 달라지다　**up-to-date** adj 최신의, 현대적인　**listing** n 목록, 명단　**worldview** n 세계관　**ritual** n 의식 절차, 의례　**fascinating** adj 대단히 흥미로운, 매력적인　**cosmopolitan** adj 세계적인, 범세계주의적인　**therapeutic** adj 치료상의, 긴장을 푸는 데 도움이 되는　**draw on** (이용 가능한 것에) 의지하다　**backdrop** n 배경　**modernisation** n 현대화, 근대화　**specifically** adv 분명히, 명확하게, 특별히, 구체적으로 말하면　**come away from** ~에서 떠나다

4. 해석 인류학과는 이전에 학부 과정만 제공했었다.

해설 **키워드 Anthropology department ｜ offered**

❶ 본문에서 키워드를 Scanning하면, 1문단 첫 번째 문장에서 The Department of Anthropology가 나오고, 이어지는 두 번째 문장에 For over 15 years, the department has offered a Master of Science (MSc) degree in Social and Cultural Anthropology, a flagship of research-led training in historical and social anthropology.(학과는 15년 이상 역사 및 사회 인류학 분야의 대표적인 연구 주도 교육 과정인 사회 및 문화 인류학의 이학 석사 학위(MSc)를 제공해 왔다.)라고 나와 있다.

❷ 이 문장을 통해서 인류학과가 지난 15년 동안 계속해서 석사 학위를 제공했다는 것은 알 수 있지만, 학부 과정에 대한 언급은 나와 있지 않으므로 정답은 **Not Given**이다.

5. 해석 사회 및 문화 인류학 대학원 과정은 학생들이 다른 인류학 과정보다 더 광범위한 과목들을 전공할 수 있게 해 준다.

해설 **키워드 broader range of subjects**

❶ 본문에서 키워드를 Scanning하면, 1문단 세 번째 문장에 The programme is unique in its wide spectrum of options for specialisation, spanning social, medical, and digital anthropology, as well as ecology and evolutionary biology.(이 과정은 포괄적인 사회적, 의학적, 디지털 인류학뿐만 아니라 생태학과 진화 생물학에까지 이르는 광범위한 세부 전공 선택 범주를 갖는다는 점에서 차별성을 지니고 있다.)라고 나와 있다.

❷ wide spectrum은 broader range와 동일한 의미이며, 이러한 점이 이 과정이 가지는 독특한(unique)특징이라고 했으므로 이는 다른 과정들과 충분히 비교가 가능한 부분이다. 따라서 정답은 **True**가 된다.

6. 해석 학생들은 인류학적 방법 과정을 선택 강좌 두 개로 대체할 수 있다.

해설 **키워드 Anthropological Methods ｜ elective courses**

❶ 본문에서 키워드를 Scanning하면, 1문단 다섯 번째 문장에 In order to complete the programme, students must complete one foundational course titled Anthropological Methods, as well as two elective classes of their choosing.(이 과정을 수료하기 위해서 학생들은 '인류학적 방법'이라는 명칭의 기초 과정 하나와 자신들이 선택한 선택 강좌 두 개를 이수해야 한다.)이라고 나와 있다.

❷ 이 과정을 수료하기 위해서 하나의 기초 과정과 2개의 선택 강좌를 둘 다 이수해야 하는 것이지, 어느 한 가지가 다른 강좌를 대체하는 것이 아니므로 정답은 **False**이다.

7. 해석 인류학적 방법 과정은 대학원 1학기에 이수 완료된다.

해설 **키워드 Anthropological Methods ｜ first semester**

❶ 본문에서 키워드를 Scanning하면, 2문단 첫 번째 문장에 The Anthropological Methods course provides broad training in anthropological research techniques and methodology, and it runs throughout Term 1 and Term 2.('인류학적 방법' 과정은 인류학 연구 기법 및 방법론에 대한 광범위한 교육을 제공하며, 1학기와 2학기 동안 진행된다.)라고 나와 있다.

❷ 1학기에 끝나는 것이 아니라 1학기와 2학기에 걸쳐 진행되기 때문에 정답은 **False**이다.

8. 해석 1학기는 2학기보다 더 많은 양의 학습 과제를 포함한다.

해설 어떤 방식으로 평가되는지는 나와 있지만, 1학기와 2학기에 각각 행해지는 과제의 양에 대해서는 비교하지 않았으므로 이 진술은 주어진 내용만으로는 판단할 수 없다. 그러므로 정답은 **Not Given**이 된다.

9. 해석 인류학적 방법 과정에서 최종 성적은 두 개의 서면 과제와 학생 발표로 구성된다.

해설 **키워드 grade | assignments | presentation**

❶ 본문에서 키워드를 Scanning하면, 2문단 다섯 번째 문장에 This course is assessed by way of a 3,000-word essay due at the end of each term, as well as an independent presentation based on one or more concepts explored in the course.(이 과정은 각 학기 말에 예정된 3천 단어 분량의 소논문과 함께, 과정 진행 중에 연구했던 하나 또는 그 이상의 개념을 기반으로 한 개별적인 발표로 평가된다.)라고 나와 있다.

❷ 각 학기 말에 소논문을 하나씩 써야 하므로 총 2개가 맞고, 여기에 또 개별적인 발표를 해야 한다고 나와 있으므로 정답은 **True**이다.

10. 해석 목록에 있는 모든 선택 강좌들은 일 년 내내 수강할 수 있다.

해설 **키워드 listed electives**

❶ 본문에서 키워드를 Scanning하면, 3문단 두 번째 문장에 The availability of each course varies by term and can be confirmed by checking the online course catalogue for the most up-to-date information.(각 과정의 수강 가능 여부는 학기에 따라 다르며 온라인 과정 목록에서 최신 정보를 확인함으로써 알 수 있다.)이라고 나와 있다.

❷ 모든 강좌들은 일 년 내내 들을 수 있는 것이 아니라 학기에 따라 수강 가능 여부가 달라지기 때문에 정답은 **False**이다.

11. 해석 다른 학과의 선택 강좌는 과정에 의해 허용된다.

해설 **키워드 Electives | other departments**

❶ 본문에서 키워드를 Scanning하면, 3문단 네 번째 문장에 Electives from outside departments must be approved by both the appropriate department chair as well as the student advisor prior to enrollment.(외부 학과의 선택 강좌는 등록 전에 해당 학과장뿐만 아니라 학생 지도교수에게도 승인을 받아야 한다.)라고 나와 있다.

❷ 승인을 받으면 다른 과에 속해 있는 선택 강좌에도 등록할 수 있다는 뜻이기 때문에 정답은 **True**가 된다.

CHAPTER 02. 실전 다지기 | UNIT 06. Matching Features

Practice

1 C	**2** B	**3** D	**4** A
5 A	**6** D	**7** C	**8** B
9 B	**10** D	**11** A	**12** A

READING PASSAGE 1

핼리 혜성
세계에서 가장 잘 알려진 혜성의 발견과 영향
우리 시대의 가장 잘 알려진 혜성 중 하나인 핼리 혜성은
75-76년마다 지구로 돌아온다.

A 핼리 혜성은 태양 주변 궤도를 200년 이내에 완주하는 짧은 주기의 혜성이다. 이것은 고대의 역사 기록에 여러 번 등장할 만큼 자주 돌아왔다. 가장 초기의 기록 중 하나는 고대 그리스 시기에 남겨진 것이다. 기원전 466년 여름 밤하늘을 가로지른 혜성에 대한 아리스토텔레스의 기록은 최근에 와서 핼리 혜성에 대한 묘사로 밝혀졌다.

B 고대 시대에 혜성의 출몰은 통치자의 죽음이나 왕국의 흥망성쇠와 같은 중요한 사건들을 예고하는 '징조'라고 여겨졌다. 한 예로, 중국 천문학자들은 그들의 연보에 기원전 239년 여름 핼리 혜성이 나타났을 때 중국의 황태후가 죽었다고 기록했다. 1066년에 핼리 혜성이 유럽 전역에서 목격되었을 때, 많은 사람들은 그것을 노르만인의 영국 정복과 그 이후의 해롤드 2세의 죽음, 그리고 정복자 윌리엄 시대의 시작과 연결지었다. 이는 정복에 대한 이야기를 담은 자수가 놓인 긴 천인 바이외 태피스트리에서 해롤드 왕 위의 하늘에 혜성이 보이는 모습으로부터 명백하게 확인할 수 있다. 서로 다른 시대와 지역에 걸쳐 초기 천문학자들이 상세한 관찰을 해 놓기는 했지만, 이러한 출몰은 각각 독립적으로 발생한 단발성 사건으로 여겨졌다.

C 17세기에 이르러서야 과학자들은 혜성이 무엇인지, 어디에서 왔는지, 무엇으로 만들어졌는지 더 잘 이해하기 위해 노력했다. 1681년에 영국의 천문학자 존 플램스티드는 1680년과 1681년에 나타난 두 개의 밝은 혜성이 처음에는 태양을 향해, 그리고 다음에는 바깥쪽을 향해 가며 지구를 두 번 지나간 하나의 혜성이라고 제안했다. 천왕성의 존재를 처음으로 기록한 사람으로도 알려져 있는 플램스티드는 혜성의 궤적을 꼼꼼하게 기록했고, 이러한 자료들은 결국 아이작 뉴턴의 손에 들어갔다. 뉴턴은 오늘날 우리가 '중력'이라고 부르는, 천체들 사이의 끌어당기는 힘을 이해하는 데 관심이 있었던 당대의 또 다른 과학자였다. 그는 처음에는 1680년과 1681년의 혜성들에 관한 플램스티드의 의견에 동의하지 않았지만, 나중에 플램스티드의 작업을 통합하여 천체의 움직임에 대한 그의 이론을 세웠다. 이것은 1687년에 출간된 획기적인 저서인 〈프린키피아〉에 포함되어 있었는데, 거기에서 그는 태양 주변 행성들의 움직임에 있어서의 중력의 역할에 대해 설명했다.

D 하지만 1705년말에 이르러서야 영국의 천문학자이자 뉴턴의 친구이고 재정적인 후원자였던 에드먼드 핼리가 혜성과 그 궤도에 대한 종합적인 연구를 발표했다. 뉴턴의 연구를 이용해 핼리는 혜성의 궤도를 계산할 수 있었고, 결국 세 혜성의 궤도 패턴 상의 유사점을 발견할 수 있었는데, 그 세 개의 혜성들은 1682년에 그가 개인적으로 발견한 혜성과 1531년에 페트루스 아피아누스에 의해 관찰된 혜성, 그리고 1607년 요하네스 케플러에 의해 관찰된 또 다른 혜성이었다. 그는 이 혜성들이 지구를 규칙적으로, 정확하게 말하자면 76년마다 한 번씩 지나간다는 점에 주목했고, 이러한 관찰에 힘입어 이 세 번의 출몰이 하나의 혜성으로 인한 것이며 동일한 혜성이 마지막 목격으로부터 정확히 76년 후인 1758년에 돌아올 거라고 제안했다. 그는 1742년에 죽었기 때문에 그의 예언이 현실이 되었는지 살아서 보지 못했다. 하지만 같은 혜성이 실제로 1758년 크리스마스날에 목격되었는데, 그것은 처음으로 혜성이 주기적인 것으로 증명된 경우였다. 또한 행성이 아닌 다른 어떤 것이 태양의 궤도를 도는 것이 증명된 것도 그때가 처음이었다. 그의 공헌을 인정해 그 혜성은 그의 이름을 따서 명명되었다.

---

comet n 혜성   orbit n 궤도 v 궤도를 돌다   streak v 기다란 자국을 내다, (특정한 방향으로) 빠르게 가다, 가로지르다   apparition n 갑자기 나타나는 것, 출몰, 출현   omen n 전조, 징조   herald v 예고하다, 알리다   make a note 메모하다, ~를 써 놓다   empress n 황후, 여제   dowager n (죽은 남편으로부터 작위를 물려받은 귀족) 미망인   spot v 발견하다, 찾다, 알아채다   subsequent adj 그 이후의, 뒤에 일어나는   reign n 시대, 치세, 통치 기간   evident adj 분명한, 명백한   era n 시대   span v 걸치다, 가로지르다   seek v 찾다, 추구하다, 구하다   astronomer n 천문학자   meticulous adj 꼼꼼한, 세심한   trajectory n 탄도, 궤적, 궤도   fall into the hands of ~의 손에 들어가다   celestial adj 하늘의, 천체의, 천상의   incorporate v 포함하다, 결합하다

> **인물 명단**
>
> A 존 플램스티드
> B 아이작 뉴턴
> C 에드먼드 핼리
> D 페트루스 아피아누스

1. **해석** 그는 역사적인 기록에서 혜성의 목격 패턴을 발견해냈고 다음 출현을 예측했다.

해설 **키워드 historical records | forecast**

❶ 본문에서 역사적 기록(historical records)과 예측(forecast)에 관한 내용이 동시에 나오는 부분을 찾으면, D문단 두 번째 문장 By employing Newton's work, Halley was able to calculate the orbits of comets and eventually discovered a similarity in the orbital patterns of three comets(뉴턴의 연구를 이용해 핼리는 혜성의 궤도를 계산할 수 있었고, 결국 세 혜성의 궤도 패턴 상의 유사점을 발견할 수 있었다)에서 이전에 존재했던 뉴턴의 연구를 이용해서 패턴의 유사점을 발견했다는 것을 확인할 수 있다.

❷ 또한 그 다음 문장을 보면 He noted that these comets were regularly passing by the Earth—once every 76 years, to be precise—and this observation encouraged him to suggest that these three apparitions were of a single comet and that the same comet would be returning in 1758, exactly 76 years after its last sighting.(그는 이 혜성들이 지구를 규칙적으로, 정확하게 말하자면 76년마다 한 번씩 지나간다는 점에 주목했고, 이러한 관찰에 힘입어 이 세 번의 출몰이 하나의 혜성으로 인한 것이며 동일한 혜성이 마지막 목격으로부터 정확히 76년 후인 1758년에 돌아올 거라고 제안했다.)이라고 나와 있다. 즉, 이러한 목격 때문에 그가 미래에 생길 일에 대한 제안을 한 것이다. 이것은 문제에서 말하는 forecast the next appearance(다음 출현을 예측했다)와 일치하는 부분이다.

❸ 위의 내용을 종합해 볼 때 문제의 내용과 관련 있는 사람은 바로 Edmond Halley이므로 1번 진술은 **C - Edmond Halley**와 연결할 수 있다.

2. **해석** 그는 끌어당기는 힘이 행성으로 하여금 태양이 궤도를 돈게 한다고 이해했다.

해설 **키워드 forces of attraction**

❶ 본문에서 키워드를 Scanning하면, C문단 네 번째 문장 Newton was another contemporary scientist who was interested in understanding the forces of attraction—what we today call *gravity*—between celestial bodies.(뉴턴은 오늘날 우리가 '중력'이라고 부르는, 천체들 사이의 끌어당기는 힘을 이해하는 데 관심이 있었던 당대의 또 다른 과학자였다.)를 찾을 수 있다. 이 부분을 통해 뉴턴이 끌어당기는 힘을 이해하는 데 관심이 있었다는 것을 확인할 수 있다.

❷ 이어서 뒤 문장에서는 천체의 움직임에 대한 이론을 세우고(arrive at his theory), 저서에서 중력의 역할에 대해 설명했다(he explained the role of gravity)는 내용이 있다. 따라서 2번 진술은 **B - Isaac Newton**과 연결할 수 있다.

3. **해석** 그는 16세기에 핼리 혜성이 나타났을 때 그것을 관측했다.

해설 **키워드 the 16th century**

일단 16세기라는 구체적인 시간이 언급되어 있는 부분을 찾으면, 16세기에 해당하는 1531년을 D문단 두 번째 문장에서 발견할 수 있다. one observed in 1531 by Petrus Apianus(1531년에 페트루스 아피아누스에 의해 관찰된 혜성)이라는 문장을 바탕으로 하여 3번 진술은 **D - Petrus Apianus**와 연결할 수 있다.

4. **해석** 그는 2년이라는 기간에 걸친 연이은 한 쌍의 혜성 출몰은 같은 혜성으로 인한 것이라고 제안했다.

해설 **키워드 consecutive comet appearances | two years**

❶ 2년 연속으로 혜성이 출현한 부분은 C문단 두 번째 문장을 보면 In 1681, the English astronomer John

Flamsteed proposed that two bright comets, one in 1680 and then another in 1681, were a single comet passing by the Earth twice(1681년에 영국의 천문학자 존 플램스티드는 1680년과 1681년에 나타난 두 개의 밝은 혜성이 지구를 두 번 지나간 하나의 혜성이라고 제안했다)라고 나와 있다.

❷ 1680년과 1681년이 문제의 over the span of two years와 일치하고, 그 두 개의 혜성이 동일한 혜성이라고 주장한 내용이 같기 때문에, 4번 진술은 **A – John Flamsteed**와 연결할 수 있다.

5. 해석 그는 이전에 알려지지 않았던 행성을 관찰하고 기록하였다.

해석 키워드 **previously-unknown planet**

❶ 이전에 알려지지 않은 것을 기록했다는 것은 즉 '최초'라고 이해할 수 있다. 처음으로 어떤 행성을 관찰하고 기록한 사람을 본문에서 Scanning하면, C문단 세 번째 문장에서 the first person을 발견할 수 있다.

❷ 해당 문장에는 Flamsteed, who is also known for being the first person to document the existence of Uranus, kept meticulous notes on the trajectory of the comet(천왕성의 존재를 처음으로 기록한 사람으로도 알려져 있는 플램스티드는 혜성의 궤적을 꼼꼼하게 기록했다)이라고 나와 있다. 따라서 5번 진술은 **A – John Flamsteed**와 연결할 수 있다.

READING PASSAGE 2

해석

코딩 훈련소의 부상

2011년에 캘리포니아의 한 소프트웨어 엔지니어가 6명에게 컴퓨터 코드 작성법을 가르친다는 광고를 온라인에 올렸다. 이것은 두 가지 이유에서 개인 교습 기회 그 이상의 것이었다. 첫 번째, 참가자들이 소프트웨어 회사에 취직하게 되는 경우에만 강습비를 받았다. 두 번째, 그 과정은 단지 8주밖에 걸리지 않을 것이었다. 그는 이것을 미군에 입대하는 데 필요한 10주간의 체력 훈련 과정에서 이름을 빌려 '코딩 훈련소'라고 불렀다. 그 아이디어가 확산되는 데에는 오랜 시간이 걸리지 않았고, 이내 전국에 수십 개의 코딩 훈련소들이 갑자기 생겨났다. 작년에 미국에서만 만 6천 명 이상의 코더들이 훈련소를 졸업했다.

더 일반적인 용어로 '코딩 학교'라고도 알려진 훈련소는 훌륭한 취업률을 약속하며 시간과 금전 양쪽 면에서 비용이 적게 든다. 그리고 결과는 거짓말하지 않는다. 2015년에 발표된 보고서는 졸업생들이 프로그램을 마친 후 평균 38%의 봉급 인상을 받을 수 있었다고 밝혔다. 이는 특히 평균 강습료가 만 2천 달러 미만임을 감안하면 인상적이다. 그것은 일 년도 채 안 걸려서 강습에 든 비용을 다 갚을 수 있다는 의미로, 4년제 컴퓨터 공학 학위의 경우에는 나오기 힘든 이야기이다.

훈련소 방식의 교육에 대한 초기 반응은 확실히 엇갈렸는데, 많은 해당 업계 사람들은 아무리 가장 집중적인 2개월 과정이라도 과연 4년제 학위와 경쟁할 수 있을지에 대해 의심을 품었다. 기술직 채용 회사 더블베이의 공동창업자인 고든 메이어는 각 그룹이 서로 다른 기술을 가지고 교육을 마친다는 것을 발견했다. 그는 "훈련소 졸업생들은 완제품이 아니고 하급 프로그래머다. 대학교 졸업생들도 마찬가지라고 할 수 있다. 대체적으로 훈련소를 마치고 나온 프로그래머들은 간단한 모듈식 코드 작성과 인터넷용 콘텐츠를 프로그래밍하는 데에 있어서 우위에 있다. 반면에 대학교 졸업생들은 컴퓨터와 그 근본적인 알고리즘을 더 잘 이해하고 있다"고 말한다. 메이어는 또한 코딩 학교가 학생들로 하여금 기술 산업의 특정 분야에서 일할 수 있도록 준비해 주는 것과, 다재다능한 취업 지원자들에게 특정한 분야의 전문 기술을 제공하는 데 뛰어나다는 것을 발견했다. 이는 구직에 있어서 차별점을 주는 요소가 될 수 있다.

훈련소의 영향력이 더욱 커져 가면서, 그들은 기술 산업 전반에 영향을 미치기 시작했다. 테크워치의 연구원인 폴 브라운은 한 설문조사를 시행했는데, 조사 결과는 코딩 학교가 특히 성별 측면에서 산업을 다양화하는 데 도움을 주고 있다고 시사하는 것으로 보인다. 브라운의 조사는 여성들이 컴퓨터 공학 학사 학위 소지자 중 단 14%에 불과한 것에 비해 훈련소 졸업생의 36%를 차지하고 있다는 것을 밝혔다. 여성은 또한 프로그램을 마친 후 남성보다 더 큰 임금 상승을 경험한다. 브라운은 코딩 학교가 경력 초기의 학생들(평균 연령은 31세이다)을 대상으로 하기 때문에 더 진보적인 노동 인구를 반영한다고 말한다.

훈련소들의 성공은 부분적으로 전통적인 교육의 대안이자, 성공으로 가는 지름길로서의 이미지 덕분이다. 하지만 이들의 성공은 더 어려운 입소 요건과 강습료 인상으로 이어졌고, 그것들을 대학교 프로그램과 점점 더 유사하게 만들었다. 사실 최고 수준의 훈련소에 들어가는 것이 너무 어려워져서 '앱빌리지'라고 불리는 회사는 어플리케이션으로 학생들을 도울 수 있게 설계된 준비 프로그램을 출시했다. CEO인 마거릿 리틀은 블록이나 코더 캠프와 같이 명망 있는 훈련소들에 대한 경쟁이 너무나 치열하기 때문에 학생들은 기꺼이 3천 달러의 준비 프로그램 비용을 지불할 것이라고 설명한다. 리틀에 따르면 "우리는 졸업생이 인정받는 회사의 정규직 코딩 자리를 맡게 되거나, 졸업생들의 임금이 크게 올랐을 때에만 프로그램에 대한 강의료를 청구한다"고 한다.

애덤스 대학 부학장인 제임스 하트포드는 대학들이 기존에 있던 컴퓨터 공학 교육 과정에 자기들만의 훈련소를 섞어 넣기 시작하고 있다는 것에 주목한다. 교육자들은 그것이 취업 준비에 굉장히 중점을 두고 있다는 점을 높이 평가하고, 그 현실적인 접근 방식 덕분에 학생들에게 굉장히 인기를 얻었다. 하트포드는 대학 훈련소에 대해 코딩 학교의 효율성과 안정된 단과대학 또는 대학교들이 지닌 신뢰성 간의 완벽한 결합이라고 말했다. "보다 권위 있는 코딩 학교들을 제외하면, 당신은 이런 사설 훈련소에 무엇을 위해 돈을 지불하고 있는지 정말로 확신할 수 없다. 공정한 등급제를 만들거나 이러한 학교들에게 책임을 물을 수 있는 규제는 거의 없으며 그럴 조직도 없다. 이 시장이 성숙할 때까지, 인정받은 강사들과 입증 가능한 역사를 지닌 잘 알려진 기관을 신뢰하는 것이 더 합리적이다."

폴 브라운은 훈련소 시장이 계속해서 전통적인 교육 기관에 흡수될 것이라고 한다. 불행히도 이는 점점 더 많은 저급한 코딩 학교들이 훈련소 거품이 아직 살아있는 동안 그 이점을 이용하려고 생겨나는 것과 동시에 발생하고 있다. 브라운은 이러한 두 가지 추세가 훈련소의 혁신적인 영향을 빠르게 죽이고, 고용 관행의 중심을 4년제 대학교 과정으로 되돌려놓는 결과를 가져올 거라고 경고한다. 분명히 그러하다. 블록과 코더 캠프 같은 주요 훈련소들이 계속해서 미국의 노동력이 코딩 강대국인 인도나 중국을 따라잡을 수 있게 도울 것이지만, 초기의 코딩 훈련소 혁명이 주던 흥분은 사라지기 시작했다.

어휘 bootcamp ⓝ 신병 훈련소　tuition ⓝ 수업료, 등록금　pop up 갑자기 일어나다; 튀어나오다, 튀어오르다, 불쑥 나타나다　job placement rate 취업률　in terms of ~면에서, ~에 관하여　alumni ⓝ 졸업생들(alumnus의 복수형)　pay off ~을 다 갚다, 청산하다　decidedly ⓐⓓⓥ 단호히, 단연코　intensive ⓐⓓⓙ 집중적인, 철두철미한　skill set 다양한 재주, 여러 종류의 기술　the same can be said of ~도 마찬가지라고 할 수 있다　as a rule 일반적으로, 보통　have the upper hand 우세하다, 이기다　underlying ⓐⓓⓙ 근본적인, 밑에 있는　expertise ⓝ 전문 지식, 감정, 평가　well-rounded ⓐⓓⓙ 다재다능한, 다방면에 걸친, 균형이 잡힌　comprise ⓥ ~으로 구성되다, 차지하다　undergraduate ⓝ 학부생, 대학생　reflect ⓥ 비추다, 반영하다, 반사하다, 반향을 일으키다　owe ⓥ 빚지고 있다, 신세를 지고 있다　entry ⓝ 들어감, 입장, 출입, 가입　prep ⓝ 준비　prestigious ⓐⓓⓙ 명망 있는, 일류의　dean ⓝ 학과장　associate ⓐⓓⓙ (흔히 직함에 쓰여) 준/부/조-　point out 지적/언급하다, 가리키다, 주목하다　be centred on ~에 중점을 두다　no-nonsense ⓐⓓⓙ 간단명료한, 현실적인, 허튼 짓을 하지 않는　accountable ⓐⓓⓙ 책임이 있는　make sense 의미가 통하다, 이해가 되다, 합리적이다, 이치에 맞다　verifiable ⓐⓓⓙ 증명할 수 있는, 인증할 수 있는　co-opt ⓥ 흡수하다, 끌어들이다　deaden ⓥ 줄이다, 죽이다　pivot ⓝ 중심점/축　practice ⓝ 관행, 관례, 실행　make no mistake 정말이다, 분명하다　inferior ⓐⓓⓙ ~보다 못한, 질 낮은, 열등한

인물 명단

A 고든 메이어
B 폴 브라운
C 마거릿 리틀
D 제임스 하트포드

---

6. **해석** 대학교에서 운영하는 훈련소들은 사설로 운영되는 훈련소들보다 신뢰할 수 있다.

해설 키워드 **Bootcamps | universities | privately**

❶ 대학교와 사설 기관에 의해 운영되는 훈련소를 비교하는 부분은 6문단 네 번째 문장을 보면 With the exception of the more prestigious coding schools, you really can't be sure what you're paying for with these private bootcamps.(보다 권위 있는 코딩 학교들을 제외하면, 당신은 이런 사설 훈련소에 무엇을 위해 돈을 지불하고 있는지 정말로 확신할 수 없다.)라고 나와 있다. 그리고 그 다음 문장을 보면, 더 구체적으로 대학교가 운영하는 훈련소에 비해 사설 훈련소의 어떤 점이 열등한지가 설명되어 있다.

❷ 이어서 6문단의 마지막 문장을 보면, it makes more sense to put your faith in a well-known institution with established instructors and a verifiable history(인정받은 강사들과 입증 가능한 역사를 지닌 잘 알려진 기관을 신뢰하는 것이 더 합리적이다)라고 나와 있는데, 여기서 말하는 기관은 이전 문장에서부터 언급했던 대학교라는 것을 알 수 있다.

❸ 이러한 언급을 한 사람은 바로 James Hartford이므로 6번 진술은 **D – James Hartford**와 연결할 수 있다.

7. 해석 최고의 코딩 프로그램에 들어가는 것은 매우 어렵다.

   해설 **키워드 best coding programmes**

   ❶ 최고의 코딩 프로그램에 대한 부분은 5문단 세 번째 문장을 보면 In fact, it has become so difficult to get accepted into top-level bootcamps(사실 최고 수준의 훈련소에 들어가는 것이 너무 어려워졌다)라고 나와 있다. 하지만 누가 이 진술을 했는지 정확히 나와 있지 않으므로 그 다음 문장도 확인할 필요가 있다.

   ❷ 5문단 네 번째 문장을 보면, CEO Margaret Little explains that as competition for prestigious bootcamps like Bloc and Coder Camps is so fierce, they will happily pay the $3,000 prep programme fee.(CEO인 마거릿 리틀은 블록이나 코더 캠프와 같이 명망 있는 훈련소들에 대한 경쟁이 너무나 치열하기 때문에 학생들은 기꺼이 3천 달러의 준비 프로그램 비용을 지불할 것이라고 설명한다.)라는 내용이 나온다.

   ❸ 명망 있는 훈련소들에 대한 경쟁이 치열하다는 것은 어렵다는 뜻으로 이해할 수 있고, 이러한 언급을 한 사람은 바로 Margaret Little이므로 7번 진술은 **C – Margaret Little**과 연결할 수 있다.

8. 해석 전통적인 교육은 성별 면에 있어서 코딩 학교보다 더 보수적인 경향이 있다.

   해설 **키워드 Traditional education | coding schools | gender**

   ❶ 성별 면에서 전통 교육과 코딩 학교를 비교하는 부분은 4문단 두 번째 문장을 보면 Paul Brown, researcher for TechWatch, conducted a survey, which seems to suggest that coding schools are helping to diversify the industry, particularly in terms of gender.(테크워치의 연구원인 폴 브라운은 한 설문조사를 시행했는데, 조사 결과는 코딩 학교가 특히 성별 측면에서 산업을 다양화하는 데 도움을 주고 있다고 시사하는 것으로 보인다.)라고 나와 있다.

   ❷ diversify, 즉 이전보다 더 다양하게 만들었다는 말은 코딩 학교가 성별 면에서 더 진보적인 측면을 보여준다는 내용이다. 그 다음 문장에서는 실제 수치를 주면서 보충 설명을 한다. 코딩 학교가 더 진보적이라는 말은 전통 교육이 더 보수적이라는 것과 같다. 이러한 언급을 한 사람은 바로 Paul Brown이므로 8번 진술은 **B – Paul Brown**과 연결할 수 있다.

9. 해석 회사들은 대학교 학위를 받은 지원자들을 다시 선호하기 시작할 것이다.

   해설 **키워드 favor applicants | university degrees**

   ❶ 코딩 학교에 대해서 회의적인 시각을 가지고 있는 내용 중 회사와 4년제 대학 학위를 가진 지원자들에 대한 내용은 7문단 세 번째 문장 Brown warns that these two trends will quickly deaden the revolutionary impact of the bootcamp system, resulting in a pivot in hiring practices back toward 4-year university programmes.(브라운은 이러한 두 가지 추세가 훈련소의 혁신적인 영향을 빠르게 죽이고, 고용 관행의 중심을 4년제 대학교 과정으로 되돌려놓는 결과를 가져올 것이라고 경고한다.)에 나와 있다.

   ❷ 4년제 대학교 과정으로 고용 관행이 되돌아간다(back toward)는 부분이 문제에서 다시 선호하기 시작한다(again begin to favor)와 같은 의미를 나타내고 있기 때문에, 이러한 언급을 한 사람은 바로 Paul Brown임을 확인할 수 있다. 그러므로 9번 진술은 **B – Paul Brown**과 연결할 수 있다.

10. 해석 대학교 강사들은 직업 준비에 중점을 둔 프로그램을 선호한다.

    해설 **키워드 programmes which focus on career preparation**

    ❶ 본문에서 키워드를 Scanning하면, 6문단 두 번째 문장에 Educators appreciate that they are so centred on job readiness(교육자들은 그것이 취업 준비에 굉장히 중점을 두고 있다는 점을 높이 평가한다)라고 나와 있다.

    ❷ 이 문장에서 centred on job readiness → focus on career preparation | appreciate → prefer라고 이해할 수 있다. 이러한 언급을 한 사람은 바로 James Hartford이므로 10번 진술은 **D – James Hartford**

11. 해석 대학교 졸업생들과 훈련소 졸업생들은 서로 다른 방식으로 숙련되어 있다.

해설 **키워드 Graduates from universities and bootcamps**

❶ 두 부류의 졸업생들의 장점을 서로 비교하는 부분을 찾아보면, 3문단 두 번째 문장 Gordon Meyer, co-founder of technical hiring company DoubleBay, has found that each group finishes their education with a different skill set.(기술직 채용 회사 더블베이의 공동창업자인 고든 메이어는 각 그룹이 서로 다른 기술을 가지고 교육을 마친다는 것을 발견했다.)라고 나와 있다. 서로 다른 기술을 가진다는 것은 즉, 서로 다른 방식으로 숙련된다는 것과 같은 의미라고 할 수 있다.

❷ 또한 같은 문단의 다섯, 여섯 번째 문장을 보면 As a rule, programmers coming out of bootcamp have the upper hand when it comes to writing simple, modular code and programming content for the web. On the other hand, college graduates better understand computers and their underlying algorithms.(대체적으로 훈련소를 마치고 나온 프로그래머들은 간단한 모듈식 코드 작성과 인터넷용 콘텐츠를 프로그래밍하는 데에 있어서 우위에 있다. 반면에 대학교 졸업생들은 컴퓨터와 그 근본적인 알고리즘을 더 잘 이해하고 있다.)라고 구체적인 능력을 서로 비교하고 있다.

❸ 이러한 언급을 한 사람은 바로 Gordon Meyer이므로 11번 진술은 **A – Gordon Meyer**와 연결할 수 있다.

12. 해석 특정 기술 분야에 전문성을 집중하고자 하는 지원자들에게는 코딩 학교가 대학교보다 더 나은 선택이다.

해설 **키워드 expertise | specific tech fields**

❶ 본문에서 이 키워드를 Scanning하면, 3문단 일곱 번째 문장에 Meyer has also found that coding schools do a better job at preparing students for work in specialised fields in the tech industry, as well as giving well-rounded job applicants a specific area of expertise.(메이어는 또한 코딩 학교가 학생들로 하여금 기술 산업의 특정 분야에서 일할 수 있도록 준비해주는 것과, 다재다능한 취업 지원자들에게 특정한 분야의 전문 기술을 제공하는 데 뛰어나다는 것을 발견했다.)라고 나와 있다.

❷ 이러한 언급을 한 사람은 Gordon Meyer이므로 12번 진술은 **A – Gordon Meyer**와 연결할 수 있다.

CHAPTER 02.
실전 다지기
UNIT 07. Matching information with paragraph

Practice

1 B	2 A	3 E	4 D	5 C
6 C	7 H	8 B	9 G	10 E
11 A	12 I	13 C	14 D	

READING PASSAGE 1

해석

멀티태스킹은 어떻게 생산성에 영향을 미치는가?

A 사실상 우리 모두는 하루의 절반을 일, 학교, 가족, 개인적인 삶을 동시에 처리하면서 과업들 사이를 오가며 보낸다. 우리는 이 모든 멀티태스킹이 우리의 시간을 절약해 주고 삶을 더 쉽게 만들어 준다는 가정하에 움직이고 있지만, 신경과학 분야의 새로운 연구는 그 반대가 사실일 수도 있다는 것을 밝혀냈다. 공부하면서 음악을 듣거나, 업무 이메일에 답하면서 친구와 전화를 하는 것은 더 즐겁고 힘이 되는 것처럼 느껴진다. 하지만 할로웰 인지 및 감정 건강 센터의 설립자인 에드워드 M. 할로웰은 "이렇게 할 때 당신은 집중력을 희생시킨다는 것을 명심해야 한다"고 말한다. 멀티태스킹을 할 때 우리가 진짜로 하고 있는 것은 여러 과업들 사이에서 우리의 초점을 급속하게 왔다갔다 바꾸는 것이다. "그것은 우리가 동시에 일을 처리하고 있다는 착각을 불러일으키지만, 실제로는 그렇지 않다. 그것은 세 개의 공으로 테니스를 치는 것과 같다."

B 연구자들은 우리가 서로 다른 여러 개의 과업을 동시에 수행할 때 우리 뇌에서 정확하게 무슨 일이 일어나는지에 대해 탐구하고 있다. 메사추세츠 공대 신경과학과 교수인 얼 밀러는 이 분야의 대표적인 전문가 중 한 명이다. 그는 '실행 제어'를 담당하는 뇌의 영역인 전두엽 피질은 대부분의 다른 포유류들에 비해 인간에게서 더 크고, 우리 뇌 전체 질량의 30% 이상이라고 설명한다. 이에 비해서 원숭이의 경우에는 그 비율이 15%에 불과하고 개들의 경우에는 고작 4–5%에 불과하다. 이것은 과업들 사이에서 우선순위를 매기고 전환할 수 있는 우리의 향상된 능력을 설명해 준다. 밀러 교수는 "전두엽 피질의 성장과 함께, 동물들은 그들의 행동에 있어서 점점 더 융통성을 갖게 된다"고 말한다. 불행하게도 이 능력에는 한계가 있으며 인간에게서도 마찬가지다. 밀러는 참가자들의 머리에 전극을 부착해서 다양한 과업들을 수행할 때의 뇌 활동을 관찰하는 연구를 수행했다. 이 연구는 "당신 앞에 시각적인 자극제가 많을 때, 단지 한 두 가지만이 당신의 뉴런을 활성화시키는 경향이 있는데, 이것은 우리가 한 번에 오직 한 두 가지 항목에만 집중하고 있다는 것을 보여준다"는 것을 밝혔다.

C 캘리포니아 어바인 대학교 글로리아 마크 교수의 최근 연구는 사람들은 실제로 업무 방해가 일어나는 환경에서 더 빨리 일하지만, 생산성은 더 낮다는 것을 알아냈다. 그녀는 또한 자기 방해가 다른 사람으로부터의 방해만큼이나 자주 일어난다는 것도 밝혀냈다. 과학자로서 마크 교수는 확실히 말하기 위해서는 더 많은 연구가 필요하다며 이 현상의 정확한 원인을 딱 꼬집어내는 것을 주저한다. 그러나 우리는 우리의 점점 짧아지는 집중 시간이 여기에 기여하는 요소라고 무리 없이 가정할 수 있다. 그리고 마크의 연구는 이러한 가설이 사실임을 보여줬다. 그녀의 연구는 방해 받지 않은 활동을 단지 20분 동안 한 후에 압박감, 노력의 증가, 좌절감, 스트레스가 현저하게 높아지는 것을 발견해 냈다. 한 가지 일을 더 오랫동안 할 수 있는 능력을 잃는다는 것은 우리의 생산성 면에서 좋을 수 없다. 마크 교수는 더 나아가서 "나는 이것이 혁신에 나쁘다고 주장한다. 한 프로젝트에 10분 30초를 쓰는 것은 무엇에 대해서도 깊이 생각해 보기에 충분하지 못한 시간이다"라고 말한다.

D '주의 결핍 특성'은 할로웰 박사가 이 건강에 좋지 않은 멀티태스킹 충동에 부여한 용어다. 이 일련의 행동들은 보다 잘 알려진 주의력 결핍 장애, 또는 근본적으로 신경 장애인 ADD와는 다르다. 대신에 그가 〈하버드 비즈니스 리뷰〉 기사에 썼던 것처럼, 그것은 "완전히 환경으로부터 야기된다." 그는 '우리의 정신이 소음, 즉 아무것도 나타내지 않는 [무의미한] 시냅스 사건들로 가득 참에 따라 뇌는 서서히 어떠한 것에도 온전히 집중할 수 있는 능력을 상실한다'고 썼다. 우리가 매우 다양한 과업과 책임들을 놓치지 않기 위해 더욱 필사적으로 노력할수록, 우리는 "지속적으로 낮은 수준의 공황과 죄책감을 느끼게 된다." 이 약하지만 끊임없는 불안감은 디지털 시대의 특징 중 하나가 됐다.

E 다행히도 우리 세대에게 전혀 희망이 없는 것은 아니다. 그리고 그들이 말하는 것처럼, 첫 번째 단계는 문제가 무엇인지 인지하는 것이다. 우리는 치솟는 업무량을 따라잡기 위해서 지나치게 자주 더 일찍 일어나거나 더 늦게 자려고 노력한다. 그러나 문제는 우리가 하는 일의 양이 아니라, 우리가 하고 있는 일의 능률의 정도에 있다. 다음 단계는 업무량을 통제할 수 있는 우리의 능력이 사실 우리가 생각하는 것보다 훨씬 더 크다는 사실을 깨닫는 것이다. 할로웰 박사의 조언은 간단하다. "우리는 경계를 다시 정해야 한다." 우리들 각각은 서로 다른 방식으로 멀티태스킹을 하며, 서로 다른 장치들을 이용한다. 어떤 이에게 경계를 정하는 것은 점심을 먹을 때 스마트폰을 책상에 놓고 가는 것을 의미할 수 있다. 다른 이에게는 매 분마다 이메일을 확인하는 대신에 매 시간마다 확인하는 것일 수 있다. 이제는 당신이 지나치게 여러 가지 일을 하고 있는 방식을 인지하고 당신의 행동을 바꾸기 위해 의식적인 행동을 취할 때이다.

어휘 virtually adv 사실상, 실질적으로 assumption n 가정, 추측, 가설 operate v 움직이다, 작용하다 neuroscience n 신경과학 simultaneously adv 동시에, 일제히 leading adj 주된, 주요한, 대표적인 prefrontal adj 전두엽의 cortex n 피질, 대뇌피질 be responsible for ~에 책임이 있다, 주된 원인이다 mass n 질량, 덩어리 mammal n 포유동물 by comparison 그에 비해 prioritise v ~에 우선순위를 매기다 enhance v 높이다, 강화하다, 올리다 interruption n 방해, 가로막기, 훼방 be hesitant to ~하는 것을 망설이다 put someone's finger on ~에 손가락질하다 safely adv ~해도 지장 없이 ever shortening 점점 짧아지는 frustration n 불만, 좌절감 deficit n 결함, 결손 trait n 특징, 특색 disorder n 이상, 장애 spring from ~에서 튀어나오다/야기되다/갑자기 나타나다 senseless adj 무의미한, 의미 없는 synaptic adj 시냅스의 gradually adv 차차, 서서히 strive v 노력하다, 애쓰다, 분투하다 desperately adv 필사적으로, 지독하게 ever more 항상, 언제나 mild adj 유순한, 약한, 부드러운 incessant adj 끊임없는, 그칠 새 없는 dread v 매우 싫어하다, 무서워하다 hallmark n 특징, 특질 spiraling adj 상승하는 realise v 깨닫다, 실감하다, 확실히 이해하다 excessively adv 지나치게, 심하게

1. **해석** 인간 두뇌의 향상된 멀티태스킹 능력에 대한 설명

   해설 **키워드 human brain**

   ❶ 이 문제의 키워드는 B문단 첫 번째 문장에서 처음으로 발견된다. work at several different tasks simultaneously → multitaking이라고 볼 수 있지만, 향상된 능력에 대한 내용은 나오지 않기 때문에 그 다음 문장으로 내려가며 Scanning을 계속한다.

   ❷ B문단 세 번째 문장에서 두뇌와 그 크기에 대한 설명이 언급된다. 그리고 네 번째와 다섯 번째 문장을 보면, By comparison, in monkeys the percentage is just 15 and in dogs just 4 or 5. This explains our enhanced ability to prioritise and switch between tasks.(이에 비해서 원숭이의 경우에는 그 비율이 15%에 불과하고 개들의 경우에는 고작 4~5%에 불과하다. 이것은 과업들 사이에서 우선순위를 매기고 전환할 수 있는 우리의 향상된 능력을 설명해 준다.)라고 나와 있다.

   ❸ enhanced → improved | prioritise and switch between tasks → multitask라고 볼 수 있기 때문에 이 문제의 정보가 나타나 있는 문단은 **B**이다.

2. **해석** 흔한 오해에 대한 언급

   해설 **키워드 common misunderstanding**

   ❶ 이 문제의 키워드는 A문단 두 번째 문장 We operate under the assumption that all this multitasking is saving us time and making our lives easier, but new research in the field of neuroscience has revealed that the opposite may be true.(우리는 이 모든 멀티태스킹이 우리의 시간을 절약해 주고 삶을 더 쉽게 만들어 준다는 가정하에 움직이고 있지만, 신경과학 분야의 새로운 연구는 그 반대가 사실일 수도 있다는 것을 밝혀냈다.)에서 발견할 수 있다.

   ❷ 우리가 공통적으로 생각하고 있던 것이 사실 그렇지 않다는 말은 문제에서 찾아야 하는 common misunderstanding과 일치한다고 볼 수 있기 때문에, 2번 문제의 정보가 나타나 있는 문단은 **A**가 된다.

3. **해석** 우리가 멀티태스킹을 하는 방식이 각 개인마다 다르다는 의견

   해설 **키워드 vary from individual to individual**

   ❶ 이 문제의 키워드는 E문단 일곱 번째 문장인 Each of us multitasks in different ways, utilising different devices.(우리들 각각은 서로 다른 방식으로 멀티태스킹을 하며, 서로 다른 장치들을 이용한다.)에서 언급된다.

   ❷ 이것은 유의어를 이용해 3번 문제를 Paraphrasing한 동일한 의미의 문장이므로 3번 문제의 정보가 나타나 있는 문단은 **E**가 된다.

4. **해석** 뇌 장애와 행동 패턴의 대조

   해설 **키워드 brain disorder | behaviour pattern**

   ❶ 이 문제의 키워드는 D문단 두 번째 문장인 This set of behaviours differs from the more well-known attention deficit disorder, or ADD, which is fundamentally a neurological disorder.(이 일련의 행동들은 보다 잘 알려진 주의력 결핍 장애, 또는 근본적으로 신경 장애인 ADD와는 다르다.)에서 동시에 발견된다.

   ❷ 지문에서 찾아낸 문장에서 this set of behaviours와 attention deficit disorder가 다르다(differ)는 정보를 얻을 수 있다. 즉, 다르다고 말하면서 대조(contrast)를 하고 있으므로 4번 문제의 정보가 나타나 있는 문단은 **D**이다.

5. **해석** 과도한 멀티태스킹의 원인에 대한 가정이 사실임을 확인해 주는 연구

   해설 **키워드 causes | research**

   ❶ 이 문제의 키워드는 과도한 멀티태스킹의 causes이고 그것을 확인하는 research까지 포함된다. 이것은 C문단 세 번째 문장인 As a scientist, Professor Mark is hesitant to put her finger on the exact causes of this phenomenon, saying that more research is required to say for sure.(과학자로서 마크 교수는 확실히 말하기 위해서는 더 많은 연구가 필요하다며 이 현상의 정확한 원인을 딱 꼬집어내는 것을 주저한다.)에서 발견할 수 있다.

❷ 이어지는 문장을 보면, 'However, we can safely assume that our ever-shortening attention spans are a contributing factor.(그러나 우리는 우리의 점점 짧아지는 집중 시간이 여기에 기여하는 요소라고 무리 없이 가정할 수 있다.)라고 말하면서 집중 시간이 짧아지는 것이 멀티태스킹을 과도하게 하는 이유라고 언급한다. 그 다음 문장에는 And Mark's research has confirmed this hypothesis.(그리고 마크의 연구는 이러한 가설이 사실임을 보여줬다.)라는 내용이 이어진다.

❸ 위의 세 문장은 5번 문제의 내용을 더 구체적으로 Paraphrasing하고 있는 내용이다. 그러므로 5번 문제의 정보가 나타나 있는 문단은 **C**가 된다.

6. [해석] 인간이 일을 충분히 자주 전환하지 않았을 때의 문제점에 대한 언급

   [해설] **키워드** problems | not switch tasks often enough

   ❶ 6번 문제 문장에서 우리는 '일을 충분히 자주 전환하지 않으면 문제가 발생할 수 있다'는 정보를 추론해 낼 수 있다.

   ❷ C문단 여섯 번째 문장을 보면, Her study found that feelings of pressure, increased effort, frustration, and stress rise significantly after just 20 minutes spent on uninterrupted activity. (그녀의 연구는 방해 받지 않은 활동을 단지 20분 동안 한 후에 압박감, 노력의 증가, 좌절감, 스트레스가 현저하게 높아지는 것을 발견해 냈다.)라고 나와 있다.

   ❸ 위의 문장에서 not switch tasks often enough → uninterrupted로, 그리고 20여분 간 방해 받지 않는 활동을 하고 난 후에 생긴 문제점을 보다 구체적인 예시들로 Paraphrasing해 놓은 것을 확인할 수 있다. 따라서 6번 문제의 정보가 나타나 있는 문단은 **C**이다.

READING PASSAGE 2

[해석]

교실에서의 난독증

A 학습 장애인 '난독증'은 학생들이 읽고, 쓰고, 일반적으로 글을 통해 정보를 이해하고 의사소통을 하는 능력에 큰 영향을 미칠 수 있다. 연구자들과 학교는 난독증이 있는 학생들이 그들의 교육적인 잠재력에 도달할 수 있게 도와주는 방법을 찾기 위해 협력해야 한다. 영국 난독증 협회에 따르면, 거의 10년 간의 연구를 기반으로 봤을 때, 영국 인구 중 10분의 1 이상이 난독증의 영향을 받고 있으며 4%는 심각한 영향을 경험하고 있다.

B 난독증 영향의 정도는 넓은 범위를 따라 분포해 있지만, 공통된 교육적인 문제들이 교육 연구를 통해 확인되었다. 특히 젊은 학습자들에게서 가장 눈에 띄게 나타나는 영향들로는 철자법과 문법 습득 불가, 독서의 어려움, 청각적 단기 기억 결함, 그리고 어휘 발달 지연 등이 있다. 최근 들어 난독증 연구는 난독증을 시기적절하게 진단하지 못한 경우와 연관이 있는 추가적인 문제들에 초점을 맞추고 있다. 난독증과 지능 간에 상관관계가 전혀 없음에도 불구하고, 교사들이 제대로 교육받지 못한 경우에 난독증이 있는 학생들은 게으르거나 이해가 느린 학생으로 종종 낙인이 찍힌다. 이것은 학생의 장기간에 걸친 학업 성장에 지속적인 장애물이 될 수 있는 자신감 상실로 이어진다.

C 난독증이 있는 아이들이 훌륭한 구술적, 시각적, 예술적 기술을 가지는 경향이 있음에도 불구하고, 교실에서 이러한 장애를 이해하고 수용하지 못하는 것은 학생들의 잠재력을 제한할 수 있다. 국제 난독증 기구(IDO)나 영국 난독증 협회(BDA)와 같은 국제 및 국내 단체들은 이처럼 우리 사회의 놀랍도록 큰 부분을 차지하고 있는 이들을 더 잘 지원할 수 있게 제도적 해결책을 제공하려는 목적을 가지고 지속적으로 협력하고 있다.

D 난독증이라는 용어는 신경생물학적으로 비롯된 수많은 상호 관련된 학습 장애들을 나타내는 말이다. 그 영향의 심각성뿐만 아니라 그 증상 자체가 나타나는 구체적인 방식은 개인마다 다르며, 이는 난독증을 어떻게 분류해야 하는지에 있어서 연구자들 사이에 논쟁을 불러일으켰다. 따라서 공식적으로 난독증은 한 가지 유형만 있지만, 과학자들은 계속해서 탐구 중인 범주나 하위 유형들을 제안했는데 그 중 제일 두드러지는 것으로는 음성학적 난독증과 표면성 난독증이 있다.

E 음성학적 난독증을 겪는 아이들은 단어들을 구성 성분으로 분해하는 데 어려움을 겪는다. 그들은 일반적으로 단어 전체를 이해하고 반복하는 데는 문제가 없지만, 그 단어가 어떻게 다양한 소리들로 구성되어 있는지에 대해서는 이해하지 못할 수도 있다. 해독으로 알려진 이 기술의 어려움은 아이에게 단어의 철자를 말하도록 요구했을 때 분명해지는데, 그때 소리는 반드시 쓰여진 기호와 일치해야 한다. 음성학적인 난독증을 지닌 아이들은 새로운 단어를 마주쳤을 때 종종 말을 더듬는데, 어떻게 문자들이 각각 모여서 하나의 실체적인 단위를 형성하는지 이해하는 데 어려움을 겪기 때문이다. 이처럼 차례대로 배열하는 능력의 부족은 언어학적 영역을 넘어선다. 일련의 색깔이나 숫자들을 보여줬을 때, 난독증이 있는 아이들은 그것들을 보여준 순서를 떠올리는 것을 어려워했다.

F 표면성 난독증은 눈으로 단어를 인식하는 능력이 떨어지는 것이다. 영어에서 가장 보편적으로 사용되는 몇몇 단어들 중에는 'walk'와 'eight'처럼 철자가 특이한 것들이 있다. 학생들은 이러한 단어들과 다른 일반적인 단어들을 음성학적으로 소리 내어 발음하기보다는 전체적인 단위로 인식하도록 배운다. 시각적 단어를 빨리 인식하는 데에 있어서의 문제는 읽기 유창성과 어휘 습득에 영향을 미친다. 많은 연구자들은 이것을 별도의 난독증 유형으로 분류하기를 주저한다. 왜냐하면 시각적 단어들에 대한 어려움을 겪는 대부분의 아이들은 해독에도 또한 어려움을 겪기 때문이다.

G 교육자들은 난독증을 독서 장애라고 생각하지 말아야 한다. 사실 난독증은 더 정확하게 말하자면 언어 장애라고 할 수 있다. 언어는 현대 교육에서 굉장히 중심적인 역할을 하기 때문에, 난독증의 영향은 종종 전반적인 학습 능력의 부족으로 잘못 인식되는 경우가 있다. 난독증이 더 빨리 진단될수록, 학생들은 그들의 지능에 상응하는 수준의 학업 성취도를 달성할 수 있는 더 나은 기회를 가지게 된다. 국제 난독증 협회에 따르면, 조기 발견은 난독증을 겪는 아이들을 더 잘 돕기 위한 노력에 있어서 주요한 관심사이다. 난독증을 가능한 한 빨리 식별하는 가장 효과적이고 효율적인 방법을 알아내기 위한 추가 연구가 필요한데, 여기에는 검진 시험과 교사 연수 프로그램이 포함된다. 식견이 있는 교육자들은 학생들이 부당한 학업난을 경험하지 않도록 하는 데 중요한 역할을 한다.

H 난독증에 대한 더 넓은 수용과 이해를 촉진하기 위한 더 큰 노력의 일환으로, 영국 난독증 협회는 정부가 특정 학습 장애의 조기 진단에 대한 지침을 개발하는 것을 도왔다. 이 지침은 BDA가 추진하는 연구의 종류를 알리는 것뿐만 아니라 해당 단체의 청원 활동 노력들을 구체화한다. 조기 진단의 중요성을 강조하면서, 정책의 제1항목은 교육 기관들이 '아이들의 학력상 최대한 빠른 시기에' 학업의 어려움을 확인할 의무가 있다고 명시한다. 이 의무가 모든 종류의 학습 장애를 겪는 학생들에게로 확대되는 것이 중요하지만, 특히 진단에 대한 어려움을 입증할 수 있는 난독증과 같은 장애를 가진 이들에게 더 중요하다.

I 많은 설득력 있는 연구 결과 보고서 난독증이 어른과 아이를 모두에게 빈번하다는 것을 명확하게 보여줬고, 난독증을 가진 아이들을 식별하고 그들이 잠재력에 도달할 수 있도록 돕는 최선의 방법도 보여줬다. 그러나 정책을 만드는 사람들의 반응은 느렸다. 영국 난독증 협회의 정책이 거의 10년 가까이 준비되어 있었던 반면, 세계 각국의 정부들은 그와 비슷한 정책을 채택하지 못했다. 난독증에 대처하는 아이들을 돕기 위한 중요한 다음 단계는 대중의 인식을 높이고 정부와 국제기구에 압력을 가하여 학습 장애를 가진 어린이들에게 동등한 교육 기회를 제공하는 정책을 만드는 것이다.

어휘 dyslexia ⓝ 난독증　imperative adj 피할 수 없는, 긴급한, 필수의, 의무적인　struggle ⓝ 투쟁, 분투　in particular 특히, 특별히　deficient adj 부족한, 모자람이 있는　auditory adj 청각의　impede ⓥ 지체시키다, 방해하다, 훼방하다　diagnose ⓥ 진단하다, 규명하다　timely adj 시기적절한, 때맞춘　branded adj 낙인이 찍힌　enduring adj 오래가는, 지속되는　propensity ⓝ 경향, 성향　restrict ⓥ 제한하다　institutional adj 제도의, 협회의　sizable adj 상당히 큰　neurobiological adj 신경생물학적인　severity ⓝ 심각성, 격렬함　manifest ⓥ 나타나다　prominent adj 눈에 띄는, 현저한　phonological adj 음운론의, 소리와 관련되는　break down 나누다, 분해하다　falter ⓥ 더듬더듬 말하다, 주저하다, 비틀거리다　encounter ⓥ ~와 만나다, 마주치다, 직면하다　sequence ⓥ 차례로 배열하다　acquisition ⓝ 취득, 습득　hesitate ⓥ 망설이다, 주저하다　commensurate adj 같은, 동등한, 어울리는, 상응하는　screening ⓝ 심사, 선발　knowledgeable adj 식견이 있는, 박식한　undue adj 적절하지 않은, 지나친　lobbying ⓝ 청원 운동, 청원 활동　stress ⓥ 강조하다　convince ⓥ 납득시키다, 설득하다　body ⓝ 많은 양, 모음　pervasiveness ⓝ 만연함　cope ⓥ 대응하다, 잘 대처하다, 잘 처리하다

7. **해석** 학습 장애 진단에 대한 공식적인 지침

해설 키워드 **official guidance | diagnosis**

❶ 본문에서 키워드를 Scanning하면, H문단 첫 번째 문장에 As part of a larger effort to promote a wider acceptance and understanding of dyslexia, the British Dyslexia Association has assisted the government in developing guidelines for the Early Identification of Specific Learning Difficulties.(난독증에 대한 더 넓은 수용과 이해를 촉진하기 위한 더 큰 노력의 일환으로, 영국 난독증 협회는 정부가 특정 학습 장애의 조기 진단에 대한 지침을 개발하는 것을 도왔다.)라고 나와 있다.

❷ 이 문장에서 the British Dyslexia Association이라는 것은 공식적인 협회이고, guidelines for the Early identification은 문제에 제시된 guidance regarding diagnosis와 일치하는 것을 알 수 있다. 따라서 7번 문제의 정보가 나타나 있는 문단은 **H**이다.

8. 해석 학습 장애와 관련된 일반적인 교육적 분투의 목록

   해설 키워드 **general educational struggles**

   ❶ 이 문제의 키워드는 general educational struggles이고, 그것에 대해 열거된 목록이 있어야만 정답의 근거로 고려될 수 있다. B문단 첫 번째 문장을 보면 but common educational struggles have been identified by educational research(하지만 공통된 교육적인 문제들이 교육 연구를 통해 확인되었다)라는 내용에서 지문의 common → 문제의 general의 유의어로 볼 수 있다.

   ❷ 또한 그 다음 문장을 보면 For younger learners in particular, the most visible effects include the inability to acquire spelling and grammar rules, difficulty in reading, deficient auditory short-term memory, and impeded vocabulary growth.(특히 젊은 학습자들에게서 가장 눈에 띄게 나타나는 영향들로는 철자법과 문법 습득 불가, 독서의 어려움, 청각적 단기 기억 결함, 그리고 어휘 발달 지연 등이 있다.)라고 문제점들을 나열하고 있다. 따라서 8번 문제의 정보가 나타나 있는 문단은 **B**이다.

9. 해석 초기 진단에 대한 더 많은 연구 요청

   해설 키워드 **research | early detection**

   ❶ 본문에서 키워드를 Scanning하면, G문단 다섯 번째 문장에 Further research is needed to determine the most effective and efficient ways to identify dyslexia as early as possible, including screening exams and teacher training programmes.(난독증을 가능한 한 빨리 식별하는 가장 효과적이고 효율적인 방법을 알아내기 위한 추가 연구가 필요한데, 여기에는 검진 시험과 교사 연수 프로그램이 포함된다.)라고 나와 있다.

   ❷ 이 문장에서 identify dyslexia as early as possible → early detection | further research is needed → call for more research와 같다. 따라서 9번 문제의 정보가 나타나 있는 문단은 **G**이다.

10. 해석 난독증이 있는 아이가 어떻게 단어를 해독하는 데 어려움을 겪는지에 대한 설명

    해설 키워드 **struggle | decode words**

    ❶ 본문에서 키워드를 Scanning하면, E문단 세 번째 문장에서 처음으로 decode에 대한 언급을 확인할 수 있다. Difficulty with this skill, known as decoding, becomes clear when a child is asked to spell a word, at which point sounds must be matched with written symbols.(해독으로 알려진 이 기술의 어려움은 아이에게 단어의 철자를 말하도록 요구했을 때 분명해지는데, 그때 소리는 반드시 쓰여진 기호와 일치해야 한다.)라고 나와 있다.

    ❷ 난독증이 있는 아이가 해독, 즉 철자를 쓸 때 분명한 어려움을 겪는다는 내용이 나와 있고, 이는 10번 문제의 내용과 일치한다. 따라서 10번 문제의 정보가 나타나 있는 문단은 **E**이다.

11. 해석 영국에서 난독증을 겪고 있는 인구 비율에 대한 진술

    해설 키워드 **proportion**

    ❶ 이 문제의 키워드는 proportion으로, 즉 수치가 언급된 부분을 찾는다면 쉽게 답을 찾을 수 있다.

    ❷ A문단 세 번째 문장을 보면, According to the British Dyslexia Association, based on nearly a decade of research, over a tenth of the nation's population is affected by dyslexia, with 4% experiencing severe effects.(영국 난독증 협회에 따르면, 거의 10년 간의 연구를 기반으로 봤을 때, 영국

인구 중 10분의 1 이상이 난독증의 영향을 받고 있으며 4%는 심각한 영향을 경험하고 있다.)라고 나와 있다. 그러므로 11번 문제의 정보가 나타나 있는 문단은 **A**가 된다.

12. 해석 전 세계적 조치의 중요성에 대한 언급

해설 **키워드 global action**

❶ 본문에서 키워드를 Scanning하면, I문단 네 번째 문장에 The next important step for helping children cope with dyslexia is to raise public awareness and put pressure on governments and international organisations to create policies that create equal educational opportunities for children with learning difficulties.(난독증에 대처하는 아이들을 돕기 위한 중요한 다음 단계는 대중의 인식을 높이고 정부와 국제기구에 압력을 가하여 학습 장애를 가진 어린이들에게 동등한 교육 기회를 제공하는 정책을 만드는 것이다.)라고 나와 있다.

❷ international organisations에게 압박을 가하는 것이 중요한 다음 단계라는 내용이 12번 문제와 일치한다. 따라서 12번 문제의 정보가 나타나 있는 문단은 **I**이다.

13. 해석 난독증을 겪는 아이들이 흔히 보이는 읽기 외 기술의 예

해설 **키워드 non-reading skills**

❶ 이 문제의 키워드는 non-reading skills로, 읽기가 아닌 다른 기술이라는 단어를 보면서 말하기, 행동하기 등 여러 가지 다른 기술을 예측하며 글을 읽으면 Scanning에 도움이 된다.

❷ C문단 첫 번째 문장을 보면 Despite the propensity of children with dyslexia to have excellent verbal, visual and artistic skills, the failure to understand and accommodate this disorder in the classroom can restrict a student's potential.(난독증이 있는 아이들이 훌륭한 구술적, 시각적, 예술적 기술을 가지는 경향이 있음에도 불구하고, 교실에서 이러한 장애를 이해하고 수용하지 못하는 것은 학생들의 잠재력을 제한할 수 있다.)이라고 나와 있다.

❸ 지문 내용 중 propensity는 '성향'이라는 뜻으로, 문제의 commonly와 동일한 뜻을 나타내며, verbal, visual, and artistic skills는 읽기에 관련되지 않은 기술의 예시를 나열한 것으로 13번 문제와 일치하는 부분이다. 따라서 13번 문제의 정보가 나타나 있는 문단은 **C**가 된다.

14. 해석 난독증을 분류하는 방법에 대한 의견 불일치의 언급

해설 **키워드 lack of consensus | categorise**

❶ 본문에서 키워드를 Scanning하면, D문단 두 번째 문장에 and this has created debate among researchers insofar as how dyslexia should be classified(이는 난독증을 어떻게 분류해야 하는지에 있어서 연구자들 사이에 논쟁을 불러일으켰다.)라고 나와 있다.

❷ 본문의 classified와 문제의 categorise는 유의어 관계이며, debate가 있었다는 것은 14번 문제에 나온 것처럼 consensus가 부족했다는 것을 말하기 때문에, 14번 문제의 정보가 나타나 있는 문단은 **D**가 된다.

CHAPTER 02.
실전 다지기

UNIT 08. Matching Heading to Paragraph

Practice

1 ii	**2** i	**3** v	**4** iii
5 iv	**6** v	**7** viii	**8** ii
9 vii	**10** iii	**11** ix	**12** iv

READING PASSAGE 1

해석

생체 모방 기술과 혁신

자연의 아름다움은 수 세기 동안 시각 예술가들에게 영감을 줬다. 이제 엔지니어들과 디자이너들이 자연이 이미 개발한 해결책들을 관찰하고 따라 함으로써 인간의 문제들을 해결하면서 그 일에 함께하고 있다.

A 생체 모방 기술은 최근에 떠오르고 있는 과학 분야 중 하나로, 복잡한 인간의 문제를 해결하기 위한 목적으로 자연의 사례, 체계, 요소들을 모방하기 위해 자연과 자연 현상에 대해 연구하는 학문이다. 최고의 생체 모방 기술 성공 사례는 거의 모든 사람들이 알고 있는 제품인 벨크로에 대한 것이다. 1948년의 어느 여름날에 스위스 발명가 조르주 드 메스트랄은 자신의 강아지와 산책을 나갔다. 메스트랄은 집에 오자마자 자신의 개가 가시들, 즉 멀리 퍼져서 수정을 하기 위해 동물의 털에 달라붙는 식물의 씨앗 주머니들로 덮여 있다는 것을 알아차렸다. 조사를 통해 그는 이 가시들이 머리카락이나 직물의 부드러운 고리들에 붙어 있을 수 있게 만들어 주는 뻣뻣한 갈고리로 덮여 있는 것을 보았다. 플라스틱을 자기가 원하는 대로 다루는 방법을 배우는 데 몇 년을 보낸 후, 1955년에 메스트랄은 벨크로 디자인을 완성했고, 이 벨크로 산업은 지금까지 엄청난 이익을 창출해내고 있다.

B 생체 모방 기술의 대표적인 지지자들 중 한 사람은 런던 자연사 박물관의 연구원인 앤드류 파커다. 그는 DNA가 이미 제공해 준 혁신적인 해결책을 재현해내기 위해 군부대 및 기업체와 협력한다. 파커의 작업들 중 대부분은 딱정벌레나 나방과 같은 다양한 동물종의 눈에서 발견되는 각도에 따라 색깔이 변하는 특성을 중심으로 진행되었으며, 현재 기술 회사들이 휴대전화 화면을 밝게 만드는 데 활용하고 있다. 파커는 빛을 반사하는 조류의 능력을 화장품 회사의 새로운 상품에 잘 활용해 넣었고, 물을 튕겨내는 능력은 영국 국방부의 관심을 끌었다. 파커는 또한 최근에 태양 전지판의 용량을 10% 향상시키기 위해 생체 모방 기술을 적용했다. 그 영감은 바르샤바의 어느 박물관에 전시된 4500만년 된 파리로부터 얻었다. 파커는 모든 유기체들이 배울 만한 가르침을 가지고 있다고 믿는다. 진화는 이런 놀라운 도구들을 완성하는 데 수백만 년을 소요했고, 우리가 그것을 이용하지 않는 건 어리석은 짓일 것이다.

C 자연에서 찾아낸 과정들이 매력적이고 인상적이기는 하지만, 그것들을 재현하는 것은 어려울 수 있다. 그게 바로 MIT의 로버트 코헨과 같은 몇몇 과학자들이 자연을 단순한 출발점, 즉 기본적인 영감으로 삼아 생체 모방 기술에 좀 더 실용적인 접근 방식을 취하는 이유이다. 코헨은 "물 수집 장치를 만들기 위해서 도마뱀 피부를, 또는 반사 방지 코팅을 만들기 위해서 나방의 눈을 재현해 낼 필요는 없다. 자연의 구조는 어떠한 기제에 있어서 무엇이 유용한지에 대한 단서를 제공한다. 하지만 당신은 그것을 더 잘 해낼 수도 있다"라고 설명한다. 코헨에 따르면, 생체 모방 기술 프로젝트들은 그들이 얼마나 자연을 면밀하게 반영해 내는지가 아니라, 얼마나 인간 사회에 도움이 되는 것인지에 대해 평가되어야 한다. 코헨은 "내가 알고 싶은 것은 우리가 실제로 이러한 구조들을 현실 세계에서 진짜 유용성을 가진 구현물로 바꿀 수 있을까?하는 점이다"라고 말한다.

D 유용한 생체 모방 기술 디자인을 개발하는 데 있어 핵심은 로봇 공학 분야의 기원에서 찾을 수 있을 것이다. 처음부터 로봇 공학에 관심이 있던 과학자들은 사람들이 가기에는 너무 위험할 수 있는 장소나 상황에서 사람들을 대신할 수 있는 장비를 만드는 아이디어에서 영감을 받았다. 최근의 예시로는 심해 탐사를 위해 설계된 대형 로봇인 크랩스터 CR200을 들 수 있다. 그것은 2013년에 전봉환의 주도로 한국 해양과학기술원에 의해 개발되었다. 게와 바닷가재의 행동을 모방하도록 설계된 그것은 스쿠버 다이버들에게 너무 위험한 조류가 흐르는 지역에 배치될 수 있다. 그것은 현재 황해의 고대 난파선 발굴에 사용되고 있으며, 전 씨는 미래의 모델들이 언젠가는 연락선이나 다른 여객선의 심해 구조에 도움을 줄 수 있기를 바라고 있다. 전 씨는 "나는 다음 크랩스터가 배의 객실의 문과 창문을 부술 수 있는 충분한

힘을 가진 강력한 유압식 로봇이 되어야 한다고 생각한다"며, "그러면 그 로봇은 초기 구조 단계에 유도용 밧줄을 설치하고 잠수부들을 위해 여객선 내부로 가는 길을 뚫을 수 있을 것이다"라고 말했다.

E 공학과 의학에서의 생체 모방 기술 응용의 성과와 잠재력은 인상적이고 고무적이다. 하지만 해당 분야 과학자들과 발명가들의 뛰어난 재기에도 불구하고, 아직 생체 모방 기술은, 물론 벨크로를 제외하고는, 잘 알려진 제품들을 많이 만들어내지 못했다. 부분적으로 이는 전형적인 산업 또는 군사적인 자금 지원 출처 때문인데, 그들은 (이러한 기술을) 소비자에게 적용하는 데 특별히 관심을 갖지 않는 경향이 있다. 하지만 주된 이유는 생체 모방 기술 개념의 바로 그 핵심에 있다. 자연 그 자체는 우리가 자연에서 보는 믿을 수 없는 설계의 업적을 완벽하게 만들기 위해서 수십억 년의 시행착오를 겪었다. 이 느린 과정은, 과학이 복제는커녕 파악조차 간신히 할 수 있을 만한 거의 무한대의 정밀하고 복잡한 작업들을 가능하게 했다. 과학과 자연의 차이는 점점 좁혀지고 있지만, 그 속도는 굉장히 느리다.

어휘 biomimetics ⓝ 생체 모방 기술 burr ⓝ 가시, 달라붙어 떨어지지 않는 것 pollinate ⓥ 수정하다, 수분하다 cling ⓥ 착 달라붙다, 점착하다, 꼭 끌어안다 stiff ⓐⓓⓙ 뻣뻣한, 경직된 profitable ⓐⓓⓙ 이익이 되는, 이로운 proponent ⓝ 지지자, 제안자 conjunction ⓝ 합, 결합 revolve around ~을 중심으로 삼다, ~을 위주로 돌아가다 iridescent ⓐⓓⓙ 보는 각도에 따라 색깔이 변하는, 무지갯빛의 property ⓝ 특성, 재산, 소유물 moth ⓝ 나방 algae ⓝ 조류, 말, 해조 repel ⓥ 격퇴하다, 쫓아버리다, 접근하지 못하게 하다 fascinating ⓐⓓⓙ 매혹적인, 매력적인 antireflective ⓐⓓⓙ 반사 방지의 mechanism ⓝ 구성, 구조, 짜임새 embodiment ⓝ 전형, 상징 stand in (for) ~를 대신하다 deploy ⓥ 배치하다, 효율적으로 사용하다 current ⓝ 해류, 기류, 흐름 excavate ⓥ 발굴하다, 출토하다, 파다 shipwreck ⓝ 난파선 ferry ⓝ 연락선 cabin ⓝ (배나 비행기의) 객실, 선실 hydraulic-powered 유압식의 accomplishment ⓝ 업적, 공적, 재주, 기량 lie at ~에 있다, ~에 위치하다 scarcely ⓐⓓⓥ 가까스로, 겨우 comprehend ⓥ 납득하다, 충분히 파악하다 let alone ~는커녕

해설 1. ❶ A문단에는 벨크로라고 하는 생체 모방 기술의 성공 사례 하나가 나와 있다. 그 뒤에는 그것이 어떻게 만들어졌는지에 대한 이야기가 차례로 나오고 있는 것을 볼 수 있다. 산책을 나갔다가(went out walking with his dog), 동물의 털에 붙는(cling to the fur of animals) 식물을 조사했고, 플라스틱을 다루는 방법을 배우고(how to manipulate plastics), 디자인을 완성한 결과(Mestral had perfected his Velcro design) 성공했다(profitable)고 언급되어 있다.

❷ 이러한 내용을 통해 알맞은 유의어가 나와 있는 보기들을 찾고, 아닌 것들을 소거하고 나면, A문단 소제목에 가장 알맞은 것으로 **ii – A nuisance that inspired an invention**을 연결시킬 수 있다. nuisance → cling to the fur이고, 거기서 영감을 받은 것이 Velcro → invention이라고 할 수 있다.

2. ❶ B문단은 Andrew Parker에 대한 이야기로 시작한다. 여러 동물들의 예시가 나오는데, beetles and moths(딱정벌레와 나방), algae(조류), fly(파리)에게서 각각의 능력을 배웠고, Parker는 모든 유기체들이 배울 만한 점을 갖고 있다고 믿는다. 또한 마지막 문장에 Evolution has taken millions of years to perfect these amazing instruments, and we would be foolish not to take advantage.(진화는 이런 놀라운 도구들을 완성하는 데 수백만 년을 소요했고, 우리가 그것을 이용하지 않는 건 어리석은 짓일 것이다.)라고 나와 있다.

❷ 이러한 내용을 통해 알맞은 유의어가 나와 있는 보기들을 찾고, 아닌 것들을 소거하고 나면 가장 알맞은 것으로 **i – Adaptations of numerous species over vast time frames**를 연결시킬 수 있다. beetles and moths, algae, fly → numerous species │ evolution → adaptations라고 할 수 있다.

3. ❶ C문단은 자연 현상을 재현하는 것의 어려움에 대한 이야기로 시작한다. 두 번째 문장부터 답을 연결하는 데 도움이 되는 문장들을 찾을 수 있다. 그중 가장 결정적인 것은 using nature simply as a starting point—the basic inspiration(자연을 단순한 출발점, 즉 기본적인 영감으로 삼다)에서 발견할 수 있는데, 그 뒷부분은 내용이 변하거나 역전되지 않은 채 코헨이 본인의 논지를 보충 설명하는 부분이다.

❷ 이러한 내용을 통해 알맞은 유의어가 나온 보기를 찾고, 아닌 것들을 소거하고 나면, 가장 알맞은 것으로 **v – Nature's clues of where to begin**을 연결시킬 수 있다.

4. ❶ D문단은 The key to developing useful biomimetic designs may be found in the origins of the field of robotics.(유용한 생체 모방 기술 디자인을 개발하는 데 있어 핵심은 로봇 공학 분야의 기원에서 찾을 수 있을 것이다.)라는 문장으로 시작한다. From the beginning(처음부터)으로 시작하는 다음 문장은 그 기원을 설명하며, creating equipment that can stand in for humans, in places or situations where it would be too dangerous for humans to go(사람들이 가기에는 너무 위험할 수 있는 장소나 상황에서 사람들을 대신할 수 있는 장비를 만드는 것)라고 언급한다. 반드시 기억해야 할 것은 A recent example(최근의 예시)라는 말이 나오면 큰 반전 없이 내용이 진행될 거라는 점이다. 그리고 마지막 문장을 보면, 사람들이 가기에는 너무 위험한 곳이나 상황에 대신 사용될 수 있다는 내용의 구체적 예시인 Then the robot will be able to install guide ropes and make routes to inside the ferry for divers at the initial rescue stage.(그러면 그 로봇은 초기 구조 단계에 유도용 밧줄을 설치하고 잠수부들을 위해 여객선 내부로 가는 길을 뚫을 수 있을 것이다)로 문단이 끝난다.

❷ 이러한 내용을 통해 알맞은 유의어가 나온 보기를 찾고, 아닌 것들을 소거하고 나면, 가장 알맞은 것으로 **iii – An instance of how boimimetics may one day save lives**를 연결할 수 있다. stand in for humans, in places or situations where it would be too dangerous → save lives라고 할 수 있기 때문이다.

5. ❶ E문단은 The accomplishments and potential of biomimetic applications(생체 모방 기술 응용의 성과와 잠재력)에 대한 이야기로 시작된다. 하지만 바로 다음 문장에 And yet, despite the brilliance of the scientists and inventors in the field, biomimetics has not produced many well-known products (하지만 해당 분야 과학자들과 발명가들의 뛰어난 재기에도 불구하고, 아직 생체 모방 기술은 잘 알려진 제품들을 많이 만들어내지 못했다)라는 반전이 나오고 있기 때문에 반드시 체크해야 한다. 그 다음으로 In part, this is due to(부분적으로 이는 ~때문이다)와 But the main reason lies at(하지만 주된 이유는 ~에 있다)으로 시작되는 부분들에서 왜 제품들을 많이 만들어내지 못했는지에 대한 이유가 나오고 있다. 즉, 더 발전하지 못한 이유들이라고 볼 수 있다.

❷ 이러한 내용을 통해 알맞은 유의어가 나온 보기를 찾고, 아닌 것들을 소거하고 나면, 가장 알맞은 것으로 **iv – Obstacles to further development of biomimetic technology**를 연결할 수 있다.

READING PASSAGE 2

해석

<table>
<tr><td colspan="2" align="center">**소제목 목록**</td></tr>
<tr><td>i</td><td>전형적인 미국식 식단으로 인한 건강 위험 증가</td></tr>
<tr><td>ii</td><td>식품이 소비자에게 도달하기 위해 이동해야 하는 거리에 대한 새로운 걱정</td></tr>
<tr><td>iii</td><td>학생들에게 스스로 선택할 수 있는 자유를 주는 것의 긍정적인 효과</td></tr>
<tr><td>iv</td><td>지역 식품이 항상 최고라는 개념의 논리적 결함</td></tr>
<tr><td>v</td><td>좋은 결과를 낳은 학교를 포함한 기존 식품 독립 프로젝트</td></tr>
<tr><td>vi</td><td>농업과 요식업 면에서 경력을 쌓을 수 있는 기회</td></tr>
<tr><td>vii</td><td>지역에서 생산된 식품의 구체적인 장점</td></tr>
<tr><td>viii</td><td>전국 학교 절반 가까이로 확대된 프로그램들</td></tr>
<tr><td>ix</td><td>프로그램 성공을 보장하기 위해 실행되어야 하는 조율</td></tr>
</table>

농장에서 구내식당으로

A 화이트플레인스 푸드 프로젝트(WPFP)는 1991년부터 운영되어 왔으며, 그 주요 목표는 미국 원주민 공동체에 살고 있는 사람들에게 식량 독립성을 회복시키는 것이었는데, 부분적으로는 야채와 곡물 생산을 위해 불모지를 개간하는 것을 통해서였다. 1999년에 WPFP는 프로젝트에 '농장에서 학교로'라는 요소를 추가했고, 이것이 오늘날 미국에서 가장 성공한 '농장에서 학교로' 프로그램들 중 하나가 되었다. 이제 화이트플레인스 초등학교의 아침과 점심에는 유기농 당근, 노란 수박, 심지어 버팔로 고기와 같은 신선한 지역 재료들이 포함된다. 식품 소비뿐만 아니라, '농장에서 학교로' 프로

그램은 학생들의 건강을 증진시키고 그들이 먹는 음식이 어디서 오는지 교육하는 동시에, 지역 농부들과 더 넓은 지역 사회 전체에 이익을 가져오는 현명한 방법이다.

B 사실 '농장에서 학교로' 프로그램은 지난 십 년간 전국에서 인기를 얻어 왔다. 1996년에 단지 소수의 플로리다 및 캘리포니아 지역 학교에서만 처음 시범을 보였던 이것은 현재 46%의 미국 학교 내 2300만 명이 넘는 학생들에게까지 이르렀다. 이러한 프로그램에서 하는 활동은 생산한 재료를 맛보는 행사, 지역 농장 및 목장 견학, 지역 요리사들이 여는 요리 강좌 등을 포함해서 다양하다. 이러한 프로그램들이 주는 환경적인 혜택 외에, 가장 우선순위가 높은 목표들 중 하나는 학교 점심 식사에 대한 학생들의 태도를 바꾸는 것이다. 식품 생산 과정에 참여하는 것을 늘리고 학생들과 농촌 공동체 사이에 연대를 형성함으로써, 학생들은 인스턴트 식품이나 부모님이 싸주는 점심을 먹기보다는 건강한 학교 점심 식사 옵션을 더 자주 선택하는 것으로 나타났다.

C '농장에서 학교로' 프로그램들의 증가는 최근 수십 년간의 지역 식품을 먹는 일반적인 추세를 반영하고 있다. 지역 식품을 먹는 것은 단순히 다른 지역이나 나라에서 수송된 음식이 아닌 근처에서 길러지고 가공된 식품을 먹는 것을 의미하며, 그것은 식품 소비자와 공급자 사이의 더 강한 연대를 시사한다. 지역 식품에 대한 인식은 '식품 킬로미터'라는 개념에 의해 향상되었는데, 그것은 농장에서부터 밥상에 놓이기까지 음식이 이동한 거리를 나타낸다. 2005년의 한 연구는 딸기 요구르트를 만드는 데 사용되는 재료들(우유, 설탕, 딸기)이 가공 공장에 단순히 도착하기 위해서만 3,558킬로미터를 이동했다는 것을 알아냈다. 이 아이디어는 대중들에게 현재 식품 생산 시스템의 단점에 대해 생각할 수 있는 편리한 방법을 제공해 주었다.

D 지역 식품의 지지자들은 환경적인 측면에서 지역 식품이 아닌 식품들은 더 많은 배기가스를 만들어 내는 반면, 지역 식품은 상대적으로 낮은 영향을 미친다고 강조한다. 비지역 식품이 대기업에게 이익을 주는 경향이 있는 반면, 지역 식품은 지역 경제에 돈을 공급한다. 그리고 건강에 대한 관점에서 보면, 지역에서 식품을 구입하는 것은 보통 소비자들이 몸에 해로울 수 있는 성분을 종종 포함한 비지역 식품과 달리, 자신들이 사는 식품의 기원에 대해 더 높은 수준의 인식을 갖게 하는 결과를 낳는다.

E 매디슨 메트로폴리탄 학군(MMSD)의 몇몇 학교들은 지역 식품 원칙을 이용하여 초등학생들을 위한 '가든 바'를 만들었다. 이 프로그램 이전에 MMSD의 학생들은 점심을 받는 곳에서 우유 및 식기와 함께 뜨거운 (음식) 팩과 차가운 (음식) 팩을 받았다. '가든 바'는 선택의 개념을 도입한다는 점에서 독창적인 아이디어다. 학생들은 평상시의 미리 포장된 샐러드가 아닌 쟁반을 받고 샐러드바에서 6가지 서로 다른 종류의 과일이나 채소를 고를 수 있다는 말을 듣는다. 학생들은 자신이 먹고 싶은 것을 선택할 수 있는 새로운 능력을 바탕으로 권리 의식을 표출했고, 이것은 여러 가지 효과를 불러일으켰다. 부모들은 학생들이 집과 학교 모두에서 더 많은 과일과 야채를 먹을 가능성이 훨씬 더 높아졌다는 사실에 특히 기뻐했다. 농장에서 학교로 프로그램 관리자인 나타샤 스미스에 따르면, 학생들이 야채나 과일을 선택할 수 있는 권한을 갖게 된다면 그것들을 먹게 될 가능성이 더 높다.

F 처음에는 학교 시설을 신선한 농산물을 처리하는 면에서 증가된 부담에 맞추는 게 힘들 수도 있다. 과거에는 포장된 음식을 중앙 주방 시설에서 전달했는데 이는 비용을 낮추고 추가 인력의 필요성을 줄였다. 추가 인력과 개선된 시설에 대한 필요에 부응하는 데에는 시간이 걸릴 것이다. 또 다른 문제는 가능한 한 최저 가격을 부르고 단순한 주문을 할 수 있게 설정된 입찰 과정과 관련되어 있다. 결과적으로 이것은 지역 농부들이 아니라 대형 유통업자들에 의해 지배되는 경향이 있다. 이 입찰 과정을 농부들이 사용하기에 좀더 유연하고 쉽게 조정하면, 농부들뿐만 아니라 관리자들 또한 신선한 농산물을 '가든 바'에 더 쉽게 공급할 수 있게 될 것이다.

G 지역에서 먹는다는 개념은 많은 사람들로 하여금 자신의 식품 선택에 대해 조금 더 의식하게 만들었지만, 그 생각에 흠이 없는 것은 아니며, 이는 특히 환경 면에서 그러하다. 우선 한 가지 이유는, 식품의 이동 거리뿐 아니라 운송 방식도 식품 생산의 환경적인 효과에 영향을 미친다. 예를 들어, 트럭으로 운송된 식품은 기차보다 10배나 많은 온실가스 배출물을 만들어내기 때문에, 기차로 200마일 운송되는 토마토는 트럭으로 40마일 운송되는 토마토에 비해 절반의 영향을 미친다. 식품이 재배되는 방식도 고려되어야 한다. 야외 농장은 화석 연료로 데워지는 온실보다 훨씬 적은 에너지를 사용해 식품을 재배하는데, 이는 어느 정도 떨어진 곳에 위치한 공장식 농장들이 실제로 많은 지역 농장보다 환경적인 영향을 덜 줄 수 있다는 것을 의미한다. '농장에서 학교로' 프로그램은 좋은 시작이지만, 우리는 대처해야 할 다른 많은 문제들이 남아 있다는 점을 명심해야 한다.

어휘 operation ⓝ 운용, 작용, 기능 primary ⓐⓓⓙ 주요한, 제1의 reclaim ⓥ 되찾다, 개간하다 barren ⓐⓓⓙ 척박한, 황량한 restore ⓥ 회복시키다, 되돌리다 trial ⓥ 시험하다 a handful of 소수의 vary ⓥ 서로 다르다, 달라지다 ranch ⓝ 농장, 농원, 목장 aside from ~을 제외하고, ~외에는(=apart from) bond ⓝ 유대, 끈 mirror ⓥ 반영하다 proponent ⓝ 지지자, 후원자 in terms of ~면에서 emission ⓝ 방출, 배출 standpoint ⓝ 관점 district ⓝ 지구, 지역, 지역구 utensil ⓝ 기구, 도구 lunch line (구내식당 등에서) 점심 식사를 받기 위해 선 줄 novel ⓐⓓⓙ 새로운, 신기한, 독창적인 in that ~이므로, ~라는 점에서 empowerment ⓝ 권한 부여 accommodate ⓥ 공간을 제공하다, 수용하다 bidding process 입찰/경매 과정 flaw ⓝ 결함

해설 **6.** ❶ A문단은 화이트플레인스 푸드 프로젝트(WPFP)의 첫 시작부터 설명하고 있다. 그 다음으로 In 1999, WPFP added a Farm to School element to the project(1999년에 WPFP는 프로젝트에 '농장에서 학교로'라는 요소를 추가했다)라는 내용이 나오고, 오늘날 그것이 얼마나 효과적인지에 대해서 설명하는 부분이 이어진다. 내용상 반전되는 부분이 없고, 단순하게 Farm to School이라는 프로젝트에 대해 설명한다.

❷ 이러한 내용을 통해 알맞은 유의어가 나와 있는 보기들을 찾고, 아닌 것들을 소거하고 나면, 가장 알맞은 것으로 **v – An existing food independence project that added schools with good results**를 연결시킬 수 있다.

7. ❶ B문단에는 Farm to School 프로그램이 지난 십 년간 전국에서 인기를 얻고 있다는 내용이 나온다. 그 뒤에는 1996년에 단지 소수의 플로리다 및 캘리포니아 지역 학교에서만(in just a handful of Florida and California schools) 시도되었던 이 프로그램이 지금은 46%의 미국 학교(46% of US schools)에 이르고 있다는 내용이 나온다.

❷ 다음으로 프로그램에서 어떤 활동들을 하는지, 그리고 그 목표에 대해서 설명하는 내용이 이어서 나오긴 하지만 반전되는 내용은 나오지 않는다. 따라서 주어진 소제목 목록에서 부정적인 내용을 제외시키고 나면, 가장 알맞은 것으로 **viii – Programmes that have expanded to reach nearly half of schools nationwide**를 연결할 수 있다.

8. ❶ C문단은 Farm to School이라는 프로그램이 지역 식품을 찾는 추세로 인한 결과라는 내용으로 시작한다. 그리고 지역 식품에 대한 사람들의 인식이 food-kilometres라는 개념에 의해 더 향상되었다는 새로운 내용이 추가로 주어진다. 일반적으로 어떤 정보가 따옴표(" ")로 표현되어 있다면 이는 충분히 주목할 만한 새로운 정보이므로 읽을 때 반드시 집중하도록 한다.

❷ 또한 주목할 만한 것은 가장 마지막 문장에 disadvantage라는 부정적인 단어가 나온다는 점이다. 해당 문장에서 말한 This idea has offered the public a convenient way to think about the disadvantages (이 아이디어는 대중들에게 단점에 대해 생각할 수 있는 편리한 방법을 제공해 주었다)라는 것은 즉, 바로 앞 문장에서 언급된 travelled 3,558 kilometres(3,558킬로미터를 이동했다)라는 것이 단점이고 이것을 고려해 봐야 한다는 뜻이다.

❸ 이러한 내용을 통해 알맞은 유의어가 나와 있는 보기들을 찾고, 아닌 것들을 소거하고 나면, 가장 알맞은 것으로 **ii – Newfound concern for the distance food must travel to reach consumers**를 연결할 수 있다.

9. ❶ D문단에는 지역 식품 지지자들(Proponents of local food)이 강조하는 장점들이 나열되어 있다. 즉, 환경(environment)적인 측면에서도, 지역 경제(local economy) 측면에서도, 건강(health) 관련 관점에서도 장점이 있다는 것을 설명하고 있으며, 비지역 식품(non-local food)에는 몸에 해로운 성분이 있을 수 있다는 점을 대조적으로 제시하고 있다.

❷ 이러한 내용을 통해 알맞은 유의어가 나와 있는 보기들을 찾고, 아닌 것들을 소거하고 나면, 가장 알맞은 것으로 **vii – Specific advantages of locally-produced food**를 연결할 수 있다.

10. ❶ E문단 내용은 초등학교 학생들(elementary school students)에게 가든 바를 만들어 준 이야기로 시작한다. "garden bars"라고 따옴표로 언급된 부분은 항상 새로운 정보이며, 따라서 그것이 어떤 의미인지 파

악해야 한다. 본문에서는 The garden bars are a novel idea in that they introduce the concept of choice. Rather than the usual pre-packaged salad, students are given a tray and told that they can choose six different fruits or vegetables from the salad bar.('가든 바는 선택의 개념을 도입한다는 점에서 독창적인 아이디어다. 학생들은 평상시의 미리 포장된 샐러드가 아닌 쟁반을 받고 샐러드바에서 6가지 서로 다른 종류의 과일이나 채소를 고를 수 있다는 말을 듣는다.)라고 설명하며, 이어지는 내용으로 이처럼 자기가 먹고 싶은 것을 선택하게 만듦으로써 학생들에게 어떤 영향을 미쳤는지 제시한다.

❷ 또한 마지막 문장에서는 Students are more likely to eat a fruit or vegetable if they have the power to choose it.(학생들이 야채나 과일을 선택할 수 있는 권한을 갖게 된다면 그것들을 먹게 될 가능성이 더 높다.)이라고 말하면서, 선택할 수 있다면 야채나 과일을 더 먹게 될 거라는 가든 바의 긍정적인 영향을 보충 설명해 준다.

❸ 이러한 내용을 통해 알맞은 유의어가 나와 있는 보기들을 찾고, 아닌 것들을 소거하고 나면, 가장 알맞은 것으로 iii – Positive effects of giving students freedom to make their own choices를 연결할 수 있다.

11. ❶ F문단은 It may be difficult initially(처음에는 힘들 수도 있다)라는 부정적인 내용으로 출발한다. 그 다음 내용 역시 The need for additional staff and enhanced facilities will take time to accommodate.(추가 인력과 개선된 시설에 대한 필요에 부응하는 데에는 시간이 걸릴 것이다.)로 어려움에 대해 언급한다. 병렬 구조로 Another obstacle is related to the bidding process(또 다른 문제는 입찰 과정과 관련되어 있다)라는 문장으로 이어지고 있다.

❷ 하지만 이러한 문제점만으로 문단이 끝나는 것이 아니라, 마지막 문장에 Adjusting this bidding process to be more flexible and easier for farmers to use will make it easier for administrators as well as farmers to deliver fresh produce to the garden bars.(이 입찰 과정을 농부들이 사용하기에 좀 더 유연하고 쉽게 조정하면, 농부들뿐만 아니라 관리자들 또한 신선한 농산물을 '가든 바'에 더 쉽게 공급할 수 있게 될 것이다.)가 나오면서 이 문제점을 어떻게 해결할지에 대한 내용이 언급되며 문단이 마무리된다.

❸ 이러한 내용을 통해 알맞은 유의어가 나와 있는 보기들을 찾고, 아닌 것들을 소거하고 나면, 가장 알맞은 것으로 ix – Adjustments that must be made to ensure programme success를 연결할 수 있다.

12. ❶ G문단 첫 문장에서 but the idea is not without fault(그 생각에 흠이 없는 것은 아니다)가 언급된 점에 주목해야 한다. 즉, 이 생각에도 흠이 있다는 것이다.

❷ 그 다음에는 For one thing(우선 한 가지 이유는)이라는 말과 함께 그 이유들이 병렬 구소로 이어지며, 그 것들이 왜 문제가 되는 것인지 설명하고 예시도 함께 언급된다. 식품의 운송 방식(the method of transportation) 문제에 이어서 The way that food is grown should also be considered.(식품이 재배되는 방식도 고려되어야 한다.)라며 또 다른 고려 사항이 언급되고, 마지막 문장 역시 but we must keep in mind that many other issues remain to be addressed(우리는 대처해야 할 다른 많은 문제들이 남아 있다는 점을 명심해야 한다)로 끝나는 것을 통해, 여러 문제들이 있다는 중심 내용이 바뀌지 않는 것을 확인할 수 있다.

❸ 이러한 내용을 통해 알맞은 유의어가 나와 있는 보기들을 찾고, 아닌 것들을 소거하고 나면, 가장 알맞은 것은 iv – Logical flaws with the notion that local food is always best가 된다.

CHAPTER 02.
실전 다지기 **UNIT 09. Matching Sentence Ending**

Practice

1 B	**2** G	**3** D	**4** A	**5** F
6 I	**7** E	**8** B	**9** C	**10** J
11 H	**12** D	**13** F		

READING PASSAGE 1

빅토리아 국립 미술관

현대 박물관으로 변화하기

NGV(빅토리아 국립 미술관)의 상징적인 원래 건물은 밖에서 보기에는 웅장하고 가까이하기 어려운 분위기를 풍기며, 내부는 매달린 작업대들, 특이한 칸막이 천장, 노란 카펫 등 무수히 많은 특이한 장식들로 가득 차 있다. 재설계에 대한 벨리니의 접근법은 외관은 그대로 둔 채, 스타일과 구조 측면 모두에서 근본적으로 내부를 바꾸는 극적이고 영리한 방식이었다. 북쪽과 남쪽 정원 내에는 인상적인 영구 소장품을 보관하기 위한 전시장의 탑이 세워져 있다. 이 탑들은 에칭된 유리로 만들어진 경사로로 둘러싸여 있어서 방문객이 원래의 안뜰 벽을 가까이서 볼 수 있게 하는 동시에 그 자재들을 가지고 과거와 현재의 건축적 특징의 차이점을 강조하고 있다. 이러한 북쪽 및 남쪽 정원과는 대조적으로, 중앙 정원은 확장되었다. 안내 데스크, 박물관 기념품 가게, 외투 보관소 등 방문객들이 실질적으로 필요로 하는 서비스들은 커다랗게 개방된 공간을 만들 자리를 확보하기 위해 측면에 재배치됐다. 벨리니는 방문객들이 건물에 들어설 때 편안하고 여유롭게 들어올 수 있도록 일종의 공공 광장을 만들고자 했다. 광장의 바닥은 바로 바깥 거리와 동일한 특징적인 파란 석재로 포장되었는데, 그것은 그 건물이 주변 공동체의 일부라는 인상을 더욱 강조한다.

그러나 이러한 변화들에 대한 비판의 목소리가 없는 것은 아니다. 예술계의 일부 사람들은 NGV 내부의 더 극단적인 변화에 격분했다. 그들은 벨리니가 박물관에 더 많은 사람들이 오게끔 만들고자 노력하는 와중에 기존 건물의 디자인을 불필요하게 바꾸었고, 실내 장식의 전통적인 테마에서 너무 벗어나게 되었다고 주장한다. 박물관의 넓은 영역이 250명의 방문객을 수용할 수 있는 대형 카페는 물론, 회의장과 공연장에 할당되었다. 전시 구역은 이제 비좁게 느껴지고, 영구 소장품은 훨씬 덜 중요한 구역으로 이동되었다.

이러한 모든 변화는 가능한 한 넓은 범위의 대중을 끌어들이는 것을 목표로 한 NGV의 프로그래밍의 명확한 변화를 나타내고 있다. 마케팅 관점에서 단기 전시들은 홍보하기 더 쉬우므로 더 많은 인파와 더 많은 수익을 이끌어 낸다. 박물관은 이제 모든 마케팅을 '블록버스터 전시회'에 투입하는 것처럼 보인다. 이러한 전시들 중 가장 최근에 진행된 〈현재의 멜버른〉은 멜버른 지역에 살고 있는 현대 예술가들에게 관심을 집중시킨다. 이 전시는 박물관에 의해 'NGV 역사상 가장 대규모 전시'로 광고되면서 그들이 크게 필요로 하던 수익을 안겨준 동시에, 어떠한 진정한 예술적 깊이나 세련됨도 없다는 심한 비난을 받았다. 이런 전시 유형들이 대중들에게 작품들을 보다 쉽게 접할 수 있고 매력적으로 느껴지게 만드는 데 중요한 역할을 한 것은 사실이다. 하지만 박물관들이 더 폭넓은 관객을 위해 그들의 예술적 가치를 희생하면서 너무 지나친 방향으로 나아가고 있는 것일까?

교육과 오락 사이의 경계가 모호해지는 것은 오늘날 문화 경관의 거의 모든 영역에서 볼 수 있다. 아이들이 다양한 직업 역할 놀이를 하고 실제 세상의 기술들을 배우는 키자니아와 같은 테마 파크는 좀더 고전적인 놀이공원들을 넘어서는 성과를 보이고 있다. 푸드 네트워크와 디스커버리 채널 같은 텔레비전 채널들은 오락적 가치를 희생하지 않으면서 기술과 지식을 그럭저럭 제공하는 방송 프로 편성을 해 시청률을 높이고 있다. 분명 박물관들도 예외는 아니다. 이것은 대중이 요구하는 바이다. 그렇기는 하지만, 이러한 '에듀테인먼트'로의 변화를 천천히 신중하게 이끄는 것이 중요하다. 더 많은 관람객들을 기꺼이 맞아들일 필요가 있을지도 모르지만, 예술계의 존경을 희생할 가치가 있는 것은 아니다. NGV가 이러한 길로 나아가면서 재정적인 현실과 문화적, 사회적 책임 간의 균형을 성공적으로 맞출 수 있을지는 두고 봐야 한다.

---

1 경사로를 건설하는 데 사용된 유리는
2 중앙 정원에 사용된 돌은
3 안내 데스크 위치 이동은
4 〈현재의 멜버른〉은 비난의 대상이 되었는데 왜냐하면 그것은
5 '에듀테인먼트'는 조심스런 속도로 도입되어야 하는데 왜냐하면 그것은

> A 예술적 가치보다 금전적 가치를 더 중시한다.
> B 새 디자인이 원본과 어떻게 다른지 강조한다.
> C 박물관의 대중과의 관계를 손상시킨다.

D 대중들이 모일 수 있는 더 많은 공간을 제공한다.
E 점진적이고 신중한 태도로 전환 작업을 진행한다.
F 예술가들 사이에서 박물관의 명성을 손상시킬 위험이 있다.
G 그 건물을 지역의 일부처럼 느끼게 만든다.

어휘 iconic **adj** ~의 상징이 되는, 우상의   forbid **v** 금하다, ~을 어렵게 하다   a myriad of 무수한   eccentric **adj** 괴짜인, 별난, 기이한   baffle **n** 칸막이   courtyard **n** 뜰, 안뜰   house **v** 보관하다   ramp **n** 경사로, 램프   etched **adj** 에칭된, 날카로운   court **n** 정원, 안뜰, 안마당   at ease 마음이 편안한, 걱정 없이   pave **v** 포장하다   outrage **v** 격노하게 만들다   drastic **adj** 강렬한, 철저한   radical **adj** 급진적인, 과격한, 근본적인   not to mention ~은 말할 것도 없고/물론이고   allocate **v** 할당하다   cramped **adj** 비좁은, 비좁게 있는   permanent **adj** 영구적인   prominent **adj** 중요한, 유명한, 저명한   substantial **adj** 상당한, 충분한   tout **v** 장점을 내세우다, 광고하다   sophistication **n** 세련, 교양   for the sake of **n** ~ 때문에   cautious **adj** 조심스러운, 신중한   pace **n** 속도

해설 **1. 키워드 glass | ramps**

❶ 본문에서 키워드를 Scanning하면, 1번 문제와 일치하는 내용은 1문단 네 번째 문장에서 발견된다. These towers are surrounded by ramps made of etched glass, allowing visitors to see the original courtyard walls from close up, with the material highlighting the difference between old and new architectural features.(이 탑들은 에칭된 유리로 만들어진 경사로로 둘러싸여 있어서 방문객이 원래의 안뜰 벽을 가까이서 볼 수 있게 하는 동시에 그 자재들을 가지고 과거와 현재의 건축적 특징의 차이점을 강조하고 있다.)라고 나와 있는데, 즉 이 경사로를 만든 유리는 사람들이 과거와 현재의 건축의 차이점을 더 잘 볼 수 있도록 해 주고 있는 것이다.

❷ 이 정보와 일치하는 선택지는 **B – emphasises how the new design differs from the original.**이다. 그래서 완성된 1번 문장은 The glass used to construct the ramps emphasises how the new design differs from the original.(경사로를 건설하는 데 사용된 유리는 새 디자인이 원본과 어떻게 다른지 강조한다.)이 된다.

2. 키워드 stone | central courtyard

❶ 본문에서 키워드를 Scanning하면, 2번 문제와 일치하는 내용은 1문단 여덟 번째 문장에서 발견된다. The floor of the square has been paved with the same signature blue stone as the street directly outside, further enhancing the impression that the building is a part of the surrounding community.(광장의 바닥은 바로 바깥 거리와 동일한 특징적인 파란 석재로 포장되었는데, 그것은 건물이 주변 공동체의 일부라는 인상을 더욱 강조한다.)라고 나와 있는데, floor of the square가 central courtyard라고 할 수 있다. 또한 stone이 똑같이 언급되고 있으므로 이 부분이 정답의 확실한 근거 문장이다.

❷ 이 정보와 일치하는 선택지는 **G – makes the building feel like part of the neighbourhood.**이다. 그래서 완성된 2번 문장은 The stone used in the central courtyard makes the building feel like part of the neighbourhood.(중앙 정원에 사용된 돌은 그 건물을 지역의 일부처럼 느끼게 만든다.)가 된다.

3. 키워드 information desk

❶ 본문에서 키워드를 Scanning하면, 3번 문제와 일치하는 내용은 1문단 여섯 번째 문장에서 발견된다. The practical service needs of visitors—information desks, the museum shop, and the coat room—have been relocated to the sides in order to make room for a massive open space.(안내 데스크, 박물관 기념품 가게, 외투 보관소 등 방문객들이 실질적으로 필요로 하는 서비스들은 커다랗게 개방된 공간을 만들 자리를 확보하기 위해 측면에 재배치됐다.)라고 나와 있는데, 이처럼 안내 데스크를 옮긴 이유는 방문하는 사람들을 위한 넓은 공간을 만들기 위해서이다.

❷ 이 정보와 일치하는 선택지는 **D – provides more space for the public to gather.**이다. 그래서 완성된 3번 문장은 Moving the location of the information desk provides more space for the public to gather.(안내 데스크 위치 이동은 대중들이 모일 수 있는 더 많은 공간을 제공한다.)가 된다.

4. 키워드 *Melbourne Now* │ criticised

❶ 본문에서 키워드를 Scanning하면, 3문단 네 번째 문장에서 처음으로 *Melbourne Now*가 발견되고, 다섯 번째 문장에서 criticism이 발견된다. 왜 비난 받았는지 이유를 확인하기 위해서 다섯 번째 문장을 보면, while at the same time receiving heavy criticism for lacking any true artistic depth or sophistication(동시에 어떠한 진정한 예술적 깊이나 세련됨도 없다는 심한 비난을 받았다)이라고 나와 있다.

❷ 이 정보와 일치하는 선택지는 예술적인 가치를 중요하게 여기지 않는다는 뜻에서 동일한 맥락인 **A – places more importance on monetary value than artistic value.**이다. 그래서 완성된 4번 문장은 *Melbourne Now* has been criticised because it places more importance on monetary value than artistic value. (〈현재의 멜버른〉은 비난의 대상이 되었는데 왜냐하면 그것은 예술적 가치보다 금전적 가치를 더 중시하기 때문이다.)가 된다.

5. 키워드 Edutainment │ cautious pace

❶ 본문에서 키워드를 Scanning하면, 5번 문제와 일치하는 내용은 4문단 다섯 번째 문장에서 발견된다. That said, it is important to make this transition to 'edutainment' slowly and carefully.(그렇기는 하지만, 이러한 '에듀테인먼트'로의 변화를 천천히 신중하게 이끄는 것이 중요하다.)라고 나와 있다.

❷ 5번 문제는 이유를 요구하는 문제이므로 다음 문장도 확인하면, While it may be necessary to welcome in a larger audience, it is not worth sacrificing the respect of the artistic community.(더 많은 관람객들을 기꺼이 맞아들일 필요가 있을지도 모르지만, 예술계의 존경을 희생할 가치가 있는 것은 아니다.)라고 나와 있다. 다른 말로 하면 이러한 것이 예술계의 미술관에 대한 존경 혹은 존중을 떨어뜨릴 수도 있기 때문에 조심스런 속도로 도입되어야 한다는 뜻이다.

❸ 이 정보와 일치하는 선택지는 **F – risks damaging the museum's reputation among artists.**이다. 그래서 완성된 5번 문장은 'Edutainment' should be introduced at a cautious pace because it risks damaging the museum's reputation among artists.('에듀테인먼트'는 조심스런 속도로 도입되어야 하는데 왜냐하면 그것은 예술가들 사이에서 박물관의 명성을 손상시킬 위험이 있기 때문이다.)가 된다.

READING PASSAGE 2

해석

라틴어 애호가들에게 좋은 소식

라틴어와 같이 더 이상 구어로 쓰이지 않는 '죽은' 언어의 경우, 학습 프로그램은 단 한 가지 방식, 즉 학생들이 정확성과 이해력, 감상력을 가지고 얼마나 빠르고 쉽게 원문을 읽을 수 있는지에 의해 판단되어야 한다. 언어 교육자 조합은 우리가 기존의 어떤 프로그램보다 더 효율적이고 효과적인 라틴어문학(LLL) 학습 과정을 만들 수 있다는 믿음 아래 운영되었다. 이러한 포부는 라틴어 프로젝트 구축을 위한 초기 불씨를 제공했고, 그 동일한 포부가 오늘날까지 이 프로젝트를 유지하고 있다.

최근 몇 십 년간 공립학교 교육 과정에서 라틴어 보급이 감소하고 있다는 것은 의심의 여지가 없다. 그러나 이러한 감소는 고대 로마 문화 및 역사에 대한 흥미와 인기의 감소에 상응하는 것으로 보이지 않는다. 사실 그 반대의 경우라고 할 수 있다. 라틴어 문학 작품 및 다른 글들의 번역에 대한 수요는 증가해 왔고, 라틴어와 고대 로마 역사 과정 참석자 수는 최근 몇 년간 증가하고 있다. 언어 교육자 조합은 그 사이에서 채워지기를 기다리는 틈새를 보았다. 이러한 프로젝트에는 자금 지원이 필요하며, 1982년에 마이클 애니스 박사가 처음으로 3만 5천 파운드를 청원했을 때는 일부 집단의 회의적인 태도에 맞닥뜨렸다. 그러나 일 년 뒤에는 그 액수의 두 배 이상 되는 금액이 모금되었고 프로젝트가 시작되었다. 프로젝트의 자금이 바닥나고 마무리 짓기 위해 재정적인 지원을 필요로 했을 때, 추가 1만 파운드가 몇 주 내로 모금되었다. 이 글의 혜택을 받는 사람은 누구든지 W. P. 맥아더 재단, 베드포드 대학 고전 언어학과와 다른 수많은 개인, 학교와 기관에 감사해야 할 빚이 있다.

LLL 과정 계획을 시작할 때, 가장 간단한 접근법은 단순하게 학생들이 따라올 수 있도록 단계별 라틴어 문법 수업을 하면서, 거기에 학생들이 글을 학습해 나가는 와중에 학습 진척도를 평가할 수 있는 읽기 및 쓰기 과제를 결합하는 것이었다. 이러한 생각에 기반한 라틴어 수업은, 비록 인기는 있을지라도, 정말 많은 라틴어 학습자들에게 영감이 되는 고전 지문을 다루는 데 있어 부족함이 있다. 또 다른 접근 방법은 가장 기본적이고 흥미로운 라틴어 글들을 골라 번역된 형식으로 제공하면서, 학생들이 그 언어의 기본 개념과 그들에게 주어진 문학 작품의 핵심 요소를 이해하도록 고무되기를 기대하면서 약간의 문법 정보들을 여기저기 넣어 두는 것이다. 당연히 문제는 이런 '질보다 양' 방식의 접근법이 비효율적일 수 있다는 점이다. 재미있을 수는 있겠지만, 적절한 언어적 지침이나 도움 없이 방대한 양의 글을 읽는 데에서 얼마나 많은 교육적 이득을 얻을 수 있을까?

대부분의 교육자들은 구어로 사용되는 현대 언어의 경우, 사회적인 분위기와 언어의 소리에 둘러싸여 새벽부터 밤까지 현대 언어에 푹 파묻히는 것이 학습에 있어서 훌륭한 환경이라는 점에 동의한다. 그러나 우리는 청자가 그 환경의 일부가 되어야만 이러한 맥락 안에서 진척을 이룰 수 있다는 점을 명심해야 한다. 때때로 이는 원어민들에게 말을 천천히 하고, 비언어적으로 소통하고, 말을 단순화하고 반복할 것을 요구한다. 같은 종류의 배려가 고전 원문 입문 단계 독자들에게도 주어져야 한다. 단순화와 설명, 그리고 어느 정도 언어적으로 손을 잡고 이끌어주는 것 없이는 글의 의미가 왜곡될 가능성이 매우 높고, 어쩌면 완전히 오해를 사서 이 사업 전체의 목적을 좌절시킬 수도 있다.

방법론 면에서 라틴어 프로젝트 배후에 깔린 생각은 실용적이다. 다시 말해서, 그들은 맹목적으로 현대의 방식을 받아들이면서 전통적인 방식들을 얕보지 않고, 반대의 경우도 마찬가지다. 수업 과정은 당연히 오직 가장 단순한 단어 및 문법적인 구조에 좁은 초점을 두고 시작한다. 긴 문장들은 보다 짧은 조각들로 나누어져 있지만, 그 구조는 항상 그것의 언어적 뿌리에 충실하다. 이 단순함의 균형을 맞추기 위해, 희석된 형태를 만들어 내는 것을 피하기 위해 원본을 충분하게 남길 수 있도록 매우 세심한 주의를 기울였다. 학습 과정은 고전 원문들을 현대적으로 재구성한 것들을 가지고 시작하지만, 학생들이 이 과정을 학습해 나가면서, 고대의 목소리가 그 모든 복잡성을 지닌 채로 점점 귀에 들어오기 시작한다. 마지막 부분에 이르면, 왜곡과 오해에 대한 위험성은 충분히 줄어들어 학생들이 문화와 언어에 동등하게 초점을 맞추면서 직접 원문을 상대할 수 있게 해 준다.

이 프로젝트가 무언가를 입증해 준다면, 그것은 바로 모든 사람들을 만족시키는 것이 불가능하다는 점이다. 고전 원문을 재구성하고 단순화하기로 한 결정은 많은 저항에 부딪혔다. 라틴어 프로젝트의 배후에 있는 작가와 학자들은 심지어(그리고 아마도 특히) 오랜 숙고와 전방위에 걸친 많은 조언에도 불구하고, 모든 과정에 거쳐 인기 없는 결정을 내릴 필요가 있다는 것을 깨달았다. 이 학습 과정을 만들어 내기 위해 노력한 사람들은 광범위한 배경을 지닌 사람들이라는 점을 유념해야 한다. 다양한 원고들은 그들의 효과성 및 정확성 보장을 위해 APR 선택 과정과 컴튼 고전학원에 의해 진행 과정 전반에 걸쳐 검토를 받았고, 이후 원고들은 이러한 프로그램들의 피드백에 근거해 수정됐다. 그리고 어학 과정 접근 방식에 있어서 모든 결정 사항은 의견을 분분하게 만들 수 있다. 상상력, 지략, 신속함과 기꺼이 비판에 대응하고 그에 순응하고자 하는 마음은 모든 진행 과정 단계에 있어서 칭찬받을 만한 것이었고, 그들의 노력과 끈기는 지금까지 만들어진 것들 중 최고라는 사실을 증명하게 될 라틴어 과정으로 결실을 맺었다.

6   살아 있는 원어민이 없는 언어 수업은
7   공립 학교 시스템 안에서의 라틴어는
8   라틴어 과정에 대한 문법 기반 접근법은
9   사회적 환경에서 현대 언어를 배우는 것은
10 원어로 된 고전 문학의 초보 독자들은
11 라틴어문학 과정의 초반부는
12 라틴어문학 과정의 마지막 부분은
13 모든 당사자가 만족하는 합의에 도달하는 것은

A   문법이 불필요하다고 생각한다.
B   고전 문학의 중요성을 과소평가한다.
C   원어민들에게 학습자에게 맞춰줄 것을 요구한다.
D   언어에 집중하는 만큼 문화에 집중한다.
E   이전에 비해 덜 확산되어 있다.
F   현실적인 목표가 아니다.
G   대부분의 학생들에게 효과적이지 않다.
H   원문의 단어와 표현을 단순화한다.
I   독해력 진척도를 기반으로 평가되어야 한다.
J   저자가 의도한 메시지를 놓칠 위험이 있다.

어휘 appreciation n 감상, 공감　operate v 작동되다, 가동하다, 가동시키다　it is beyond doubt that ~은 의심의 여지가 없다　prevalence n 유행, 보급　reverse v 뒤바꾸다, 반전시키다, 뒤집다　funding n 재정적 지원　be likely 개연성이 있다, ~할 듯 싶다, ~할 법하다　coop n 조합　skepticism n 회의적인 태도, 의심　owe v 빚이 있다　debt n 빚, 채무, 은혜　sit down to ~에 열심히 착수하다　pick out ~을 고르다, 선택하다, 가려내다　engaging adj 호감이 가는, 매력적인　present v 증정하다, 제공하다　quantity over quality 질보다 양을 중시하다)　adequate adj 적당한, 알맞은　immerse v ~에 몰두하다, 담그다　dusk n 해질녘, 황혼　insofar ~하는 한에 있어서는　at times 가끔은, 때때로　nonverbally adv 비언어적으로　distort v 왜곡하다, 비틀다　pragmatic adj 실리적인, 실용적인　mark the first time 첫 번째이다　look down on ~을 얕보다, ~을 낮춰 보다　blindly adv 마구잡이로, 맹목적으로　vice versa 거꾸로, 반대로, 반대의 경우도 마찬가지　be true to 신의가 있다, 충실하다　break down into ~로 분해하다　watered-down adj 물을 탄, 약화된, 둔화된, 경감된　lessen v 적어지다, 작아지다, 줄다　all along the way 내내　deliberation n 숙고, 신중함　draft n 초고, 원고　trial n 심판, 시험　subsequent adj 그 다음의, 차후의　revise v 수정하다, 고치다, 개정하다　resourcefulness n 지략이 풍부함, 지혜　praiseworthy adj 칭찬할 만한　perseverance n 인내, 끈기

해설 **6. 키워드 no living native speakers**

❶ 살아 있는 원어민이 없다(no living native speakers)는 것은 즉 그 언어를 모국어로 쓰는 나라가 없다는 의미로 이해할 수 있다. 문제와 일치하는 내용은 1문단 첫 번째 문장에서 발견된다. When it comes to a "dead" language like Latin, one that is no longer spoken(라틴어와 같이 더 이상 구어로 쓰이지 않는 '죽은' 언어의 경우) 부분을 Scanning하고 그 뒤에 나오는 내용을 살펴보면, a programme of study must be judged in just one way: how quickly and easily students can read original texts with accuracy, comprehension and appreciation(학습 프로그램은 단 한 가지 방식, 즉 학생들이 정확성과 이해력, 감상력을 가지고 얼마나 빠르고 쉽게 원문을 읽을 수 있는지에 의해 판단되어야 한다)이라고 나와 있다. 즉 그 수업은 학생들의 읽기 능력으로 판단되어야 한다는 것이다.

❷ 이 정보와 일치하는 선택지는 **I – should be evaluated based on reading comprehension progress.**이다. 그래서 완성된 6번 문장은 Courses in languages with no living native speakers should be evaluated based on reading comprehension progress.(살아 있는 원어민이 없는 언어 수업은 독해력 진척도를 기반으로 평가되어야 한다.)가 된다.

7. 키워드 public school

❶ 공립 학교에 대한 언급은 2문단 첫 번째 문장에서 발견된다. It is beyond doubt that the prevalence of Latin in the public school curriculum has been in decline in recent decades.(최근 몇 십 년간 공립학교 교육 과정에서 라틴어 보급이 감소하고 있다는 것은 의심의 여지가 없다.)라고 나와 있는데, 보급이 감소하고 있다는 것은 그것을 배우는 학교가 이전보다 줄어들고 있다는 의미다.

❷ 이 정보와 일치하는 선택지는 **E – is less widespread than it was before.**이다. 이렇게 완성된 7번 문장은 Latin in the public school system is less widespread than it was before.(공립 학교 시스템 안에서의 라틴어는 이전에 비해 덜 확산되어 있다.)가 된다.

8. 키워드 grammar-based

❶ 문법에 대한 언급은 3문단 첫 번째 문장에서 발견된다. Sitting down to plan the LLL course, the simplest approach would have been to simply put together step-by-step Latin grammar lessons for the students to follow, mixing in reading and writing tasks that would assess their progress as they went through the text.(LLL 과정 계획을 시작할 때, 가장 간단한 접근법은 단순하게 학생들이 따라올 수 있도록 단계별 라틴어 문법 수업을 하면서, 거기에 학생들이 글을 학습해 나가는 와중에 학습 진척도를 평가할 수 있는 읽기 및 쓰기 과제를 결합하는 것이었다.)라고 나와 있는데, 이 문장에서 제시된 정보인 '문법 수업에 읽기와 쓰기 과제를 내고 교육시킨다'라는 내용과 일치하는 선택지는 없다.

❷ 따라서 이어지는 두 번째 문장도 읽어 보면, Latin courses based on this idea, as popular as they may be, are lacking in their treatment of classic texts, the inspiration for so many students of Latin.(이러한 생각에 기반한 라틴어 수업은, 비록 인기는 있을지라도, 정말 많은 라틴어 학습자들에게 영감이 되는 고전적인 지문을 다루는 데 있어 부족함이 있다.)이라고 나와 있다. 여기서 말하는 this idea는 앞 문장에서 언급된 문법에

기반한 수업을 말하므로, 이 문장 역시 정답의 근거가 된다. 즉 classic texts(고전적인 지문)를 다루는데 있어서 이러한 방법으로는 부족하다는 것이다.

❸ 이 정보와 일치하는 선택지는 **B – undervalues the importance of classical literature.**이다. 그래서 완성된 8번 문장은 A grammar-based approach to a Latin course undervalues the importance of classical literature.(라틴어 과정에 대한 문법 기반 접근법은 고전 문학의 중요성을 과소평가한다.)이다.

9. 키워드 modern language

❶ 현대 언어에 대한 언급은 4문단 첫 번째 문장에서 발견된다. Most educators agree that when it comes to modern spoken languages, being immersed in a modern language from dawn until dusk, surrounded by the social atmosphere and sounds of the language is an excellent environment for learning.(대부분의 교육자들은 구어로 사용되는 현대 언어의 경우, 사회적인 분위기와 언어의 소리에 둘러싸여 새벽부터 밤까지 현대 언어에 푹 파묻히는 것이 학습에 있어서 훌륭한 환경이라는 점에 동의한다.)라고 나와 있다. 그리고 다음 문장을 보면, But we must keep in mind that progress can only be made in this context insofar as the listener is made a part of that environment.(그러나 우리는 청자가 그 환경의 일부가 되어야만 이러한 맥락 안에서 진척을 이룰 수 있다는 점을 명심해야 한다.)라는 내용이 나와 있다. 즉, 현대 언어를 사회적 환경에서 배우는 것은 반드시 청자(listener)가 그 환경의 일부가 되어야만 한다는 점이 강조되고 있다.

❷ 그리고 그 다음 문장까지 읽어 보면, At times, this requires the native speakers to slow their speech, communicate nonverbally, simplify and repeat themselves.(때때로 이는 원어민들에게 말을 천천히 하고, 비언어적으로 소통하고, 말을 단순화하고 반복할 것을 요구한다.)라고 나와 있다. 이 문장들을 종합해 보면, 청자는 반드시 그 언어를 배우는 사회적 환경의 일부로서 역할을 해야 하며, 이를 위해 원어민들은 청자, 즉 그 언어를 배우는 사람에게 말을 늦추고 소통하는 방식을 다양하게 해 줄 것을 요청 받는다고 이해할 수 있다.

❸ 이 정보와 일치하는 선택지는 **C – requires native speakers to adjust to the learner.**이다. 그래서 완성된 9번 문장은 Learning a modern language in a social environment requires native speakers to adjust to the learner.(사회적 환경에서 현대 언어를 배우는 것은 원어민에게 학습자에게 맞춰줄 것을 요구한다.)가 된다.

10. 키워드 Novice readers

❶ 초보 독자에 대한 언급은 4문단 네 번째 문장에서 발견된다. The same kind of consideration must be made for beginner-level readers of a classic text.(같은 종류의 배려가 고전 입문 입문 단계 독자들에게도 주어져야 한다.)라고 나와 있다. 그 다음 문장을 보면 Without simplification, explanation and some amount of linguistic hand-holding, the chances are very high that the meaning of the text will be distorted, and possibly misunderstood completely, defeating the whole purpose of the enterprise.(단순화와 설명, 그리고 어느 정도 언어적으로 손을 잡고 이끌어주는 것 없이는 글의 의미가 왜곡될 가능성이 매우 높고, 어쩌면 완전히 오해를 사서 이 사업 전체의 목적을 좌절시킬 수도 있다.)라고 나와 있는데, 우리는 이 두 문장을 통해서 이런 종류의 배려가 없다면 고전 원문의 초보 독자들은 왜곡된 의미나 오해의 소지가 있는 내용을 받아들일 수도 있다는 것을 알 수 있다. 즉 저자가 말하려고 하는 내용이 아닌 다른 내용으로 이해할 수 있다는 의미다.

❷ 이 정보와 일치하는 선택지는 **J – risk missing the author's intended messages.**이다. 그래서 완성된 10번 문장은 Novice readers of classical literature in its original language risk missing the author's intended messages.(원어로 된 고전 문학의 초보 독자들은 저자가 의도한 메시지를 놓칠 위험이 있다.)이다.

11. 키워드 beginning | course

❶ 강좌의 시작에 대한 언급은 5문단 세 번째 문장에서 발견된다. The course begins with an understandably narrow focus on only the simplest vocabulary and grammatical constructions.(수업 과정은 당연히 오직 가장 단순한 단어 및 문법적인 구조에 좁은 초점을 두고 시작한다.)라고 나와 있다. 다음 문장을 보아도 Long sentences have been broken down into shorter pieces, but the structure is always true to its linguistic roots.(긴 문장들은 보다 짧은 조각들로 나누어져 있지만, 그 구조는 항상 그것의 언어적 뿌리에 충실하다.)라고 나와 있다. 두 문장의 내용을 종합해 보면 이 강좌가 짧은 문장과 쉬운 단어 및 문법과 함께 시작한다는 것

을 알 수 있다.

❷ 이 정보와 일치하는 선택지는 **H – simplifies the words and expressions in the texts.**이다. 그래서 완성된 11번 문장은 The beginning of the Latin Language and Literature course simplifies the words and expressions in the texts.(라틴어문학 과정의 초반부는 원문의 단어와 표현을 단순화한다.)이다.

12. 키워드 last part │ course

❶ 강좌의 마지막에 대한 언급은 5문단 일곱 번째 문장에서 발견된다. By the final section, the risks of distortion and misunderstanding have been sufficiently lessened to allow students to directly engage with the original texts, focusing on culture and language in equal parts.(마지막 부분에 이르면, 왜곡과 오해에 대한 위험성은 충분히 줄어들어 학생들이 문화와 언어에 동등하게 초점을 맞추면서 직접 원문을 상대할 수 있게 해 준다.)라고 나와 있다.

❷ 강의의 마지막 부분에서 결과적으로 학생들은 문화와 언어에 동등한 수준으로 집중할 수 있다는 내용이 나온다는 점에서, 이 정보와 일치하는 선택지는 **D – focuses as much on culture as it does on language.**이다. 그래서 완성된 12번 문장은 The last part of the Latin Language and Literature course focuses as much on culture as it does on language.(라틴어문학 과정의 마지막 부분은 언어에 집중하는 만큼 문화에 집중한다.)이다.

13. 키워드 all parties are satisfied

❶ 모든 관련 있는 사람들이 만족하는 것에 대한 언급은 6문단 첫 번째 문장에서 발견된다. If this project proves anything, it is the impossibility of pleasing everyone.(이 프로젝트가 무언가를 입증해준다면, 그것은 바로 모든 사람들을 만족시키는 것이 불가능하다는 점이다.)이라고 나와 있다.

❷ 이 문장에서 모든 사람들을 기쁘게 하는 것은 불가능(impossibility)하다는 사실을 알 수 있고, 이와 정보와 일치하는 선택지는 **F – is not a realistic goal.**이다. 따라서 완성된 13번 문장은 Reaching a consensus with which all parties are satisfied is not a realistic goal.(모든 당사자가 만족하는 합의에 도달하는 것은 현실적인 목표가 아니다.)가 된다.

CHAPTER 02.
실전 다지기   **UNIT 10. Multiple Choice Question**

Practice

1 B	**2** E	**3** D	**4** B	**5** D
6 A	**7** C	**8** B	**9** C	**10** A
11 A	**12** D			

READING PASSAGE 1

해석

아이슬란드 심층 시추 프로젝트

A 2000년에 아이슬란드 국가에너지국은 아이슬란드의 에너지 회사 세 곳과 협력하여 아이슬란드 심층 시추 프로젝트(IDDP)를 설립하였다. 현재 진행 중인 이 프로젝트의 목표는 400-600도에서 액체를 추출하기 위해 열수계의 근원으로 파고드는 기술을 개발하고 테스트하는 것이다. IDDP-1로 알려진 첫 번째 시추 시도는 놀라운 결과를 냈는데, 시추 팀이 실수로 액체 마그마에 곧장 구멍을 뚫었고, 이것은 세계적으로 극히 드문 경우였다. 비록 시추 파이프가 막히긴 했지만 막힌 것을 뚫기 위해 냉각수가 파이프 안으로 주입되었고, 증기가 450도 이상의 온도에서 배출될 수 있을 만큼 수리되었는데 이는 지열 세계 기록이었다. IDDP에 초점을 맞춘 〈지구열학〉 2014년 1월호의 편집자인 윌프레드 엘더스에 따르면, "기본적으로 IDDP-1는 세계 최초로 마그마로 강화된 지열 시스템을 만들었다. 이 독특한 공학적인 지열 시스템은 용해된 마그마로부터 직접 열을 공급하는 세계 최초의 시스템이다."

B IDDP-1의 성공을 발판 삼아, IDDP 프로그램은 향후 몇 년 내로 계획된 IDDP-2, IDDP-3 두 개의 관정을 더 추진할 예정이다. 주된 목표는 더 높은 가치의 고압 증기를 생산하고, 지열 발전소의 전력 출력을 아마도 지금 현재 용량의 10배까지 더 증가시키는 것으로 남아 있다. 결국에는 이 추가 청정 전기를 영국에 팔 수 있게 될지도 모르며, 이는 아이슬란드에게는 반가운 수입원이 되고 영국에는 더 나은 에너지 유연성을 부여할 것이다. 추가적으로 IDDP 프로젝트는 과학계가 열수계에 대한 이해를 크게 높이는 데 도움을 줬다. 엘더스가 시사하는 바와 같이, "IDDP는 산업과 과학계 모두의 이익을 위한 생산적인 협력의 한 예이다. 이 깊은 관정들을 파는 데 사용되는 비용은 학계 과학자들이 일반적으로 사용할 수 있는 자금을 크게 상회한다. 결과적으로 산업 파트너들은 반대의 경우 그들이 얻을 수 없었을 과학적인 기술과 전문 지식을 얻게 된다."

C 300도가 넘는 유체 추출의 한 가지 장애물은 이 온도에서 암석들이 투과성이 파괴되는 구조적인 변화를 겪는다는 것이다. 만약 암석들이 투과되지 않는다면, 유체 유량율이 장기적인 에너지 생산에 충분할 만큼 높지 않을 것이다. 전반적으로 지열 에너지의 또 다른 주요 한계는 풍력 및 태양 에너지와 달리 이것이 지역에 특성화된 에너지라는 것이다. 고용량 지열 발전소는 아이슬란드와 같이 상대적으로 새로운 화산 활동 지역이나, 뉴질랜드 및 캘리포니아와 같이 지각판을 따라 위치한 지역들에서만 성공할 것이다. 지열 발전소에서 발생한 에너지를 최소한의 손실로 먼 거리에 전송할 수 있는 기술을 개발하는 데 추가적인 자원이 투자되어야 한다.

어휘 hydrothermal [adj] 열수의 fluid [n] 유체, 액 drilling [n] 시추 yield [v] 내다, 산출하다, 생산하다 straight into 곧장, 즉시 occurrence [n] 발생, 출현 blockage [n] 막는 것, 장애 geothermal [adj] 지열의 molten [adj] 녹은 essentially [adv] 본래는, 기본적으로는 intend to ~할 작정이다, ~하려고 생각하다 principal goal 주된 목표 in turn 결과적으로 expertise [n] 전문적 지식, 전문적 기술 gain access to ~에 접근하다 permeability [n] 삼투성, 투과성 high volume 다량, 고용적 tectonic plate 지각판 vast [adj] 방대한, 어마어마한

A. **해석** 그것은 풍력 또는 태양 에너지보다 더 많은 전기를 생산할 수 있다.

해설 C문단 세 번째 문장을 보면, Another major limitation of geothermal energy in general is that unlike wind and solar energy, it is location-specific.(전반적으로 지열 에너지의 또 다른 주요 한계는 풍력 및 태양 에너지와 달리 이것이 지역에 특성화된 에너지라는 것이다.)라고 나와 있다. 이 부분에서 지열 에너지와 풍력 및 태양 에너지가 비교되고 있지만 그러한 방식을 통해 만들어지는 전기의 양에 대한 비교는 언급되지 않고 있기 때문에 **A를 정답으로 선택할 수 없다.**

B. **해석** 그것은 특정한 지리적 지역에서만 생산적일 수 있다.

해설 C문단 세 번째 문장을 보면, Another major limitation of geothermal energy in general is that unlike wind and solar energy, it is location-specific.(전반적으로 지열 에너지의 또 다른 주요 한계는 풍력 및 태양 에너지와 달리 이것이 지역에 특성화된 에너지라는 것이다.)라고 나와 있다. location-specific이라는 단어는 위치에 특성화되었다는 의미이므로 B의 in only certain geographic regions와 일치하는 부분이다. 따라서 **B를 정답으로 선택할 수 있다.**

C. **해석** 그것은 계속되는 화산 활동 때문에 불안정하다.

해설 C문단 네 번째 문장을 보면 volcanic activity에 대한 언급이 있다. High-volume geothermal energy plants will only succeed in areas of relatively new volcanic activity, like Iceland, or areas located along tectonic plates, like New Zealand and California.(고용량 지열 발전소는 아이슬란드와 같이 상대적으로 새로운 화산 활동 지역이나, 뉴질랜드 및 캘리포니아와 같이 지각판을 따라 위치한 지역들에서만 성공할 것이다.)라고 나와 있는데, 오히려 new volcanic activity가 있는 곳에서만 성공할 것이라는 내용이 확인된다. 그러므로 **C를 정답으로 선택할 수 없다.**

D. **해석** 그것의 도입은 대중의 감시를 받게 되었다.

해설 언급되지 않은 내용이기 때문에 **D를 정답으로 선택할 수 없다.**

CHAPTER 02 실전 다지기

E. 해석 그것은 아이슬란드의 국가적인 수입을 증가시킬 방법이 될 수도 있다.

해설 B문단 세 번째 문장을 보면 It may eventually be possible to sell this additional clean electricity to Great Britain, creating a welcome source of income for Iceland and greater energy flexibility for Great Britain.(결국에는 이 추가 청정 전기를 영국에 팔 수 있게 될지도 모르며, 이는 아이슬란드에게는 반가운 수입원이 되고 영국에는 더 나은 에너지 유연성을 부여할 것이다.)이라고 나와 있다. 이 문장에서 a welcome source of income이라는 것은 E의 a way to increase ~ national income과 일치하는 진술이기 때문에 **E**를 정답으로 선택할 수 있다.

READING PASSAGE 2

해석

언어와 생각의 관계

1950년대에 벤자민 리 워프라는 이름의 심리학자는 만약 사람들이 다르게 말한다면 그것은 그들이 또한 다르게 생각한다는 것을 의미한다고 가정했다. 그는 언어가 인간이 생각하는 방식에 영향을 미칠 뿐만 아니라, 사실 인간은 '언어로' 생각을 한다는 이론을 세움으로써 자신의 생각을 한 발짝 더 진전시켰다. 워프는 미국 애리조나주의 호피 부족에 대한 연구를 진행함으로써 현재는 '워프의 가설'이라고 불리는 자신의 생각을 시험했는데, 이를 통해 그는 호피어에 "우리가 '시간'이라고 부르는 것을 직접적으로 가리키는 단어도, 문법적인 형태도, 구조나 표현도" 없다는 것을 발견했다. 이 관찰을 기반으로 그는 호피족이 시간에 대해서 말할 방법이 없기 때문에 시간에 대해서 생각할 방법 또한 없다고 단정했다. 다시 말해서, 언어적 한계는 인지적 한계로 이어지는데, 이는 한 사람의 세상에 대한 경험이 근본적으로 언어에 의해 형성되는 증거라는 것이다.

'워프의 가설'은 많은 심리학자들과 민족 언어학자들에게 몇 년 동안 맹렬히 공격받았는데, 주로 연구에 사용된 빈약한 방법론을 겨냥한 것이었다. 가장 완벽한 비판은 에크하트 말로트키의 손에서 나왔는데, 그는 호피어 연구에 대해 면밀히 분석한 600쪽 분량의 논문을 발표했다. 말로트키는 시간적 관계를 나타내는 호피어 단어 예시 수백 개를 언급했고 워프의 분석에는 그 언어가 인지에 미치는 영향에 대한 어떤 종류의 증거도 결여되어 있다고 주장했다.

최근 들어 연구자들은 워프의 방법론을 개선해 보려고 시도했다. 그런 연구자 중 한 사람인 고니시 토시는 1993년에 독일어 화자와 스페인어 화자를 비교하는 실험을 했는데, 두 가지 모두 성별화된 언어, 즉 생물이든 무생물이든 상관 없이 모든 명사에 성별을 부여하는 언어이다. 그는 독일어와 스페인어 화자들이 언어적인 성별에 따라서 물건을 다르게 묘사하는 경향이 있다는 점을 발견했는데, 이는 화자의 언어가 그들의 정신적인 차원에 영향을 미쳤다는 것을 입증하는 것처럼 보인다. 그러나 많은 이들은 그 결과가 반드시 독일어와 스페인어 사용자들 사이의 인지적인 차이를 증명하는 것이 아니라, 그 대신 단순히 각 언어의 고유한 차이점을 입증하는 것일 수도 있다고 지적했다.

어휘 posit ⓥ 가정하다, 단정하다   in other words 다시 말해서   linguistic adj 언어의   limitation ⓝ 한계, 제한   translate ⓥ 번역하다, 옮기다, 바꾸다   cognitive adj 인지/인식의   fundamentally adv 근본적으로, 본질적으로, 기본적으로   vigorously adv 강하게, 힘차게   ethnolinguist ⓝ 민족 언어학자   mostly adv 거의, 대부분, 주로, 일반적으로   methodology ⓝ 방법론, 순서   dissect ⓥ 면밀히 조사하다, 해부하다   temporal adj 시간의   cognition ⓝ 인식, 인지   gendered adj 성별을 반영한   assign ⓥ 배정하다, 선임하다   inherent adj 내재하는, 타고난, 고유한

3. 해석 '워프의 가설'의 핵심에는 어떤 가정이 있는가?
   A 다국어 사용자들은 더 큰 정신적 능력을 가지고 있다.
   B 영어 사용자들은 다른 사람들에 비해 인지적으로 더 재능이 있다.
   C 모든 정신적인 차이점은 언어의 직접적인 결과이다.
   D 서로 다른 언어적 배경을 가진 사람들은 똑같이 생각하지 않는다.

   해설 ❶ 이 문제가 Whorfian hypothesis를 이끄는 '가정'에 대해 물어보는 문제라는 것을 정확하게 파악하는 것이 중요하다.
   ❷ 1문단 첫 번째 문장을 보면, a psychologist named Benjamin Lee Whorf assumed that if people speak differently, it must mean that they also think differently(벤자민 리 워프라는 이름의 심리학자는 만약 사람들이 다르게 말한다면 그것은 그들이 또한 다르게 생각한다는 것을 의미한다고 가정했다.)라고 나와 있다. 즉 언어가 다르면 생각이 다를 거라고 가정한 것이고, 따라서 이와 일치하는 선택지는 **D**

– People from different linguistic backgrounds do not think the same.이다. do not think the same = think differently임을 반드시 파악하자.

❸ 이 문제에서 많은 학생들이 선택할 수 있는 오답은 C이다. 꽤 그럴 듯한 말로 보이지만 언어가 다르면 생각도 다르게 한다는 말과, 생각이 다른 이유는 모두 다 언어 때문이라는 말은 명백히 다른 뜻이기 때문에 잘 구별해야 한다. 이해하기 쉽게 예를 들면, '품질이 다르면 반드시 가격이 다르다'는 말과 '가격이 다른 이유는 품질이 다르기 때문이다'는 말은 서로 다른 뜻이기 때문이다.

4. **해석** 워프의 언어 연구가 암시하는 것은

    A 호피어 사용자들은 언어에 대해서 생각할 시간이 없다.

    B 호피족은 시간에 따라 사건을 연결할 수 없다.

    C 호피족의 언어는 그들의 인지적인 능력을 제한하지 않았다.

    D 개인적인 경험이 언어적인 표현을 형성한다.

  해설 ❶ 이 문제는 워프의 언어 연구가 무엇을 드러내고 있는지 찾는 문제이다. 즉, 이 연구의 결과물에 대해서 묻고 있다. 1문단 세 번째 문장을 보면 워프기 하나의 연구를 수행한 내용을 확인할 수 있다. Whorf tested his idea, now referred to as the Whorfian hypothesis, by conducting a study of the Hopi tribe from Arizona, USA(워프는 미국 애리조나주의 호피 부족에 대한 연구를 진행함으로써 현재는 '워프의 가설'이라고 불리는 자신의 생각을 시험했다)라고 나와 있다.

    ❷ 이 연구에 대한 결과를 보기 위해서 이어지는 다음 내용을 확인해야 한다. in which he found that the Hopi language has "no words, grammatical forms, construction or expressions that refer directly to what we call 'time'".(이를 통해 그는 호피어에 "우리가 '시간'이라고 부르는 것을 직접적으로 가리키는 단어도, 문법적인 형태도, 구조나 표현도" 없다는 것을 발견했다.)을 보면 호피어에 시간 개념이 포함되어 있지 않다는 것을 연구 도중 발견했고, 그것에 관한 결론은 다음 문장에 나타난다. Based on this observation, he went on to posit that because the Hopi had no way to talk about time, they also had no way to think about time.(이 관찰을 기반으로 그는 호피족이 시간에 대해서 말할 방법이 없기 때문에 시간에 대해서 생각할 방법 또한 없다고 단정했다.)이라는 문장에서 우리는 그가 연구를 통해 호피족에게 시간에 대한 언어가 없기 때문에 시간에 대해서 생각할 수도 없다는 결론을 내렸다고 정리할 수 있다. 따라서 정답은 **B – it is impossible for the Hopi to relate events in time.**이 된다.

    ❸ 이 문제에서 매력적인 오답은 D이다. 하지만 D에는 원인과 결과가 반대로 놓여 있다는 점을 꼭 파악해야 한다. 언어 때문에 그 생각을 못한다는 것이지, 경험이 언어를 만든다는 말은 나오지 않았기 때문이다.

5. **해석** 호피족에 대한 워프의 연구를 비판하는 논문에서, 말로트키가 보여준 것은

    A 호피어에는 시간을 표현하는 문법적 범주가 포함되어 있다.

    B 워프의 연구 방법론은 영어 사용자에게 편향되어 있었다.

    C 워프의 연구는 호피어에서 시간과 관련된 수백 개의 단어들을 알아냈다.

    D 워프는 언어와 정신 작용 간의 관계를 증명하는 데 실패했다.

  해설 ❶ 문제에서 우리는 Malotki가 Whorf의 연구를 비판했다는 내용을 알 수 있다. 본문에서 이와 관련된 부분을 Scanning하면, 2문단 두 번째 문장에서 해당 내용을 발견할 수 있다. The most complete criticism came at the hands of Ekkehart Malotki, who published a 600-page paper dissecting the Hopi language study.(가장 완벽한 비판은 에크하트 말로트키의 손에서 나왔는데, 그는 호피어 연구에 대해 면밀히 분석한 600쪽 분량의 논문을 발표했다.)라고 나와 있다.

    ❷ Malotki가 어떤 내용을 보여주었는지 확인하기 위해 그 다음 문장을 보면, Malotki referred to hundreds of examples of Hopi words that refer to temporal relations and claimed that Whorf's analysis lacked any kind of proof of the language's effect on cognition.(말로트키는 시간적 관계를 나타내는 호피어 단어 예시 수백 개를 언급했고 워프의 분석에는 그 언어가 인지에 미치는 영향에 대한 어떤 종류의 증거도 결여되어 있다고 주장했다.)이라고 나와 있다. 이 부분에서 Malotki가 시간 관련 단어를 예시로 보여주고, 또한 '언어의 인지에 대한 영향력의 증거가 없다'는 점을 들어 Whorf를 비판하고 있다는 점을 확인할 수 있다.

❸ 이러한 점에서 오답으로 확실하게 구분해야 하는 보기는 먼저 A이다. 지문에서는 시간 관련 단어가 수백 개 있다고 했을 뿐 문법에 대한 언급은 없었기 때문이다. 호피어에서 시간 관련 단어를 알아낸 것은 Malotki 이지 Whorf가 아니기 때문에 C도 제외된다. 그러므로 정답은 언어가 인지에 미치는 영향력에 대한 증거 가 없다고 말한 내용과 일치하는 **D – Whorf failed to prove the connection between language and mental processes.**가 된다.

6. 해석 고니시는 독일어와 스페인어를 사용하는 피실험자들을 통해 무엇을 연구했는가?

    A 해당 언어들에서 무생물에 성별을 부여하는 것의 영향

    B 언어 사용자들 간의 타고난 차이점들

    C 각 언어 사용자들이 생물 명사에 어떻게 성별을 부여하는지

    D 두 언어의 남성과 여성 사용자가 어떻게 다르게 생각하는지

해설 ❶ 이 문제는 Konishi의 연구 주제에 대한 질문이다. 먼저 이 연구가 언급되고 있는 3문단 두 번째 문장에서 One such researcher was Toshi Konishi(고니시 토시는 그런 연구자 중 한 사람이었다)는 내용을 찾을 수 있다.

❷ 문제에서 묻는 '무엇에 관한 연구를 했는지'를 찾아야 하기 때문에 다음 내용을 읽으면, who in 1993 performed a study comparing speakers of German and Spanish, which are both gendered languages, meaning that they assign gender to all nouns, whether living or nonliving. He found that German and Spanish speakers tend to describe objects differently according to their linguistic gender, seemingly proving that the speakers' language had affected them on a mental level.(1993년에 독일어 화자와 스페인어 화자를 비교하는 실험을 했는데, 두 가지 모두 성별화된 언어, 즉 생물이든 무생물이든 상관 없이 모든 명사에 성별을 부여하는 언어이다. 그는 독일어와 스페인어 화자들이 언어적인 성별에 따라서 물건을 다르게 묘사하는 경향이 있다는 점을 발견했는데, 이는 화자의 언어가 그들 의 정신적인 차원에 영향을 미쳤다는 것을 입증하는 것처럼 보인다.)이라고 나와 있다. 여기에서 Konishi 가 연구한 것은 성별을 모든 명사에 부여하는 두 가지 언어를 비교한 것이었고, 그 결과 언어적인 성별에 따라 그 명사를 다르게 묘사하는 경향이 확인되었다고 이해할 수 있다. 이러한 관점에서 볼 때 가장 중요한 단어는 물건(objects), 성별(gender), 다르게 묘사(describe differently), 언어(language), 정신(mental) 으로 줄일 수 있다.

❸ 4개의 보기 중에 쉽게 제외시킬 수 있는 것은 B와 D이고, 이 실험이 German과 Spanish가 각각 어떻게 명사들에게 성별을 부여하는지 그 방법에 대한 것은 아니기 때문에 C 역시 제외해야 한다. 지문에 나오는 objects는 A의 inanimate objects라고 할 수 있고, 그것들의 gender에 따라 다르게 묘사했다고 말하고 있으므로 A에서 언급하는 '성별을 부여하는 것의 영향(effect of assigning inanimate objects genders)' 이라고 볼 수 있다. 따라서 정답은 **A – the effect of assigning inanimate objects genders in these languages**이다.

READING PASSAGE 3

해석

십대 운전자의 마음속

국립통계분석센터에 따르면 15-20세 사이의 미국인은 자동차 충돌 및 다른 운송 수단의 사고와 관련된 사망자의 14%를 차지하지만, 청소년들은 미국 전체 운전자 수의 6.4%에 불과하다. 2005년에 주행 마일당 교통사고율은 16-19세의 경우 더 나이 많은 운전자들에 비해 4배나 높았다. 위험은 16세 운전자들의 경우에 최고치에 달하는데, 그들은 18-19세 운전자 들보다 마일당 두 배 더 자주 사고가 난다. 질병통제예방센터(CDC) 웹 사이트를 보면 이러한 사고들이 일반적으로 운전 자의 경험 부족, 위험을 무릅쓰는 행동, 그리고 알코올 남용 때문으로 여겨지는 것을 알 수 있다. 이러한 걱정들이 타당하 기는 하지만, 최근 연구는 십대의 뇌 구조 자체가 이러한 현상을 이해하는 열쇠를 쥐고 있을지도 모른다는 점을 시사한다.

오랫동안 인간의 뇌는 인간이 성장하는 것과 동일한 속도로 발전한다고 여겨져 왔는데, 이는 6세 즈음에 뇌의 발달과 변 화가 끝날 거라는 의미로 그때 뇌는 완전히 발달된 성인 크기의 95%에 도달한다. 사실, 이전 연구는 어린이의 첫 1-2년간 의 삶 동안 뇌가 필요 수 이상의 뇌세포를 생산하는 '과잉 생산' 단계를 거친다는 것을 보여줬다. 이 여분의 세포들은 '쳐내

지거나' 다른 말로 버려지는데, 과학자들은 이것이 뇌 발달이 끝났다는 신호를 보내는 거라고 믿었다. 하지만 국립정신건강연구소의 주디스 래퍼포트 박사는 최근에 그렇지 않다는 것을 입증하는 연구를 수행했다. 래퍼포트는 149명의 아이들과 청소년들에게 2년 간격으로 MRI 촬영을 진행했는데, 그녀의 연구는 뇌가 어린 시절 동안 발달을 멈추지 않는다는 것을 보여준다. 대신에 뇌는 두 번째 과잉 생산 시기에 들어가며 이 시기 동안에 정보 처리를 담당하는 조직인 회백질이 두꺼워진다. 또한 이 시기에는 성격, 이성, 충동, 감정을 조절하는 뇌의 한 부분인 전두엽이 현저하게 성장한다는 특징이 있다.

전두엽이 청년기까지 계속 발달한다는 것은 중요한 점인데, 연구자들은 뇌의 이 부분이 일반적으로 '중요한 결정'을 하기 위한 이성적인 의사결정 과정 사용을 책임진다고 믿기 때문이다. 그러므로 유년기와 청소년기에는 뇌의 다른 영역이 감정과 의사 결정의 과정에 개입하고 도와야 한다. 래퍼포트의 초기 연구를 더 확장시켜서, 맥린 병원 인지신경영상 부장인 데보라 유젤런–토드는 한 가지 연구를 수행했는데, 거기에서 그녀는 성인 그룹과 청소년 그룹에게 다양한 얼굴 표정 사진들을 보고 그들이 관찰한 감정을 식별하도록 요청했다. 그들이 곰곰이 생각하는 동안, 그녀는 MRI를 이용해서 그들의 뇌를 관찰했다. MRI 검사 결과 청소년과 어른들은 이 과제를 완료하기 위해 뇌의 서로 다른 부분을 사용한 것으로 나타났는데, 이는 십대 피실험자 절반이 공포감 표현을 충격이나 슬픔으로 잘못 인식하게 만든 반면, 성인의 100%는 주로 전두엽을 사용했고 감정을 정확하게 식별했다. 이 연구는 어떠한 상황과 그 잠재적인 결과들을 분석하는 데에 있어서, 십대의 뇌는 완전히 성숙한 성인들이 이용할 수 있는 인지적 판단 과정보다는 감정적인 반응에 훨씬 더 의존한다는 생각이 사실임을 보여준다.

이러한 연구들은 청소년들의 위험을 무릅쓰는 행동에 대한 설명에 꼭 필요한 섬세함을 더해 주는데, 특히 운전이라는 맥락 하에서 그렇다. 분명히 십대들은 그들의 덜 발달된 전두엽 때문에 완전히 성숙한 성인과는 다른 방식으로 세상을 이해한다. 운전하는 경우를 가정했을 때, 청소년은 다른 운전자의 행동을 위협적이거나 위험하다고 해석해서 과민 반응을 일으키거나 공격적으로 반응하게 될 수 있다. 또 다른 경우, 십대 운전자는 결정의 결과를 논리적으로 생각해 보지 못할 수 있고, 그 대신 '직감' 또는 감정에 근거한 결정을 내릴 수 있으며, 특히 스트레스를 많이 받는 운전 환경이나 또래들 앞에서 그렇게 할 수 있다. 이러한 이해는 청소년 운전자의 능력을 고려하고 그들이 책임감 있게 운전하는 데 필요한 그들 자신과 주변에 대한 인식 수준을 발전시킬 수 있도록 도울 때 반드시 고려되어야 한다. 더 나아가서 이 연구는 우리에게 이 중요한 발전 단계 동안 청소년들이 다양한 활동과 기술을 배우도록 장려되어야 한다는 것을 말해준다. 그들의 뇌가 회백질로 가득 차 있는 만큼, 이보다 더 유연하고 생산적인 순간은 오지 않을 것이다.

이 연구는 우리로 하여금 수많은 흥미로운 윤리적 문제에 대해 고민하게 만든다. 미국에서 합법적으로 술을 소비할 수 있는 나이인 21세는 세계에서 가장 높은 음주 연령 제한 중 하나이다. 이 최소 음주 연령을 정한 법안은 1984년에 많은 비판과 논쟁 속에서 법으로 제정되었다. 그러나 이러한 연구들은 이 법의 지지자들을 지원하는 것처럼 보이며, 청년 및 청소년들의 행동과 권리를 제한하는 다른 지침에 대한 타당한 이유로 사용될 수 있을 것이다. 이러한 연구 결과들을 근거로, 입법자들은 덜 발달된 정신으로 운전대를 잡이 박생하는 우발적인 피해로부터 운전자들과 보행자들을 보호하기 위해 법적 운전 가능 연령을 높여야 한다고 주장할 수 있다. 많은 주에서 이미 이런 면에서 일부 조치를 취했고, 십대 운전자와 동행할 수 있는 승객 수를 제한하는 규정을 통과시켰다.

또한 이 연구의 영향은 운전의 영역 너머까지 뻗어나간다. 예를 들어, 의사결정 기능이 덜 발달된 것으로 증명된 개인에게까지 투표권을 확대하는 것은 무책임하다는 주장이 제기될 수 있다. 게다가 이 연구는 25세 이하의 시민 징집을 허락해서는 안 된다는 주장을 하는 사람들에게 두 가지 이유 면에서 지지를 제공한다. 가장 분명한 것은, 만약 높은 스트레스 상황이 청소년 운전자들에게 판단 착오를 일으키는 것으로 입증되었다면, 이는 분명 전투 환경에서도 마찬가지일 것이다. 덜 명백하지만 동등하게 타당한 관점에서 보면 이러한 연구들은 청소년기가 개인의 일생에 있어서 가장 중요한 발달 시기 중 하나라는 것을 보여준다. 그렇다면 만약 청년들이 규칙적이고 조직적인 폭력에 장기간에 걸쳐 노출된다면 어떤 돌이킬 수 없는 피해를 입게 될 것인가? 사회가 청소년들의 미숙하고 실수투성이인 의사결정으로부터 어느 정도 보호되어야 하는 만큼, 청소년들 자신도 특정 환경 및 상황의 잠재적으로 해로운 영향으로부터 보호를 받아야 하는 취약층 인구로 받아들여져야 한다. 이러한 논쟁의 모든 면에 대해서 언급해야 할 점들이 있지만, 한 가지는 분명하다. 이 연구는 놀랍도록 복잡한 인간의 뇌에 대해서 우리가 아직 얼마나 많은 것을 더 배워야 하는지를 드러낸다는 점이다.

어휘 fatality n 사망자 constitute v ~을 구성하다 peak n 절정, 정점, 최고조 glance v 흘낏/휙 봄, 대충 훑어봄 chalk ~ up to … ~을 …때문으로 여기다 valid adj 타당한, 정당한, 유효한 presume v 추정하다, 여기다 prune v 가지를 치다, 잘라내다 administer v 관리하다, 운영하다, 집행하다 tissue n 조직 responsible for ~에 책임/원인이 있는, ~를 담당하는 frontal lobe 전두엽 wherein adv conj 어디에, 어떤 점에, 거기에 available to ~가 이용 가능한 reasoning n 이성, 추리, 추론 subtlety n 미묘함, 절묘함, 예민함 interpret v 설명/해석하다, 이해하다 gut feeling 직감 take into account ~을 고려하다, 참작하다

responsibly **adv** 책임감 있게   legislation **n** 입법 행위, 제정법   in the midst of ~중에, ~의 한가운데에   sign into 법안을 만들다   restrict **v** 제한하다, 한정하다, 방해하다   justification **n** 타당한 이유   do behind the wheel 운전하다   accidental **adj** 우연한, 돌발적인   implication **n** 영향, 결과   draft **v** 선발하다, 뽑다   lapse **n** 실수, 과실   vulnerable **adj** 취약한, 연약한   segment **n** 부분, 한 쪽

7. 해석 1문단에는 어떤 내용이 진술되어 있는가?

   A 미국 운전자의 10% 이상이 청소년이다.
   B 18–19세 운전자들은 사고가 날 위험이 가장 크다.
   C 16세 운전자들은 다른 연령층보다 사고가 날 가능성이 더 높다.
   D 십대들은 어른들보다 더 자주 술을 남용한다.

   해설 ❶ 이 문제는 보기 중 1문단에서 언급된 내용이 무엇인지를 묻는 단순한 문제이다. What point is made in paragraph 1?처럼 문단의 주제를 고르라는 문제는 아니지만, 각 보기를 하나씩 꼼꼼하게 따져봐야 한다는 점에서 시간이 소요되는 문제이긴 하다.

   ❷ 하나씩 확인을 해 보면, 먼저 A는 맞지 않다. 왜냐하면 1문단 첫 번째 문장 adolescents constitute only 6.4% of the total number of drivers in the United States.(청소년들은 미국 전체 운전자 수의 6.4%에 불과하다.)에서 청소년의 비율은 6.4%라고 분명하게 나와 있기 때문이다.

   ❸ B 역시 잘못된 선택지이다. 세 번째 문장을 보면, Risk peaks with sixteen-year-olds, who crash twice as often per mile as drivers between eighteen and nineteen years old.(위험은 16세 운전자들의 경우에 최고치에 달하는데, 그들은 18–19세 운전자들보다 마일당 두 배 더 자주 사고가 난다.)라고 나와 있는데, 16세 운전자들이 18–19세 운전자들보다 2배나 더 높은 사고율을 가지며 위험 면에서 최고 수치를 보인다고 말하고 있기 때문에 답이 될 수 없다.

   ❹ 위에서 말한 세 번째 문장의 Risk peaks with sixteen-year-olds(위험은 16세 운전자들의 경우에 최고치에 달한다)라는 부분에서 16세 운전자들의 위험이 누구보다도 높다고 말하고 있기 때문에, 정답은 **C – Sixteen-year-old drivers are more likely to crash than any other age group.**이 된다.

   ❺ D 역시 본문에서 언급된 적이 없는 내용을 비교하는 진술이어서 답이 될 수 없다.

8. 해석 래퍼포트의 연구는 무엇을 밝혀냈는가?

   A 뇌는 어린 시절에 거의 완전히 발달된다.
   B 뇌는 두 단계의 '과잉 생산'을 거친다.
   C MRI 촬영은 뇌의 발달에 아무런 영향을 미치지 않는다.
   D 추가적인 회백질은 전두엽의 발달 증가로 이어진다.

   해설 ❶ Rapoport의 실험이 새롭게 밝힌 사실이 무엇인지 묻는 문제이므로 이 문제를 풀려면 일단 지문에서 Rapoport를 찾아야 한다. 2문단 네 번째 문장을 보면, However, Dr. Judith Rapoport of the National Institute of Mental Health recently conducted a study proving otherwise.(하지만 국립정신건강 연구소의 주디스 래퍼포트 박사는 최근에 그렇지 않다는 것을 입증하는 연구를 수행했다.)라고 나와 있다. 일단 앞 문장에 대한 이해가 있어야 '그렇지 않다는 것'이 무엇을 가리키는지를 알 수 있을 것이다.

   ❷ 앞 문장을 보면, These extra cells are then 'pruned', or discarded, which scientists believed signaled that the brain was finished developing.(이 여분의 세포들은 '쳐내지거나' 다른 말로 버려지는데, 과학자들은 이것이 뇌 발달이 끝났다는 신호를 보내는 거라고 믿었다.)이라고 나와 있다. 이 문장을 통해 이해해 보면, '그렇지 않다는 것'은 세포들이 버려지는 것이 뇌 발달이 끝났다는 신호가 아님을 의미하는 것이다.

   ❸ 이어서 다섯 번째 문장을 보면, her research shows that brains do not stop developing during childhood. Instead, they enter a second period of overproduction during which grey matter, the tissue responsible for information processing, thickens.(그녀의 연구는 뇌가 어린 시절 동안 발달을 멈추지 않는다는 것을 보여준다. 대신에 뇌는 두 번째 과잉 생산 시기에 들어가며 이 시기 동안에 정보 처리를 담당하는 조직인 회백질이 두꺼워진다.)라고 나와 있다. 이전과 다르게 이 연구에서 밝혀진 것에 대해서 '대신에(Instead)' 다음 부분에 가장 핵심이 나와 있다. 두 번째 과잉 생산 시기에 들어간다는 것이

새롭게 밝혀진 사실이기 때문에, 정답은 **B – The brain undergoes two stages of 'overproduction.** 이다.

9. 해석 청소년의 경우, 중요 결정은

A 전두엽 사용 없이 내려진다.
B 감정 처리에 도움을 주기 위해서 내려진다.
C 뇌의 한 부위 이상을 사용해서 내려진다.
D 성숙한 성인의 도움으로 내려진다.

해설 ❶ 이 문제의 키워드는 꽤 구체적이므로, 3문단 첫 번째 문장에서 rational decision-making processes 라는 표현을 금방 찾을 수 있다. 그리고 다음 문장에서 adolescence를 찾으면, In childhood and adolescence, therefore, other areas of the brain have to step in and assist in the processing of emotions and decision-making.(그러므로 유년기와 청소년기에는 뇌의 다른 영역이 감정과 의사결정의 과정에 개입하고 도와야 한다.)라는 문장이 있다.

❷ 즉, 의사결정의 과정에 뇌의 다른 영역들이 개입해야 한다는 것은 **C – using more than one part of the brain.**과 일치하는 내용이기 때문에 정답은 C이다.

10. 해석 유젤런–토드의 연구에서,

A MRI 촬영은 십대들이 감정을 잘못 읽은 이유를 드러냈다.
B 참가자들은 다양한 얼굴 표정을 지으라는 요청을 받았다.
C 십대 참가자들은 어른 참가자들보다 더 두려움을 많이 보였다.
D 몇몇 청소년들은 두려움보다 충격과 슬픔으로 반응했다.

해설 ❶ 이 문제의 근거는 Yugelun-Todd를 Scanning하면 비교적 쉽게 찾을 수 있는데, 3문단 세 번째 문장에서 처음 발견된다.

❷ 하나씩 확인해 보면, B는 일치하지 않는다. 세 번째 문장에는 conducted a study wherein she asked a group of adults and teenagers to look at a variety of photographs of facial expressions and identify the emotion they observed.(성인 그룹과 청소년 그룹에게 다양한 얼굴 표정 사진들을 보고 그들이 관찰한 감정을 식별하도록 하는 연구를 수행했다.)라고 나와 있다. 즉, 사진을 보고 어떤 감정을 발견했는지 확인하라고 한 것이지, 직접 그 표정을 지어 보이라고 요청한 것이 아니었기 때문이다.

❸ 그리고 C도 지문과 일치하지 않는다. 지문에서는 십대들이 두려움을 보였다는 내용이 아니라, 관찰한 감정을 두려움의 표현으로 잘못 이해했다는 내용이 나온다. D 역시 십대들이 그러한 감정을 보인 것이 아니라 식별 과정에서 혼동했다는 내용이다. 그래서 B, C, D는 정답에서 제외된다.

❹ 하지만 다섯 번째 문장을 보면 The MRI showed that adolescents and adults used different parts of their brains to complete this task, causing half of the teenage subjects to misidentify the expression of fear as shock or sadness(MRI 검사 결과 청소년과 어른들은 이 과제를 완료하기 위해 뇌의 서로 다른 부분을 사용한 것으로 나타났는데, 이는 십대 피실험자 절반이 공포감 표현을 충격이나 슬픔으로 잘못 인식하게 만들었다)라고 나와 있다. 잘못 인식(misidentify)한 이유가 used different parts of their brains to complete this task라고 정확하게 나와 있기 때문에, 정답은 **A – MRI scans revealed the reason teenagers misread emotions.**이다.

11. 해석 다음 중 4문단을 요약한 것은?

A 청소년 정신은 판단의 오류를 범하지만 또한 매우 강력하다.
B 연구는 십대 운전자에 대한 제한이 강화되어야 한다는 것을 시사한다.
C 청소년 운전자들은 스트레스를 많이 받는 상황에 지나치게 민감하다.
D 청소년들은 자신의 주변 환경을 알지 못하기 때문에 위험을 무릅쓴다.

해설 ❶ 문단 요약 문제를 풀 때는 Skimming 기술 활용이 필요하다. 첫 번째 문장을 보면, 이러한 연구들이 the explanations of adolescent risk-taking behaviours, particularly within the context of driving

(특히 운전이라는 맥락 하에서 청소년들의 위험을 무릅쓰는 행동에 대한 설명)을 보충해 주고 있다고 말한다. 그리고 이어지는 내용에서 청소년이 가진 뇌의 특징이 어떤 식으로 옳지 못한 판단을 내리게 만드는지에 대한 세부 내용, 즉 causing them to overreact or react aggressively(과민 반응을 일으키거나 공격적으로 반응하게 만들거나), fail to logically consider the consequences of a decision and instead make a decision based on 'gut feeling' or emotion(결정의 결과를 논리적으로 생각해 보지 못할 수 있고, 그 대신 '직감' 또는 감정에 근거한 결정을 내릴 수 있다) 등이 언급된다.

❷ 그리고 Further 이후의 문장에서 청소년 시기가 vital stage of development(중요한 발전 단계)임을 밝히면서, 마지막 문장 Their brains will never again be more flexible and productive(그들의 뇌가 이보다 더 유연하고 생산적인 순간은 오지 않을 것이다)를 통해 청소년기의 뇌가 인생 중 가장 유연하고 생산적임을 강조하고 있다.

❸ 이러한 점에서 가장 타당한 보기를 고르면 **A – Adolescent minds make errors in judgment but are also very powerful.**이 정답으로 가장 알맞다. B는 4문단에서 언급되지 않은 내용이며, C와 D는 모두 지엽적인 내용으로 문단 전체의 요약으로는 적절하지 않다.

12. [해석] 5문단에 인용된 연구는 다음과 같은 생각을 뒷받침한다
A 법적 최소 음주 가능 연령을 낮춰야 한다.
B 청소년들을 위한 지침은 성인에게까지 확대되어야 한다.
C 청소년들은 적어도 한 명의 승객을 동반해야 한다.
D 법적 최소 운전 연령은 너무 낮다.

[해설] ❶ 이 문제는 5문단에 인용되는 연구가 무엇을 뒷받침하는지에 대한 질문이다. 5문단 다섯 번째 문장을 보면, It could be argued that, based on the results of these studies, lawmakers should raise the legal driving age, protecting drivers and pedestrians from the accidental damage an underdeveloped mind could do behind the wheel.(이러한 연구 결과들을 근거로, 입법자들은 덜 발달된 정신으로 운전대를 잡아 발생하는 우발적인 피해로부터 운전자들과 보행자들을 보호하기 위해 법적 운전 가능 연령을 높여야 한다고 주장할 수 있다.)이라고 나와 있다. 즉, 이러한 연구들의 결과가 결국은 법적 운전 연령을 높이자는 주장의 근거가 되고 있는 것이다.

❷ 반드시 주제를 항상 생각하며 문제에 접근하자. A는 오히려 규제를 약화시키는 것이기 때문에 반드시 제외시켜야 하고, B와 C는 정확하게 teenage drivers와 관련되지 않은 내용이다. 결국은 **D – the minimum legal driving age is too low.**가 정답이다.

1 True	**2** True	**3** Not Given	**4** Not Given	**5** predators
6 flashing	**7** poisonous	**8** physical contact	**9** vibrations	**10** high-pitched
11 body cavity	**12** pheromones	**13** (suitable) host	**14** vii	**15** ii
16 v	**17** x	**18** i	**19** ix	**20** vi
21 arms and legs	**22** counteract	**23** B	**24** C	**25** A
26 A	**27** respect	**28** circular/round	**29** sociological research	
30 modern methodologies		**31** aesthetic appearance		**32** Yes
33 No	**34** Not Given	**35** Not Given	**36** No	**37** D
38 A	**39** B	**40** A		

READING PASSAGE 1

해석

곤충이 소통하는 방법

곤충의 행동을 연구하는 과학자인 곤충학자는 곤충들이 서로 어떻게 의사소통을 하는지에 대해 많은 것을 이해하게 되었다. 그러나 이러한 현상을 과학적으로 이해하는 것은 곤충 의사소통의 일부 측면이 인간의 의사소통보다 더 미묘하고 측정하기 힘들다는 사실로 인해 더 어려워진다. 인간은 서로 의사소통하는 법을 배우는 데 많은 시간이 걸리는 반면, 곤충의 경우에는 이 과정이 선천적이고 본능적으로 이루어진다. 이러한 차이점 때문에, 곤충을 연구할 때 우리의 의사소통에 대한 개념을 한 유기체가 다른 유기체의 행동을 변화시키는 어떠한 행위나 조건도 모두 포함하도록 확장하는 것이 중요하다. 의사소통 행위를 하는 곤충을 '방출체'라고 부르는 한편, 행동이 바뀌는 것은 '수용체'로 알려져 있다. 많은 경우에 곤충들 사이의 의사소통은 쌍방향 정보 교환을 수반하므로 한 개체는 동시에 방출자와 수용자 둘 다가 될 수 있다.

곤충들은 주로 자기 종족의 구성원들과 의사소통하는데(동일종 내 의사소통), 왜냐하면 그들은 같은 '어휘'를 공유하기 때문이다. 그들은 짝짓기 상대를 찾고, 다른 이들에게 위험을 알리며, 먹이 공급원에 대한 정보를 제공하기 위해 이 신호들을 사용한다. 그들은 가끔 다른 종의 구성원들과도 소통한다(이종 간 의사소통). 이러한 신호 속에 짜 넣어진 정보는 직설적이고 오해하기 힘들게 만들어졌으며, 대개 포식자를 물리치기 위한 것이다. 몇몇 곤충들은 다른 종이 사용하는 의사소통 형태를 인식할 수 있고 심지어 재현할 수도 있다. '농물 흉내'로 알려진 이 기술은 곤충들이 포식자로부터 스스로를 숨기기 위한 위장으로 사용되거나, 잠재적인 먹이를 유인해 내는 방법으로 사용될 수 있다. 시각적인 의사소통은 인간만큼 지배적으로 나타나지는 않는데, 이는 곤충의 시각이 인간과는 매우 다른 정보를 제공한다는 사실 때문이다. 그러므로 촉각적 의사소통, 청각적 의사소통, 화학적 의사소통이 모두 광범위하게 사용된다.

곤충들은 각각 수백 개의 극도로 작은 렌즈로 구성된 겹눈을 가지고 있다. 이 눈은 잘 볼 수 있게 해 주지는 않지만, 곤충들이 움직임과 빛에 극도로 예민해지게 만든다. 시각적 의사소통은 번식을 위해 짝짓기 상대를 끌어들이기 위한 적극적인 방법으로 사용된다. 반딧불이는 '생체 발광'이라는 방식을 이용해 몸에서 불빛을 발산하고, 이 빛을 그들의 짝짓기 상대를 유혹하는 데 사용한다. 혼란을 피하기 위해서, 반딧불이 각 종은 번쩍이는 빛의 횟수와 길이가 다른 각자만의 고유한 신호를 가지고 있다. 몇몇 곤충들은 또한 천적을 피하는 데 시각적 신호를 사용하기도 한다. 한 예로, 총독나비는 자연 방어 수단이 없어서 독이 있는 모나크나비의 모습을 흉내 낸다. 새들은 모나크나비를 먹지 말아야 한다는 것을 알게 되는데, 총독나비는 그 결과로 이득을 얻는다.

촉각적 의사소통은 인간의 촉각과 완전히 다르지 않다. 곤충은 척추동물에 비해 덜 발달된 신경계를 가졌지만, 신체적 접촉을 수반해야 한다는 점에서 촉각적 의사소통의 원리는 같다. 대부분의 사람들은 꿀벌이 주변 식량원의 위치와 질을 나타내기 위해 춤을 춘다는 사실에 익숙하다. 그러나, 이러한 춤은 벌집 안에서 행해지기 때문에 시각적 특성과는 무관하다. 대신 이 움직임은 벌집을 통해서 전해지는 진동을 통해 다른 벌들에게 인식된다. 촉각적 의사소통의 또 다른 예로는 '직렬 주행'이라고 알려진 현상에서 볼 수 있다. 일렬로 걷는 동안, 개미들은 앞에 있는 개미에게 더듬이를 대게 된다. 더 이상 뒤에 있는 개미들의 더듬이를 느낄 수 없게 되면, 그들은 멈춰 서서 다른 개미들이 따라오기를 기다린다.

인간들은 귀뚜라미 우는 소리나 집파리의 윙윙거리는 소리처럼 곤충들이 만들어내는 몇몇 소리에 꽤 익숙하다. 그러나 곤충이 내는 대부분의 소리는 사실 우리가 듣기에는 너무 높은 음이다. 곤충은 다리나 배에 붙어 있는 '진동막'이라고 불리는 극도로 민감한 막을 가지고 있는데 이를 통해 서로의 소리를 들을 수 있다. 진동막은 소리를 듣는 것뿐만 아니라 만들어 내는 데에도 쓰인다. 예를 들어, 매미는 진동막을 진동시켜 강력한 소리를 만들어 낼 수 있다. 그들의 체강은 마치 북처럼 소리를 더 크게 만들기 위한 공명실 같은 역할을 한다. 매미의 소리는 주로 영역을 표시하거나 짝짓기 상대를 찾기 위해 사용된다.

화학적 의사소통에 관련된 감각들은 인간의 후각 및 미각과 유사한 감각의 결합이라고 볼 수 있다. 곤충이 내뿜는 화학 물질의 종류는 흔적을 표시하거나 번식 상대를 유인하는 동종 유인 호르몬과 위험 가능성을 다른 이들에게 알리는 데 쓰이는 상호대립억제 작용물질을 포함해 광범위하다. 곤충들은 주로 그들의 발과 더듬이에 위치한 감지 기관을 통해서 화학 물질을 감지할 수 있다. 그들은 동족에 의해 방출되는 화학 물질을 놀라울 만큼 잘 감지할 수 있다. 예를 들어, 제왕나방 암컷이 내뿜는 동종 유인 호르몬은 15km 넘게 떨어진 수컷들도 탐지할 수 있다. 곤충들은 다른 종이 내뿜는 화학물질을 감지하는 것도 배울 수 있다. 이러한 경우로는 숙주가 배출하는 화학 물질을 감지해서 적합한 숙주를 찾아낼 수 있는 몇몇 종류의 기생 빈대를 들 수 있다. 화학물질이 방출체보다 수용체에게 더 많은 이익이 되는 경우, 그것은 '카이로몬'이라고 불린다.

어휘 entomologist n 곤충학자 subtle adj 미묘한, 감지하기 힘든, 교묘한, 영리한 inborn adj 타고난 instinctual adj 본능에 따른 emitter n 방사체, 발포자 intraspecific adj 동일종 내의 mating n 짝짓기, 교미 interspecific adj 이종 간의 straightforward adj 간단한, 쉬운, 복잡하지 않은, 솔직한 ward off ~을 막다/피하다 reproduce v 복사하다, 복제하다, 재생/재현하다 mimicry n 흉내 camouflage n 위장 lure v 꾀다, 유인하다, 유혹하다 tactile adj 촉각의, 촉각을 이용한 extensively adv 널리, 광범위하게 compound adj 복합의, 합성의 miniscule adj 극소의 employ v 쓰다, 이용하다 reproduction n 번식 bioluminescence n 생체 발광 nervous system 신경계 vertebrate n 척추동물 in that ~이므로, ~라는 점에서 entail v 수반하다 beehive n 벌집, 벌통 irrelevant adj 무관한, 상관 없는 tandem adj 세로로 연결된 in a line 1열로, 열을 지어, 줄을 지어 chirp v 짹짹/찍찍거리다, 재잘거리다 cricket n 귀뚜라미 membrane n 막, 세포막 tymbal n 진동막 attached to ~에 소속된, ~에 애착을 느끼는 abdomen n 복부, 배 cavity n 구멍, 빈 부분 resonate v 울려 퍼지다 primarily adv 주로, 주요 analogous adj 유사한 emit v 방출하다 trail n 자국, 흔적, 자취 as well as ~에 더하여, 게다가, ~뿐만 아니라 allelochemical n 상호대립억제 작용물질 moth n 나방 track down ~을 찾아내다, 추적하다

1. **해석** 곤충들은 태어날 때부터 의사소통하는 방법을 알고 있다.

   해설 키워드 communicate │ from birth

   ❶ 이 문제의 판단 근거는 1문단 세 번째 문장 While it takes humans many years to learn how to communicate with one another, in insects this process is inborn and instinctual.(인간은 서로 의사소통하는 법을 배우는 데 많은 시간이 걸리는 반면, 곤충의 경우에는 이 과정이 선천적이고 본능적으로 이루어진다.)에서 찾을 수 있다.

   ❷ inborn and instinctual → 문제에서 말하는 from birth와 일치하는 정보이므로, 정답은 **True**이다.

2. **해석** 곤충들 사이에서 한 방향으로만 정보가 전달되는 경우는 드물다.

   해설 키워드 information │ passed │ only one direction

   ❶ 이 문제의 판단 근거는 1문단 여섯 번째 문장 In many cases, communication between insects involves a two-way exchange of information, and thus one individual can be both the emitter and receptor at the same time.(많은 경우에 곤충들 사이의 의사소통은 쌍방향 정보 교환을 수반하므로 한 개체는 동시에 방출자와 수용자 둘 다가 될 수 있다.)에서 찾을 수 있다.

   ❷ 많은 경우에 쌍방향 교환이 일어난다는 말은 한 방향으로만 이루어지는 정보 전달은 흔하지 않다는 말과 같은 의미이기 때문에 정답은 **True**이다.

3. **해석** 이종 간의 의사소통은 동종 간의 의사소통보다 더 복잡하다.

   해설 키워드 Interspecific communication │ intraspecific communication

   ❶ 이 문제의 판단 근거는 2문단 첫 번째 문장과 세 번째 문장에서 찾을 수 있다. 우선 2문단 첫 번째 문장에서는 Insects communicate mainly with members of their own species (intraspecific communication), because they share the same 'vocabulary'.(곤충들은 주로 자기 종족의 구성원들과 의사소통하는데(동

일종 내 의사소통), 왜냐하면 그들은 같은 '어휘'를 공유하기 때문이다.)라고 언급되고, 다음 문장에서 어떠한 목적을 위해 그 의사소통 방법을 이용하는지에 대한 설명이 나와 있다. 다음으로 세 번째와 네 번째 문장에서는 They sometimes communicate with members of other species as well (interspecific communication). The information coded into these signals is designed to be straightforward and difficult to misinterpret, usually to ward off predators.(그들은 가끔 다른 종의 구성원들과도 소통한다(이종 간 의사소통). 이러한 신호 속에 짜 넣어진 정보는 직설적이고 오해하기 어렵게 만들어졌으며, 대개 포식자를 물리치기 위한 것이다.)라고 나와 있다.

❷ 하지만 각각의 의사소통에 대한 설명이 나와 있을 뿐, 이 두 가지 의사소통의 복잡성에 대해서는 어떠한 비교도 되어 있지 않다. 그러므로 정답은 **Not Given**이다. 혼란스러운 정보인 것은 맞지만 항상 주어진 정보를 객관적으로 보도록 노력하자. Intraspecific communication은 같은 어휘를 사용한다는 정보와 interspecific communication는 straightforward(직설적인)해서 오해하기 어렵다는 정보가 나오지만, 둘을 비교하는 분명한 비교급 표현이나 상황 설명은 없기 때문에 헷갈리지 말고 Not Given이라고 답을 선택해야 한다. 비교급이나 최상급 표현이 등장하는 문제는 명백한 근거 문장이 있어야 사실/거짓 여부를 말할 수 있고, 그렇지 않다면 주어지지 않은 정보라고 생각하자.

4. 해석 곤충의 시력은 청력보다 약하다.

해설 키워드 **sense of sight** | **sense of hearing**

❶ 이 문제의 판단 근거는 2문단 일곱 번째 문장 이하인 Visual communication is not as dominant as it is in humans, due to the fact that an insect's sense of sight provides very different information than that of a human. Therefore, tactile communication, auditory communication, and chemical communication are all used extensively.(시각적인 의사소통은 인간만큼 지배적으로 나타나지는 않는데, 이는 곤충의 시각이 인간과는 매우 다른 정보를 제공한다는 사실 때문이다. 그러므로 촉각적 의사소통, 청각적 의사소통, 화학적 의사소통이 모두 광범위하게 사용된다.)에서 찾을 수 있다.

❷ 위의 문장에서는 시각적인 의사소통 면에서 곤충과 인간의 시각이 비교되어 있다. 그리고 곤충의 시력을 다른 의사소통 수단들이 보충한다고 서술되어 있다. 하지만 이러한 정보만으로는 무엇의 역할이 더 큰지, 무엇이 기능적인 부분에서 더 뛰어난지에 대한 비교 정보는 알 수 없다. 그러므로 정답은 **Not Given**이다.

해석

의사소통 수단	설명	예시들
시각적	• 움직임과 빛에 민감함 • 목적에는 짝짓기 상대가 접근하도록 유도하고 **5** 천적(predators)으로부터 멀어지는 것이 포함됨	• 반딧불이는 독특한 배열의 **6** 번쩍이는 (flashing) 불빛을 이용하여 짝을 유혹한다. • 모나크나비는 **7** 독이 있기(poisonous) 때문에 총독나비는 그 외형을 흉내 낸다.
촉각적	• 인간의 촉각과 비슷함 • 항상 **8** 신체적 접촉(physical contact)을 수반함	• 꿀벌들의 춤은 시각보다 **9** 진동(vibrations)을 통해서 전달된다. • 직렬 주행은 개미가 함께 모여 있을 수 있게 만든다.
청각적	• 극도로 **10** 높은 음의(high-pitched) 곤충 소리는 인간이 들을 수 없음 • 진동막은 소리를 전달하고 받을 수 있음	• 매미는 **11** 체강(body cavity)을 이용해 소리를 공명시킨다.
화학적	• **12** 동종 유인 호르몬(pheromones)과 상호대립억제 작용물질을 포함한 다양한 종류의 화학 물질 • 발과 더듬이로 화학적 신호를 감지할 수 있음	• 어떤 종류의 나방은 먼 거리에서도 화학 물질을 식별할 수 있다. • 빈대는 화학적 의사소통을 이용해서 **13** 숙주 (host)를 찾을 수 있다.

5. 키워드 Visual | **getting partners** | **keeping away from**

❶ 일단 정답 단어의 품사는 전치사 from 뒤에 올 명사라는 점을 미리 알아 두자.

❷ 이 문제는 일단 Communication Method 중 Visual에 관한 부분을 찾아야 하는데, movement와 light를 찾는다면 그 근처까지는 도달한 것이다. 그리고 getting partners가 목적이라는 내용을 찾고 무엇으로부터 멀리 떨어지는 게 목적인지 그 대상을 찾으면 정답을 발견할 수 있다.

❸ 본문을 Scanning해보면 3문단 첫 번째 문장에서 eyes가 나오는데, 이는 visual communication과 같은 의미이다. 두 번째 문장에서 sensitive to movement and light를 찾을 수 있고, 그 다음 문장인 Visual communication is employed in an active way to attract mates for reproduction.(시각적 의사소통은 번식을 위해 짝짓기 상대를 끌어들이기 위한 적극적인 방법으로 사용된다.)에 문제에서 언급된 getting partners에 대한 정보가 있다.

❹ 계속해서 keep away from을 Scanning하면, 여섯 번째 문장인 Some insects also use visual signals to avoid predators.(몇몇 곤충들은 또한 천적을 피하는 데 시각적 신호를 사용하기도 한다.)에서 avoid라는 keep away from의 유의어를 발견할 수 있다. 따라서 정답은 명사인 **predators**가 된다.

6. 키워드 Fireflies attract mates | **lights**

❶ 일단 정답 단어의 품사는 lights를 꾸며 주는 형용사가 될 수도 있고, 아니면 복합 명사일 가능성도 있으므로 다른 명사가 될 수도 있다는 점을 예측해 두자.

❷ 본문을 Scanning해보면 3문단 두 번째 문장에서 sensitive to movement and light를 찾을 수 있고, 하나 건너 이어지는 문장인 Fireflies use a process called *bioluminescence* to emit light from their bodies, and they use this light to attract their mates.(반딧불이는 '생체 발광'이라는 방식을 이용해 몸에서 불빛을 발산하고, 이 빛을 그들의 짝짓기 상대를 유혹하는 데 사용한다.)에 문제에서 언급되었던 attract mates에 대한 정보가 있다.

❸ 계속해서 lights를 Scanning하면, 다섯 번째 문장인 To avoid confusion, each species of firefly has its own unique signal, with differing numbers and lengths of flashing lights.(혼란을 피하기 위해서, 반딧불이 각 종은 번쩍이는 빛의 횟수와 길이가 다른 각자만의 고유한 신호를 가지고 있다.)에서 독특한 신호인 flashing lights를 발견할 수 있다. 따라서 정답은 형용사인 **flashing**이다.

7. 키워드 Monarch | **Viceroy** | **mimics**

❶ 일단 정답 단어의 품사는 be동사의 보어 자리에 올 단어이므로 형용사와 명사 둘 다 가능성이 있다.

❷ 본문을 Scanning해보면 3문단 일곱 번째 문장에서 Viceroy butterfly와 mimics the appearance를 찾을 수 있으므로 그 문장이 확실한 근거가 된다. For example, the Viceroy butterfly has no natural defenses, so it mimics the appearance of the poisonous Monarch butterfly.(한 예로, 총독나비는 자연 방어 수단이 없어서 독이 있는 모나크나비의 모습을 흉내 낸다.)에서 모나크나비에게 독성이 있다는 점을 알 수 있다.

❸ 문제에서 요구하는 것은 총독나비가 모방하는 모나크나비의 특성이므로 정답은 형용사인 **poisonous**가 된다.

8. 키워드 Tactile | **always involves**

❶ 일단 정답 단어의 품사는 명사로 예측할 수 있다. 왜냐하면 involves라는 동사의 목적어 자리에 올 단어이기 때문이다.

❷ 이 문제는 일단 Tactile을 찾은 후 human touch와 비슷하다는 내용을 찾으면 그 주변에서 정답 단서를 발견할 수 있다. 본문을 Scanning해보면 4문단 첫 번째 문장에서 Tactile communication이 언급되고, 잇따라 touch in humans를 찾을 수 있다. 그리고 이어지는 문장인 While insects have an underdeveloped nervous system compared to vertebrate animals, the principle of tactile communication is the same in that it must entail physical contact.(곤충은 척추동물에 비해 덜 발달된 신경계를 가졌지만, 신체적 접촉을 수반해야 한다는 점에서 촉각적 의사소통의 원리는 같다.)에서 always involves와 유사한 뜻을 나타내는 표현인 must entail을 발견할 수 있다.

❸ 따라서 정답은 must entail의 목적어 자리에 있는 명사인 **physical contact**이다.

9. 키워드 Honey bees' dancing

❶ 일단 정답은 전치사 through의 목적어 자리에 올 단어라는 점에서 명사로 예측할 수 있다.

❷ 문제의 키워드를 찾고 나서 '시각을 통해 소통되는 것이 아니다'라는 내용을 찾으면 정답이 발견될 것이다. 본문을 Scanning해보면 4문단 세 번째 문장에서 honey bees perform dances를 찾을 수 있고, 그 다음 문장인 However, because these dances take place inside the beehive, the visual qualities are irrelevant.(그러나, 이러한 춤은 벌집 안에서 행해지기 때문에 시각적 특성과는 무관하다.)에 문제에서 언급되었던 시각을 통한 것이 아니라는 정보가 있다.

❸ 계속해서 다음 다섯 번째 문장을 보면, Instead(대신에)라고 문장을 시작하면서 시각이 아닌 어떤 것에 의해 소통되는지 정보가 주어진다. Instead, the movements are perceived by the other bees through vibrations that are transmitted through the hive.(대신 이 움직임은 벌집을 통해서 전해지는 진동을 통해 다른 벌들에게 인식된다.)를 보면 춤이 소통, 즉 인식되는 방식이 vibrations라는 것을 알 수 있다. 따라서 정답은 명사인 **vibrations**가 된다.

10. 키워드 Auditory | cannot be heard by humans

❶ 일단 정답 단어의 품사는 extremely라는 부사의 수식을 받는 형용사이다.

❷ 본문을 Scanning해보면 5문단 첫 번째 문장에서 the sounds that insects produce를 찾을 수 있고, 그 다음 문장에서 However, most of the sounds created by insects are actually too high-pitched for us to hear.(그러나 곤충이 내는 대부분의 소리는 사실 우리가 듣기에는 너무 높은 음이다.)라는 내용이 나온다.

❸ produce와 create는 유의어이고, too ~ to …는 '너무 ~해서 …할 수 없다'라는 뜻으로 문제에서 나온 cannot be heard와 비슷한 의미의 표현이다. 그러므로 정답은 형용사인 **high-pitched**가 된다.

11. 키워드 cicada | resonate sounds

❶ 일단 정답 단어의 품사는 its 뒤에 올 명사이다.

❷ 본문을 Scanning해보면 5문단 다섯 번째 문장에서 cicada가 처음으로 언급되고, 바로 이어지는 문장에서 a resonating chamber가 발견된다. 해당 문장인 Like in a drum, their body cavity works as a resonating chamber to make the sound even louder.(그들의 체강은 마치 북처럼 소리를 더 크게 만들기 위한 공명실 같은 역할을 한다.)를 보면 소리를 울리기 위해서 매미가 사용하는 것은 공명실 같은 역할을 하는 their body cavity이다. 따라서 정답은 명사인 **body cavity**가 된다.

12. 키워드 allelochemicals

❶ 일단 정답 단어의 품사는 including 뒤에 올 수 있는 명사이다.

❷ 본문을 Scanning하면 6문단 두 번째 문장에서 allelochemicals가 똑같이 발견된다. The types of chemicals emitted by insects are wide-ranging, including pheromones for marking trails and attracting reproductive partners, as well as allelochemicals for informing others of possible danger.(곤충이 내뿜는 화학 물질의 종류는 흔적을 표시하거나 번식 상대를 유인하는 동종 유인 호르몬과 위험 가능성을 다른 이들에게 알리는 데 쓰이는 상호대립억제 작용물질을 포함해 광범위하다.)에서 including 뒤에 pheromones (…), as well as allelochemicals라는 병렬 구조를 발견할 수 있다.

❸ 따라서 정답은 allelochemicals와 함께 다양한 종류의 화학물질 분류에 포함되어 있는 **pheromones**이 된다.

13. 키워드 bedbug

❶ 일단 정답 단어의 품사는 a 뒤에 올 수 있는 단수 명사이다.

❷ 본문을 Scanning하면 6문단 일곱 번째 문장 Such is the case with some types of parasitic bedbug who are able to track down a suitable host by detecting the chemicals that the host emits.(이러한 경우로는 숙주가 배출하는 화학 물질을 감지해서 적합한 숙주를 찾아낼 수 있는 몇몇 종류의 기생 빈대를 들 수 있다.)에서 키워드를 발견할 수 있다.

❸ 문제에서는 빈대가 하나의 …………을 찾을 수 있다고 했고, find → track down으로 Paraphrasing되었다고 보면 내용상 a suitable host가 적절하다. 따라서 정답은 명사인 **(suitable) host**가 된다.

READING PASSAGE 2

해석

우주에서의 불면

수면 장애가 우주 비행사에게 미치는 장기적 영향이 연구를 통해 드러나다

A   적절한 수면은 인지 기능 수행 및 질병과 싸울 수 있는 면역 체계를 유지하는 데 필수적이다. 불행하게도, 우주선이나 국제 우주 정거장에서 많은 시간을 보낸 우주 비행사들에 대한 연구에서 평균 수면 시간이 24시간 주기 당 6시간 밖에 되지 않는다는 것이 밝혀졌다. 연구자들은 뇌파, 근긴장도, 안구 운동을 관찰했는데, 우주 비행사들이 우주에 있을 때 지구에서보다 적게 잤고, 그나마 그 적은 수면의 질도 좋지 않았다는 것을 발견했다. 게다가 우주에서는 잠들기가 더 어려운 것으로 밝혀졌는데, 그 결과 우주 비행사들은 우주 왕복선에서 보낸 시간의 절반 이상 동안 수면 촉진 최면요법 사용을 선택했다.

B   지구에서의 우리 삶은 24시간 빛 주기에 기반하며, 이는 자전축을 중심으로 한 행성의 회전에 의해 정해져 있다. 우리가 이 주기를 따르는 것은 편의와 생산성 면에서의 이유뿐만 아니라, 우리의 생명 활동과 직결되어 있기 때문이다. 텍사스 대학교 사우스웨스턴 의료 센터의 면역학자이자 건강한 수면의 중요성에 대한 명망 있는 연구자인 로라 후퍼 박사는 '실제로 지구상의 모든 생명체들은 자연광의 변화에 따라 매일 24시간, 또는 생물학적 일주기 동안 육체적, 생리적 변화를 겪는다. 인간도 예외가 아니다'라고 적었다. 음식 섭취, 온도, 자세, 빛을 포함한 많은 요소들이 한데 모여 이 과정을 조절한다. 이러한 요소들은 우리 수면 습관의 많은 부분을 차지한다. 밥을 먹고 나면 졸음이 오고, 몸은 차가워지며, 우리는 어둠 속에서 누워있을 때 가장 잘 잔다.

C   그러나, 우주에서 오랜 기간 동안 지내는 우주 비행사들의 경우 이러한 환경이 무너지게 된다. 우선, 중력이 없으면 '눕기'가 불가능한데, 이는 간단하게 위와 아래라는 개념이 의미 없어지기 때문이다. 사실 우주 비행사들은 아무 방향으로나 떠다니는 것을 피하기 위해 침낭에 몸을 고정시켜야만 한다. 방향을 판단할 길 없이, 자세 조절을 통해 뇌의 수면 자극을 작동시킬 수 없다. 이러한 상황은 또한 자는 동안 몸이 차가워지는 경향에도 영향을 미치는데, 중력의 존재가 팔다리 주변에 피가 흐르는 방식을 바꾸기 때문이다.

D   무중력 상태로 인한 신체적인 문제 외에도, 셔틀이나 ISS 내부 환경은 잠이 들거나 잠자는 상태를 유지하는 데 어려움을 가중시킬 수 있다. 예를 들면, 취침실 내부 소음 수준은 65데시벨(dB)로 대략 헤어 드라이어나 진공 청소기만큼 시끄럽다. 2009년 세계보건기구는 수면 장애, 불면증, 고혈압, 심장마비를 피하기 위해서 '연간 평균 야간 (소음) 노출은 40dB를 넘지 말아야 한다'고 권고했다. 또 다른 문제는 환기와 관련이 있는데, 우주 비행사의 코와 입을 통해 배출된 이산화탄소가 그 주변에 모여 산소 결핍을 일으키는 경향이 있기 때문이다.

E   아마도 우주 비행사들의 수면의 질과 관련된 가장 큰 요인은 빛과 어둠의 패턴과 관련이 있을 것이다. ISS는 지구 궤도를 약 90분에 한 번씩 돌고 있는데, 이는 탑승한 우주 비행사들이 24시간 동안 평균적으로 거의 20번의 일출과 일몰을 경험한다는 것을 의미한다. 이 환경에서는 '낮'과 '밤'의 개념은 거의 의미가 없다. 그러나 빛은 일주기 생체 시계로 알려진, 우리를 24시간 빛 주기에 맞춰 주는 기제의 주된 동기화 신호이다. 우리가 빛과 어둠의 비정상적인 주기를 경험할 때 우리 뇌 속의 화학적 균형은 교란되며, 잠들어야 할 때 깨어 있게 만든다.

F 일주기 생체 시계의 작용은 광파에 반응하는 세포 집합체인 시교차상핵(SCN)이라는 뇌 부위에 의해 관리된다. 빛은 시신경을 통해 몸에 들어와서 SCN으로 이동하여 체내 시계에 깨어 있으라는 신호를 준다. 네덜란드 레이던 대학교 의학 센터의 요한나 메이어는 이 체내 시계를 교란하는 것은 우리 건강에 해로운 영향을 미칠 수 있다고 지적한다. '우리는 빛과 어둠을 건강에 해롭지 않거나 중립적인 자극으로 생각하곤 했다. 우리는 이제 전 세계의 연구실로부터 축적된, 모두 한 방향을 가리키고 있는 연구들에 근거하여 그렇지 않다는 사실을 깨달았다.' 연관이 있다는 것은 논쟁의 여지가 없는 사실이지만, 과학자들이 규명하는 데 어려움을 겪어 온 부분은 일주기 시계를 교란시키는 것이 어째서 우리 건강에 부정적인 영향을 미치는지에 대한 설명이다.

G 로라 후퍼가 주도한 연구 결과는 가능성 있는 해답을 제시했는데, 그것은 바로 SCN이 특정 면역 세포와 밀접하게 연관되어 있을 수 있다는 것이었다. 후퍼 팀은 한 무리의 생쥐를 가지고 매 4일마다 빛/어둠의 주기를 6시간씩 옮겨 일종의 인공 시차증 같은 것을 만들어냈다. 그녀는 '이것은 미국에서 유럽, 인도, 일본으로 날아가 각 나라에서 4일을 보내는 것과 같을 것이다'라고 설명한다. 그들은 빛 주기가 바뀐 시험군의 경우 Th17이라는 세포의 수가 거의 두 배가 되었다는 점을 발견했다. 이러한 세포들은 장에 살면서 정상 수준에서는 감염과 싸우는 데 도움을 준다. '그러나, 그 수가 적절하게 조절되지 않을 경우 Th17 세포는 지나친 자기 공격을 발생시킬 수 있고, 이는 매년 약 60만 명의 미국인들을 괴롭히는 염증성 장질환(IBD)과 같은 염증성 질환을 일으킬 수 있다'고 후퍼는 말했다.

H 이 연구는 교대 근무자, 국제 여행객, 우주 비행사와 같이 수면 패턴이 바뀐 사람들이 장기적인 건강 면에서 스스로를 위험에 빠뜨리고 있다고 제안하는 점점 더 늘어나고 있는 연구들에 더해진다. 만약 우리가 인간을 단 몇 달 이상 우주에 보내려는 생각을 품고자 한다면 무중력 상태와 바뀐 빛 패턴의 장기적 영향에 대한 이해와 대응은 필수적이다. 예를 들어, 화성에 다녀오려면 적어도 우주에서 18개월을 보내야 할 것이다. 이러한 임무는 우리가 우주 여행 중에 발생하는 수면 패턴 붕괴의 영향을 줄이거나 대응할 수 있을 때까지는 실현 불가능할 것이다.

I DLR의 항공우주 의학 연구소 심장전문의인 울리히 림퍼가 이끄는 한 연구팀은 지구 속 깊숙한 곳에 위치한 시설에서 우주 환경을 시뮬레이션하려고 시도하고 있다. '우리는 소음, 빛, 온도, 심지어 공기 중 기체 혼합률까지 모든 환경적 조건을 조절할 수 있다.' 이는 우주 비행사들을 우주로 보내는 엄청난 비용 지출 없이 우주의 환경을 복제하는 엄격하게 통제된 연구를 가능하게 해준다. 림퍼는 '중력을 속이기 위해 우리는 머리를 아래로 향해 피실험자들을 6도 기울인다. 이는 매우 중요한데, 이렇게 해서 머리가 나머지 신체 아래에 놓이게 된다'고 설명한다. 이와 같은 실험들은 언젠가 임무의 성공이나 우주 비행사들의 건강을 위태롭게 하지 않는 장기 우주 비행의 길을 열어 줄 것이다.

어휘 disrupt ⓥ 방해하다, 지장을 주다 immune adj 면역성이 있는, ~을 면하는 opt to ~하기로 선택하다 in accordance with ~에 부합되게, ~에 따라 regulate ⓥ 규제하다, 조절하다 account for 설명하다, 차지하다 orientation ⓝ (목표로 하는) 방향, 성향 impulse ⓝ (갑작스러운) 충동, 충격, 자극 trigger ⓥ 촉발시키다, 작동시키다 sleeping quarter 잠자리, 침실 ventilation ⓝ 통풍, 환기 deprivation ⓝ 박탈, 부족 orbit ⓥ 궤도를 돌다 aboard adv prep ~에 탑승한 synchronise ⓥ 동시에 발생하다, 동기화하다 cue ⓝ 신호 align ⓥ 나란히 만들다, 조정하다 optic nerve 시신경 neutral adj 중립적인, 중립의 with respect to ~에 관해서/관련해서 not the case 사실이 아니다 accumulate ⓥ 축적하다, 모으다, 늘어나다 beyond dispute 논란의 여지 없이, 분명히 elusive adj 찾기/규정하기 힘든 intimately adv 친밀히, 밀접하게, 직접적으로 jetlag ⓝ 시차증(시차로 인한 피로감) intestine ⓝ 장, 창자 friendly fire 아군 오인 사격 inflammatory adj 염증의 add to 늘리다, 더하다, 증가시키다 entertain ⓥ (생각, 희망 등을) 품다 feasible adj 실현 가능한 counteract ⓥ 대응하다, 중화시키다 tightly adv 엄격하게, 단단히, 꽉 replicate ⓥ 모사하다, 복제하다 pave the way (for) (~을 위한) 길을 닦다, 상황을 조성하다 jeopardise ⓥ 위태롭게 하다

해설 **14.** ❶ B문단은 지구에서의 우리 삶이 24시간 주기에 기반하고 있다는 문장으로 시작된다. 그 다음 문장의 주어 동사 역시 We follow this cycle(우리가 이 주기를 따르는 것은)으로 글의 흐름은 변하지 않는다. 그리고 이어지는 문장에서 Lora Hooper라는 학자가 나오는데, 역접 접속사가 없는 것으로 보아 앞의 내용을 보충하고 지지해주는 말을 하고 있다. 마지막 문장까지 내용 반전은 없으며, 생물학적 일주기에 대한 더 세부적인 설명과 함께 문단이 끝난다.

❷ 문단 전체 내용은 '우리가 살아가며 따르는 주기'에 대한 내용으로 함축할 수 있고, 이러한 내용을 통해 알맞은 유의어가 나와 있는 보기들을 찾고, 아닌 것들을 소거하고 나면, 소제목으로 가장 알맞은 것은 **vii – Living things operate according to a fixed schedule**이다. a fixed schedule → a 24-hour light cycle, fixed by the planet's rotation이라고 할 수 있다.

15. ❶ C문단은 B문단에서 언급했던 이러한 주기가 우주 비행사들의 경우에는 지켜지지 않는다고 말하며 시작한다. 즉, 방해를 받는 것이다. 두 번째 문장에서는 중심 내용을 말할 때 쓰는 표현인 For one thing(우선)으로 문장을 시작하면서 더 구체적인 이야기로 들어간다. 심지어 "lie down"이라고 강조 표시를 하며 '누울 수' 없다는 점을 언급한다. 꽤 주목할 만한 문장이라는 의미이다. 이어지는 문장에서는 In fact(사실)라는 연결어를 이용하면서 더 사실적이고 구체적인 내용들을 열거하고 설명하고 있다. 그 뒤의 내용 역시 아무런 반전 없이 우주 비행사들이 '눕지' 못하기 때문에 어떻게 불편함을 겪는지, 즉 첫 번째 문장에서 말했던 그들의 환경이 방해받는 과정을 보여주고 있다.

❷ 이러한 내용을 통해 알맞은 유의어가 나와 있는 보기들을 찾고, 아닌 것들을 소거하고 나면, 가장 알맞은 소제목은 ii – The effects of posture on sleep quality이다. 보기 v – Environmental factors affecting sleep in a spacecraft와 헷갈리지 않도록 주의하자. C문단에서 가장 중요한 것은 그들이 lie down하지 못한다는 부분이 강조되어 있다는 점이다. 즉, posture와 더 분명한 연관성이 있다.

16. ❶ D문단은 셔틀이나 ISS 내부 환경은 잠을 자기에 힘들다는 이야기로 시작한다. 그리고 이어서 for example (예를 들어서)이 나오는데, 이는 어떻게 힘든지를 더 자세히 보여주는 것이기 때문에 빨리 넘기며 읽는다. 그 다음 문장 역시 아무런 내용 반전 표시 없이 기관(WHO)의 자료를 보여주기 때문에 이 역시 주제 문장에 대한 보충 설명이다. 그 다음 문장에서는 Another problem(또 다른 문제)를 병렬 구조로 언급하며 ventilation에 관한 내용이 나오는데, 이것 역시 첫 번째 문장의 내용을 벗어나지 않고 다 그 내용으로 귀결되고 있다. 즉, 우주 비행사가 지내는 곳이 잠을 자기에는 힘든 장소임을 언급하고 있는 문단이다.

❷ 이러한 내용을 통해 알맞은 유의어가 나와 있는 보기들을 찾고, 아닌 것들을 소거하고 나면, 가장 알맞은 소제목은 v – Environmental factors affecting sleep in a spacecraft이다. 여기서의 환경은 그들이 거주하는 주변 환경을 말하는 것이므로, 그들이 우주에서 머무르는 우주선(inside a shuttle or the ISS)에 대한 설명이라 볼 수 있다.

17. ❶ E문단은 우주 비행사들의 수면의 질에 영향을 미치는 가장 큰 요인이 빛과 어둠의 패턴이라고 말하며 시작해서, ISS가 겪는 일출과 일몰을 언급하면서 구체적인 수치를 보여준다. 그리고 다음으로 However라는 역접 표현이 나오는데, 이어지는 문장은 light is the principal synchronizing cue for the mechanism that aligns us to the 24-hour light cycle(빛은 우리를 24시간 빛 주기에 맞춰 주는 기제의 주된 동기화 신호이다)라고 말하며 우리의 24시간에 빛이 중요하다는 점을 강조한다. 그리고 나서 그 빛과 어둠의 주기가 정상적이지 못하면 수면에 문제가 생긴다고 말하면서 문단이 끝난다.

❷ 이 문단은 우주 비행사들이 빛과 어둠을 제대로 된 주기로 보지 못하기 때문에 잠에 대해 불편함을 겪는다는 내용이다. 이러한 내용을 통해 목록 중 맞지 않는 것들을 다 소거하는 게 중요하다. 보기에 이 내용이 그대로 담겨 있지는 않겠지만, 적어도 오답 소거는 명쾌하게 할 수 있기 때문이다. 빛과 어둠이라는 단어가 보기에 바로 나오면 쉽겠지만, 그렇지 않더라도 지구에서와는 다른 우주에서의 빛과 어둠의 패턴이라는 말의 의미를 생각했을 때 가장 알맞은 것은 x – The difference between a day on Earth and a day in space이다.

18. ❶ F문단은 뇌의 특정 부위에 의해서 biological clock의 기능이 관리된다는 것을 알려주며 시작한다. 하지만 세 번째 문장에서 Disrupting this internal clock(이 체내 시계를 교란하는 것)이라는 내용으로 반전이 되고, 체내 시계를 방해하는 것이 건강에 해로운 영향을 미친다는 내용이 이어지며 그것을 Johanna Meijer 의 말로 보충 설명한다. 그리고 문단의 가장 마지막 문장에서 but이라는 역접 표현이 나오기 때문에 주목해서 읽어야 한다. what has been elusive to scientists is an explanation for why disrupting our circadian clock has a negative impact on our health.(과학자들이 규명하는 데 어려움을 겪어 온 부분은 일주기 시계를 교란시키는 것이 어째서 우리 건강에 부정적인 영향을 미치는지에 대한 설명이다.)라는 말은 즉, 그것이 건강에 안 좋은 영향을 미치는 이유가 아직 밝혀지지 않았다는 뜻이다. 이 부분 역시 건강에 좋지 않다는 내용을 여전히 언급하고 있다.

❷ 이 문단은 수면과 건강의 관계에 대한 내용이다. 이러한 내용을 통해 알맞은 유의어가 나와 있는 보기들을 찾고, 아닌 것들을 소거하고 나면, 가장 알맞은 소제목은 i – The connection between sleep disruption and health이다.

19. ❶ G문단은 SCN이 면역 세포와 관련이 있을 수도 있다는 Lora Hooper의 연구 결과로 시작되고 있다. 실험의 과정은 Skimming 측면에서는 그렇게 중요하지 않지만, 대신 실험의 결과는 중요하다. They found that …(그들은 …를 발견했다) 이하 부분을 보면, 빛 주기가 바뀐 시험군의 경우 어떤 세포의 수가 두 배가 되었다는 내용이 나온다. 뒤이어서 However(그러나)로 시작하는 부분을 확인해 보면, 그것이 적절히 조절되지 않으면 질환이 일어날 수 있다는 내용이다.

❷ 위의 내용들을 연결해서 생각해보면, SCN은 면역 세포와 관련이 있으며 실험을 했는데 결과적으로 이 면역 세포가 조절이 안 되면 질병에 걸린다는 것을 밝혀냈다는 내용으로 볼 수 있다. 이러한 내용을 통해 알맞은 유의어가 나와 있는 보기들을 찾고, 아닌 것들을 소거하고 나면, 가장 알맞은 소제목은 **ix – Research connecting light patterns to the immune system**이다.

20. ❶ H문단은 G문단에서 언급된 연구가 수면 패턴 변화가 건강에 좋지 않다는 연구들에 힘을 실어주고 있다는 내용으로 시작한다. 그리고 다음 문장에서는 이러한 무중력과 빛 패턴 변화의 장기적인 영향을 이해하고 대응하는 것이 필수적이라고 언급하고 있다. 어떤 글에서나 '중요하다, 필수이다, 기억해야 한다' 이런 표현이 나오면 그 문장은 반드시 집중할 가치가 있는 내용을 담고 있다. 그리고 다음 문장은 에시이므로 앞 문장에 대한 보충 설명을 하고 있다고 이해할 수 있다.

❷ 이러한 내용을 통해 알맞은 유의어가 나와 있는 보기들을 찾고, 아닌 것들을 소거하고 나면, 가장 알맞은 소제목은 **vi – The importance of further research**이다.

----

21. 해석 우주에서는 팔과 다리(arms and legs)의 혈액 순환이 중력의 부재로 인해 제한되고, 이는 우주 비행사들의 몸이 원래 그래야 하는 만큼 차가워지지 못하게 만든다.

해설 **키워드 blood circulation**

❶ 본문에서 이 키워드를 Scanning하면, C문단 다섯 번째 문장 This situation also affects the body's tendency to cool down while asleep, as the presence of gravity changes the way the blood flows around the arms and legs.(이러한 상황은 또한 자는 동안 몸이 차가워지는 경향에도 영향을 미치는데, 중력의 존재가 팔다리 주변에 피가 흐르는 방식을 바꾸기 때문이다.)을 찾을 수 있다.

❷ 문제에서는 어느 부분에서의 혈액 순환이 제한되는지를 묻고 있다. 본문에서는 팔다리 주변에 피가 흐르는 방식에 변화를 미친다고 언급하고 있으므로, 정답은 명사인 **arms and legs**가 된다.

22. 해석 변화된 수면 패턴이 건강에 미치는 영향을 최소화하거나 대응하는(counteract) 방법을 배우지 않는다면, 장기 우주 여행은 불가능할 것이다.

❶ 본문에서 이 키워드를 Scanning하면, H문단 세 번째 문장에 A trip to Mars and back, for example, would take at least 18 months in space.(예를 들어, 화성에 다녀오려면 적어도 우주에서 18개월을 보내야 할 것이다.)라고 표현되어 있는 것을 찾을 수 있다. 장기 여행을 18개월이라는 구체적인 수치로 Paraphrasing한 것이다. 그리고 그 다음을 보면 This kind of mission will not be feasible until we can reduce or counteract the effects of sleep pattern disruption during space travel.(이러한 임무는 우리가 우주 여행 중에 발생하는 수면 패턴 붕괴의 영향을 줄이거나 대응할 수 있을 때까지는 실현 불가능할 것이다.)이라는 내용이 나온다.

❷ 문제의 reduce → minimise로 Paraphrasing되었으므로 빈칸에 알맞은 정답은 동사인 **counteract**가 된다.

연구자 명단

A 로라 후퍼
B 요한나 메이어
C 울리히 림퍼

23. 해석 과학계는 빛이 인간의 건강에 미칠 수 있는 영향을 과소평가했다.

해설 키워드 underestimated | light | human health

❶ 일단 light와 human health가 동시에 나오는 문단을 찾고, underestimated라는 동사에 해당하는 내용을 찾는다. light와 human health가 처음으로 언급된 문단은 F라는 것을 위의 소제목 문제를 풀면서 발견했을 것이다. 빛이 건강에 미치는 영향력에 대해서 underestimate, 즉 중요성을 과소평가했다는 부분은 F문단 네 번째 문장 We used to think of light and darkness as harmless or neutral stimuli with respect to health.(우리는 빛과 어둠을 건강에 해롭지 않거나 중립적인 자극으로 생각하곤 했다.)에서 발견할 수 있다. 대수롭지 않게 여겼다는 의미에서 같은 뜻을 나타내고 있다.

❷ 이러한 말을 한 사람은 그 앞 문장을 확인하면 as Johanna Meijer of Leiden University Medical Centre in the Netherlands notes.(네덜란드 레이던 대학교 의학 센터의 요한나 메이어는 ~라고 지적한다.)라고 나와 있으므로 정답은 **B – Johanna Meijer**이다.

24. 해석 우리는 우주 공간 체류 경험을 모방한 시설을 만들어서 과학 실험에 들어가는 돈을 절약할 수 있다.

해설 키워드 conserve money | creating a facility | mimics the experience

❶ 이 문제의 키워드는 꽤 구체적이다. 일단 I문단 첫 번째 문장에서 simulate space conditions at a facility (시설에서 우주 환경을 시뮬레이션하다)를 찾을 수 있고, 세 번째 문장에는 without the extreme expense (엄청난 비용 지출 없이)라는 내용이 나온다.

❷ 엄청난 비용이 필요 없다는 것은 즉 돈을 아낄 수 있다는 말과 일맥상통한다. 이 진술을 한 사람은 Ulrich Limper이므로, 정답은 **C – Ulrich Limper**가 된다.

25. 해석 불규칙한 주기로 빛에 노출되는 것은 흔하지만 심각한 질병의 발생률을 높일 수 있다.

해설 키워드 irregular cycles | common but serious diseases

❶ G문단 네 번째 문장을 보면 light cycles가 언급이 되고, 여섯 번째 문장에서 However, if their numbers are not controlled properly, TH17 cells can produce too much friendly fire and lead to inflammatory diseases such as inflammatory bowel disease (IBD), which afflicts about 600,000 Americans each year(그러나, 수가 적절하게 조절되지 않을 경우 Th17 세포는 지나친 자기 공격을 발생시킬 수 있고, 이는 매년 약 60만 명의 미국인들을 괴롭히는 염증성 장질환(IBD)과 같은 염증성 질환을 일으킬 수 있다)라는 내용을 발견할 수 있다.

❷ 매년 60만 명의 미국인이 고통 받는다는 것은 그만큼 이 질환이 흔하면서도 사람들이 고통 받을 만큼 심각하다는 뜻인데, 이 진술을 한 사람은 Hooper이므로 정답은 **A – Lora Hooper**이다.

26. 해석 매일 반복되는 빛과 어둠의 패턴은 인간을 포함해 모든 유기체에 영향을 미친다.

해설 키워드 daily pattern | every organism

❶ 문제가 비교적 덜 구체적이어서 찾을 때 시간이 소요되기는 하지만, 이 문제의 힌트는 every organism이 빛과 관련된 daily pattern에 영향을 받는다는 내용 다음에 humans가 추가로 언급되는 부분을 찾아야 한다는 점이다.

❷ B문단 세 번째 문장을 보면, Virtually all life forms on Earth undergo physiological and behavioural changes on a 24-hour daily, or circadian, cycle in accordance with the changes in natural light. (실제로 지구상의 모든 생명체들은 자연광의 변화에 따라 매일 24시간, 또는 생물학적 일주기 동안 육체적, 생리적 변화를 겪는다.)라고 언급하고 있다. 여기서 all life forms는 every organism과 같은 말로, 그것이 daily cycle에 기반해 있고 natural light의 변화에 따른다고 나와 있다. 그리고 바로 다음 문장에 Human beings are no exception.(인간도 예외가 아니다)이라고 해서 인간도 여기 해당된다는 내용까지 보이기 때문에, 확실히 문제와 동일한 내용이라고 판단할 수 있다. 이 진술을 한 사람은 Lora Hooper이므로 정답은 **A – Lora Hooper**가 된다.

READING PASSAGE 3

해석

스타벅스에서 건축이 배울 수 있는 것

2009년, 스타벅스는 싱크포스의 연간 100대 글로벌 브랜드 명단 8위에 올랐다. 이 커피 프랜차이즈의 성공에 대해 사람들이 놀라는 점은 스타벅스의 커피 음료가 타사의 커피 음료와 거의 구별되지 않는다는 것이다. 저널리스트 테일러 클라크는 그의 저서 〈스타벅스되다(Starbucked): 카페인, 상업, 문화에 대한 두 배로 믿기지 않는 이야기〉에서 스타벅스가 항상 가져 왔던 고객을 향한 존중이 그들을 미국 시장에 빠르고 효과적으로 침투할 수 있게 만들었다고 설명한다. 클라크가 밝혀낸 것과 같이, 가장 세세한 디자인 결정에 있어서도 광범위한 심리학적 연구가 앞서 진행되었다. 예를 들어, 스타벅스는 전형적인 정사각형 탁자를 피하고 둥근 테이블을 놓는다. 이는 미학적인 이유 때문이 아니고, 원탁이 혼자 앉아 있는 손님들의 자존심을 지켜준다는 연구 결과 때문이다. 원탁에는 빈자리가 없다. 간단히 말해서, 스타벅스가 성공한 것은 고객에게 그들이 원하는 걸 제공하기 때문이다. 그리고 그렇게 하는 유일한 방법은 그들의 소리를 듣는 것뿐이다.

도이치 LA의 인벤션 디렉터인 크리스틴 아우트램은 스타벅스와 그녀의 이전 전문 분야, 즉 건축 사이의 극명하게 대비되는 점을 알아차렸다. 직접적으로 동료 건축가들을 향해 쓴 글에서 그녀는 자신이 오만하고 영혼 없는 방법론이라고 생각하는 것에 대해 비판했다. '당신은 경험에 바탕을 둔 법칙과 패턴 북에 의존하지만, 심층적인 민족지학적 연구는 거의 하지 않습니다. 당신이 한 시간 동안 건축 부지에 앉아 사람들이 '공간을 이용하는' 것을 보는지는 모르겠지만 그들과 이야기를 해보나요? 그들에게 동기를 부여하는 게 뭔지 찾아냈나요? 당신이 시도한 것들이 정말로 당신의 설계 과정 안에 들어가 있나요?' 아우트램은 특히 스타벅스 같은 회사에서 매우 성공적이었던 그런 종류의 사회학적 연구를 하기 위해 건축가들이 사용할 수 있을 옵션의 수를 생각하며, 건축업계의 현재 상태에 대해 격분했다. 그녀는 건축가들이 그들이 만들어내는 공간에서 거주하고, 일하고, 사회 활동을 하는 사람들의 필요와 요구보다는 이론과 전통을 중시한다는 것을 경험을 통해 깨달았다.

예상대로, 아우트램의 기사는 많은 관심을 끈 동시에 큰 분노를 불러 일으켰다. 그녀는 현대적 방법론과 동떨어져 있고 그릇된 비평을 했다며 비난 받았다. 자신의 주장을 증명하기 위해, 그녀는 건축가들을 대상으로 한 온라인 설문 조사를 만들었고 그들의 기획 방법론에 대한 다양한 질문을 했다. 그 결과를 통해, 설문에 응답한 건축가 중 67%가 거주 후 평가를 실행하지 않거나 그러한 평가 결과를 공식적으로 수집하지 않는다는 사실이 밝혀졌다. 아우트램에 따르면, 이러한 조사 결과는 건축가들이 건축물이 지역 사회에 미치는 영향(혹은 그것의 결여)보다 미적 외관을 더 중시한다는 점을 암시한다. 그러나 더 심각한 것은 프로젝트를 기획할 때 이용하는 방법을 나열해 달라는 질문에 대한 건축가들의 응답이다. 아우트램의 예상대로 기준 기반 전부 수집과 대규모 조사를 이용하는 사람은 설문 조사에 참여한 건축가들 중 소수에 불과한 반면, 상위를 차지한 두 가지 방법은 고객과의 인터뷰와 건축가 자신의 직관 및 경험인 것으로 집계되었다.

아우트램의 연구 결과는 건축 업무의 핵심을 찌르는 질문을 부각시킨다. 건축가는 대중에 대해 어느 정도의 의무를 갖고 있는가? 물론, 대중은 토지이용규제법에 따라 인정받는 어느 정도의 이권을 가지고 있다. 그러나 아우트램을 비롯한 업계 내 일부 사람들은 대중의 이권이 법정 요건 이상으로 확대되어야 한다고 생각한다. 어떤 경우는 다른 경우에 비해 더 명확하다. 시립 박물관은 분명 공공 영역의 일부인 반면, 사저는 그렇지 않다. 그러나 이 두 극단 사이의 경우 문제는 더 모호해진다. 일례로, 아파트 단지는 법적으로 사유 재산이지만, 그것이 강변 공원 근처에 자리잡고 있을 때는 의심할 여지 없이 지역 공동체의 집단적 경험의 일부가 된다.

공익과 사유 재산 간의 이념 다툼은 수십 년째 지속되고 있다. 19세기와 20세기에 두드러진 대량 생산과 기술의 발전은 건축을 과정보다는 결과물에 대한 것으로 인식하는 건축 패러다임을 불러왔다. 공공장소 디자인에 대한 결정은 그곳을 이용할 사람들이 아닌 토지 개발 전문가와 정부에 의해 내려졌는데, 그들은 공동체에 대해 거의 고려하지 않고 교외화 방식을 밀어붙였다. 1960년대에는 지역 사회의 요구에 부응하는 건축 방식으로 돌아가자는 변화가 시작되었다. 이는 1990년대 신도시주의 헌장을 제정하면서 절정에 이르렀는데, 공공 장소와 구축(인조) 환경 사이에 보다 건강한 관계를 만들기 위한 이념적인 원칙을 표준화하려는 시도였다. 알려진 바와 같이, 신도시주의자들은 대중교통으로 연결되는 도보로 이동 가능한 동네를 만들고, 지역 수준에서 토지 이용의 높은 유연성을 확보하기 위해 노력한다.

이러한 움직임은 '공간 조성'으로 더 널리 알려져 있으며, 매사추세츠 공과대학교(MIT)가 최근 발표한 논문에 따르면 '공간'보다는 '조성'에 중점을 두고 있다. 건축가들과 도시 기획자들이 대중에게 공공장소 형성에 일조하는 것을 허용할 때 비로소 공공장소에 대한 시민의 소유 의식을 높일 수 있다. 따라서 공간 조성은 현대 건축가들이 프로젝트에 대한 그들 자신의 직감을 되돌아보고 사람들의 의지에 따라 건축 디자인을 변경할 것을 요구한다. MIT 논문에서 제시하듯이, '이러한 조성'은 사람들이 협력하고, 숙고하고, 반대하고, 행동할 수 있는 기회를 제공한다. 즉, 지역 사회에 많은 이익을 주며 사람들이 '도시에 대한 권리'를 주장할 수 있는 중요한 장을 제공한다. 공간 조성의 성공은 디자인의 미학이나 효율성보다는 건강한 사회적 상호 작용에서 오는 사회적 자본, 신뢰감 및 소속감의 형성에 의해 측정된다.

공간 조성의 대표적인 예로 덴버의 마리포사 단지 조성으로 이어진 디자인 과정이 있다. 이 단지의 원래 목표는 쇠퇴한 공공 주택을 대체하고 침체된 지역 사회를 활성화시키는 것이었다. 덴버 주택 당국이 고용한 미툰 건축은 회사의 설명에 따르면 '지역 사회에 대한 맥락 있는 스냅샷을 제공하기 위하여 인터뷰, 설문 조사, 심층적인 시장 분석을 이용하는 문서화 및 엄밀한 방법론'인 문화적 감사를 실시함으로써 프로젝트 기획 단계를 시작했다. 감사에는 주민을 포함한 방문자와의 자유로운 형식의 인터뷰가 들어있었고, 미래에 대한 그들의 염원, 경제적 문제, 필요한 서비스, 교통, 안전을 포함하면서 거기에만 국한되지 않는 심층적인 정보도 공개되었다. 이러한 발견은 설계와 시공 과정 전반의 핵심에 자리했으며, 그 결과는 시민이 그들의 것이라 말할 수 있는 공공 장소이다. 이것이 바로 아우트램이 그녀의 글에서 주장했던 최신 기술에 정통한, 인간 중심적인 접근법이다. 이것이 바로 스타벅스가 건물을 디자인하는 방식이다.

어휘 indistinguishable [adj] 구분이 안 되는, 분명하지 않은　establishment [n] 기관, 시설　infiltrate [v] 스며들다　precede [v] ~에 앞서다　minute [adj] 미세한, 세심한, 몹시 작은　eschew [v] 피하다, 삼가다　aesthetic [adj] 심미적, 미학적　patron [n] 고객　stark [adj] 극명한　take aim at ~을 (겨냥해서) 비판하다　arrogance [n] 오만　ethnographic [adj] 민족지적인, 민족지학상의　raise hackles 화를 부르다　methodology [n] 방법론　misguided [adj] 잘못 이해한　post-occupancy evaluations 거주 후 평가　damning [adj] 비판적인　intuition [n] 직감, 직관　zoning laws 토지이용규제법　murky [adj] 모호한, 좀더 어두침침한, 음울한　undoubtedly [adv] 의심할 여지 없이　collective experience 집단적 경험　ideological [adj] 사상적인, 이념적인　suburbanisation [n] 교외화　culminate in 드디어/결국 ~이 되다, 절정을 이루다　standardise [v] 표준화하다　charter [n] 헌장　strive to 매진하다　empower [v] 권한을 주다　distressed [adj] (경제적으로) 곤궁에 처해 있는, 괴로워하는　revitalise [v] 새로운 활력을 주다, 재활성화시키다　stagnant [adj] 고여 있는, 침체된　conduct [v] (활동을) 하다, 지휘하다, 안내하다　audit [n] 회계 감사, (품질 수준에 대한) 검사　rigour [n] 철저함, 엄격함, 정밀함　aspiration [n] 열망, 포부, 염원　throughout [prep] 내내, ~동안 쭉　tech-savvy [adj] 최신 기술에 능한

27. **해석** 테일러 클라크에 따르면, 스타벅스가 성공한 것은 고객들에게 보인 존중(respect) 덕분이다.

　　해설 키워드 **Taylor Clark** | **success**

　　❶ 이 문제가 말하는 것은 Taylor Clark가 생각하는 스타벅스의 성공 이유이다. 본문에서 이 키워드를 Scanning하면, 1문단 세 번째 문장 In his book, *Starbucked: A Double Tall Tale of Caffeine, Commerce, and Culture,* journalist Taylor Clark explains that it is the respect that Starbucks has always had for its clientele that has allowed the company to infiltrate the American landscape so quickly and effectively.(저널리스트 테일러 클라크는 그의 저서 〈스타벅스되다(Starbucked): 카페인, 상업, 문화에 대한 두 배로 믿기지 않는 이야기〉에서 스타벅스가 항상 가져 왔던 고객을 향한 존중이 그들을 미국 시장에 빠르고 효과적으로 침투할 수 있게 만들었다고 설명한다.)을 찾을 수 있다. 성공했다는 것을 시장에 스며들었다는 말로 바꿔서 표현한 것이다.

　　❷ 문제의 customers와 동의어인 clientele가 포함되어 있는 부분은 the respect that Starbucks has always had for its clientele이다. 그리고 이 문제의 답은 스타벅스가 고객들에게 보인 '명사'이므로, 정답은 **respect**가 된다.

28. **해석** 원형(circular)/둥근(round) 탁자 사용은 고객 선호를 우선하는 디자인의 사례이다.

　　해설 키워드 **use of** | **tables**

　　❶ 이 문제는 '어떠한' 탁자를 스타벅스가 사용했는데, 그것이 고객이 선호하는 것을 우선시한 디자인이라는 점을 말하고 있다. 본문에서 이 키워드를 Scanning하면, 1문단 다섯 번째 문장 For example, Starbucks eschews the typical square table shape for a circular one.(예를 들어, 스타벅스는 전형적인 정사각형 탁자를 피하고 둥근 테이블을 놓는다.)에서 탁자 모양에 관한 내용을 발견할 수 있다. square를 피하고 circular를 놓는다고 나와 있다. 그리고 다음 문장에서는 The reason is not aesthetic, but based on research showing that round tables protected the self-esteem of patrons who sat alone.(이는 미학적인 이유 때문이 아니고, 원탁이 혼자 앉아 있는 손님들의 자존심을 지켜준다는 연구 결과 때문이다.)가 언급되면서 그러한 탁자 선택이 고객 선호 때문이라는 내용 또한 설명이 되어있다.

　　❷ 빈칸에는 tables를 수식하는 형용사가 올 수 있는데, 앞에서 말한 내용을 종합해 볼 때 정답은 **circular** 아니면 **round**라는 형용사 둘 다 될 수 있다.

29. 해석 아우트램은 오늘날 이용 가능한 다양한 방법을 고려했을 때 건축가들이 더 많은 사회학적 연구(sociological research)를 해야 한다고 생각한다.

해설 **키워드 Outram | architects | methods**

❶ 이 문제는 Outram이 말하는 건축가들이 나아가야 할 방향에 대해서 묻고 있다. 문제가 꽤 까다로운데, '만약 A라는 성공적인 방법이 있다면 다른 사람들도 A를 더 해야 한다'라는 문장의 논리적 구조를 따라가는 데에서부터 시작하자. 또한 28번과 30번 사이에 29번의 정답이 있다는 '문장 완성하기' 유형 문제의 특징도 생각했을 때, 2문단에서 그 근거를 찾도록 한다.

❷ 2문단 일곱 번째 문장을 보면, Outram was especially incensed with the current state of the profession considering the number of options available to architects for doing the kind of sociological research that has been so successful for companies like Starbucks.(아우트램은 특히 스타벅스 같은 회사에서 매우 성공적이었던 그런 종류의 사회학적 연구를 하기 위해 건축가들이 사용할 수 있을 옵션의 수를 생각하며, 건축업계의 현재 상태에 대해 격분했다.)라고 나와 있다. 스타벅스가 시행한 성공적인 사회학적 연구와 같은 것을 할 수 있는 여러 가지 방법이 있는데도 그것을 하지 않는 현재 상태에 불만을 가졌다는 의미이므로, 즉 Outram은 건축가들이 그것을 해야 한다고 생각했다고 볼 수 있다. 따라서 정답은 명사인 **sociological research**가 된다.

30. 해석 아우트램은 현대적 방법론(modern methodologies)을 더 이상 이해하지 못한다고 비판 받았다.

해설 **키워드 Outram | criticised**

❶ 이 문제는 뭔가를 이해하지 못한다고 Outram이 비판 받은 내용을 찾아야 한다. 본문에서 이 키워드를 Scanning하면, 3문단 두 번째 문장에 She was criticised for being out of touch with modern methodologies and misguided in her critique.(그녀는 현대적 방법론과 동떨어져 있고 그릇된 비평을 했다며 비난 받았다.)라고 나와 있다.

❷ not understanding → being out of touch with로 Paraphrasing되었으므로, 그 목적어인 명사 **modern methodologies**가 정답이다.

31. 해석 건축가들은 대중적 영향보다 미적 외관(aesthetic appearance)에 더 집중하는 것처럼 보인다.

해설 **키워드 pay attention | public impact**

❶ 이 문제는 건축가들이 public impact보다 '무엇'에 더 집중하고 있는지에 대한 비교 내용을 찾아야 한다. 본문에서 이 키워드를 Scanning하면, 3문단 다섯 번째 문장 According to Outram, this implies that the aesthetic appearance of the structure seems to matter more to architects than the impact (or lack thereof) it has on the community.(아우트램에 따르면, 이러한 조사 결과는 건축가들이 건축물이 지역 사회에 미치는 영향(혹은 그것의 결여)보다 미적 외관을 더 중시한다는 점을 암시한다.)를 찾을 수 있다.

❷ Architects seemingly pay more attention → seems to matter more to architects이므로 이 부분이 문제를 풀 수 있는 힌트가 된다. 여기서 impact it has on the community → public impact이므로, 정답은 public impact보다 건축가들에게 더 중시되는 **aesthetic appearance**가 된다.

- -

32. 해석 신도시주의자들은 건축과 사람들 사이의 유대를 강화하기 위해 노력한다.

해설 **키워드 New Urbanists**

❶ 5문단 다섯 번째 문장에서, 처음으로 New Urbanism에 대한 언급이 나온다. This culminated in the creation of the Charter of the New Urbanism in the 1990s, an attempt to standardise the ideological principles aimed at creating a healthier relationship between the public arena and the built environment.(이는 1990년대 신도시주의 헌장을 제정하면서 절정에 이르렀는데, 공공 장소와 구축(인조) 환경 사이에 보다 건강한 관계를 만들기 위한 이념적인 원칙을 표준화하려는 시도였다.)를 보

면, 이 사상이 공공 장소와 구축 환경 사이의 관계를 더 좋게 만드는 데 목표를 두었다는 서술이 있다. 또한 다음 문장인 New Urbanists, as they are known, strive to create walkable neighborhoods that connect via public transportation, and support greater flexibility in the way land is used at the neighborhood level.(알려진 바와 같이, 신도시주의자들은 대중교통으로 연결되는 도보로 이동 가능한 동네를 만들고, 지역 수준에서 토지 이용의 높은 유연성을 확보하기 위해 노력한다)을 보면, 32번 문제의 동사인 try to가 strive to라고 유의어로 Paraphrasing된 것을 확인할 수 있다. 그리고 지문에서 세세하게 언급되는 노력의 모습을 보여주면서, new urbanists가 어떻게 지역의 땅이 잘 사용될 수 있게 지지해 주었는지를 확인할 수 있다.

❷ 이러한 점을 바탕으로 보았을 때, 신도시주의자들이 공공 장소를 이용하는 사람들과 건축(구축) 사이의 관계를 더 좋게 만들려고 노력한 것을 일치하는 정보로 확인할 수 있으므로 정답은 **Yes**가 된다.

33. 해설 오늘날의 건축가들은 그들의 디자인에 대해 전면적인 통제권을 유지해야 한다.

해설 키워드 **full control over their designs**

❶ 문제에 해당하는 내용은 6문단 세 번째 문장을 보면 Placemaking thus requires modern architects to look past some of their own instincts about a project and alter their designs according to the will of the people.(따라서 공간 조성은 현대 건축가들이 프로젝트에 대한 그들 자신의 직감을 되돌아보고 사람들의 의지에 따라 건축 디자인을 변경할 것을 요구한다.)라고 나와 있다. 문제에서의 architects today가 modern architects로 Paraphrasing되었다.

❷ 하지만 위의 문장에서는 현대 건축가들이 사람들의 의지에 따라 디자인을 변경하도록 요구 받는다고 언급하고 있으며, 이는 문제에서 말한 건축가들이 디자인에 대한 전면적인 통제권을 유지해야 한다는 것과는 반대되는 내용이다. 따라서 정답은 **No**가 된다.

34. 해설 미학은 더 이상 '공간 조성' 관행에 중요하지 않을 것이다.

해설 키워드 **Aesthetics | placemaking**

❶ Yes, No, Not Given 문제는 순서를 지키는 문제이기 때문에, 33번 문제의 근거 다음부터 살펴보는 것이 좋다. 문제에 해당하는 내용은 6문단 다섯 번째 문장, The success of placemaking is measured less by the aesthetics or efficiency of the design than by the creation of social capital, the sense of trust and belonging that come from healthy social interaction.(공간 조성의 성공은 디자인의 미학이나 효율성보다는 건강한 사회적 상호 작용에서 오는 사회적 자본, 신뢰감 및 소속감의 형성에 의해 측정된다.)에 나와 있다.

❷ 문제에서 말하는 것은 placemaking이라는 관행에 미학이 더 이상 중요하지 않을 것이라는 미래 상황에 대한 언급이지만, 지문에는 현재에 관한 정보만 나와 있을 뿐, 미래에 관한 내용은 나와 있지 않다. 그렇기 때문에 알 수 없는 내용이므로, 정답은 **Not Given**이다.

35. 해설 마리포사 단지는 주변 지역 사회에 새로운 성장을 불러왔다.

해설 키워드 **The Mariposa Complex**

7문단 첫 번째 문장에서 Denver's Mariposa Complex가 처음으로 언급된다. 다음 문장에서 The original aim of the Complex was to replace distressed public housing and revitalise a stagnant community.(이 단지의 원래 목표는 쇠퇴한 공공 주택을 대체하고 침체된 지역 사회를 활성화시키는 것이었다.)라고 나오면서 침체된 지역 사회 활성화가 원래 목표였다는 점이 언급되지만, 그래서 결국 그 주변 지역 사회의 성장을 이끌었는지 아닌지는 지문에서 언급되지 않는다. 그러므로 정답은 **Not Given**이다.

36. 해설 자유로운 형식의 인터뷰 결과는 마리포사 단지의 최종 디자인에 미미한 역할을 했다.

해설 키워드 **open-ended interviews**

❶ 7문단 네 번째 문장에 open-ended interviews에 대한 언급이 나온다. 만약에 이것의 영향력이나 결과에

대해서 아예 언급이 안되었다면 Not Given이 정답일 것이고, 그 결과가 언급이 되었다면 Yes나 No가 답일 것이다.

❷ 일단 지문에서 open-ended interviews가 포함된 문장을 보면, The audit included open-ended interviews with visitors as well as residents and revealed in-depth information about the community, including but not limited to their aspirations for the future, economic issues, services needed, transportation, and safety.(감사에는 주민을 포함한 방문자와의 자유로운 형식의 인터뷰가 들어있었고, 미래에 대한 그들의 염원, 경제적 문제, 필요한 서비스, 교통, 안전을 포함하면서 거기에만 국한되지 않는 심층적인 정보도 공개되었다.)라고 나와 있다. 그리고 그 다음 문장에는 These findings remained at the core of the design and construction process throughout, and the result is a public space that the public can claim as their own.(이러한 발견은 설계와 시공 과정 전반의 핵심에 자리했으며, 그 결과는 시민이 그들의 것이라 말할 수 있는 공공 장소이다.)이라고 결과가 나와 있다.

❸ the core of the design은 절대로 a minor role이 아니기 때문에 정답은 **No**이다.

----

37. 해석 3문단에서 강조되고 있는 점은 무엇인가?
  A 아우트램의 글의 수준
  B 기획 방법론의 최근 변화
  C 개인적 직관의 중요성
  D 건축가들의 여론에 대한 무관심

해설 ❶ 이 문제는 3문단의 중심 내용을 찾는 문제이기 때문에 Skimming을 이용해서 풀어야 한다. 첫 번째 문장과 역접, 그리고 최종 결론을 연결하면서 읽어 나가야 한다.

❷ 첫 번째 문장을 보면 Outram's article garnered a lot of attention, and raised plenty of hackles.(아우트램의 기사는 많은 관심을 끈 동시에 큰 분노를 일으켰다)라는 내용이 나온다. 다음 문장 역시 She was criticised(그녀는 비난 받았다)라는 앞 문장과 연결된 내용이다. 다음 문장에는 건축가를 대상으로 한 온라인 설문 조사의 내용이 나온다. 실험이나 조사를 하는 목적은 바로 어떠한 진술을 증명하거나 강조하기 위해서라는 점을 염두에 두고, 그 결과를 다루고 해석하는 문장을 찾는다. 다섯 번째 문장을 보면 According to Outram, this implies that the aesthetic appearance of the structure seems to matter more to architects than the impact (or lack thereof) it has on the community.(아우트램에 따르면, 이러한 조사 결과는 건축가들이 건축물이 지역 사회에 미치는 영향(혹은 그것의 결여)보다 미적 외관을 더 중시한다는 점을 암시한다.)라고 나와 있는데 이는 꽤 중요한 문장으로, 즉 건축가들이 미적 외관을 더 신경쓴다는 의미이다. 비교급이 포함되어 있는 문장은 꼼꼼하게 이해하고 넘어가자. 다음 문장을 보면 More damning, however(그러나 더 심각한 것은)이라는 말로 시작하면서 더 심화된 내용을 보여 준다. 뒤이어 나오는 결과에 대한 문장에서는 As Outram expected, technology-based information gathering and large-scale surveys were used by only a small percentage of architects surveyed, while the top two methods were reported to be interviews with clients and the architect's own intuition and experience.(아우트램의 예상대로 기술 기반 정보 수집과 대규모 조사를 이용하는 사람은 설문 조사에 참여한 건축가들 중 소수에 불과한 반면, 상위를 차지한 두 가지 방법은 고객과의 인터뷰와 건축가 자신의 직관 및 경험인 것으로 집계되었다.) 라는 문장에서 다시 한 번 아우트램의 관점이 언급된다.

❸ 이러한 점을 바탕으로 정답은 **D – the indifference of architects to public opinion**이다. 왜냐하면 설문 조사 결과를 통해 건축가들이 미적 외관을 더 중시하고, 고객의 의견과 본인의 직관 및 경험만으로 건축 계획을 세운다고 하면서 상대적으로 지역 사회에 미치는 영향을 고려하지 않는다는 점이 강조되고 있기 때문이다. A는 아예 빗나간 보기이고, B는 변화에 대한 내용이 나온 적 없으므로 오답이다. C는 개인적 직관이라는 단어가 지문에 나오긴 했지만, 그것이 중요하다는 말이 아니라 오히려 반대로 그러한 관점이 문제라는 내용이 3문단에서 다뤄지고 있으므로 답이 될 수 없다.

38. 해석 작가는 사적 장소 대 공공장소의 정의에 대해 어떻게 생각하는가?

A 항상 명확히 구분되는 것은 아니다.

B 법적 기준에 근거해야 한다.

C 지역 사회의 결정에 달려 있다.

D 지나치게 강조되어 왔다.

해석 ❶ 이 문제는 사적 장소와 공공장소의 정의를 작가가 어떻게 생각하고 있는지 묻고 있다. private and public space를 본문에서 Scanning하면, 4문단 다섯 번째 문장에서 common sphere와 private residence를 찾을 수 있다. 문장을 자세히 보면 A city museum is clearly part of the common sphere, while a private residence is not.(시립 박물관은 분명 공공 영역의 일부인 반면, 사저는 그렇지 않다.)이라고 나와 있다. 또한 다음 문장을 보면 Between these two extremes, however, the issue is murkier.(그러나 이 두 극단 사이의 경우 문제는 더 모호해진다.)라고 나와 있다.

❷ 이처럼 사적인 공간과 공적인 공간의 구분이 모호하다는 시각이 표현되고 있다는 점에서, 정답은 **A – The distinction is not always obvious.**가 된다.

39. 해석 산업 혁명은 건축 정책에 어떤 영향을 미쳤는가?

A 더 다양한 제품이 사용될 수 있었다.

B 건설의 최종 결과가 중요해졌다.

C 교외 지역 사회에서의 기회가 늘어났다.

D 높은 수준의 전문성이 요구되었다.

해석 ❶ 이 문제는 산업 혁명 때문에 건축 정책이 어떻게 변했는지를 묻고 있다. 일단 Industrial Revolution을 본문에서 Scanning하면, 단어가 그대로 나와 있지 않고 5문단 두 번째 문장에 산업혁명의 특징을 풀어서 설명한 방식으로 Paraphrasing되어 있다. The rise of mass manufacturing and improvements in technology that marked the 19th and 20th centuries brought about an architectural paradigm that perceived of architecture as more about product than process.(19세기와 20세기에 두드러진 대량 생산과 기술의 발전은 건축을 과정보다는 결과물에 대한 것으로 인식하는 건축 패러다임을 가져왔다.)에서 언급된 19~20세기의 대량 생산 및 기술 발전은 산업 혁명을 가리킨다.

❷ 이를 통해 어떤 변화가 일어났는지를 확인하면, 과정보다는 결과물, 즉 건축으로 말하자면 짓는 과정보다는 그 결과물인 건물을 더 중시하게 되었다는 점을 알 수 있다. 그러므로 정답은 **B – Emphasis was placed on the end result of construction.**이다.

40. 해석 공간 조성의 핵심 원칙은 무엇인가?

A 동참을 유도하여 지역사회 참여 창출

B 환경보호를 위한 주변 지역 분석

C 지역 자원을 활용해 경제적 혜택 부여

D 향후 대중교통 수요를 위한 인프라 개선

해석 ❶ 이 문제는 placemaking을 찾고 그것의 가장 중심적인 원리/원칙을 이해해야 한다. 6문단 첫 번째 문장을 보면 placemaking이 처음으로 언급되면서 the emphasis is on the *making* rather than the *place*.('공간'보다는 '조성'에 중점을 두고 있다.)라고 나온다. 하지만 구체적 내용이 없기 때문에 네 번째 문장을 추가로 확인하면 As the MIT paper reads, 'This "making" provides opportunities for people to collaborate, deliberate, disagree, and act—providing a host of benefits to communities and offering a critical arena in which people can lay claim to their "right to the city".(MIT 논문에서 제시하듯이, '이러한 '조성'은 사람들이 협력하고, 숙고하고, 반대하고, 행동할 수 있는 기회를 제공한다. 즉, 지역 사회에 많은 이익을 주며 사람들이 '도시에 대한 권리'를 주장할 수 있는 중요한 장을 제공한다.)라고 나와 있다.

❷ 이 두 문장의 내용을 종합하면, placemaking에서는 making이 더 중요하고, 이 making이라는 것은 사람들 간에 협력, 숙고 등을 할 수 있는 기회를 제공한다는 것을 알 수 있다. 그러므로 정답은 **A – Creating community engagement by inviting participation**이다.

1 True	**2** Not Given	**3** False	**4** False	**5** Not Given
6 Not Given	**7** True	**8** False	**9** parallels	**10** revival
11 actors	**12** villain	**13** comic books	**14** viii	**15** ii
16 x	**17** i	**18** v	**19** B	**20** A
21 D	**22** B	**23** D	**24** C	**25** G
26 A	**27** D	**28** F	**29** C	**30** A
31 G	**32** E	**33** baby animals	**34** brain development	
35 sleep patterns	**36** circuits	**37** information		
38 (EEG/electroencephalography) head monitors			**39** portable devices	**40** D

READING PASSAGE 1

해석

서부 영화의 흥망성쇠

A 서부 영화 장르는 1903년 역사상 최초의 서사 영화인 〈대열차강도〉의 제작과 함께 탄생했다. 1896년에 스콧 마블이 쓴 이야기를 바탕으로 한 이 영화는 14개의 정적인 장면만으로 구성된 단 10분짜리 영화였다. 이 영화의 인기와 상업적인 성공은 전체 매체의 상업적 성공 가능성을 증명했고 미국 영화 산업 탄생의 초석을 마련하는데 도움을 주었다. 이 영화 전반에 걸쳐 사용된 독창적인 스토리텔링과 혁신적인 영화 제작 기법들과는 별개로, 〈대열차강도〉는 미국 영화사에 걸쳐 반복될 필수적인 주제와 수사법을 제시했다.

B 이 영화의 이야기는 1900년 8월 29일에 일어난 실제 사건에 기반을 두고 있다. 3번 기차가 와이오밍 주 테이블록으로 향하던 중, 전설적인 무법자 로버트 리로이 파커(일명 부치 캐시디), 해리 롱어보(일명 선댄스 키드), 그리고 악명 높은 '와일드 번치'의 다른 멤버들이 이 기차를 멈추고 성공적으로 4만 5천 달러 이상을 훔쳐서 달아났다. 영화로 각색된 작품에서, 무법자들은 그렇게 운이 좋지는 않았다. 그 대담한 열차 강도 사건 이후, 카우보이 무리가 신속하게 집결한다. 그들은 말을 타고 강도들을 쫓고, 영화는 보안관들이 숲 속에서 '나쁜 놈들'을 따라잡아 총격전에서 그들을 이기는 것으로 마무리된다.

C 20세기 전반 내내 서부 영화는 번창했다. 제 1차 세계대전과 제 2차 세계대전이 한창이던 때, 서부 영화에는 야만스러운 적들로부터 무방비 상태인 그들의 공동체를 구하는 고전적인 영웅들이 등장했다. 1939년 존 포드가 연출한 영화 〈역마차〉는 액션, 드라마, 유머, 일련의 다양한 등장인물들의 조합을 담아 장르의 형식을 확고히 했다. 영화에서는 또한 교활한 도망자 '링고 키드' 역할을 했던 존 웨인을 스타로 만들어 준 연기가 등장한다. 웨인은 이후 계속해서 할리우드에서 가장 유명한 남자 주연 배우 중 한 명이 되었다. 1948년에 웨인은 하워드 혹스 감독과 함께 갈등을 겪는 주인공과 완벽한 흑백 촬영술로 잘 알려진 엄청나게 성공한 영화 〈레드 리버〉를 찍었다.

D 1960년대에는 할리우드에서 서부 영화의 인기가 줄어들었다. 이러한 침체에는 몇 가지 이유가 있다. 첫 번째로, 미국 사회가 근본적인 변화를 겪는 중이었다. 특히 베트남 전쟁과 시민 평등권 운동은 미국의 정체성과 세계 무대에서의 미국의 역할을 난해하게 만들었다. 과거에는 매우 성공적이었던 서부 영화의 검증된 주제와 공식은 더 이상 미국 대중에게 반향을 일으키지 않았다. 영화 산업 역시 전반적으로 변화하고 있었고, 영화사들은 전 세계 관객들을 끌어 모으는 것을 목표로 하고 있었다. 근본적으로 미국 장르인 서부 영화는 간단하게 말해 드라마, 코미디, 부상하고 있는 공상과학 장르와 경제적으로 경쟁하기에는 국제적인 호소력이 부족했다.

E 하지만 할리우드에서 서부 영화를 점점 더 적게 만들게 되면서, 이 역할은 이탈리아 감독 세르지오 레오네에게로 넘어갔다. 1964년, 그는 〈황야의 무법자〉를 연출하면서 '스파게티 웨스턴'이라고 불리는 서부 영화의 하위 장르를 선보였는데, 이는 대부분 유럽인들에 의해 연출되고 제작되면서 붙게 된 이름이었다. 스파게티 웨스턴은 등장인물들을 외형 및 도덕성 양쪽 면에 있어서 더 현실적이고 복잡하게 만듦으로써 전통을 깨버렸다. 이 영화들은 악당과 영웅 둘 다에 의해서 행해지는 극단적인 폭력으로 특징지어지는 더 잔혹한 서부 풍경을 그려낸다. 영화 제작자들은 성공을 확신하기 위한 최고의 방법은 이전 영화들의 스타일과 기법을 베끼는 것이라는 걸 알아냈는데, 이는 또한 그 영화들을 매

우 저렴하고 빠르게 제작할 수 있도록 만들었다. 1960년부터 1978년까지 600개 이상의 스파게티 웨스턴 영화가 개봉되었다.

F 1970년대와 80년대 동안 서부 영화는 미국 영화계에서 지속적으로 하락세를 보였다. 그러나 그 주제와 등장인물들은 결코 사라지지 않았다. 오히려 그들은 다른 장르로 스며들면서 변형되었다. 대평원과 거친 대초원의 정착지는 변화한 도시와 어두운 거리로 대체되었다. 보안관과 강도는 탐정과 청부 살인업자가 되었다. 존 카펜터 감독은, 그의 말에 따르면, 실질적으로는 서부 영화나 다름없는 여러 편의 영화를 만들었다. 예를 들어, 카펜터의 1979년작 영화인 〈분노의 13번가〉는 몇몇 겁먹은 경찰관들이 지키고 있는 경찰서에 침입하려고 하는 성난 로스엔젤레스 갱 이야기를 중심으로 하고 있다. 이 이야기는 하워드 혹스가 연출한 1959년작 서부 영화인 〈리오 브라보〉와 거의 완벽하게 유사하다. 고전적인 '카우보이와 범법자' 서부 영화는 거의 모두 사라진 반면, 시대를 초월한 이야기들은 현대적인 형식 안에 살아있다.

G 1990년대에는 〈늑대와 춤을〉 및 〈용서받지 못한 자〉와 같은 영화제 수상작들과 함께 고전적인 서부 영화가 잠시 부활했다. 이 두 영화의 감독들인 케빈 코스트너와 클린트 이스트우드는 초기 서부 영화에서 배우로 활동했던 적이 있어서 이 장르에 대한 경험이 풍부했다. 동시에 할리우드의 범위 밖에서 활동하는 독립 영화 제작자들은 장르의 한계를 탐구하기 시작했다. 1992년 짐 자무쉬는 '포스트모던 서부 영화'로 알려지게 된 〈데드 맨〉을 감독했다. 이 영화는 흑백으로 촬영되었고 초현실적인 이미지를 담고 있었다. 1993년 영화인 〈제로니모: 미국의 전설〉은 아파치족 추장인 제로니모와 미국 정부를 상대로 한 그의 투쟁 이야기를 다룬다. 제로니모를 영웅으로 설정한 것은 제로니모가 1939년 당시 〈역마차〉에서 악당이었다는 점을 고려했을 때 상당한 급선회이다.

H 서부 영화는 현대 관객들을 위해 1930년대와 40년대의 주제를 업데이트하면서 21세기에도 계속해서 제작되고 있다. 게다가, 많은 사람들은 오늘날 영화계에서 가장 보편적인 장르 중 하나인 슈퍼 영웅 영화들이 특히 시간이 지남에 따라 발전하면서 서부 영화와 많은 유사점을 공유하고 있다고 지적한다. 슈퍼 영웅을 주인공으로 한 초기의 만화책들은 악에 대한 선의 승리나 도시를 보호하는 숭고한 영웅과 같은 단순한 주제들을 다루었다. 현대의 슈퍼 영웅 영화는 복잡한 사회에서 그들의 역할을 찾아 헤매는 복잡하고 결함 있는 영웅들을 보여준다. 이러한 진화는 20세기 전반에 걸쳐 서부 영화가 발전했던 방식과 매우 유사하다. 이처럼 슈퍼 영웅 장르를 통해서도 서부 영화 본래의 주제들이 오늘날의 영화 속에 살아 남아 있다고 말할 수 있을 것이다.

어휘 viability ⓝ 상업적 성공 가능성 pave the way for ~을 위한 길을 닦다 aside from ~이외에도, ~을 제외하고 ingenuity ⓝ 독창성 trope ⓝ 비유, 수사법 on one's way to ~로 가는 중인 outlaw ⓝ 범법자 infamous ⓐⓓⓙ 악명 높은 make off with ~를 훔쳐서 달아나다 daring ⓐⓓⓙ 대담한 posse ⓝ 무리 pursue ⓥ 추적하다 gunfight ⓝ 총격전 thrive ⓥ 번성하다 feature ⓥ ~을 특징으로 하다, ~를 출연시키다 breakout performance 성공의 계기가 되는 연기 prominent ⓐⓓⓙ 저명한 leading ⓐⓓⓙ 가장 주요한, 선두의 team up with ~와 협력하다 downturn ⓝ 침체 fundamental ⓐⓓⓙ 근본적인 tried-and-true ⓐⓓⓙ 신뢰할 수 있는 formula ⓝ 공식 appeal ⓝ 매력 emerging ⓐⓓⓙ 최근에 생겨난 subgenre ⓝ 하위 장르 refer to ~라고 불리다 morality ⓝ 도덕성 portray ⓥ 묘사하다 brutal ⓐⓓⓙ 잔혹한 landscape ⓝ 풍경 villain ⓝ 악당 release ⓥ 공개/발매하다 transform ⓥ 변형시키다, (형상, 성질이) 바뀌다 seep into ~로 서서히 확산하다 sheriff ⓝ 보안관 bandit ⓝ 강도 detective ⓝ 형사 hitman ⓝ 청부 살인업자, 암살자 by one's own admission 본인에 의하면 defend ⓥ 방어하다 parallel ⓐⓓⓙ 평행한, 유사한 brief ⓐⓓⓙ 잠시의 revival ⓝ 부활 confines ⓝ 범위, 영역, 한계 monochrome ⓐⓓⓙ 흑백의 surreal ⓐⓓⓙ 초현실적인 turnaround ⓝ 180도 전환 triumph ⓝ 승리 flawed ⓐⓓⓙ 결함이 있는

1. **해석** 〈대열차강도〉의 성공은 서부 영화가 수익성 있는 영화 장르라는 것을 보여줬다.

해설 키워드 *The Great Train Robbery* | *profitable*

A문단 세 번째 문장을 보면, The popularity and commercial success of the film proved the viability of the entire medium and helped to pave the way for the birth of the American film industry.(이 영화의 인기와 상업적인 성공은 전체 매체의 상업적 성공 가능성을 증명했고 미국 영화 산업 탄생의 초석을 마련하는데 도움을 주었다.)라고 나와 있다. 이 문장에서 영화의 상업적인 성공은 영화가 돈을 버는 데 성공했다는 것이기 때문에 문제의 profitable film과 일치하는 정보이다. 그렇기 때문에 1번의 정답은 **True**이다.

2. 해석 〈대열차강도〉는 극장에서 약 4만 5천 달러를 벌어들였다.

해설 키워드 **$45,000**

❶ 본문을 Scanning하면 B문단 두 번째 문장에서 $45,000를 찾을 수 있다. 그 문장을 보면 The No. 3 train was on its way to Table Rock, Wyoming when legendary outlaws Robert Leroy Parker (aka Butch Cassidy), Harry Longabaugh (aka The Sundance Kid), and other members of the infamous "Wild Bunch" stopped the train and successfully made off with over $45,000.(3번 기차가 와이오밍 주 테이블록으로 향하던 중, 전설적인 무법자 로버트 리로이 파커(일명 부치 캐시디), 해리 롱어보(일명 선댄스 키드), 그리고 악명 높은 '와일드 번치'의 다른 멤버들이 이 기차를 멈추고 성공적으로 4만 5천 달러 이상을 훔쳐서 달아났다.)라고 나와 있다.

❷ 여기서 언급된 4만 5천 달러는 훔쳐간 돈의 액수를 언급하는 것이기 때문에 문제와 일치하는 정보는 아니다. 하지만 그렇다고 해서 False를 선택하면 안 된다. 틀린 정보가 아니라 다른 정보이기 때문이다. 그 영화가 극장에서 얼마나 벌었는지에 대해서는 아예 정보가 나와 있지 않다. 그렇기 때문에 정답은 **Not Given**이다.

3. 해석 서부 영화들은 사회정치적인 배경의 맥락을 철저하게 배제했다.

해설 키워드 **socio-political circumstance**

C문단 두 번째 문장을 보면, In the midst of World War I and World War II, westerns featured classic heroes saving their defenseless communities from savage enemies.(제 1차 세계대전과 제 2차 세계대전이 한창이던 때, 서부 영화에는 야만스러운 적들로부터 무방비 상태인 그들의 공동체를 구하는 고전적인 영웅들이 등장했다.)라고 나와 있다. 이 부분은 전쟁 중에 일어나는 상황들을 반영한 것을 충분히 보여주는 문장이기 때문에, 사회정치적인 맥락을 아예 배제한 것은 아니라는 점을 알 수 있다. 그러므로 정답은 **False**이다.

4. 해석 존 포드, 존 웨인, 하워드 혹스는 모두 20세기 전반 서부 영화의 감독들이었다.

해설 키워드 **John Ford, John Wayne, and Howard Hawks**

C문단 세 번째 문장부터 세 사람에 대한 설명이 나와 있다. directed by John Ford(존 포드가 연출한)라는 부분에서 존 포드가 감독임이 확인되고, director Howard Hawks(하워드 혹스 감독)에서 하워드 혹스 역시 감독이라는 것을 알 수 있다. 하지만 a breakout performance by John Wayne(존 웨인을 스타로 만들어 준 연기)라는 부분에서 존 웨인은 감독이 아니라 배우인 것을 알 수 있다. 그렇기 때문에 정답은 **False**이다.

5. 해석 '링고 키드'는 실제 범죄자를 바탕으로 했다.

해설 키워드 **The Ringo Kid**

본문에서 키워드를 Scanning하면, C문단 네 번째 문장에 It also featured a breakout performance by John Wayne as the crafty fugitive "The Ringo Kid".(영화에서는 또한 교활한 도망자 '링고 키드' 역할을 했던 존 웨인을 스타로 만들어 준 연기가 등장한다.)라고 나와 있다. 하지만 이 문장은 물론 뒤 문장에서도 링고 키드가 실제 범죄자를 바탕으로 한 인물인지, 아니면 허구의 인물인지에 대해서는 아무런 언급이 없기 때문에 정답은 **Not Given**이다.

6. 해석 1960년대 할리우드 서부 영화의 쇠락은 주로 경제적인 요소들 때문이었다.

해설 키워드 **decline | 1960s**

D문단 첫 번째 문장 이하를 보면, The 1960s saw a decline in the popularity of westerns in Hollywood. There are a number of reasons for this downturn.(1960년대에는 할리우드에서 서부 영화의 인기가 줄어들었다. 이러한 침체에는 몇 가지 이유가 있다.)이라고 나와 있다. 하지만 이 문제에서 가장 중점적으로 판단해야 할 정보는 primarily이다. 여러 가지 이유가 나와 있다고 하더라도 '가장 핵심적인, 주요한' 이런 단어가 나왔는지를 봐야 한다. 하지만 D문단에는 그러한 정보가 없기 때문에 정답은 **Not Given**이다.

7. 해석 스파게티 웨스턴 영화들은 대부분 미국 밖에서 제작되었다.

해설 **키워드 spaghetti westerns**

본문에서 키워드를 Scanning하면 E문단 두 번째 문장을 찾을 수 있다. In 1964, he directed *A Fistful of Dollars*, launching a subgenre of western films referred to as *spaghetti westerns*, so called because they were mostly directed and produced by Europeans.(1964년, 그는 〈황야의 무법자〉를 연출하면서 '스파게티 웨스턴'이라고 불리는 서부 영화의 하위 장르를 선보였는데, 이는 대부분 유럽인들에 의해 연출되고 제작되면서 붙게 된 이름이었다.)라고 나와 있다. 스파게티 웨스턴이 대부분 유럽인들에 의해서 연출 및 제작되었다고 나와 있는데 이는 미국 밖에서 제작되었다는 문제 내용과 일치한다. 따라서 정답은 **True**이다. 실제로 이 문제를 풀면서 정답이 Not Given이라고 생각한 사람도 있었을 것이다. 하지만 그 시절에 유럽인들이 영화를 제작했다면, 일반적으로 그 영화는 유럽에서 제작되었을 것이다. 만약 미국에 살고 있거나 혹은 다른 대륙에 살고 있는 유럽인이라면?이라는 생각도 들 수 있겠지만, 이 문제를 보자마자 바로 직관적으로 판단할 필요가 있다. 만약 그처럼 예외적인 상황에 놓여 있는 유럽인이었다면 지문에 언급이 되었을 것이기 때문이다.

8. 해석 기술의 발전은 스파게티 웨스턴 영화들이 더 저렴하고 빠르게 생산될 수 있도록 했다.

해설 **키워드 spaghetti westerns | produced**

produced cheaply and quickly라는 정보는 E문단 다섯 번째 문장을 보면 very cheap and fast to produce라고 나와 있다. Filmmakers found that the best way to ensure success was to copy the style and techniques of earlier films, which also made them very cheap and fast to produce.(영화 제작자들은 성공을 확신하기 위한 최고의 방법은 이전 영화들의 스타일과 기법을 베끼는 것이라는 걸 알아냈는데, 이는 또한 그 영화들을 매우 저렴하고 빠르게 제작할 수 있도록 만들었다.)라는 문장에 저렴하고 빠르게 제작할 수 있었던 이유가 이전 기법과 스타일을 copy(베끼다)해서라는 내용이 명백히 나와 있고, 이것은 기술의 발전과는 반대되는 말이다. 기술의 발전은 이전 기술보다 무언가 향상된 점이 추가되거나, 변화가 있다는 개념이기 때문이다. 그렇기 때문에 정답은 **False**이다.

해석

1970년대와 1980년대
서부 영화의 주제가 다른 장르들로 스며들었음
- 평원들 – 도시들, 보안관들 – 형사들

1979년작 〈분노의 13번가〉의 줄거리는 1959년작 〈리오 브라보〉와 **9** 유사함(parallels)

1990년대
고전적인 서부 영화들이 잠깐의 **10** 부활(revival)을 경험함
영화제 수상작, 〈늑대와 춤을〉과 〈용서받지 못한 자〉
- 전직 **11** 배우들(actors)에 의해 연출됨

독립 영화들이 장르를 발전시켜 나감
- 〈데드맨〉은 초현실적인 이미지를 사용했고, 흑백으로 촬영됨
- 제로니모가 **12** 악당(villain) 대신 영웅이 됨

2000년대
몇 편의 서부 영화들이 매년 만들어짐
슈퍼 영웅 장르는 서부 영화 장르와 유사한 진화 과정 및 주제를 담고 있음
- 초기 **13** 만화책(comic books)의 기본 주제
- 현대 영화에서의 복잡한 등장인물들

9. 키워드 1979 *Assault on Precinct 13* | 1959 *Rio Bravo*

❶ 이 문제는 *Assault on Precinct 13*과 *Rio Bravo* 이 두 영화의 관계를 보여주는 동사를 찾아야 한다. 본문에서 키워드를 Scanning하면, F문단 여섯 번째 문장에 Carpenter's 1979 film *Assault on Precinct 13*, for example, centres around an angry Los Angeles gang trying to break into a police precinct, defended by a few frightened officers.(예를 들어, 카펜터의 1979년작 영화인 〈분노의 13번가〉는 몇몇 겁먹은 경찰관들이 지키고 있는 경찰서에 침입하려고 하는 성난 로스엔젤레스 갱 이야기를 중심으로 하고 있다.)라고 나와 있다.

❷ 하지만 해당 문장에는 *Rio Bravo* 내용이 없기 때문에 다음 문장까지 읽어야 한다. This story parallels almost perfectly that of *Rio Bravo*, the 1959 western directed by Howard Hawks.(이 이야기는 하워드 혹스가 연출한 1959년작 서부 영화인 〈리오 브라보〉와 거의 완벽하게 유사하다.)에서 This story → *Assault on Precinct 13*이기 때문에 *Rio Bravo*와의 관계를 보여주는 동사는 parallels이다. 그러므로 정답은 동사인 **parallels**가 된다.

10. 키워드 1990s | short

이 문제는 1990년대에 고전적 서부 영화가 짧은 무엇을 경험했는지 찾아야 한다. 본문에서 키워드를 Scanning하면 G문단 첫 번째 문장에서 1990s와 함께 short의 유의어 brief를 발견할 수 있다. The 1990s saw a brief revival of the classic western(1990년대에는 고전적인 서부영화가 잠시 부활했었다.)이라고 나와 있기 때문에, 정답은 명사인 **revival**이다.

11. *Dances with Wolves* | *Unforgiven* | directed by

이 문제는 이 영화들을 누가 연출했는지, 또 그들의 이전 직업이 무엇이었는지를 찾아야 한다. 본문에서 키워드를 Scanning하면 G문단 첫 번째 문장에서 *Dances with Wolves* and *Unforgiven*을 발견할 수 있고, 그 다음 문장에 directors가 언급된다. The directors of these two films, Kevin Costner and Clint Eastwood, had plenty of experience in the genre, having worked as actors in earlier western films.(이 두 영화의 감독들인 케빈 코스트너와 클린트 이스트우드는 초기 서부 영화에서 배우로 활동했던 적이 있어서 이 장르에 대한 경험이 풍부했다.)라고 나와 있다. 이 문장을 통해 그 영화를 연출한 감독들의 이전(former) 직업이 배우라는 것을 알 수 있다. 그러므로 정답은 명사인 **actors**이다.

12. Geronimo | hero

본문에서 키워드를 Scanning하면 G문단 여섯 번째 문장에 Setting Geronimo as the hero is quite a turnaround, considering that Geronimo was the villain in *Stagecoach* back in 1939.(제로니모를 영웅으로 설정한 것은 제로니모가 1939년 당시 〈역마차〉에서 악당이었다는 점을 고려했을 때 상당한 급선회이다.)이라고 나와 있다. 이 문장에서 알 수 있는 것은 제로니모가 이전에 나왔던 영화에서는 악당으로 표현되었다는 정보이다. 그러므로 정답은 명사인 **villain**이다.

13. superhero genre | similar evolution | early

❶ 이 문제는 먼저 superhero genre와 similar evolution을 찾은 뒤, 그 다음 설명 문장에서 early를 찾는다면 답을 발견할 수 있다. '노트 완성하기' 유형은 특히 지문의 순서와 문제의 순서가 일치하기 때문에 차례대로 살펴봐야 한다.

❷ 본문에서 이 키워드를 Scanning하면, H문단 두 번째 문장에 In addition, many have pointed out that superhero movies, one of the most common genres of film today, share many similarities to westerns, especially in their development over time.(게다가, 많은 사람들은 오늘날 영화계에서 가장 보편적인 장르 중 하나인 슈퍼 영웅 영화들이 특히 시간이 지남에 따라 발전하면서 서부 영화와 많은 유사점을 공유하고 있다고 지적한다.)이라고 나와 있다. 문제에서 언급한 유사한 진화 과정과 일치하는 문장이다.

❸ 이 뒤에 이어지는 문장을 보면 Early comic books featuring superheroes dealt with simple themes(슈퍼 영웅을 주인공으로 한 초기의 만화책들은 단순한 주제들을 다루었다)라고 나와 있다. 따라서 early의 수식을 받고 있는 명사 **comic books**가 정답이 된다.

READING PASSAGE 2

해석

소행성 충돌 방지하기

A 지구에 충돌하는 소행성은 모든 인류에게 위협이 될 수 있는 몇 안 되는 재해들 중 하나이다. 그러나, 지진이나 화산과는 다르게 소행성 충돌은 막을 수 있다. 만약 우리가 10년 혹은 그보다 더 이전에 지구와 충돌하는 경로에 있는 소행성을 알아낸다면, 소행성의 속도 또는 방향을 바꾸는 약간의 변형으로 그 궤도를 옮겨 지구의 경로에서 벗어나게 할 수 있다. 이 방법은 '궤도 변경'이라고 알려져 있다. 하지만 만약 우리가 소행성을 너무 늦게, 우리와 충돌하기 불과 몇 년 전에 발견한다면 어떻게 될까? 약간의 자극은 더 이상 충분하지 않을 테니, 소행성에 우주선을 쏘아 올려서 속도와 변화에 상당한 변화를 일으켜 경로를 벗어나게 하자는 것이 방안이다. 이는 작은 소행성의 경우 확실히 가능해 보인다. 그러나 소행성이 클수록, 더 큰 우주선이 필요할 것이다.

B 그 때가 바로 핵 옵션이 필요해질지도 모르는 때이다. 우주선은 핵무기를 운반해서 소행성 근처에서 터뜨려 X선과 중성자들을 방출하게 할 수 있다. 캘리포니아에 있는 로렌스 리버모어 국립 연구소 연구원인 메건 사이얼에 따르면, "그것들은 소행성의 표면을 매우 높은 온도로 가열해 증발시키는데, 그 후 그 기화된 물질에서 유래된 폭발 운동량이 소행성의 속도에 완만한 변화를 유발한다." 사이얼은 행성 방어 시나리오들을 개발하는 작업을 하고 있다. 하지만, 그녀는 같은 폭발이 모든 소행성에 같은 방식으로 영향을 미치지는 않을 것이라고 경고한다. "특정 시나리오 안에는 구성, 투과성, 물질의 강도, 손상을 입는 방식, 모양, 회전 상태, 내부 구조를 포함하여 소행성에 대한 정말로 많은 변수들이 존재한다."

C 최악의 시나리오는 소행성이 지구에 충돌하기까지 불과 몇 년, 혹은 심지어 몇 개월밖에 안 남은 경우일 것이다. 이 경우에는 심지어 핵무기를 가지고도 소행성을 쳐서 경로를 벗어나게 만들기에는 너무 늦을 것이다. 나사의 고더드 우주 비행 센터 엔지니어인 브렌트 바비는 또 다른 해결책을 가지고 있다. 핵무기를 이용하여 그것을 산산조각 내는 것이다. 바비에 따르면 "10년 미만으로 남은 모든 것들은 핵 해결책과 같은 것들을 사용해야 하는 시나리오의 범위에 해당한다. 몇 년 전에 발표되었던 NRC[핵 연구 위원회] 보고서에서는 10년부터 0년까지의 경고 시간 범위를 기본적으로 일종의 핵 해결책이 필요한 상황으로 정의했다." 바비는 접근하는 소행성을 핵폭탄으로 요격하는 가장 효과적인 방법을 알아내는 것을 목표로 한 3년간의 연구를 수행했다. 궤도 변경 시나리오와는 반대로, 바비의 제안은 소행성의 표면을 뚫고 들어가 핵 장치를 내부 깊숙한 곳에서 폭발시키는 것이었다.

D 지하 핵폭발이라는 아이디어는 새로운 것이 아니다. 이전 연구들은 군에 의해 진행되었으며, 지면을 관통하는 핵폭탄을 벙커 버스터(방공호 같은 것들을 뚫고 들어가 파괴하는 폭탄)로 사용하는 아이디어를 탐구했다. 이러한 연구들은 지하 핵폭발이 지표면 높이에서의 폭발보다 20배 이상의 피해를 입힐 수 있다는 것을 보여주었다. 하지만 재래식 미사일을 이용해 지표면 아래로 뚫고 들어가는 것이 가능한지에 대해 문제들이 제기되었다. 국방특수무기처 민간 부국장인 조지 울리히에 따르면 "재래식 일체형 침투탄을 가지고 얼마나 깊게 파고들 수 있는지에 대해서는 한계가 있다. 기본적으로, 암반 속으로 100피트 혹은 더 깊게 들어갈 수 있는 마법의 해결책을 찾아내지는 못할 것이다. 만약 더 빠른 속도로 갈 경우, 그 과정에서 침투탄이 스스로를 해치워버리게 되는 근본적인 물질적 한계에 도달할 것이다."

E 이 장애물에 직면한 바비와 그의 동료들은 초고속 소행선 요격선(HAIV)이라고 불리는 두 부분으로 이루어진 우주선을 개발했다. 운동에너지 요격체인 상부는 소행성을 먼저 타격해 거대한 분화구를 만든다. 아래 부분은 핵 장치를 담고 있다. 이것은 분화구로 들어가 바닥에 닿기 전에 폭발한다. 단 3주 전의 통보로도, HAIV는 지름이 140m에 이르는 소행성을 요격해서 속을 파 버리고, 충분히 지구 대기권에서 안전하게 타버릴 수 있는 작은 조각으로 폭파할 수 있었다. 다음 단계는 바비가 강조하는 것처럼 바라건대 여러 번 HAIV를 시험 비행하는 것이다. "해결책을 조사하고, 시험하고, 실제 같은 총연습을 많이 해서, 우리가 소행성 충돌을 멈추기 위해 이 시스템을 사용해야 하는 날이 왔을 때 매우 편안하고 능숙하게 할 수 있게 되면 훨씬 더 좋다."

F 우리가 우리 태양계의 소행성들에 대해 더 많이 알수록, 우리는 더 많은 경고를 얻을 수 있고 더 잘 준비할 수 있을 것이다. 이 소행성들을 추적하는 것은 전 세계적인 우선 사항이 되어야 한다. 국제 소행성 경보 네트워크는, 그들의 웹사이트에 따르면, 나사와 유엔의 지원을 받아 "지구 근처의 물체들을 감지하고, 추적하고, 물리적으로 특징 짓기 위한 전 세계적인 활동을 구성하기 위해" 설립되었다. 불행히도 이는 '너무 적고, 너무 늦은' 경우일 수도 있다. B612 재단의 설립자인 러셀 '러스티' 슈바이카르트는 우리가 제 시간 내에 위협을 식별하기 위해 전 세계적으로 함께 일할 만한 능력을 지녔는지에 대해 의심한다. "분리주의적인 정치 세력을 진정으로 극복하기 위한 공동의 생존 본능이 부족하지 않은지 우려된다"고 슈바이카르트는 말했다. "그건, 간단히 말하자면, 우리가 타격을 받게 될 이유이다. 기술적으로 그것이 다가오는 것을 우리가 모른다거나 또는 우리가 그것에 대해 어떤 것도 할 수 없기 때문이 아니다."

어휘 asteroid ⓝ 소행성 disaster ⓝ 재난, 재해 threaten ⓥ 위협하다 preventable adj 막을 수 있는 collision ⓝ 충돌 path ⓝ 경로 decade ⓝ 10년 deflection ⓝ 굴절, 꺾임, 편차 velocity ⓝ 속도 orbit ⓝ 궤도 sufficient adj 충분한 launch ⓥ (우주선) 발사하다 spacecraft ⓝ 우주선 direction ⓝ 방향 detonate ⓥ 폭발하다/시키다 neutron ⓝ 중성자 vaporise ⓥ 기화하다/시키다 momentum ⓝ 운동량, 탄력, 가속도 impart ⓥ (특정한 특성을) 주다 gentle adj 완만한, 가벼운 planetary adj 행성의 defense ⓝ 방어 blast ⓝ 폭발 porosity ⓝ 투과성 sustain ⓥ (피해 등을) 입다, 당하다 rotational adj 회전의 internal adj 내부의 nuclear ⓝ 핵, 원자력 blow ~ to pieces ~을 조각내다 identify ⓥ 정의하다, 밝히다 regime ⓝ 체제, 상황 determine ⓥ 알아내다, 밝히다 penetrate ⓥ 뚫고 들어가다 subterranean adj 지하의 military ⓝ 군대 explosion ⓝ 폭발 feasibility ⓝ (실행) 가능성 beneath prep 아래/밑에 conventional adj 전통적인, 재래식의 unitary adj 단일의, 한 개로 구성된 come up with 생각해내다 face with ~에 직면하다 kinetic adj 운동학상의, 운동에 의해 생기는 interceptor ⓝ 요격기 crater ⓝ 분화구 intercept ⓥ 요격하다, 가로막다 eviscerate ⓥ (내장을) 제거하다 investigate ⓥ 조사하다 adept at ~에 능숙한 solar system 태양계 track ⓥ 추적하다 priority ⓝ 우선 사항, 우선권 capacity ⓝ 능력 threat ⓝ 위협 collective adj 집단의, 공동의 instinct ⓝ 본능 centrifugal adj 분리주의적인, 중심에서 떠나는, 밖으로 향하는 in a nutshell 간단히 말해서

해설 **14. ❶** B문단은 핵 옵션의 필요성에 대해 언급하며 시작한다. 주어와 동사 위주로 읽는 Skimming을 하면, 이어서 두 번째 문장에서 우주선이 핵무기를 운반해서 소행성 근처에서 그것을 폭발시킬 수 있다는 말과 함께 어떻게 그로 인해 소행성의 속도 변화가 야기되는지 보충 설명하기 위해 Megan Syal의 말이 인용된다. 그리고 다섯 번째 문장에서 However가 나오면서 소행성마다 그 핵무기 폭발의 영향력이 다를 수 있다는 내용이 이어진다.

❷ 전체적으로 봤을 때, 핵폭발을 통해 소행성에 영향을 미쳐 궤도를 변경하는 방법에 대해 일관성 있게 말하고 있다. 이러한 내용을 통해 알맞은 유의어가 나와 있는 보기들을 찾고, 아닌 것들을 소거하고 나면, 소제목에 가장 알맞은 것으로 viii – Asteroid deflection with an explosion을 연결시킬 수 있다.

15. ❶ C문단은 최악의 경우는 지구와 곧 충돌하게 될 가까운 거리에 소행성이 있는 경우라는 점을 언급하며 시작한다. 그리고 두 번째 문장에서 핵무기로 경로를 바꿔 이를 해결하기에도 시간 문제가 있다는 점이 나온다. 그 다음 문장에서 Barbee가 새로운 해결책을 언급한다. 새로운 내용이 추가되는 부분은 항상 주목해야 한다. 가장 마지막 문장에서는 A, B문단에서 언급되었던 궤도 변경 방법과 달리 그가 제안한 것은 소행성 속으로 핵 장치를 쏘아 넣어서 폭발시키는 방법이라는 차이점이 언급된다.

❷ 즉, 소행성이 보다 근거리에 있을 경우에 대처할 수 있는 또 다른 방법에 대해 이야기하고 있다. 이러한 내용을 통해 알맞은 유의어가 나와 있는 보기들을 찾고, 아닌 것들을 소거하고 나면, 가장 알맞은 것은 ii – Plan for dealing with an asteroid at close range이다.

16. ❶ D문단은 지하 핵폭발 아이디어가 원래부터 있었던 것이라는 점을 언급하며 시작해서, 이전 연구들에서 그것을 어떻게 다루었는지를 설명한다. 하지만 네 번째 문장에서 However가 나오면서 내용이 바뀐다. 재래식 미사일(conventional missile)로 표면을 뚫을 수 있을지 여부에 대해 문제가 제기되었다고 나오고, 그 다음에 George Ullrich가 그것이 왜 불가능한지에 대해서 설명하는 인용구가 이어진다.

❷ 이러한 내용을 통해 알맞은 유의어가 나와 있는 보기들을 찾고, 아닌 것들을 소거하고 나면, 가장 알맞은 것은 **x – Limitations with the current technology**이다. conventional missile을 current technology로 생각할 수 있기 때문이다. 만약 이 문제에서 ix – Potential damage from an underground nuclear blast(지하 핵폭발로 인한 잠재적인 피해)를 답으로 선택했다면, 반드시 however 뒤를 확인해야 한다는 점을 잊지 말도록 한다. 왜냐하면 지하 핵폭발의 아이디어를 설명하면서 그것의 피해가 지표면보다 훨씬 더 크다고 말한 것은 사실이지만, However라는 표현 다음에 feasibility(실행 가능성)에 대한 문제들이 제기되었고 마법의 해결책을 찾아내지는 못할 것이라는 내용이 있기 때문에 ix는 답이 될 수 없다.

17. ❶ E문단은 D문단에서 언급되었던 재래식 미사일의 한계점에 대한 해결책으로 HAIV를 개발한 Barbee의 팀에 대한 언급으로 시작한다. 그 다음 문장은 이 새로운 우주선에 대한 구체적인 설명이다. 뒤에 이어지는 문장들에서 아무런 내용 반전이나 역접이 발견되지 않기 때문에, 쉽게 답을 찾을 수 있다.

❷ 이러한 내용을 통해 알맞은 유의어가 나와 있는 보기들을 찾고, 아닌 것들을 소거하고 나면, 가장 알맞은 것은 **i – New design for intercepting and destroying an asteroid**이다. 새로운 설계(New design)는 곧 새롭게 개발한 HAIV를 가리키는 것으로 볼 수 있기 때문이다.

18. ❶ F문단은 소행성들에 대해 더 많이 알아야 더 잘 대비할 수 있다는 언급으로 시작한다. 그리고 바로 다음 문장에 소행성 추적이 전 세계적으로 중요한 문제가 되어야 한다고 나와 있다. 이어서 나오는 국제 소행성 경보 네트워크와 Schweickart의 인용구를 통한 보충 설명 부분에서도 별다른 역접 내용이 제시되지 않는다. 즉, 소행성 추적을 국제적으로 중요하게 여겨서 잘 대비하자는 내용에 통합되고 있다.

❷ 이러한 내용을 통해 알맞은 유의어가 나와 있는 보기들을 찾고, 아닌 것들을 소거하고 나면, 가장 알맞은 것은 **v – Global cooperation for asteroid tracking**이다.

과학자 명단

A 메건 사이얼
B 브렌트 바비
C 조지 울리히
D 러셀 슈바이카르트

19. 해석 만약 우리가 다가오는 소행성에 대해 적어도 10년 전에 경고를 받지 못한다면, 핵 해결책이 필요할 것이다.

해설 키워드 **at least a decade**

본문에서 이 키워드를 Scanning하면, C문단 네 번째 문장에 According to Barbee, "Anything less than ten years falls into the range of scenarios where you would need to use some kind of a nuclear solution."(바비에 따르면 "10년 미만으로 남은 모든 것들은 핵 해결책과 같은 것들을 사용해야 하는 시나리오의 범위에 해당한다.")이라고 나와 있다. less than ten years와 더불어 nuclear solution 같은 것들이 필요하다는 부분도 문제와 일치하는 내용이기 때문에, 19번은 Barbee와 관련된 진술로 **B – Brent Barbee**와 연결할 수 있다.

20. 해석 각각의 소행성이 핵폭발에 서로 다르게 반응할 가능성이 크다.

해설 키워드 **react differently to a nuclear blast**

본문에서 이 키워드를 Scanning하면 B문단 다섯 번째 문장에서 발견할 수 있다. She warns, however, that the same blast wouldn't affect all asteroids the same way.(하지만, 그녀는 같은 폭발이 모든 소행성에 같은 방식으로 영향을 미치지는 않을 것이라고 경고한다.)라고 나와 있는데, 바로 앞 문장을 확인하면 she가 Syal을 지칭하고 있는 것을 알 수 있다. 따라서 정답은 **A – Megan Syal**이다.

21. 해석 우리의 기술은 충분하지만, 행동하고자 하는 정치적 의지는 부족할 수 있다.

해설 **키워드 political will**

❶ 본문에서 이 키워드를 Scanning하면 F문단 6~7번째 문장에서 발견할 수 있다. "I fear there's not enough of a collective survival instinct to really overcome the centrifugal political forces," says Schweickart. "That is, in a nutshell, the reason we'll get hit. Not because technically we don't know it's coming, or we can't do something about it."("분리주의적인 정치 세력을 진정으로 극복하기 위한 공동의 생존 본능이 부족하지 않은지 우려된다"고 슈바이카르트는 말했다. "그건, 간단히 말하자면, 우리가 타격을 받게 될 이유이다. 기술적으로 그것이 다가오는 것을 우리가 모른다거나 또는 우리가 그것에 대해 어떤 것도 할 수 없기 때문이 아니다.")이라고 나와 있다.

❷ Schweickart의 인용구에서 정치 세력을 극복하려는 노력이 부족한 반면 기술적인 이유로 소행성의 접근을 모르는 것은 아니라고 했기 때문에 문제와 내용이 일치한다. 따라서 정답은 **D – Russell Schweickart**가 된다.

22. 해석 소행성 충돌을 막기 위한 우리의 능력에 확신을 갖기 위해서는 우리 기술을 여러 번 시험해 보는 것이 중요하다.

해설 **키워드 multiple test runs of our technology**

❶ 문제에서는 시험 삼아 우리의 기술을 여러 번 시도해보는 것이 중요하다고 말하고 있는데, 이와 관련된 내용은 E문단 여섯 번째 문장 The next step, as Barbee emphasises, would be to test-fly the HAIV, hopefully many times.(다음 단계는 바비가 강조하는 것처럼 바라건대 여러 번 HAIV를 시험 비행하는 것이다.)에서 찾을 수 있다.

❷ 또한 다음 문장을 보면, "It's much, much better to have investigated the solution, tested it, done many dress rehearsals, so that we're very, very comfortable and very adept at doing it, when the day comes that we have to call upon those systems to stop an asteroid impact."("해결책을 조사하고, 시험하고, 실제 같은 총연습을 많이 해서, 우리가 소행성 충돌을 멈추기 위해 이 시스템을 사용해야 하는 날이 왔을 때 매우 편안하고 능숙하게 할 수 있게 되면 훨씬 더 좋다.")라는 내용이 나온다. 우리가 편안하고 능숙하게 기술을 사용할 수 있게 되면 좋다는 내용은 문제에서 말하는 우리의 능력에 확신을 갖는다는 내용과 일치하기 때문에, 정답은 **B – Brent Barbee**이다.

해석

바비의 핵 옵션

만약 소행성이 가까운 거리에서 발견된다면, 유일한 해결책은 핵무기를 가지고 그것을 파괴하는 것이다. 바비의 제안은 소행성의 **23** D – 표면(surface) 아래로 내려가서 지하에서 핵 장치를 터뜨리는 방법에 관한 것이다. 이러한 폭발이 매우 효과적일 수는 있지만, 핵무기를 벙커 버스터로 사용하고자 했던 **24** C – 군(military)에서 진행한 이전의 시도들은 실패했다. 이것은 바비와 그의 팀으로 하여금 첫 번째로 **26** A – 분화구(crater)를 만든 다음 그 안에서 핵무기를 폭파시킬 수 있게 설계된, 두 부분으로 이루어진 **25** G – 우주선(spacecraft)을 개발하게 만들었다.

A 분화구	B 해결책	C 군	D 표면
E 미사일	F 중심부	G 우주선	

23. 키워드 beneath | nuclear device

이 문제는 소행성의 '어디'의 아래로 내려가서 핵무기를 설치할 지에 대한 Barbee의 의견을 찾아야 한다. 본문에서 키워드를 Scanning하면, C문단 일곱 번째 문장에서 get beneath와 같은 의미인 penetrate을 발견할 수 있다. Barbee's proposal is to penetrate the surface of the asteroid and detonate the nuclear device deep inside.(바비의 제안은 소행성의 표면을 뚫고 들어가 핵 장치를 내부 깊숙한 곳에서 폭발시키는 것이었다.)라고 나와 있는데, 핵 장치가 the surface of the asteroid로 내려가는 것이기 때문에 정답은 **D – surface**이다.

24. 키워드 nuclear weapons | bunker busters

이 문제는 핵무기를 벙커 버스터로 사용하려고 했던 사람이나 단체가 누구인지를 찾아야 한다. 본문에서 키워드를 Scanning하면, D문단 두 번째 문장에서 bunker buster를 찾을 수 있다. Previous studies had been conducted by the military, exploring the idea of using ground-penetrating nuclear bombs as bunker busters.(이전 연구들은 군에 의해 진행되었으며, 지면을 관통하는 핵폭탄을 벙커 버스터로 사용하는 아이디어를 탐구했다.)라고 나와 있는데, conducted by the military를 보면 벙커 버스터에 관련된 연구를 진행한 주체가 military임을 알 수 있다. 그러므로 정답은 **C – military**이다.

25-26. 키워드 Barbee | two-piece

❶ 본문에서 키워드를 Scanning하면, E문단 첫 번째 문장 Faced with this obstacle, Barbee and his colleagues developed a two-piece spacecraft called a Hypervelocity Asteroid Intercept Vehicle (HAIV).(이 장애물에 직면한 바비와 그의 동료들은 초고속 소행성 요격선(HAIV)이라고 불리는 두 부분으로 이루어진 우주선을 개발했다.)을 찾을 수 있다. two-piece spacecraft라고 나와있기 때문에, 25번 정답은 **G – spacecraft**가 된다.

❷ 그리고 E문단 두 번째 문장을 보면 The top piece, a kinetic interceptor, strikes the asteroid first, creating a massive crater.(운동에너지 요격체인 상부는 소행성을 먼저 타격해 거대한 분화구를 만든다.)라고 나와 있다. 상부가 소행성을 타격해서 분화구를 만든다(create)는 문장을 통해 26번의 정답이 **A – crater**라는 것을 알 수 있다.

READING PASSAGE 3

수면의 과학

건강한 수면은 인간의 건강에 영향을 미치는 가장 중요한 요소들 중 하나이다. 수면 중에 우리의 심박수, 혈압, 체온은 낮아져서 뇌와 몸이 휴식을 취하고 재충전할 수 있도록 한다. 동시에 뇌는 활동적인 상태를 유지한 채 연결 고리를 만들고 낮 시간 동안의 기능들을 복구한다. 연구를 통해 불충분한 수면이 신체 건강, 뇌의 기능, 정서적 행복, 낮 시간 동안의 활동에 미치는 부정적인 영향들을 명확히 볼 수 있다. 그러나, 이것은 또한 수세기 동안 과학자들이 이해하지 못한 수수께끼로 가득 찬, 인간의 건강 중에서 가장 알려지지 않은 영역 중 하나이다.

수면은 인간에게만 국한된 것이 아니며, 몇몇 차이점에도 불구하고 수면 행동의 유사성은 동물 생태 전반에 걸쳐 찾아볼 수 있다. 한 가지 공통점은 아기 동물들이 인간 아기들과 마찬가지로 대부분의 시간을 잠자는 데 보낸다는 것인데, 이것은 수면이 어린 시절의 발달과 성장에 필수적이라는 점을 나타낸다. 그러나 각 동물 종들은 먹이를 조달하는 것부터 포식자로부터 스스로를 지키는 것에 이르기까지 생존의 문제에 있어서 고유한 도전들에 직면하고 있으며, 이는 수면 패턴과 행동이 광범위하게 진화하는 결과를 낳았다. 예를 들면, 코끼리들은 야생에서 하루에 겨우 2시간만 잔다. 그에 비해 개구리들은 동면 상태로 몇 달 동안 잠을 잘 수 있다. 바다 코끼리는 특이한 경우인데, 육지에 있을 때는 종종 긴 시간 동안 깊은 잠에 빠지는 반면, 물속에서는 이틀 이상 잠을 자지 않고 지낼 수 있다.

모든 포유류(일부 새 또한)는 그들 모두가 꿈꾸는 것과 종종 관련이 있는 수면 단계인 급속 안구 운동(REM) 수면을 경험한다는 점에서 한 가지 중요한 특징을 공유하고 있다. REM 수면 동안 비슷한 수준의 뇌 활동과 심박수 변화가 다양한 동물에서 관찰된다. 펜실베니아 대학교 수의학 센터 행동신경과학 교수인 에이드리언 모리슨에 따르면, "REM 수면 동안 여러 종들 전반에서 같은 종류의 눈 움직임, 마비, 경련을 볼 수 있다." 고양이와 강아지들은 REM 수면 중 종종 다리를 씰룩거리거나, 짖거나 야옹거리는데, 이것은 사람으로 치면 잠을 잘 때 말을 하거나 또는 몽유병 증세를 보이는 것에 비할 수 있다. 일반적으로 인간을 포함해 인지적으로 발달한 동물들은 더 많은 REM 수면을 필요로 하는데, 이는 뇌 발달에 있어서 이것의 중요성을 암시한다.

수면에 대한 우리 이해의 많은 부분은 지난 70년간의 과학 연구의 산물이다. 1920년대에, 오늘날 '미국 수면 연구의 아버지'로 알려진 너새니얼 클라이트먼 박사는 서로 다른 인구의 수면 패턴의 차이를 연구하기 시작했다. 그의 연구는 1953년에 결국 가장 중요한 REM 수면 발견에 이르렀다. 클라이트먼의 제자 중 한 명이었던 윌리엄 C. 디먼트 박사는 스승의 연구를 더욱 발전시켰고, 1975년에 수면의 순환적 특성을 밝혀냈다. 디먼트는 그의 연구에서 뇌파 전위 기록술(EEG)을 사용한 최초의 과학자 중 한 명이었으며, 그의 발견은 수면이 90분 주기로 이루어져 있다는 것을 보여주었다. 매 주기 동안, 뇌는 가벼운 수면으로 시작해 깊은 수면으로 이동한 다음, REM 수면으로 갔다가 다시 가벼운 수면으로 돌아오는데 거기서 주기가 다시 시작된다. 이것은 오늘날까지 일반적으로 받아들여지는 수면 단계에 대한 해석으로 남아 있다.

수면 연구의 현재 목표 중 하나는 REM 수면과 비 REM 수면의 서로 다른 생리학적인 역할을 발견하는 것이다. 블라디슬라브 V. 비야조프스키와 알레시오 델로구의 2014년 연구에 따르면, 비 REM 수면의 1차적인 기능은 뇌세포의 회복이다. "특히, 우리는 비 REM 수면 동안 특정 기능적으로 상호 연결된 신경망 내에서 발생하는 피질의 느린 진동들이 정보 처리, 시냅스 가소성, 예방적 세포 유지를 가능하게 한다고 제안한다." 한편 REM 수면은 뇌의 회로 중 어떤 것이 가장 재활을 필요로 하는지를 선택하는 역할을 하는 것처럼 보인다.

스톡홀름 대학교의 이오나니스 추칼라스는 REM 수면에 대한 또 다른 가설을 가지고 있다. 그는 우리가 REM 수면에서 경험하는 꿈이 나중에 유사한 실제 사건들에 대처할 수 있게 우리의 뇌를 준비해두기 위한, 위험하거나 충격적인 사건들을 '예행 연습'하는 방식이라고 추측한다. 추칼라스에 따르면, 우리가 꿈을 꿀 때 경험하는 급속 안구 운동은 우리의 뇌가 마치 충격적이거나 위험한 사건에서 그러하듯이 가능한 한 많은 정보를 수집하고 있다는 증거라고 한다. 반면 카디프 대학교 심리학부의 페니 루이스 교수는 REM 수면과 비 REM 수면이 뇌가 기억을 재구성하는 데 어떻게 도움을 주는지에 대해 관심이 있다. 그녀는 기억들이 REM 수면과 비 REM 수면 모두에서 재생되지만, 각각의 상태가 다른 기능을 가지고 있다고 전제한다. 비 REM 수면에서 기억들은 일련의 규칙에 의해 구성되고 통합되는 반면, REM 수면에서는 새로운 연결이 형성될 수 있다.

REM 수면이 꿈과 연관이 있다는 것은 비교적 일반적인 지식이다. 그러나 프란체스카 시클라리는 미국, 이탈리아, 스위스 연구팀과 함께 이 가정에 도전하고 있다. 그들의 발견은 뇌파 전위 기록술(EEG) 두부 관찰 장치를 장착한 참가자들을 대상으로 한 실험 결과를 약술하는데, 저주파 및 고주파 뇌 활동이 두 수면 상태 모두에서 일어난다는 것을 보여주었다. 그들의 시험에서 얻은 데이터는 비 REM 수면 동안에도 꿈을 꿀 수 있다는 생각을 뒷받침한다. 실험 참가자들은 후부 피질 부위의 저주파 활동이 감소한 시기 및 REM 수면과 비 REM 수면 동안 고주파 활동이 일어난 시기에 꿈을 꿨다고 보고했다.

미래의 연구는 부분적으로는 관련 기술 발전 덕분에 수면 행동의 지식 기반을 확장시킬 것이 분명하다. 우선, 수면 연구는 더 이상 연구실에 얽매이지 않을 것이다. "현재 사용할 수 있는 많은 휴대용 기기들은 우리가 연구소에서 보는 것과 유사한 정보를 생산하는 데 많은 가능성을 보여주고 있다"고 하워드 카운티 종합병원의 존스 홉킨스 수면 센터 의학 부장인 살린 가말도 박사는 말한다. "이러한 기술들은 사람들의 수면 상태나 수면 중 호흡에 무슨 일이 일어나는지 관찰할 수 있다." 게다가 수면 중에 움직임, 심박수, 혈압, 호흡을 수집하고 분석하는 스마트폰 앱들과 착용하는 제품들, 수면 관찰기들의 폭발적인 인기에 힘입어, 과학자들은 REM 수면 및 비 REM 수면에서의 인간의 인지적 경험에 더해 건강에 있어서의 수면의 전반적인 장점들에 대해 보다 상세한 지식을 얻게 될 것이다.

어휘 heart rate 심박수 blood pressure 혈압 recharge v 재충전하다 restore v 회복하다 inadequate adj 불충분한 elude v 피하다. 이해할 수 없다 spectrum n 범위, 영역 commonality n 공통점 counterpart n 상대, 대응 관계에 있는 것 indicate v 명시하다 procure v (어렵게) 구하다 defend v 방어하다 predator n 포식자 result in ~을 유발하다/가져오다 evolution n 진화 hibernation n 동면, 겨울잠 walrus n 바다코끼리 rapid adj 급격한 be associated with ~와 관련이 있다 paralysis n 마비 twitch v 경련하다 species n 종 cognitively adv 인지적으로 hint v 암시하다. 넌지시 알려주다 variation n 변화, 차이 culminate in 결국 ~이 되다 pivotal adj 중심이 되는 cyclical adj 순환하는 reveal v 밝히다 consist of ~로 이루어지다 generally accepted 일반적으로 받아들여지는 physiological adj 생리학적인 cell n 세포 cortical adj 피질의 oscillation n 진동 interconnected adj 상호 연결된 neuronal adj 뉴런의 synaptic plasticity 시냅스 가소성(시냅스가 세포 또는 분자 수준에서 변하는 능력) prophylactic adj 예방의, 예방을 위한 cellular adj 세포의 maintenance n 유지 play a role 역할을 맡다. 한 몫을 하다 circuit n 순환(로) rehabilitation n 재활 hypothesis n 가설 speculate v 추측하다 traumatic adj 대단히 충격적인 gather v 모으다. 모이다 restructure v 구조를 조정하다 postulate v 상정하다 organise v 조직하다 consolidate v 통합하다 a set of 일련의 novel adj 새로운 association n 연관 relatively adv 비교적 assumption

ⓝ 가정, 추정   outfit ⓥ (복장, 장비를) 갖추어 주다   outline ⓥ 개요를 말하다   experiment ⓝ 실험   low-frequency ⓐⅾⅉ 저주파의   high-frequency ⓐⅾⅉ 고주파의   take place 일어나다   state ⓝ 상태   posterior ⓐⅾⅉ 뒤쪽에 있는   expand ⓥ 확대하다/시키다   relevant ⓐⅾⅉ 관련 있는   tie to ~에 의지하다   portable ⓐⅾⅉ 휴대용의   device ⓝ 장치, 기구   promise ⓝ 전망   in line with ~와 유사한

연구자 명단

A 에이드리언 모리슨

B 너새니얼 클라이트먼 박사

C 윌리엄 C. 디먼트 박사

D 블라디슬라브 V. 비야조프스키와
  알레시오 델로구

E 이오니니스 추칼라스

F 페니 루이스

G 프란체스카 시클라리

H 샬린 가말도

---

27. 해석 REM 수면은 수리를 필요로 하는 뇌의 부분을 식별하는 데 반해, 비 REM 수면은 필요한 수리를 수행한다.

해설 **키워드 REM sleep | repair | non-REM**

❶ 이 문제는 REM 수면과 비 REM 수면의 기능 차이를 언급한 연구원을 연결하는 문제로, 먼저 5문단 첫 번째 문장에서 the different physiological roles of REM and non-REM sleep(REM 수면과 비 REM 수면의 서로 다른 생리학적인 역할)을 찾을 수 있다.

❷ 이어지는 문장에서 According to Vladyslav V. Vyazovskiy and Alessio Delogu's 2014 study, the primary function of non-REM sleep is recovery of brain cells.(블라디슬라브 V. 비야조프스키와 알레시오 델로구의 2014년 연구에 따르면, 비 REM 수면의 1차적인 기능은 뇌세포의 회복이다.)라는 내용이 나온다. 그리고 네 번째 문장을 보면, REM sleep, on the other hand, seems to play a role in selecting which circuits in the brain are in most need of rehabilitation.(한편 REM 수면은 뇌의 회로 중 어떤 것이 가장 재활을 필요로 하는지를 선택하는 역할을 하는 것처럼 보인다.)라고 말하며 REM 수면과 비 REM 수면이 어떤 기능을 하는지 서로 대조해서 보여주고 있다. 그렇기 때문에 정답은 **D – Vladyslav V. Vyazovskiy and Alessio Delogu**가 된다.

28. 해석 기억들은 수면 중에 재생된다. 비 REM 수면은 정리하는 역할을 하는 반면, REM 수면은 새로운 연결을 형성한다.

해설 **키워드 memories**

❶ 본문에서 키워드를 Scanning하면, 먼저 6문단 네 번째 문장에 기억들(memories)이 재구성(reconstruc-ture)된다는 내용이 나온다. 이어서 다섯 번째 문장 She postulates that memories are replayed in both REM and non-REM sleep(그녀는 기억들이 렘수면과 비 렘수면 모두에서 재생된다고 전제를 한다.)에서는 기억과 관련해서 REM 수면과 비 REM 수면 사이에 기능의 차이점이 있다고 언급된다. 그 다음 문장에서는 이 부분이 더 자세하게 설명되는데, In non-REM sleep, the memory is organised and consolidated according to a set of rules, while in REM sleep, novel associations can be formed.(비 REM 수면에서 기억들은 일련의 규칙에 의해 구성되고 통합되는 반면, REM 수면에서는 새로운 연결이 형성될 수 있다.)라고 한다.

❷ 비 REM 수면에서 기억이 구성된다(is organised)는 것은 문제의 non-REM is the organiser에 해당하며, 본문의 novel associations는 문제의 new connections라고 볼 수 있으므로 이 내용이 문제의 진술과 일치한다는 점을 확인할 수 있다. She가 지칭하는 사람은 앞 문장에 나와있는 Lewis이므로, 정답은 **F – Penny Lewis**가 된다.

29. 해석 잠을 자는 동안 뇌는 REM 수면을 포함해 각각 일련의 단계들로 구성된 여러 번의 순환을 경험한다.

해설 **키워드 brain | cycle**

본문에서 키워드를 Scanning하면, 4문단 다섯 번째 문장에 Dement was one of the first scientists to use electroencephalography (EEG) in his work, and his findings revealed that sleep consists of a series of 90-minute cycles.(디먼트는 그의 연구에서 뇌파 전위 기록술(EEG)을 사용한 최초의 과학자 중 한 명이었으며, 그의 발견은 수면이 90분 주기로 이루어져 있다는 것을 보여주었다.)라고 나와 있다. 그 다음 문장에서는 그 주기에 REM 수면도 포함되어 있다는 것을 알려준다. 그렇기 때문에 정답은 **C – Dr. William C. Dement** 가 된다.

30. 해석 REM 수면의 증거는 다양한 동물에서 찾아볼 수 있다.

해설 **키워드 REM sleep | animals**

❶ 본문에서 키워드를 Scanning하면, 3문단 첫 번째 문장 All mammals (as well as some birds) share one important characteristic in that they all experience rapid eye movement (REM) sleep, the stage of sleep that is often associated with dreaming.(모든 포유류(일부의 새 또한)는 그들 모두가 꿈꾸는 것과 종종 관련이 있는 수면 단계인 급속 안구 운동(REM) 수면을 경험한다는 점에서 한 가지 중요한 특징을 공유하고 있다.)이 나온다. All mammals가 동물에 속하기 때문에 충분히 같은 내용이라 생각할 수 있다.

❷ 또한, 이어지는 두 번째 문장에도 During REM sleep, similar levels of cerebral activity and changes in heart rate can be observed in various animals.(REM 수면 동안 비슷한 수준의 뇌 활동과 심박수 변화가 다양한 동물에서 관찰된다.)라고 나와 있으며, 역시 REM 수면 증상을 보이는 various animals가 언급된다. 세 번째 문장에 이 진술을 보충 설명하는 연구자가 나오는데 그는 바로 Morrison이다. 그렇기 때문에 정답은 **A – Adrian Morrison**이 된다.

31. 해석 이전 연구가 명시한 것처럼, REM 수면에서만 꿈을 꾸는 것은 아니다.

해설 **키워드 Dreaming | not only occur in REM sleep**

❶ 이 문제는 REM 수면 외에 비 REM 수면 상태에서도 꿈을 꾼다는 진술로 이해할 수 있다. 그리고 이것은 7문단 네 번째 문장을 보면 The data from their experiments support the idea that dreaming can also occur during non-REM sleep.(그들의 시험에서 얻은 데이터는 비 REM 수면 동안에도 꿈을 꿀 수 있다는 생각을 뒷받침한다.)이라고 나와 있다.

❷ 여기서 말하는 '그들'의 실험이라는 것은 7문단 서두에서 언급된 Francesca Siclari이므로 정답은 **G – Francesca Siclari**가 된다.

32. 해석 우리가 REM 수면 동안 꾸는 꿈은 뇌가 미래의 경험에 대비할 수 있도록 해준다.

해설 **키워드 REM sleep | future experiences**

❶ 이 문제는 REM 수면과 future experiences가 동시에 언급된 문장을 찾으면 되고, 이것은 6문단 두 번째 문장에 real-life events later라고 나와 있다. He speculates that the dreaming we experience in REM sleep is a way of "rehearsing" dangerous or traumatic events, to prepare our brains to deal with similar real-life events later.(그는 우리가 REM 수면에서 경험하는 꿈이 나중에 유사한 실제 사건들에 대처할 수 있게 우리의 뇌를 준비해두기 위한, 위험하거나 충격적인 사건들을 '예행 연습'하는 방식이라고 추측한다.)라는 문장에서 꿈이 나중에 일어날 일들에 대한 예행 연습이라는 점이 문제의 진술과 일치한다.

❷ 여기서 He는 첫 번째 문장에서 등장한 Tsoukalas를 지칭하기 때문에 정답은 **E – Ionnanis Tsoukalas**가 된다.

33. 해석 인간과 마찬가지로, 아기 동물들(baby animals)은 모든 종에 걸쳐 많이 잔다.

해설 키워드 **just like humans** | **sleep a great deal**

❶ 앞에 인간과 비교하는 부분이 있기 때문에 이 문제의 답은 인간과 비슷하게 잠을 많이 자는 존재라고 추측할 수 있다.

❷ 본문에서 키워드를 Scanning하면, 2문단 두 번째 문장에 One commonality is that baby animals, much like their human counterparts, spend most of their time sleeping(한 가지 공통점은 아기 동물들이 인간 아기들과 마찬가지로 대부분의 시간을 잠자는 데 보낸다는 것이다)이라고 나와 있다. 여기서 human counterparts는 비교 대상인 baby animals를 보아 human babies라고 해석할 수 있다.

❸ much like → just like이고, 빈 칸에는 문장의 주어이면서 sleep 앞에 올 수 있는 복수 명사가 와야 하므로 정답은 **baby animals**이다.

34. 해석 높은 인지 기능을 가진 동물은 더 많은 REM 수면을 필요로 한다는 사실에서 알 수 있듯이, REM 수면은 뇌 발달(brain development)에 필수적이다.

해설 키워드 **cognitive function** | **REM sleep**

❶ 본문에서 키워드를 Scanning한 다음 REM 수면이 무엇을 위해 필수적일지 파악하도록 한다.

❷ 3문단 마지막 문장에 Generally, cognitively developed animals, humans included, require more REM sleep, hinting at its importance to brain development.(일반적으로 인간을 포함해 인지적으로 발달한 동물들은 더 많은 REM 수면을 필요로 하는데, 이는 뇌 발달에 있어서 이것의 중요성을 암시한다.) 라고 나와 있는데, 이를 통해 REM 수면이 뇌 발달에 있어서 중요하다는 내용을 확인할 수 있다.

❸ 빈칸은 전치사 for 뒤에 있으므로 명사 자리이다. 따라서 정답은 **brain development**가 된다.

35. 해석 다양한 그룹의 사람들의 수면 패턴(sleep patterns)에 대한 초기 연구는 REM 수면의 발견을 낳았다.

해설 키워드 **various groups of people** | **discovery of REM sleep**

❶ 이 문제는 다양한 사람들의 무엇에 대해서 연구를 했기에 그것이 REM 수면을 발견하도록 했는지를 찾는 것이다.

❷ 본문에서 키워드를 Scanning하면, 4문단 2~3번째 문장에 In the 1920s, Dr. Nathaniel Kleitman, known today as the "father of American sleep research", began to study variations in the sleep patterns of different populations. His research culminated in the pivotal discovery of REM sleep in 1953.(1920년대에, 오늘날 '미국 수면 연구의 아버지'로 알려진 너새니얼 클라이트먼 박사는 서로 다른 인구의 수면 패턴의 차이를 연구하기 시작했다. 그의 연구는 1953년에 결국 가장 중요한 발견인 REM 수면 발견에 이르렀다.)라고 나와 있다. 본문의 different populations → 문제의 various groups of people이고, 그것이 discovery of REM sleep을 가져왔다는 점에서 답의 근거 문장으로 확신할 수 있다.

❸ 빈칸은 정관사 the와 전치사 of 사이의 명사 자리이다. Kleitman 박사가 연구한 것은 variations in the sleep patterns이기 때문에, 정답은 내용적으로 의미를 가진 명사인 **sleep patterns**가 되어야 한다. variations라고 적지 않도록 주의하자.

36. 해석 비 REM 수면은 뇌세포가 회복하는 것을 돕는 반면, REM 수면은 수리에 필요한 뇌의 회로(circuits)를 선택한다.

해설 키워드 **REM sleep** | **chooses the brain**

❶ 이 문제는 비 REM 수면과 REM 수면의 기능 차이를 설명하는 문장으로, REM 수면이 뇌의 무엇을 선택하는지를 찾아야 한다.

❷ 본문에서 키워드를 Scanning하면, 5문단 마지막 문장에 REM sleep, on the other hand, seems to play a role in selecting which circuits in the brain are in most need of rehabilitation.(한편 REM 수면은 뇌의 회로 중 어떤 것이 가장 재활을 필요로 하는지를 선택하는 역할을 하는 것처럼 보인다.)이라고 나와 있다. 본문의 select → 문제의 choose와 유의어이며, brain에 대한 내용도 언급되어 있다. 또한

rehabilitation은 '재활'이라는 뜻으로 문제의 repaired와 일치한다.

❸ 빈칸은 brain과 함께 명사구를 형성하는 명사 자리이다. 또한 that need to be repaired의 선행사 자리이 기도 하므로, 동사 need를 보고 빈칸에 복수 명사가 와야 한다고 판단을 내릴 수 있어야 한다. 뇌의 어떤 회 로가 고쳐져야 하는지를 고른다는 내용이므로, 정답은 복수 명사인 **circuits**가 된다.

37. 해석 꿈을 꾸는 동안, 뇌는 많은 양의 정보(information)를 수집해 우리가 충격적인 사건들에 대비하도록 돕는다.

해설 **키워드 collects | traumatic events**

❶ 본문에서 키워드를 Scanning하면 6문단 세 번째 문장에서 두 개의 키워드를 동시에 발견할 수 있다. According to Tsoukalas, the rapid eye movement we experience during dreams is evidence that the brain is gathering as much information as possible, much as we do during traumatic or dangerous events.(추칼라스에 따르면, 우리가 꿈을 꿀 때 경험하는 급속 안구 운동은 우리의 뇌가 마 치 충격적이거나 위험한 사건에서 그러하듯이 가능한 한 많은 정보를 수집하고 있다는 증거라고 한다.)라 고 나와 있는데, 본문의 is gathering → 문제의 collect와 같은 의미이므로 목적어 as much information as possible을 봐야 한다.

❷ 빈칸은 전치사 of 뒤에 올 수 있는 명사 자리이고, as much ~ as possible → a great deal of와 일치하기 때문에 정답은 명사인 **information**이다.

38. 해석 (EEG/뇌파 전위 기록술) 두부 관찰 장치((EEG/electroencephalography) head monitors)를 착용한 참가자가 참여한 연 구는 꿈이 REM 수면과 비 REM 수면 모두에서 발생한다는 것을 밝혀준다.

해설 **키워드 participants wearing**

❶ 본문에서 키워드를 Scanning하면, 7문단 세 번째 문장에 Their findings outline the results of experiments conducted on participants outfitted with electroencephalography (EEG) head monitors(그들의 발견은 뇌파 전위 기록술(EEG) 두부 관찰 장치를 장착한 참가자들을 대상으로 한 실 험 결과를 약술한다)라고 나와 있다. 여기서 outfitted with는 '~을 갖춘'이라는 뜻으로 문제의 wearing 과 같은 뜻이다.

❷ 빈칸은 wearing의 목적어인 명사가 와야 할 자리이며, 이러한 점으로 미루어 볼 때 정답은 복수 명사인 **(EEG/electroencephalography) head monitors**이다. 주의할 점은 indicates를 보고 단순히 앞에 있 는 명사가 단수라고 생각해서는 안 된다는 것인데, 왜냐하면 indicates의 주어는 빈칸이 아닌 research이 기 때문이다.

39. 해석 휴대용 기기들(portable devices)은 연구실 밖에서 연구가 수행될 수 있게 해줄 것이다.

해설 **키워드 outside of laboratories**

❶ 이 문제는 밖에서 연구가 수행될 수 있게 해 주는 요인이 무엇인지를 찾아야 한다.

❷ 본문에서 키워드를 Scanning하면, 8문단 두 번째 문장에 For one thing, sleep studies will no longer be tied to a laboratory.(우선, 수면 연구는 더 이상 연구실에 얽매이지 않을 것이다.)라고 나와 있다. 한 단어가 아니고 문장으로 표현된 Paraphrasing이기 때문에 더 까다로울 수 있다.

❸ 이 문장에는 더 이상의 정보가 없으므로 다음 문장을 확인하면, Many of the portable devices currently available show a lot of promise for producing information that is in line with what we see in the lab(현재 사용할 수 있는 많은 휴대용 기기들은 우리가 연구소에서 보는 것과 유사한 정보를 생산하는데 많 은 가능성을 보여주고 있다)이라고 나와 있다. 이러한 가능성을 보여주는 주어는 Many of the portable devices currently available이므로, 정답은 복수 명사인 **portable devices**이다.

40. 해석 글의 주요 목적은 무엇인가?

A 인간과 다른 동물들의 수면 습관을 비교하기 위해

B 인간의 건강에 있어서 수면의 중요성을 보여주기 위해

C 수면 단계에 관한 이전 이론들을 반증하기 위해

D REM 수면과 비 REM 수면 사이의 차이점을 나타내기 위해

해설 이 문제는 이 글의 목적, 즉 전체 지문의 주제를 묻는 문제이다. 전반적으로 REM 수면과 비 REM수면에 대해서 설명하고 있는데, 이 둘 사이에 공통점이 있긴 하지만 특징적인 차이점이 있다고 말하며 이것을 증명하기 위한 많은 연구들이 함께 언급되고 있다. 그렇기 때문에 정답은 **D – to show the differences between REM and non-REM sleep**이다.

1 poverty	**2** livestock	**3** mature grass	**4** evidence	**5** brittle
6 agricultural practices		**7** carbon	**8** True	**9** False
10 Not Given	**11** True	**12** Not Given	**13** True	**14** D
15 C	**16** F	**17** E	**18** B	**19** B
20 A	**21** B	**22** C	**23** empathise	
24 positive outcomes		**25** older adults	**26** objectively	**27** B
28 D	**29** A	**30** A	**31** C	**32** Yes
33 Not Given	**34** Yes	**35** No	**36** Not Given	**37** No
38 E	**39** B	**40** C		

READING PASSAGE 1

해석

기후 변화를 막기 위한 방목

소, 양과 다른 가축들은 오랜 시간 동안 기후 변화의 동인들로 지목되어 왔다. 그들은 많은 양의 메탄가스를 생산할 뿐만 아니라 방대한 초원 지역을 필요로 하기 때문에 열대 우림 파괴를 불러온다. 그래서 이런 기후 변화의 적들이 실제로 예상 밖의 영웅들이 될 수도 있다는 저명한 생태학자 앨런 세이버리의 주장을 들으면 다소 놀라게 된다.

실제로, 세이버리는 기후 변화를 반전시키기 위한 가장 효율적인 방법들은 더 적은 게 아니라 더 많은 가축과 초원에 의존한다고 주장한다. 그의 접근 방식은 농부들과 소비자들에게 토지와의 관계에 대해 다르게 생각하고, 토지를 보다 전체론적인 방법으로 관리할 것을 요청한다. 세이버리의 접근 방식은 전체론적 경영이라고 불리며, 그는 생태학자 겸 농부로서의 50년 이상의 경험을 통해 그것을 발전시켰다. 그는 우리가 전체론적 경영 관행들을 적용시킴으로써 세계의 초원을 복원하고, 그리고 이를 통해 더욱 지속 가능한 농업 문화를 만들 수 있기를 희망한다.

지구의 땅의 대략 40%가 초원으로 덮여 있다. 지금, 이러한 초원들은 심각한 곤경에 빠져 있다. 가뭄과 부실한 관리의 결합은 이 지역들을 사막화라고 불리는 과정에까지 노출시켰고, 이전에 비옥했던 땅은 사막이 되고 있다. 사막화는 토양의 침식이 가뭄, 홍수, 기근으로 이어져서 토양 상태를 더 나쁘게 만들기까지 하는 순환이다. 농부들에게 있어서 즉각적인 결과는 빈곤인데, 농촌 지역에 작물을 기르거나 가축을 돌볼 수 있는 이용 가능한 땅이 남지 않기 때문이다. 장기적으로는, 토양에서 손실되어 공기 중으로 방출되는 탄소는 지구 온난화에 일조한다. '과잉 방목'이 식물들에 너무 많은 부담을 줘서 제대로 회복할 수 없게 만들기 때문에, 가축은 많은 생태학자들에 의해 이 과정에 있어서의 첫 번째 주범으로 지목되었다.

그러나 지나친 방목과 사막화가 항상 일반적인 것은 아니었다. 몇 백 년 전, 초원은 소와 버팔로 같은 풀을 뜯는 포유류들의 방대한 무리가 서식하는 번성하는 생태계였다. 짐승 무리들은 포식자들을 피하기 위해 재빨리 움직이면서 서로 가까이 모여 있곤 했다. 이러한 행동은 식물의 재생에 필수적이었는데, 동물들이 다 자란 풀을 먹고 이것이 새로운 성장을 위한 공간을 만들어 주었기 때문이었다. 그들의 발굽은 토양을 휘젓고, 그들의 똥은 비료 역할을 했다. 식물들은 동물들에게 먹이를 제공했고, 동물들의 이동은 식물들이 회복되고 새롭게 번성할 수 있도록 해주었다.

현재 가장 큰 차이점은 우리가 그 상황에서 포식자를 제거했다는 점이다. 포식자 없이는 가축 떼들은 함께 빽빽하게 모여서 머무르거나 한 지역에서 다른 지역으로 빠르게 이동할 필요가 없다. 점점 더 많은 생태학자들과 농부들은 이러한 포식자/사냥감 행동들을 모방하는 것이 아마도 사막화의 영향을 역전시키고, 땅의 생산성을 회복하며, 잃어버린 탄소를 땅으로 다시 복원시키며, 초원의 생태학적 균형을 회복하는 데 필수적이라고 믿고 있다. 세이버리에 따르면, 많은 농부들이 이미 이러한 원칙들을 실행에 옮기기 시작했다고 한다.

전체론적 경영은 농부들과 목장주들이 사회적, 생태적, 경제적 고려를 포함한 다양한 요소들을 고려하여 통합적인 방식으로 땅의 관리에 대해 결정을 내리도록 장려하는 구조이다. 토지의 장기적인 건강을 위해서는, 농장을 단순히 재정적인 시스템이 아닌 생태계로서 고려하는 방식으로 가축 관리에 대한 결정이 내려져야 한다. 일률적인 해결책은 없다. 토지의 소유자는 진짜 초원의 변화하는 상태를 기반으로 전체론적 경영의 원리들을 적용하면서 융통성을 발휘해야 한다. 그러나 이것이 세계적인 수준에서 적용된다면, 세이버리는 적절한 토지 관리가 기후 변화의 영향들을 완화시키는 데 충분한 탄소를 땅으로 되돌려 놓을 것이라고 믿는다.

세이버리와 전체론적 경영이라는 그의 시스템은 많은 비난을 받아왔다. 작가 조지 몬비오는 전 세계적인 수준으로 많은 영향을 줄 수 있을 만큼 충분한 탄소가 재흡수될 수 있는지에 대해 의문을 갖고 있다. 그는 우리의 전체 에너지 시스템이 변화될 필요가 있으며 초원이 기후 변화의 형세를 바꾸기에는 충분하지 않을 것이라고 이야기한다. 몬비오는 또한 이러한 급진적인 생각이 현실에서 통할 거라는 증거가 부족하다고 제안하면서, "나도 그를 믿고 싶다. 하지만 나는 이 게임에 너무 오래 참여해서 어떤 것이든 그대로 믿을 수가 없다. 특히 복잡한 문제들에 대한 간단한 해결책들은 더욱 그러하다"라고 말했다.

서양 생태학과 농경 전문 프리랜서 저널리스트인 크리스토퍼 케첨은 가축들이 이미 손상된 초원 생태계에 해가 될 리 없다는 생각을 비난했다. 그는 "너무 많은 소들을 비가 간헐적으로 오거나 아니면 거의 오지 않는, 초목이 연약하고 토양이 약한 곳에 둔다면 그 동물들은 문제를 불러일으킨다. 과잉 방목은 토양을 노출시키고 침식을 일으켜 식물들이 되살아나고 자랄 수 없는 풍경을 초래한다"고 주장한다.

생물 다양성과 토양 건강을 향상시키는 것이 지구 온난화에 대항하는 싸움에 필수적이라는 기본적인 전제를 가지고 논쟁하는 사람은 거의 없을 것이다. 점점 더 많은 과학자들은 기후 변화에 관한 가장 유망한 해결책 중 많은 것들이 농업적인 관행에 뿌리를 두고 있다는 생각을 제시하고 있다. 토양이 손상되고, 지나치게 경작되고, 침식되면, 그 결과로 유기물이 고갈된다. 이는 경제적으로 문제가 되는데, 튼튼한 식물이 없으면 토양은 더 이상 물을 저장할 수 없고, 땅을 가뭄과 홍수에 노출시키게 된다. 기후 변화의 관점에서 보면, 토양이 더 이상 탄소를 저장할 수 없게 되어서 해결책의 일부라기보다는 기후 변화 문제의 일부가 된다.

전체론적 경영의 개념을 고려했을 때, 관행으로부터 원칙을 분리하는 것은 중요하다. 그 누구도, 심지어 세이버리도, 가축이 기후 변화에 대한 마법의 해결책이라고 주장하고 있지는 않다. 요점은 가축이 실제로 토양 건강을 재생시키는 영향을 가지고 있다는 것인데, 이는 여론에 정면으로 맞서는 주장이다. 물론 초원 관리가 지구 온난화에 대한 종합적인 해결책을 나타내지는 않는다. 그러나 토지 사용에 대한 결정이 경제적, 생태학적, 사회적 고려사항들을 반드시 포함해야 한다는 전체론적 경영의 핵심이 되는 생각은 기후 변화 문제를 해결하는 데 필수적일 것이다.

어휘 grazing n 방목　combat v 방지하다. (방지하기 위해) 싸우다　cattle n 소　livestock n 가축　driver n 추진 요인, 동인　methane n 메탄　vast adj 방대한　grassland n 초원　destruction n 파괴　rainforest n 열대 우림　somewhat of 다소　prominent adj 저명한　ecologist n 생태학자　unlikely adj 있을 것 같지 않은, ~할 것 같지 않은　indeed adv 실제로　reverse v 반전/역전시키다　rely on ~에 의존하다　holistic adj 전체론적　practice n 관행, 실행, 실천　restore v 회복시키다　sustainable adj 지속 가능한　agriculture n 농업　in dire strait 곤경에 빠진　drought n 가뭄　desertification n 사막화　fertile adj 비옥한, 기름진　whereby adv (그것에 의해) ~하는　erosion n 침식　flood n 홍수　famine n 기근　rural adj 지방의, 시골의　crop n 농작물　global warming 지구 온난화　culprit n 주범, 범인　overgrazing n 과잉 방목　norm n 표준, 일반적인 것　ecosystem n 생태계　herd n 무리, 떼　regeneration n 회생, 재생　mature adj 성숙한, 다 자란　hoof n 발굽　churn v 마구 휘젓다　fertiliser n 비료　anew adv 새로, 다시　equation n 상황　mimic v 흉내 내다　prey n 사냥감　regain v 회복하다, 되찾다　productivity n 생산성　integrate v 통합하다　one-size-fits-all adj 두루 적용되도록 만든, 일률적인　flexible adj 융통성 있는　criticism n 비난　insufficient adj 불충분한　evidence n 증거　radical adj 급진적인　detrimental adj 해로운　intermittent adj 간헐적으로 일어나는　vegetation n 초목　brittle adj 잘 부러지는, 불안정한　fragile adj 손상되기 쉬운, 취약한　spell v (결과를) 가져오다　denude v 벗기다　premise n 전제　biodiversity n 생물의 다양성　depletion n 고갈　organic matter 유기물　robust adj 튼튼한, 탄탄한, 원기 왕성한　expose A to B A를 B에 노출하다　claim v 주장하다　comprehensive adj 종합적인, 포괄적인

1. **해석** 농부들에게 미치는 사막화의 단기적인 결과는 빈곤(poverty)이다.

해설 키워드 **short-term ｜ desertification ｜ farmers**

❶ 이 문제는 일단 사막화를 찾고, 이것이 농부들에게 무슨 영향력을 행사하는지를 찾으면 된다.

❷ 본문에서 키워드를 Scanning하면 3문단 세 번째 문장에서 desertification을 발견할 수 있고, 이어서 farmers와 short-term을 찾으면 다섯 번째 문장에 For farmers, the immediate result is poverty(농부들에게 있어서 즉각적인 결과는 빈곤이다)라고 나와 있다. immediate와 short-term은 동일한 의미를 나타낸다.

❸ 문제에서 요구하는 것은 be동사 뒤 보어 자리로 형용사 아니면 명사가 적합하다. 따라서 정답은 명사인 **poverty**이다.

2. 해설 많은 과학자들은 가축(livestock)이 사막화의 주된 요인이라고 주장한다.

해설 **키워드 main cause**

❶ '문장 완성하기' 유형은 90% 이상 순서를 지켜서 출제되기 때문에, 1번 문제 답이 나온 그 다음 부분부터 main cause와 비슷한 단어를 Scanning하면 된다.

❷ 본문에서 키워드를 Scanning하면, 3문단 마지막 문장에서 primary culprit을 발견할 수 있다. 해당 문장을 확인해서 무엇이 그 주범인지를 찾으면 된다. Livestock have been identified by many ecologists as the primary culprits in this process(가축은 많은 생태학자들에 의해 이 과정에 있어서의 첫 번째 주범으로 지목되었다)라는 문장에서 가축이 과학자들이 확인한 주된 요인임을 알 수 있다.

❸ 이 문제에서 요구하는 정답은 빈칸 뒤에 있는 are를 통해 복수 명사라고 판단된다. livestock은 집합 명사로 항상 복수로 취급한다. 따라서 정답은 명사인 **livestock**이다.

3. 해설 동물들은 다 자란 풀(mature grass)을 뜯어먹곤 했고, 이는 새로 난 식물이 성장해나갈 수 있게 해줬다.

해설 **키워드 Animals | used to consume | plant growth**

❶ 이 문제를 풀기 위해서는 무엇을 동물들이 먹곤 했는지(used to) 찾아야 하고, 그것 때문에 새로 난 식물들이 성장할 수 있었어야 한다.

❷ 본문에서 키워드를 Scanning하면, 4문단 네 번째 문장에 This behaviour was essential to the regeneration of the plant life, as the animals would eat mature grass, making room for new growth.(이러한 행동은 식물의 재생에 필수적이었는데, 동물들이 다 자란 풀을 먹고 이것이 새로운 성장을 위한 공간을 만들어 주었기 때문이었다.)라고 나와 있다. 본문의 regeneration of the planet와 making room for new growth는 문제의 fresh plant growth to develop과 일맥상통하는 표현이다. eat과 consume은 유의어이며, 조동사 would는 '~하곤 했다'라는 의미를 가지기도 해서 used to와 같은 의미이다.

❸ 이 문제에서 요구하는 답은 consume의 목적어 자리에 올 명사이다. 따라서 정답은 **mature grass**가 된다.

4. 해설 몬비오는 세이버리의 아이디어의 현실적인 적용을 뒷받침해주는 증거(evidence) 부족을 지적한다.

해설 **키워드 Monbiot | lack**

❶ 이 문제의 답을 찾기 위해서는 본문에서 Savory의 아이디어가 먼저 언급이 된 후 Monbiot가 뭔가 부족하다며 지적하는 부분을 찾으면 된다.

❷ 본문에서 키워드를 Scanning하면, 7문단 두 번째 문장에서 Monbiot을 발견할 수 있고, 네 번째 문장에 Monbiot also suggests there is insufficient evidence that such a radical idea will work in reality (몬비오는 또한 이러한 급진적인 생각이 현실에서 통할 거라는 증거가 부족하다고 제안한다)라고 나와 있다. 지문의 insufficient → 문제에서 유의어인 a lack of로 Paraphrasing되었다.

❸ 이 문제에서 요구하는 것은 전치사 of 뒤에 올 단어이기 때문에 명사가 적합하다. 따라서 정답은 명사인 **evidence**가 된다.

5. 해설 크리스토퍼 케첨은 취약한 토양과 연약한(brittle) 식물이 있는 지역에서는 가축이 문제라고 주장한다.

해설 **키워드 Christopher Ketcham | fragile soil**

❶ 일단 Christopher Ketcham의 주장이 있는 부분을 찾고, 그리고 그 지역을 수식하는 내용인 fragile soil을 찾으면 어떤 식물을 가진 지역인지 그 내용 근처에서 발견할 수 있을 것이다.

❷ 본문에서 이 키워드를 Scanning하면, 8문단 첫 번째 문장에서 Christopher Ketcham을 발견할 수 있다. 두 번째 문장을 보면 when you have "too many cows in places with intermittent or little rain, where the vegetation is brittle and the soil fragile, the animals spell trouble."("너무 많은 소들을 비가 간헐적으로 오거나 아니면 거의 오지 않는, 초목이 연약하고 토양이 약한 곳에 둔다면 그 동물들은 문제를 불러일으킨다.")이라고 나와 있다. 본문의 vegetation → 문제의 plant life의 유의어이다.

❸ 이 문제에서 요구하는 것은 plant life 앞의 빈칸에 들어갈 단어로, plant life를 꾸며주는 형용사가 적합하다. 따라서 정답은 형용사인 **brittle**이 된다.

6. **해설** 과학자들에 따르면, 농업적 관행(agricultural practices)은 기후 변화에 대한 가장 효과적인 대응책 중 일부를 제공할 수도 있다.

해설 **키워드 the most effective responses**

❶ 본문에서 키워드를 Scanning하면, 9문단 두 번째 문장에서 A growing number of scientists are putting forward the idea that many of the most promising solutions to climate change are rooted in agricultural practices.(점점 더 많은 과학자들은 기후 변화에 관한 가장 유망한 해결책 중 많은 것들이 농업적인 관행에 뿌리를 두고 있다는 생각을 제시하고 있다.)라는 내용을 찾을 수 있다. the most promising solutions는 문제의 키워드와 완벽한 유의어 관계이다.

❷ 문제에서 요구하는 것은 주어 자리 빈칸에 올 단어이기 때문에 명사가 적합하다. 따라서 정답은 명사인 **agricultural practices**가 된다.

7. **해설** 손상된 토양은 탄소(carbon)를 저장할 수 없어, 기후 변화 문제의 한 원인이 된다.

해설 **키워드 Damaged soil | store**

❶ 이 문제는 손상된 토양이 어떤 것을 저장할 수 없는지를 찾아야 한다. 본문에서 키워드를 Scanning하면 9문단 세 번째 문장에서 When soil become damaged(토양이 손상되면)을 발견할 수 있고, 네 번째 문장인 soil can no longer store water, which is what exposes the land to droughts and floods.(토양은 더 이상 물을 저장할 수 없고, 땅을 가뭄과 홍수에 노출시키게 된다.)에서 store를 발견할 수 있다.

❷ 하지만 주의할 점은 문제에서 언급되는 바와 같이 그것이 기후 변화 문제의 원인이 된다는 내용이 없기 때문에 조금 더 Scanning을 해야 한다. 다섯 번째 문장 the soil can no longer store carbon, making it part of the climate change problem rather than part of the solution.(토양이 더 이상 탄소를 저장할 수 없게 되어서 해결책의 일부라기보다는 기후 변화 문제의 일부가 된다.)에 다시 한번 store가 나온다. 이 부분에서는 그 결과가 climate change problem으로 이어지기 때문에 답의 근거가 된다.

❸ 문제에서 요구하는 것은 동사 뒤에 와서 목적어 역할을 할 수 있는 단어로, 명사가 적합하다. 따라서 정답은 명사인 **carbon**이다.

---

8. **해설** 앨런 세이버리는 생태학자 겸 농부로서 일해왔다.

해설 **키워드 Allen Savory | ecologist and a farmer**

이 문제는 Allen Savory의 직업에 관한 문제이다. 2문단 세 번째 문장에 Savory's approach is called Holistic Management, and he developed it in over 50 years of experience as both an ecologist and a farmer.(세이버리의 접근 방식은 전체론적 경영이라고 불리며, 그는 생태학자 겸 농부로서의 50년 이상의 경험을 통해 그것을 발전시켰다.)라고 나와 있다. 그러므로 8번 진술은 **True**이다.

9. **해설** 농부들은 아직 사막화로 인해 경제적으로 고통 받게 되지는 않았다.

해설 **키워드 Farmers | desertification**

3문단 두 번째 문장에서 사막화가 언급되고, 이어서 다섯 번째 문장에 For farmers, the immediate result is poverty(농부들에게 있어서 즉각적인 결과는 빈곤이다)라고 나와 있다. 그러므로 9번 진술은 **False**이다.

10. **해설** 수 세기 전, 소와 버팔로는 주된 방목 동물들이었다.

해설 **키워드 cows and buffalo**

4문단 두 번째 문장에 Hundreds of years ago, grasslands were a thriving ecosystem, home to vast herds of grazing mammals, like cows and buffalo.(몇 백 년 전, 초원은 소와 버팔로 같은 풀을 뜯는 포유류들의 방대한 무리가 서식하는 번성하는 생태계였다.)라고 나와 있다. 하지만 이 문장에는 문제에서 제시된 primary grazing animals라는 표현에 대해서는 주어진 정보가 없다. 몇 백 년 전 소와 버팔로가 초원에서 살면서 풀을 뜯는 동물들이었기는 했지만 primary라는 점에 대해서는 알 수 없기 때문이다. 만약에 지문에 the majority, the most, 혹은 mainly와 같은 표현이 있을 경우, 그럴 때만 primary라는 진술이 True가 될 수 있다. 그러므로 10번 진술은 **Not Given**이다.

11. 해석 포식자의 부족은 가축들의 원래 행동을 바꾸었다.

해설 **키워드 lack of predators**

5문단 두 번째 문장에 Without predators, herds of livestock do not need to stay tightly packed together or move quickly from one area to another.(포식자 없이는 가축 떼들은 함께 빽빽하게 모여서 머무르거나 한 지역에서 다른 지역으로 빠르게 이동할 필요가 없다.)라고 나와 있다. 그러므로 11번 진술은 **True**이다.

12. 해석 농부들은 전체론적인 경영 기법을 사용하도록 경제적인 인센티브를 받는다.

해설 **키워드 incentives | Holistic Management**

6문단 첫 번째 문장에서 Holistic Management가 처음으로 언급되긴 하지만, incentive와 비슷한 단어가 없고 금전적인 투자를 받는지에 대한 정보는 나와 있지 않기 때문에 12번 진술은 **Not Given**이다.

13. 해석 크리스토퍼 케첨은 가축이 손상된 초원 지역에 해를 입힐 것이라고 믿는다.

해설 **키워드 Christopher Ketcham**

8문단 첫 번째 문장에 Christopher Ketcham, a freelance journalist who specialises in Western ecology and agriculture, has denounced the idea that livestock can be anything but detrimental to the already-damaged grassland ecosystem.(서양 생태학과 농경 전문 프리랜서 저널리스트인 크리스토퍼 케첨은 가축들이 이미 손상된 초원 생태계에 해가 될 리 없다는 생각을 비난했다.)이라고 나와 있다. livestock can be anything but detrimental을 '가축이 결코 해롭지 않다'라고 해석해야 한다는 점에 주의하자. 그리고 이 문장의 동사가 denounced(맹렬히 비난했다)이므로, '가축이 해롭지 않다는 생각을 비난했다' = '가축은 해롭다고 생각했다'고 이해해야 한다. 그러한 측면에서 13번 진술은 **True**이다.

READING PASSAGE 2

해석

자기중심적 편향

A 자기중심적 편향은 우리가 경험하는 가장 강력한 인지적 편향 중 하나이며, 이것은 '투명성의 환상', '조명 효과', '허위 합의 효과'와 같이 자주 연구된 다른 많은 편향들의 핵심에 자리잡고 있다. 근본적으로, 자기중심적 편향은 사람들로 하여금 그들 자신의 관점을 너무 높이 평가하게 만들고 그들의 이성적인 판단을 왜곡한다. 예를 들어, 당신이 당혹스러운 상황에 처했을 경우, 자기중심적 편향은 다른 사람들이 그것을 알아차릴 가능성이 있다고 믿게 만들 수 있는데, 이는 당신이 자연스럽게 다른 이들도 당신처럼 당신의 행동에 엄청난 관심을 기울이고 있다고 가정하기 때문이다.

B 비머와 페르너에 의해 진행된 연구에서 알 수 있듯이, 자기중심적 편향은 우리가 다른 이들이 우리 자신과 유사한 관점을 가지고 있다고 가정하거나, 또는 다른 이들의 관점을 완전히 무시할 때 문제가 될 수 있다. 연구에서는 한 아이와 봉제 동물 인형을 A와 B로 표시된 두 개의 상자 앞에 놓고, 특별한 물건을 A상자에 넣어 놓았다. 그리고 나서 봉제 동물 인형을 다른 방으로 옮겼다. 다음으로, 아이는 특별한 물건을 B상자로 옮기는 모습을 보았다. 그 후 아이에게 "만약 봉제 동물 인형이 특별한 물건을 찾고 있다면, 어디를 볼까?"라는 질문을 했다. 피실험자인 아이들은 봉제 동물 인형이 물건이 옮겨지는 것을 '보지' 않았음에도 불구하고 압도적으로 B상자를 지목했다. 이러한 연구는 우리가 다른 이들이 우리와 동일한 정보 및 관점을 공유할 거라고 가정하는 자연스러운 경향을 가지고 있음을 보여준다. 더욱이, 우리는 오직 우리 자신의 감정들에만 집중하는 경향이 있으며, 이는 다른 사람들에게 공감하는 능력에 영향을 미칠 수 있다.

C 이러한 편향은 공정성에 대한 우리의 판단에도 영향을 미친다. 사람들은 자기에게 호의적인 상황은 공평하다고 믿지만, 반면 비슷한 방식으로 다른 이들에게 호의적인 것은 불공평하다고 생각하곤 한다. 이것은 우리가 이익과 같은 긍정적인 결과들을 나눌 때 다른 사람들보다 더 많은 것을 누릴 자격이 있다고 느끼게 만들거나, 또는 비난과 같은 부

정적인 결과들을 나눌 때는 그 반대로 느끼게 만들 수 있다. 두 명 이상의 아이들을 가진 부모라면 이 발견을 뒷받침 해주는 수많은 일화들을 제공할 수 있을 것이다. 이러한 효과를 더욱 객관적으로 보여주기 위해 타나카 켄이치로는 1993년에 연구를 수행했는데, 이 연구에서 피실험자들은 그들 자신이나 혹은 다른 이들이 행하는 공정한 행동과 불 공정한 행동을 적었다. 공정한 행동들에 대한 언급은 '나'라는 단어로 시작되는 경향이 있었던 반면 불공정한 행동들 은 다른 이들을 다소 언급하는 것으로 시작되었다.

D 다른 인지적인 편향과 마찬가지로, 자기중심적 편향의 근본 원인은 정보를 처리하는 우리 뇌의 제한적인 능력에서 찾 을 수 있다. 우리의 인지 과정은 경험적 접근에 기반을 두는데, 이는 우리가 정확성보다는 효율성을 중요시하는 경향 이 있다는 의미이다. 우리는 자신을 부정확하거나 불완전한 판단을 할 위기에 내몰면서 가능한 한 빨리 결론을 내린 다. 그러므로 다른 사람의 사고의 과정을 우리 자신과 비슷하다고 가정하는 것은 실제로 다른 이의 관점을 고려하는 것보다 훨씬 더 적은 자원과 시간을 소모한다. 우리가 기억을 형성하는 방식에도 같은 발상을 적용할 수 있다. 이미 많은 시간을 우리 자신의 행동과 생각에 대해 고려하는 데 사용하고 있기 때문에, 우리 뇌는 스스로의 주변에 기억을 정리해두는 것을 가장 쉽다고 여긴다.

E 모든 사람들이 이 특정한 인지적 편향을 같은 방식과 같은 수준으로 경험하지는 않는다. 비록 영향은 제한적이지만, 여러 가지 배경 요소들도 일정 역할을 한다. 젊은 층 및 중년층과 비교해 봤을 때 자기중심적 편향의 만연함이 청소 년층과 노년층에서 더 강력하게 나타나는 것과 같이 나이는 하나의 중요한 요인이다. 성별 또한 중요한 역할을 하는 것으로 보인다. 공정성 인식에 대한 타나카의 연구에서, 여성들이 다른 이들의 관점을 이해할 가능성이 더 높으며 '나' 와 '다른 사람' 문장들 사이의 상관 관계가 덜 명확하다는 것이 밝혀졌다. 게다가, 자기중심적 편향에 대한 한 사람의 성향은 그녀가 말하는 언어의 수에 영향을 받을 수도 있다. 이중 언어 사용자는 단일 언어 사용자보다 영향을 덜 받 는 것으로 보인다.

F 앞에서 논의한 바와 같이, 자기중심적 편향은 우리의 자연적인 두뇌 기능의 산물이며 그런 만큼 완벽하게 자연스러운 것이다. 하지만, 이 영향을 줄인다면 당신이 상황을 보다 명확하게 평가하고 더욱 이성적인 결정을 내릴 수 있게 될 상황이 있을 수 있다. 한 가지 방법은 심리적으로 자기 자신과의 거리를 늘리는 것이다. 이것은 당신이 상황을 고려하 기 위해 사용하는 언어를 변화시킴으로써 이뤄낼 수 있다. 예를 들어, 1인칭 대명사(나는 무엇을 해야 할까?)를 쓰는 대신, 2인칭 대명사(당신은 무엇을 해야 할까?)로 바꾸거나 대신 당신의 이름을 사용하는 것이다(제이콥은 무엇을 해 야 할까?). 이 간단한 속임수는 당신이 그 상황에서 한 발짝 떨어져서 보다 더 객관적으로 볼 수 있게 해줄 것이며, 당 신의 자기중심적 편향을 줄여줄 것이다.

G 역설적이지만, 자기 자신을 좀더 많이 인식하는 것 또한 스스로에게 집중하는 당신의 경향을 더욱 의식하게 만듦으로 써 자기중심적 편향의 영향을 줄이는데 도움이 될 수 있다. 제럴드 그린버그가 시행한 한 연구는 거울 속에서 자신의 이미지를 마주하면 자기 인식 수준이 높아지고 자기중심적 편향이 줄어들 것이라는 가설에 기반을 두었다. 피실험자 들에게는 다른 이들과 같은 양의 일을 하지만 돈은 더 받는 상황이 주어졌다. 거울이 없는 피실험자들은 자기중심적 편향의 기본적인 징후들을 보이면서 같은 대가를 다른 사람들에게 지불하는 것보다 이 상황이 더 공정하다고 말하는 경향이 있었다. 반면, 학생들에게 진술을 할 때 거울을 바라보라고 요청했을 때 그 영향은 완전히 사라졌다. 자신을 인 식하는 상태가 되는 것은 보다 객관적인 판단을 내리는 결과를 가져왔다.

어휘 egocentric bias 자기중심적 편향 cognitive adj 인지의 bias n 편향, 편견 consensus n 합의, 의견 일치 distort v 왜곡하다 rational adj 이성적인 embarrass v 당황스럽게 만들다 be likely to ~할 것 같다 assume v 가정하다 pay attention 관심을 갖다 illustrate v 보여주다 viewpoint n 관점, 시각 perspective n 관점 take out of ~에서 꺼내다 subject n 피실험자 tendency n 경향 solely adv 오로지, 단지 empathise with ~에 마음으로부터 공감하다 fairness n 공정성 favor v 호의를 보이다 entitled to ~할 권리/자격이 있는 split v 나누다 countless adj 수없이 많은 anecdote n 일화 demonstrate v 입증하다 reference n 언급 capacity n 능력 heuristic-based adj 경험에 기반한 tend to ~하는 경향이 있다 efficiency n 효율(성) accuracy n 정확도 take up (시간, 공간을) 쓰다 resource n 자원 arrange v 배열하다, 처리하다 prevalence n 유행, 퍼짐, 보급 pronounced adj 확연한 predisposition n 성향 bilingual n 이중 언어 사용자 monolingual n 단일 언어 사용자 mitigate v 완화시키다 allow A to B A가 B하는 것을 허락하다 assess v 평가하다 psychological adj 심리의 pronoun n 대명사 switch v 바꾸다 trick n 속임수 objectively adv 객관적으로 ironically adv 역설적으로, 얄궂게도 conscious adj 의식하는, 자각하는 hypothesis n 가설, 추정 confront v 마주하다 erase v 없애다, 지우다

14. 해석 우리 뇌가 왜 다른 관점을 이해하는 데 어려움을 겪는지에 대한 설명

해설 **키워드 brains ｜ struggle**

D문단 첫 번째 문장을 보면 Like other cognitive biases, the root cause of the egocentric bias can be found in our brain's limited capacity to process information.(다른 인지적인 편향과 마찬가지로, 자기중심적 편향의 근본 원인은 정보를 처리하는 우리 뇌의 제한적인 능력에서 찾을 수 있다.)에서 brain에 대한 언급이 처음으로 확인된다. 그리고 그 다음 문장부터 우리 뇌가 다른 사람의 관점을 이해하는 과정을 설명하는 내용이 나오고, 스스로를 중심으로 이해하는 것이 더 쉽다고 설명한다. 즉 다른 사람의 관점을 이해하는 것은 더 어려운 것이다. 그러므로, 문제의 정보가 나타나 있는 문단은 **D**이다.

15. 해석 우리가 공정성을 객관적으로 판단하기 어렵다는 증거

해설 **키워드 objective judgements of fairness**

키워드인 objective judgements of fairness에 대한 증거가 있는 문단이 이 문제의 답이다. C문단 첫 번째 문장을 보면 judgment of fairness에 대한 언급이 처음으로 확인된다. 그리고 두 번째 문장에서 People tend to believe situations that favor them are fair, while favoring others in a similar way would be unfair.(사람들은 자기에게 호의적인 상황은 공평하다고 믿지만, 반면 비슷한 방식으로 다른 이들에게 호의적인 것은 불공평하다고 생각하곤 한다.)라고 하는데, 이것은 우리가 공정성을 판단할 때 주관적인 판단을 내린다고 설명하는 내용이다. 그리고 다섯 번째 문장 To demonstrate this effect more objectively, Ken'ichiro Tanaka performed a study in 1993(이러한 효과를 더욱 객관적으로 보여주기 위해 타나카 켄이치로는 1993년에 연구를 수행했다)에서 그것을 증명하기 위해 연구를 수행한 내용이 이어진다. 따라서 문제의 정보가 나타나 있는 문단은 **C**이다.

16. 해석 자기중심적 편향에 대한 언어적 기반의 해결책

해설 **키워드 language-based solution**

자기중심적 편향에 대한 해결책이 있는데, 그것이 언어에 관련된 해결책인 내용이 언급된 문단을 찾아야 한다. F문단 두 번째 문장을 보면 mitigating its effects(영향을 줄이다)라는 표현이 나오는데 여기서 mitigate는 solve의 유의어라고 볼 수 있다. 또한 네 번째 문장 This can be accomplished by changing the language you use to consider the situation.(이것은 당신이 상황을 고려하기 위해 사용하는 언어를 변화시킴으로써 이뤄낼 수 있다.)에서는 직접적으로 language라는 단어가 나오고 있다. 자기중심적 편향을 일으키는 두뇌의 영향력을 줄이는 방법 중 언어가 사용되고 있는 해결책을 언급하기 때문에 문제와 일맥상통한다. 따라서 문제의 정보가 나타나 있는 문단은 **F**이다.

17. 해석 자기중심적 편향의 영향에 대한 나이의 역할

해설 **키워드 age**

E문단 세 번째 문장을 보면 Age is one significant factor(나이는 하나의 중요한 요인이다)라고 나와 있다. 그러므로, 문제의 정보가 나타나 있는 문단은 **E**이다.

18. 해석 우리가 스스로의 관점을 무시할 수 없음을 보여주는 연구

해설 **키워드 research ｜ inability to ignore our own perspective**

우리가 스스로의 관점을 무시할 수 없고, 어떤 순간에서든 우리의 관점을 기반으로 생각한다는 내용을 찾아야 한다. B문단 일곱 번째 문장을 보면 This study shows that we have a natural tendency to assume that others share the same information and perspective that we do.(이러한 연구는 우리가 다른 이들이 우리와 동일한 정보 및 관점을 공유할 거라고 가정하는 자연스러운 경향을 가지고 있음을 보여준다.)라고 나와 있다. 여기서의 natural tendency는 우리가 자연스럽게 그렇게 하는 경향이 있다는 것을 말하기 때문에, 문제의 '우리 스스로의 관점을 무시할 수 없다'는 진술과 일치하는 내용이다. 그러므로 문제의 정보가 나타나 있는 문단은 **B**이다.

19. 해석 우리는 우리에게 유리한 상황을 공정하다고 상정하는 경향이 있다.

해설 **키워드 fair**

C문단 두 번째 문장을 보면 People tend to believe situations that favor them are fair, while favoring others in a similar way would be unfair.(사람들은 자기에게 호의적인 상황은 공평하다고 믿지만, 반면 비슷한 방식으로 다른 이들에게 호의적인 것은 불공평하다고 생각하곤 한다.)라고 나와 있다. 즉 우리에게 좋은 상황은 공평하다고 믿는 것이다. 이 진술이 누구와 관련된 것인지 알아보기 위해서 다섯 번째 문장을 보면, Ken'ichiro Tanaka가 이것을 증명하는 실험을 수행했다는 내용이 나오고 있다. 그러므로 정답은 **B – Ken'ichiro Tanaka**가 된다.

20. 해석 우리는 다른 사람들이 우리의 관점과 정보를 공유한다고 상정한다.

해설 **키워드 share our perspective**

다른 사람들도 우리의 관점과 정보를 똑같이 가지고 있다고 가정하는 부분을 찾아야 한다. B문단 일곱 번째 문장을 보면 This study shows that we have a natural tendency to assume that others share the same information and perspective that we do.(이러한 연구는 우리가 다른 이들이 우리와 동일한 정보 및 관점을 공유할 거라고 가정하는 자연스러운 경향을 가지고 있음을 보여준다.)라고 나와 있다. 이러한 연구를 한 사람은 B문단 첫 번째 문장에서 발견할 수 있는데, 따라서 정답은 **A – Wimmer and Perner**가 된다.

21. 해석 여성은 남성에 비해 자기중심적 편향의 영향을 덜 받는다.

해설 **키워드 women ┃ men**

E문단 다섯 번째 문장을 보면 In Tanaka's study on perceived fairness, it was found that women were more likely to consider others' perspectives and the correlation between "I" and "other" sentences was less pronounced.(공정성 인식에 대한 타나카의 연구에서, 여성들이 다른 이들의 관점을 이해할 가능성이 더 높으며 '나'와 '다른 사람' 문장들 사이의 상관 관계가 덜 명확하다는 것이 밝혀졌다.)라고 나와 있다. 그러므로 정답은 **B – Ken'ichiro Tanaka**가 된다.

22. 해석 자기 인식 수준을 높이는 것은 자기중심적 편향을 완화시킬 수 있다.

해설 **키워드 self-awareness**

G문단 두 번째 문장을 보면 One study, conducted by Jerald Greenberg, was based on the hypothesis that confronting one's own image in a mirror would raise one's self-awareness level and result in less egocentric bias.(제럴드 그린버그가 시행한 한 연구는 거울 속에서 자신의 이미지를 마주하면 자기 인식 수준이 높아지고 자기중심적 편향이 줄어들 것이라는 가설에 기반을 두었다.)라고 나와 있다. 그러므로 정답은 **C – Jerald Greenberg**가 된다.

----

23. 해석 우리는 우리 자신의 감정에 집중하는 경향이 있으며, 이는 공감하는(empathise) 능력을 감소시킨다.

해설 **키워드 a tendency to focus on our own emotion ┃ reducing**

❶ 이 문제는 우리 자신의 감정에 집중하는 경향 때문에 무슨 능력이 줄어들었는지를 찾아야 한다. 본문에서 이 키워드를 Scanning하면, B문단 마지막 문장 What's more, we tend to focus solely on our own emotions, affecting our ability to empathise with others.(더욱이, 우리는 오직 우리 자신의 감정들에

만 집중하는 경향이 있으며, 이는 다른 사람들에게 공감하는 능력에 영향을 미칠 수 있다.)에서 같은 의미의 tend to focus on ~ emotion을 찾을 수 있다. 다른 사람들에게 공감하는 능력에 영향을 미친다는 것은 즉, 자기 감정에만 집중한 나머지 타인에 대한 공감 능력은 낮아지게 된다는 의미이다. 또한 지문의 our ability와 문제의 our capacity도 같은 의미를 나타낸다.

❷ 문제에서 요구하는 것은 to부정사 자리에 올 단어이기 때문에 동사가 적합하다. 따라서 정답은 동사인 **empathise**가 된다.

24. 해석 긍정적인 결과들(positive outcomes)을 나눌 때, 사람들은 자기가 다른 사람보다 더 받을 자격이 있다고 느끼는 경향이 있다.

해설 키워드 **dividing** | **deserve more than others**

❶ 본문에서 이 키워드를 Scanning하면, C문단 세 번째 문장에서 splitting과 feel entitled to more than others를 발견할 수 있다. 이 문장을 보면, This can cause us to feel entitled to more than others when it comes to splitting positive outcomes, like profits, or to feel the opposite when splitting negative outcomes, like blame.(이것은 우리가 이익과 같은 긍정적인 결과들을 나눌 때 다른 사람들보다 더 많은 것을 누릴 자격이 있다고 느끼게 만들거나, 또는 비난과 같은 부정적인 결과들을 나눌 때는 그 반대로 느끼게 만들 수 있다.)이라고 나와 있다. when it comes to splitting positive outcomes에서 답을 찾을 수 있다.

❷ 문제에서 요구하는 것은 dividing의 목적어이기 때문에 명사가 적합하다. 그래서 정답은 명사인 **positive outcomes**이다. 그냥 outcomes만 적으면 같은 의미가 되지 않기 때문에, 반드시 positive가 포함되어야 한다.

25. 해석 십대들과 노년층(older adults)은 자기중심적 편향에 가장 취약한 연령층이다.

해설 키워드 **Teenagers** | **most vulnerable to egocentric bias**

❶ 자기중심적 편향에 취약하다는 것은 그것에 가장 잘 휘둘린다는 뜻임을 이해하자. 본문에서 이 키워드를 Scanning하면, E문단 세 번째 문장에 Age is one significant factor, as the prevalence of egocentric bias is stronger in adolescents and older adults, when compared with young and middle-aged adults.(젊은 층 및 중년층과 비교해 봤을 때 자기중심적 편향의 만연함이 청소년층과 노년층에서 더 강력하게 나타나는 것과 같이 나이는 하나의 중요한 요인이다.)라고 나와 있다. adolescents→문제의 teenagers의 유의어이고, 자기중심적 편향이 가장 강하다는 것은 그것에 취약해서 잘 휘둘린다는 의미와 일맥상통한다.

❷ 빈칸에는 Teenagers와 병렬 구조로 이어지면서 be동사 are 앞에 놓일 수 있는 명사가 적합하다. 따라서 정답은 명사인 **older adults**가 된다.

26. 해석 간단한 대명사 사용 변화는 사람들이 상황을 더 객관적으로(objectively) 볼 수 있게 해준다.

해설 키워드 **pronoun usage**

❶ 대명사를 다르게 사용하면 우리가 상황을 더 '어떻게' 볼 수 있게 되는지를 찾아야 한다. 본문에서 이 키워드를 Scanning하면, F문단 다섯 번째 문장에 For example, instead of using the first-person pronoun (What should I do?), switch to the second-person pronoun (What should you do?) or use your name instead (What should Jacob do?).(예를 들어, 1인칭 대명사(나는 무엇을 해야 할까?)를 쓰는 대신, 2인칭 대명사(당신은 무엇을 해야 할까?)로 바꾸거나 대신 당신의 이름을 사용하는 것이다(제이콥은 무엇을 해야 할까?).)라는 내용이 나온다. 하지만 이 문장만 가지고는 사람들이 상황을 어떻게 볼 수 있는지에 대한 정보를 얻을 수 없으므로 그 다음 문장까지 확인한다.

❷ 이어지는 문장인 This simple trick can allow you to step back from the situation and see it more objectively, reducing your egocentric bias.(이 간단한 속임수는 당신이 그 상황에서 한 발짝 떨어져서 보다 더 객관적으로 볼 수 있게 해줄 것이며, 당신의 자기중심적 편향을 줄여줄 것이다.)를 통해서 이러한 속임수를 통해 see it more objectively한다는 정보를 확인할 수 있다. look at과 see가 유의어 관계라는 점에서, 정답은 부사인 **objectively**가 된다.

READING PASSAGE 3

해석

40년간의 범죄자 프로파일링

A '범죄 프로파일러'라는 직업은 오늘날 꽤 잘 알려져 있으며, 수많은 책과 TV 드라마, 그리고 〈양들의 침묵〉과 같이 잘 알려진 영화의 주제가 되어 왔다. 그러나 미국 정신과 의사인 제임스 A. 브러셀이 1950년대에 처음으로 범죄 용의자를 프로파일링하기 시작했을 당시, 그는 법 집행계의 널리 퍼져 있는 회의적 태도에 직면했다. 결과적으로는, 브러셀은 용의자의 옷, 키, 심지어 종교까지 정확하게 밝혀낼 수 있었다. 이러한 놀라운 성공 이야기는 직업으로서의 범죄자 프로파일링(OP)의 시작을 나타냈다. 1974년 FBI는 연쇄 폭력 범죄자들의 사고를 연구하기 위해 행동과학부를 구성했다. 이제 범죄 프로파일러들의 노력은 종종 전 세계 도시와 지역 사회의 안전을 보장하는 열쇠가 되고 있다.

B FBI가 공식적으로 범죄자 프로파일링이라는 직업을 현실로 만든 지 40년이 흐른 지금, 우리는 과연 이 직업이 신뢰할 수 있는 기술이며, 잘 확립된 방법론에 기반을 둔 과학이라고 말할 수 있을까? 아니면 이것을 어렴풋한 직관에 기반을 두고 우리에게 애매하고 불확실한 발견과 예측을 제공하는 일종의 예술 형식으로 생각하는 것이 더 정확할까? 이러한 질문에 최근 사우스플로리다 대학교의 브라이어나 폭스와 케임브리지 대학교의 데이비드 P. 패링턴이 달라붙었다. 〈심리학회보〉 12월 호에 발표된 그들의 연구 결과들은 1976년과 2016년 사이의 400건 이상의 범죄자 프로파일링 출판물에 대한 상세한 검토와 메타 분석으로 이루어져 있다.

C 폭스와 패링턴이 범죄자 프로파일링 분야에서의, 특히 그 연구의 과학적 진실성 면에 있어서 의미 있게 진보된 부분들을 짚어주고 있는 건 사실이다. 그렇지만 나는 그들의 연구를 더욱 자세하게 검토해 보면 그 직종이 앞으로 나아가는 데 있어서 상당히 암울한 전망을 보여주고 있다고 생각한다. 상황이 나아진 것은 애초에 과학적인 엄격성이 거의 없었다는 사실 때문이므로, 개선은 칭찬받아야 마땅하지만 아직 가야 할 길이 멀다.

D 예를 들어, 발전된 통계학적 분석을 활용하는 OP 발행물의 비율은 크게 증가했다. 그렇다고 해도 40년 전에는 거의 0%였던 것에 반해 오늘날에는 전체 발행물의 단지 33%만을 차지하고 있으며 이는 그렇게 인상적인 수치는 아니다. 지난 10년 동안 상호심사연구가 비 상호심사연구보다 3대 1로 많았는데, 이는 좋은 신호이다. 그렇긴 하지만 폭스와 패링턴의 보고서는 OP 분야에 대한 과학적인 지원이 실현되지 못하고 있다는 점을 드러낸다. 40년 후에도 스스로를 증명하지 못하는 과학은 계속해서 과학이라고 불리기 어렵다. 경찰 조사에서 OP가 얼마나 자주 사용되는지와는 대조적으로, 프로파일의 효율성과 정확성에 대한 평가는 거의 진행되지 않는다. 이러한 데이터 없이는 전문가들에 의해 사용되는 다양한 프로파일링 방법의 상대적인 성공 확률에 대한 어떠한 합의도 이루어낼 수 없다.

E 폭스와 패링턴의 보고서가 나오기 전에는 OP 발행물에 반복적으로 등장하는 주제 또는 범죄 프로파일 체계를 확인하기 위한 종합적인 분석이 수행된 적이 없었다. 폭스와 패링턴은 이 작업을 수행해, 범죄 프로파일을 포함하고 있는 62개의 발행물에서 공통 프로파일링 체계를 찾았다. 합의는커녕, 그들은 프로파일러들에 의해 사용된 광범위한 전문 용어들뿐만 아니라, 안 그랬으면 유사했을 프로파일 유형들을 묘사하는 특징에 있어서 상당한 차이를 발견했다. 이 분류들은 1980년대에 FBI가 사용한 '체계적인' 것과 '체계적이지 않은' 것의 이진법에서 상당히 벗어나 있었는데, 여기에는 자기 표출적인, 기구를 사용하는, 환영을 보는, 쾌락주의적인, 힘을 과시하는/통제하는, 떠도는, 지역 살인 범죄자들과 같은 프로파일 주제 또는 분류가 포함된다.

F 다른 과학적인 방법들의 일관성과 정확성에 비해, OP 분야 전반에 걸친 방법론 및 전문 용어 둘 다에서 일관성이 없다는 것은 걱정스럽다. 일부 전문가들은 그들 자신의 조사 경험 또는 범죄 현장의 특정한 특성들을 바탕으로 프로파일을 만든 반면, 다른 이들은 이전의 OP 문헌에 대한 그들의 이해나 범죄 현장 데이터의 통계적인 분석으로부터 그것을 도출해냈다. 이러한 광범위한 방법론은 OP 분야 전체의 유효성을 종합하는 것을 매우 어렵게 만든다.

G 폭스와 패링턴의 보고서에서 희망적인 부분은 2002년과 2016년 사이의 사건 연계 연구 분석이다. 사건 연계란 두 개 이상의 이전 범죄 사건들과 연관되는 명백한 연관성 또는 뚜렷한 행동 관련성을 찾는 과정을 말한다. 이러한 연관성은 범죄 현장 분석, 희생자 특성, 공격 방법, 위치 유형, 언어 활동, 작업 방식, 범죄 행위에 소요되는 시간에 기반을 둘 수 있다. 연구 결과는 사건 연계가 잠재적인 연쇄 범죄자들을 밝혀내는데 있어서 상당히 효과적인 도구가 될 수도 있다는 것을 암시한다. 수치를 보면, 사건 연계 정확도 분석의 거의 20%가 통계적으로 매우 신뢰도가 강한 범위 안에 있었고, 절반 이상은 중간에서 강한 범위에 있었다.

H 의심할 여지 없이, 범죄자 프로파일링 분야는 지난 40년 간 엄청난 발전을 이루었다. 그렇기는 하지만, 폭스와 패링턴 보고서의 결과는 OP가 계속해서 '도버트 기준'을 충족시키지 못한다는 점을 시사한다. 이 용어는 1993년의 형사

사건에서 비롯되었으며, 증거를 법정에 제시하기 위해서 달성해야만 하는 최소 수준의 과학적 신뢰도를 뜻한다. 접근 방식과 전문 용어의 변동성 때문에 OP 분야를 위한 단 하나의 신뢰도나 오차율조차도 도출할 수가 없다. 지난 몇 십년 간을 되돌아보면서, 폭스와 패링턴은 여전히 낙관적으로 "OP는 더 과학적이고 통계적인 방법의 사용, 데이터와 분석, 연구에 대한 평가 측면에서 긍정적인 궤도에 올라 있는 것으로 보인다. 특히 향후 10년 동안 이 궤도를 유지하는 것은 OP 분야가 '칵테일 냅킨에 끄적거린 사이비 과학'으로부터 경찰을 돕고 정책을 발표하고, 그리고 궁극적으로는 세계를 더 안전한 곳으로 만드는 데 사용되는 연구를 생산하는 증거 기반 전문 분야로 변화하도록 도와줄 것이다"라고 기술하고 있다.

I 물론 우리 모두는 그렇게 되기를 바란다. 그러나 당장은 1950년에 브러셀이 직면했던 것과 같은 불신은 별로 사라지지 않았다. 그리고 나 또한 언젠가 그리 될 거라 확신하지 않는다.

어휘 offender ⓝ 범죄자　profession ⓝ 직업, 직종　criminal 國 범죄의　subject ⓝ 주제　countless 國 셀 수 없이 많은　psychiatrist ⓝ 정신과 의사　suspect ⓥ 의심하다　skepticism ⓝ 회의, 회의론　law enforcement 법률 집행(또는 범죄 단속에 종사하는 사람/기관의 총칭)　turn out 모습을 나타내다, 드러내다　accurately 國 정확하게　determine ⓥ 알아내다, 밝히다, 정하다　trustworthy 國 신뢰할 수 있는　craft ⓝ 기술　methodology ⓝ 방법론　foggy 國 어렴풋한, 안개가 낀　intuition ⓝ 직관력　vague 國 애매한　prediction ⓝ 예측, 예견　tackle ⓥ 따지다, (문제를) 제기하다　publish ⓥ 출판/발행/발간하다　review ⓝ 검토, 비평, 보고서　point to 지적하다, 암시하다　significant 國 중요한, 의미 있는　improvement ⓝ 개선(점)　with regard to ~면에 있어서　integrity ⓝ 진실성　examination ⓝ 조사, 검토　fairly 國 상당히　bleak 國 절망적인, 암울한　outlook ⓝ 관점, 전망　rigor ⓝ 엄격(한 적용)　laud ⓥ 칭찬하다　utilise ⓥ 활용/이용하다　statistical 國 통계적인, 통계에 근거한　make up 구성/차지하다　peer-reviewed 國 동료 심사를 받은　outnumber ⓥ 수적으로 우세하다　materialise ⓥ 구체화되다　rarely 國 좀처럼 ~하지 않는　evaluation ⓝ 평가　consensus ⓝ 의견 일치, 합의　relative 國 상대적인, 비교상의　comprehensive 國 종합적인, 포괄적인　identify ⓥ 밝히다, 확인하다　recur ⓥ 반복되다　theme ⓝ 주제　framework ⓝ 체계　variation ⓝ 변형　terminology ⓝ 전문 용어　expressive 國 감정을 나타내는, 자기 표출적인　instrumental 國 도구를 사용하는, 중요한　visionary 國 환영을 보는, 선견지명이 있는　hedonistic 國 쾌락주의의　homicide ⓝ 살인　consistency ⓝ 일관성　exactitude ⓝ 정확성, 정밀성　inconsistency ⓝ 일관성 없음, 불일치, 모순　crime scene 범죄 현장　literature ⓝ 문헌　synthesise ⓥ 합성하다, 통합하다　validity ⓝ 정당성, 유효성　linkage ⓝ 연계, 관련성　refer to ~를 나타내다　victim ⓝ 희생자　verbal 國 언어의　modus operandi (작업) 방식, 절차　serial 國 연쇄/상습적인　moderate 國 중간의　tremendous 國 엄청난　stride ⓝ 진전, 걸음　decade ⓝ 10년　originate from ~에서 비롯되다　define ⓥ 정의하다, 뜻을 명확히 하다　credibility ⓝ 신뢰성　reliability ⓝ 신뢰도, 확실성　trajectory ⓝ 궤도　discipline ⓝ 지식 분야, 과목　ultimately 國 궁극적으로는　convince ⓥ 확신시키다, 납득시키다

27. **해석** 제임스 A. 브러셀은
　A 그의 용의자의 종교적 믿음을 밝혀낼 수 없었다.
　B 처음에는 동료 경찰관들에게 의심을 받았다.
　C 유명한 영화인 〈양들의 침묵〉에 출연했다.
　D FBI에 고용된 첫 번째 범죄 프로파일러였다.

해설 ❶ 문제의 키워드인 James A. Brussel은 A문단 두 번째 문장 But when James A. Brussel, an American psychiatrist, first began profiling a suspected criminal back in the 1950s, he was met by widespread skepticism from the law enforcement community.(그러나 미국 정신과 의사인 제임스 A. 브러셀이 1950년대에 처음으로 범죄 용의자를 프로파일링하기 시작했을 당시, 그는 법 집행계의 널리 퍼져 있는 회의적 태도에 직면했다.)를 보면 나와 있다.

❷ 이 문장을 보면, '브러셀이 처음으로 프로파일링하기 시작했을 당시'라고 나와 있기 때문에 보기 B의 initially라는 설명은 맞다. 또한 범죄 용의자를 프로파일링했다는 말은 그가 범인을 구속하는 것과 관련 있는 일을 했다는 것을 뜻하고, 그래서 law enforcement community를 그의 fellow라고 볼 수 있다. 또한 skepticism과 doubt는 유의어이다. 이 문제와 같이, 어떠한 문제들은 명확한 답이 눈에 들어오지 않을 수도 있다. 하지만 완벽하게 답이 아닌 보기들을 제거하면(A, C, D) 납득할 만한 추론적 정보가 있는 B가 정답이 될 확률이 가장 높다. 완벽하게 유의어가 1:1 관계를 이루지 않더라도 이해해서 답을 찾을 수 있어야 한다. 그래서 정답은 **B – was initially doubted by fellow police officers.**이다.

28. 해설 폭스와 패링턴의 연구는

 A 범죄자 프로파일의 정확성 부족을 보여준다.

 B 통계학적 분석을 이용한 OP 발행물의 감소를 보여준다.

 C 지난 10년 간 상호심사연구가 33% 증가했음을 보여준다.

 D 범죄자 프로파일의 효율성에 대한 불충분한 데이터를 보여준다.

해설 ❶ Fox and Farrington에 대한 언급은 C문단에 처음으로 나오지만, 연구에 대한 구체적인 내용은 D문단부터 본격적으로 등장한다. 먼저 D문단 첫 번째 문장 The percentage of OP publications that utilise advanced statistical analysis, for example, has grown significantly.(예를 들어, 발전된 통계학적 분석을 활용하는 OP 발행물의 비율은 크게 증가했다.)를 통해 B는 답이 아닌 것을 알 수 있다. 그리고 이어지는 문장 Even so, while 40 years ago they were at 0 per cent, they make up just 33 per cent of total publications today, not exactly an impressive figure.(그렇다고 해도 40년 전에는 거의 0%였던 것에 반해 오늘날에는 전체 발행물의 단지 33%만을 차지하고 있으며 이는 그렇게 인상적인 수치는 아니다.)를 보면 33 per cent는 발전된 통계학적 분석을 활용하는 OP 발행물의 비율이지 상호심사연구의 증가 비율이 아님을 알 수 있다. 따라서 C도 답이 될 수 없다.

❷ 이어서 여섯 번째 문장 In contrast to how often OP is used in police investigations, rarely are evaluations performed on the profiles' effectiveness or accuracy.(경찰 조사에서 OP가 얼마나 자주 사용되는지와는 대조적으로, 프로파일의 효율성과 정확성에 대한 평가는 거의 진행되지 않는다.)를 보면 효율성과 정확성에 대한 평가가 거의 진행되지 않는다, 즉 데이터가 부족하다는 사실을 알 수 있다. 따라서 정답은 **D – insufficient data on the effectiveness of criminal profiles.**가 된다. 정확성에 대한 평가 데이터가 부족하다는 것이지 정확성이 부족하다는 말이 아니므로 A를 답으로 고르지 않도록 주의하자.

29. 해설 폭스와 패링턴은 프로파일 체계가

 A 단일 표준 방법론에 기반하지 않는다는 점을 알아냈다.

 B 유용한 전문 용어가 부족함을 보여준다는 점을 알아냈다.

 C 본래 FBI에 의해 사용되었던 분류와 대략 일치한다는 점을 알아냈다.

 D 1980년대 이후로 더욱 효과적으로 변했다는 점을 알아냈다.

해설 이 문제가 요구하는 것은 Fox and Farrington이 profile framworks 관련해서 무엇을 발견했는가 하는 점이다. 문제의 키워드인 profile frameworks는 E문단 첫 번째 문장에서 등장하는데, 세 번째 문장을 보면 Far from consensus, they discovered considerable variation in the characteristics describing otherwise similar profile types, as well as a broad range of terminology employed by the profilers.(합의는커녕, 그들은 프로파일러들에 의해 사용된 광범위한 전문 용어들뿐만 아니라, 안 그랬으면 유사했을 프로파일 유형들을 묘사하는 특징에 있어서 상당한 차이를 발견했다.)라고 나와 있다. 즉 하나의 합의된 의견과는 거리가 멀며, profile frameworks에서 사용하는 용어와 특징들 면에서, 다른 말로는 방법론상으로 서로 차이를 보인다는 점을 알아낸 것이다. 그렇기 때문에 정답은 **A – are not based on a single standard methodology.**가 된다.

30. 해설 다음 중 F문단을 요약한 것은?

 A OP 분야가 과학에 기반을 두고 있는지 판단하는 것은 어렵다.

 B 일부 OP 전문가들은 그들의 경험을 이해를 돕는데 쓰지 못한다.

 C OP 분야의 복잡한 방법론과 전문 용어는 우려스럽다.

 D OP 분야는 더 광범위한 방법론과 전문 용어의 덕을 볼 것이다.

해설 ❶ 이 문제는 F문단을 요약하는 것인데, Scanning보다는 Skimming이 필요한 문제이다. 첫 번째 문장을 확인하면, Compared to the consistency and exactitude of other scientific methods, the inconsistency in both methodology and terminology across the OP field is worrying.(다른 과학적인 방법들의 일관성과 정확성에 비해, OP 분야 전반에 걸친 방법론 및 전문 용어 둘 다에서 일관성이 없다는 것은 걱정스럽다.)라고 나와 있다. 첫 문장은 모든 문단에서 중요하므로 꼼꼼하게 읽고 이해하자. 다른 과학적 방법들은 일관성과 정확성이 있는데, OP는 일관성이 없는 게 걱정스럽다고 말한다. 즉 과학적 방법들이 보유한 그 특성을 갖지 못한 점을 언급하고 있다. 두 번째 문장에서는 OP의 방법론이 어떻게 제각각인지를 비교하고 있다. 마지막 문장은 이러한 방법론의 광범위함으로 인해 OP분야가 가지고 있는 타당성을 종합하기 힘들다고 말한다.

❷ 이러한 점에서 가장 타당한 보기를 고르자면, 정답은 **A – It is hard to judge whether the OP field is grounded in science.**가 가장 알맞다. OP분야가 과학적 방법으로서 타당한지, 즉 과학에 기반한 방법인지를 종합적으로 판단하기 어렵다는 내용이 F문단의 골자이기 때문이다. 여기서 주의할 점은 일관성이 없다는 게 복잡하다는 것을 말하는 것은 아니기 때문에, 답으로 C를 선택하면 안 된다.

31. 해석 사례 연계는

A 형사 사건의 20% 미만에서 효과적이라는 것이 증명되었다.
B 범죄자가 그 행동에 얼마나 많은 시간을 쓰는지 밝히는 데 사용될 수 있다.
C 여러 가지 요인에 기반해 여러 사건들 사이에 연관성을 형성한다.
D '도버트 기준'을 충족시키기에 충분할 만큼 효과적이다.

해설 ❶ 문제의 키워드인 Case linkage의 정의는 G문단 두 번째 문장 Case linkage refers to the process of finding clear connections, or distinct behavioural links, associating two or more previous criminal cases.(사건 연계란 두 개 이상의 이전 범죄 사건들과 연관되는 명백한 연관성 또는 뚜렷한 행동 관련성을 찾는 과정을 말한다.)에 나와 있다. 즉, 여러 사건들 간의 연관성을 찾는 과정이라고 이해할 수 있다.

❷ 그 다음 문장을 보면 These connections can be based on crime scene analysis, victim characteristics, method of attack, location type, verbal activity, modus operandi, and the amount of time spent in the criminal act.(이러한 연관성은 범죄 현장 분석, 희생자 특성, 공격 방법, 위치 유형, 언어 활동, 작업 방식, 범죄 행위에 소요되는 시간에 기반을 둘 수 있다.)라고 나와 있다. 앞에 언급된 '연관성'을 어떤 요소에 기반을 두고 판단하는지에 대한 설명이다. 따라서 이 두 문장을 종합해 보면 정답은 **C – creates associations between multiple cases, based on a number of factors.**이다.

----

32. 해석 제임스 A. 브러셀은 성공할 것으로 기대되지 않았다.

해설 키워드 **James A. Brussel**

James A. Brussel이 언급되어 있는 A문단 두 번째 문장에 But when James A. Brussel, an American psychiatrist, first began profiling a suspected criminal back in the 1950s, he was met by widespread skepticism from the law enforcement community.(그러나 미국 정신과 의사인 제임스 A. 브러셀이 1950년대에 처음으로 범죄 용의자를 프로파일링하기 시작했을 당시, 그는 법 집행계의 널리 퍼져 있는 회의적 태도에 직면했다.)라고 나와 있다. skepticism은 not expected to succeed와 모순되지 않기 때문에, 정답은 **Yes**이다.

33. 해석 폭스와 패링턴은 그들의 검토 연구에서 더 많은 출간물을 고려했어야 했다.

해설 키워드 **Fox and Farrington** | **publications**

B문단 네 번째 문장을 보면 Their findings, published in the December edition of *Psychological Bulletin*, consist of a detailed review and meta-analysis of over 400 publications on offender profiling between 1976 and 2016.(〈심리학회보〉 12월 호에 발표된 그들의 연구 결과들은 1976년과 2016년 사이의 400건 이상의 범죄자 프로파일링 출판물에 대한 상세한 검토와 메타 분석으로 이루어져 있다.)라고 나와 있다. 하지만 여기에 대해서 작가가 더 많은 출판물을 고려했어야 할 필요성을 언급한 내용은 없기 때문에, 정답은 **Not Given**이다.

34. 해석 사건 연계는 OP 분야에서 유망한 영역이다.

해설 키워드 **Case linkage**

G문단 첫 번째 문장에 The bright moment in Fox and Farrington's review is the analysis of case-linkage research between 2002 and 2016.(폭스와 패링턴의 보고서에서 희망적인 부분은 2002년과 2016년 사이의 사건 연계 연구 분석이다.)라고 나와 있고, 또한 네 번째 문장에도 Results suggest that case linkage can be a quite effective tool in identifying potential serial offenders.(연구 결과는 사건 연계가 잠재적인 연쇄 범죄자들을 밝혀내는데 있어서 상당히 효과적인 도구가 될 수도 있다는 것을 암시한다.)라고 나와 있다. 이 두 문장들은 case linkage가 긍정적인 방향으로 나아가고 있음을 말해주므로, 문제의 promising area와 같은 의미를 나타내는 정보이다. 그러므로 정답은 **Yes**이다.

35. 해석 일부 OP 기법들은 이미 법정에서 증거로 인정되고 있을 것이다.

해설 키워드 **OP techniques | accepted as evidence in court**

H문단 두 번째 문장을 보면, That being said, the results of Fox and Farrington's review suggest that OP continues to fail to meet the "Daubert standard".(그렇기는 하지만, 폭스와 패링턴 보고서의 결과는 OP가 계속해서 '도버트 기준'을 충족시키지 못한다는 점을 시사한다.)라고 나와 있다. 여기서 말하는 Daubert standard가 무엇인지 바로 다음 문장에 그 의미가 설명되어 있다. This term originates from a 1993 criminal case, and it defines the minimum level of scientific credibility that must be achieved in order for evidence to be presented in court.(이 용어는 1993년의 형사 사건에서 비롯되었으며, 증거를 법정에 제시하기 위해서 달성해야만 하는 최소 수준의 과학적 신뢰도를 뜻한다.)라는 문장을 보면, 이 기준은 최소한도의 과학적 신뢰도를 달성했다는 의미로, 이 기준을 넘어야만 법정에서 증거로 제시될 수 있다고 말하고 있다. 하지만 OP는 계속해서 그것을 충족시키지 못했다고 나와 있기 때문에, 정답은 **No**이다.

36. 해석 폭스와 패링턴의 연구는 통계적인 측면에서 충분히 상세하게 분석되지 않았다.

해설 키워드 **Fox and Farrington's study | statistical terms**

statistical terms와 관련된 부분을 본문에서 Scanning해 보면 나오는 내용은 OP 문헌에서의 통계학적 분석 활용 또는 사건 연계 정확도 분석의 통계적 신뢰도에 관한 것으로, Fox and Farrington의 연구 자체에 대해 통계적 측면에서 충분히 상세하게 분석이 이뤄졌는지 아닌지에 대해서 언급된 적은 없다. 따라서 정답은 **Not Given**이다.

37. 해석 앞으로 OP분야에 대한 불신은 사라질 것이 분명하다.

해설 키워드 **Distrust in the OP | disappear in the future**

I문단 두 번째 문장을 보면, For the time being, however, that same mistrust that Brussel confronted back in the 1950s has never quite disappeared.(그러나 당장은 1950년에 브러셀이 직면했던 것과 같은 불신은 별로 사라지지 않았다.)라고 나와 있다. mistrust와 distrust는 유의어이다. 그리고 그 다음 문장인 And I, for one, am not convinced it ever will.(그리고 나 또한 언젠가 그리 될 거라 확신하지 않는다.)에서 작가가 그 불신이 사라질 거라고 확신하지 못하는 부분이 명백하게 나타나 있다. 따라서 정답은 **No**이다.

A 전반적으로 OP 분야의 미래에 대해 비관적이다.
B 방법론과 전문 용어 면에서 합의에 도달하지 못했다.
C 흔히 사건 연계 기법을 이용하여 확인할 수 있다.
D 1980년대 이후로 FBI에서 고용/이용되지 않았다.
E OP 분야에서 주요 개선 영역을 확인했다.

38. [해석] 폭스와 패링턴은

[해설] C문단 첫 번째 문장에 It's true that Fox and Farrington point to significant improvements in the field of offender profiling, especially with regard to the scientific integrity of its research.(폭스와 패링턴이 범죄자 프로파일링 분야에서의, 특히 그 연구의 과학적 진실성 면에 있어서 의미 있게 진보된 부분들을 짚어주고 있는 건 사실이다.)라고 나와 있다. 이 정보와 일치하는 선택지는 **E – have identified key areas of improvement in the OP field.**이다. 그래서 완성된 38번 문장은 Fox and Farrington have identified key areas of improvement in the OP field.(폭스와 패링턴은 OP 분야에서 주요 개선 영역을 확인했다.)이다.

39. [해석] 범죄 프로파일러들은

[해설] E문단 세 번째 문장에 Far from consensus, they discovered considerable variation in the characteristics describing otherwise similar profile types, as well as a broad range of terminology employed by the profilers.(합의는커녕, 그들은 프로파일러들에 의해 사용된 광범위한 전문 용어들뿐만 아니라, 안 그랬으면 유사했을 프로파일 유형들을 묘사하는 특징에 있어서 상당한 차이를 발견했다.)라고 나와 있다. 프로파일러들이 사용하는 용어와 유형 묘사 특징에 상당한 차이가 있었다는 내용이고, 이는 곧 합의를 이루지 못했다는 것과 같은 의미이다. 따라서 이 정보와 일치하는 선택지는 **B – have not reached a consensus on methodology and terminology.**이다. 그래서 완성된 39번 문장은 Criminal profilers have not reached a consensus on methodology and terminology.(범죄 프로파일러들은 방법론과 전문 용어 면에서 합의에 도달하지 못했다.)가 된다.

40. [해석] 연쇄 범죄자는

[해설] G문단 네 번째 문장에서 serial offenders를 발견할 수 있다. Results suggest that case linkage can be a quite effective tool in identifying potential serial offenders.(연구 결과는 사건 연계가 잠재적인 연쇄 범죄자들을 밝혀내는데 있어서 상당히 효과적인 도구가 될 수도 있다는 것을 암시한다.)라는 문장에서 case linkage가 연쇄 범죄자들을 찾는데 효과적이라는 내용이 나오기 때문에, 이 정보와 일치하는 선택지는 **C – can often be identified using the technique of case linkage.**이다. 그래서 완성된 40번 문장은 Serial criminal offenders can often be identified using the technique of case linkage.(연쇄 범죄자는 흔히 사건 연계 기법을 이용하여 확인할 수 있다.)가 된다.

1 True		**2** Not Given		**3** True		**4** False		**5** Not Given	
6 True		**7** Not Given		**8** False		**9** Ireland		**10** police force	
11 navigation		**12** shepherd		**13** Mount Hopeless				**14** x	
15 ii		**16** viii		**17** v		**18** iv		**19** i	
20 ix		**21** C		**22** A		**23** E		**24** B	
25 live plant trading				**26** fungal spores		**27** B		**28** A	
29 D		**30** D		**31** A		**32** G		**33** D	
34 E		**35** A		**36** No		**37** Not Given		**38** Not Given	
39 Yes		**40** No							

READING PASSAGE 1

해석

버크와 윌스 탐험대의 비극

미지의 세계로의 모험에는 때때로 대가가 따른다. 육로로 호주를 횡단하려는 유럽인들의 첫 번째 시도였던 버크와 윌스 탐험대 구성원들은 이 교훈을 어렵게 배웠다. 탐험대는 1860년 빅토리아주 멜버른에서 시작해 카펀테리아만에는 성공적으로 도착했지만 돌아오는 길에 재난을 맞닥뜨렸다. 목적지에 도달했던 4명의 사람들 중 오직 한 명만이 살아남았고, 그가 살아남은 건 오로지 호주 토착민 공동체의 도움 덕분이었다.

1851년에 빅토리아주에서 골드 러시가 시작되었고, 이는 호주로의 이민 급증을 불러일으켰다. 그 후 10년 동안 빅토리아주의 인구는 2만 9천 명에서 거의 14만 명으로 증가했다. 빅토리아주 식민지 개척자들이 새롭게 얻은 부는 그들로 하여금 탐험 분야에서 이름을 날리고자 하는 열의를 갖게 만들었다. 1860년에 민간 시민, 빅토리아주 정부, 그리고 빅토리아 왕립 학회로 구성된 빅토리아 탐험 원정대(VEE)가 결성되었다. VEE의 주된 목표는 최초로 호주 중부를 가로질러 카펀테리아만에 도착하는 것이었다.

VEE는 탐험대를 이끌도록 로버트 오하라 버크와 윌리엄 존 윌스를 임명했다. 버크는 본래 아일랜드 출신이었으나 VEE 결성 7년 전에 호주로 이주했다. 그는 도착하자마자 경찰에 들어갔고 빠르게 승진했으며, 1857년 버클랜드강 폭동 종식에 대한 공로로 추가적인 명성을 얻었다. 1860년 즈음, 그 베테랑 경찰관은 경찰 업무에 싫증이 났고 새로운 모험을 찾고 있었다. 비록 항행 훈련을 받은 적은 없었지만 그는 VEE 합류 기회에 선뜻 뛰어들었고 탐험대 대장으로 임명되기 위해 열심히 노력했다.

윌리엄 존 윌스는 1834년 영국에서 태어났으며 버크와 같은 해에 호주에 도착했다. 호주에서 그가 첫 번째로 가진 직업은 목동 일을 수반하는 것이었지만, 그의 주된 관심사는 천문학과 탐험이었다. 시간이 지나면서 그는 외과의사의 조수 역할을 맡을 수 있었고, 결국에는 멜버른 천문대의 소장이 되었다. 윌스는 결코 탐험대 대장이 될 생각이 없었다. 그러나, 부대장이었던 조지 랜델스가 버크와 사이가 틀어지자, 윌스는 공식 측량기사이자 천문학자인 동시에 새로운 부대장으로 임명되었다.

1860년 8월 20일, 약 1만 5천 명의 빅토리아주 사람들이 탐험대를 배웅하기 위해 멜버른에 모였다. 대원들은 말, 낙타, 식량, 땔감과 다른 보급품들을 잘 갖추고 있었다. 기록에 따르면 이는 호주 역사상 가장 풍족한 탐험대 중 하나였다. 그들이 두 달 만에 메닌디에 도착할 때까지 트레킹은 순조롭게 진행되고 있었다. 그들의 엄청나게 빠른 속도는 부분적으로 버크가 그보다 빨리 만에 도착하기로 결심한 또 다른 모험가 그룹과 경쟁하고 있기 때문이기도 했다. 추월당하지 않기 위해 서두르면서 버크는 선두 그룹을 이끌고 쿠퍼 크릭으로 갔고, 윌리엄 라이트라는 남자를 남은 일행들의 책임자로 두고 보급을 위해 메닌디에서 대기하도록 지시했다.

버크는 1860년 12월에 쿠퍼 크릭에 도달했지만, 곧 그의 남은 일행들을 기다리면서 초조해졌다. 경주에서 지는 것을 두려워한 그는 오직 세 명의 남자들(존 킹, 찰스 그레이, 윌리엄 존 윌스)만을 데리고 출발해 카펀테리아만으로 향했다. 최초로 해안에 도달하기 위해 서둘렀던 것이 그들의 실패의 원인이었을지도 모른다. 몇 주 후, 그들은 바다 조수의 영향을 받는 것으로 보이는 염습지 한 가운데에 있었다. 그들은 카펀테리아만에 도착했지만 습지가 그들이 해안에 직접 다가가는 것을 가로막았다. 그들은 할 수 있는 한 가까이 간 데에 만족해야 했다.

1861년 2월 9일, 본래의 버크와 윌크스 탐험대 중에서 남아 있는 전부였던 4명의 남자들은 멜버른으로 되돌아오는 여행을 시작했다. 하지만 그 줄어든 일행에게는 물자가 부족했고, 그 여정은 호주 오지의 무자비하게 건조한 지형과 기후에 익숙하지 않은 네 명의 유럽인 탐험가들이 감당하기 힘든 것이었다. 찰스 그레이가 제일 먼저 가혹한 여건에 쓰러졌고, 버크와 윌스, 킹은 계속 나아가서 마침내 1861년 4월 쿠퍼 크릭에 도착했지만, 나머지 일행들이 이미 그들의 기지를 버리고 떠났다는 사실을 알게 되었다.

1861년 6월, 버크와 윌스 둘 다 적절하게도 호프리스(절망적인)라는 이름이 붙은 산에 도달하려고 하다가 죽었다. 킹은 가까스로 살아남았지만, 정말 간신히 목숨을 부지했다. 그는 수 세기 동안 사막을 보금자리로 삼아 살아온 호주 토착민인 얀드루완다 공동체에 의해 겨우 목숨만 붙어 있는 상태로 발견되었다. 얀드루완다 사람들은 킹을 구출해 건강해질 때까지 회복시키고 그가 구조대에 의해 구출될 때까지 보살폈다. 킹은 그들의 불운한 귀환 여정에 대한 이야기를 들려줄 수 있는 이쪽 탐험대에서 유일하게 남은 대원이었다.

몇 달 후, 구조대는 호프리스산 인근에서 버크와 윌스의 시신을 발견해 되찾아올 수 있었다. 킹의 요청에 따라, 대원들은 의례용 흉갑을 가지고 다녔는데 이것은 얀드루완다 사람들의 호의와 너그러움에 대한 감사로 그들에게 수여됐다. 버크와 윌스의 시신은 멜버른으로 옮겨졌고 1863년 1월 공식적으로 장례가 치러졌다. 이후 그들을 기리는 기념비가 멜버른 및 탐험대가 지나갔던 본래의 경로 위에 있는 여러 장소에 세워졌다.

버크와 윌스 탐험대의 이야기를 할 때 역사가들은 종종 여정의 비극적인 특성과 탐험가들이 그들의 조급함과 자만심의 대가로 지불한 것에 초점을 맞춘다. 그러나 탐험대는 여러 긍정적인 면에서도 의미가 있었다. 쿠퍼 크릭으로 향하는 일행과 동행했던 내과 의사인 헤르만 베클러는 많은 식물 표본을 수집했고, 이는 호주 식물에 대한 과학적인 이해를 크게 향상시켰다. 킹과 호주 토착민들과의 교류도 호주 원주민 부족들과 유럽 정착민들 사이의 관계를 개선시켰다.

탐험가들은 새로운 통찰력과 경험을 불러오기 위해 용감하게 미지의 세계로 여행을 떠난다. 그들의 성공은 축하 받아 마땅하지만, 우리는 실패에 대해 많은 이들이 치른 대가를 절대로 잊어서는 안 된다. 버크와 윌스 탐험대의 이야기는 탐험의 위험에 대해 상기시켜주는 어두운 이야기로 남아 있다.

어휘 tragedy ⓝ 비극 　expedition ⓝ 탐험(대) 　the unknown 미지의 세계, 알려지지 않은 것들/장소 　set out from ~에서 시작하다 strike on ~에 부딪히다. 뜻하지 않게 마주치다 　journey ⓝ 여정, 이동 　Aboriginal Australians 호주 토착민 　mark ⓥ 나타내다, 표시하다. (중요 사건을) 기념하다 　spark ⓥ 촉발시키다 　surge ⓝ 급증 　immigration ⓝ 이민, 이주 　newfound adj 새로 발견된 wealth ⓝ 부 　colonist ⓝ 식민지 개척자 　inspire A to do B A를 격려해서 B하게 하다 　make a name for oneself 유명해지다 be composed of ~로 구성되다 　primary adj 주된, 주요한 　cross to ~을 가로지르다 　appoint ⓥ 임명하다 　emigrate ⓥ 이민을 가다. 이주하다 　formation ⓝ 형성, 결성 　arrival ⓝ 도착 　join ⓥ 가입하다 　police force 경찰 　renown ⓝ 명성 　contribution ⓝ 공로, 기여 　riot ⓝ 폭동 　veteran ⓝ 베테랑, 전문가 　tired of ~에 싫증이 난 　navigation ⓝ 항해, 항행, 운항 　jump at ~에 선뜻 달려들다 　entail ⓥ 수반하다 　shepherd ⓝ 양치기 　astronomy ⓝ 천문학 　secure ⓥ 확보하다, (힘들게) 얻어내다 　surgeon ⓝ 외과 전문의 　eventually adv 결국 　observatory ⓝ 천문대 　intend to ~할 작정이다. ~하려고 생각하다 　second in command 부관, 부지휘관 　fall out with ~와 사이가 틀어지다 　surveyor ⓝ 감독자, 측량자 　astronomer ⓝ 천문학자 　see off 배웅하다 outfit ⓥ 장비를 갖추어 주다 　report ⓝ 기록, 보고서, 전언, 보도 　well-supplied adj 풍족한 　trek ⓝ 트레킹 　breakneck adj 위험할 정도로 빠른, 정신 없이 달려가는 　compete with ~와 겨루다 　be determined to ~하기로 결심하다 　beat ⓥ 이기다 　in a rush 서둘러서 　overtake ⓥ 추월하다 　in charge of ~을 담당하여 　instruct ⓥ 지시하다 　impatient adj 안달이 나는, 초조한 rest ⓝ 나머지 　party ⓝ 일행 　fearful adj 두려워하는 　make for ~쪽으로 향하다 　undoing ⓝ 실패의 원인 　amid prep ~가운데 saltmarsh ⓝ 염습지 　tide ⓝ 조수 　marsh ⓝ 습지 　prevented A from -ing A가 ~하는 것을 막다 　coast ⓝ 해안 　be satisfied with ~에 만족하다 　deplete ⓥ 대폭 감소시키다, 고갈시키다 　prove too much 감당할 수 없다 　unaccustomed adj 익숙하지 않은 unforgiving adj (상황 등이 사람에게) 힘든 　arid adj 매우 건조한 　landscape ⓝ 지형, 풍경 　succumb ⓥ 굴복하다 　harsh adj 가혹한, 냉혹한 　press on 밀고 나가다, 서둘러 나아가다 　abandon ⓥ 버리다, 떠나다 　post ⓝ 맡은 자리, 주둔지, 초소 　aptly adv 적절하게 　manage to 간신히 ~하다 　barely adv 간신히 　cling to ~에 매달리다 　rescue ⓥ 구조하다 　retrieve ⓥ 되찾아오다 ill-fated adj 불운한 　locate ⓥ 정확한 위치를 찾아내다 　recover ⓥ 되찾다 　ceremonial adj 의례적인, 의식의 　breastplate ⓝ 흉갑 　goodwill ⓝ 호의 　generosity ⓝ 관대함, 너그러움 　burial ⓝ 장례식 　memorial ⓝ 기념비 　erect ⓥ 세우다 　tragic adj 비극적인 　hubris ⓝ 자만심 　physician ⓝ 의사, 내과 의사 　accompany ⓥ 동행하다 　interaction ⓝ 교류 　tribe ⓝ 부족 settler ⓝ 정착민 　boldly adv 과감하게 　reminder ⓝ 상기시키는 것 　a grim reminder 불쾌한/어두운 생각을 떠올리게 하는 것

1. 해석 빅토리아주의 인구는 골드 러시의 결과로 두 배 이상 증가했다.

   해설 **키워드 population of Victoria | gold rush**

   ❶ 2문단 첫 번째 문장을 보면 1851 marked the beginning of the gold rush in Victoria, which sparked a surge in immigration to Australia.(1851년에 빅토리아주에서 골드 러시가 시작되었고, 이는 호주로의 이민 급증을 불러일으켰다.)라고 나와 있다. 즉, 문제에서 언급된 골드 러시로 인해 빅토리아주를 포함한 호주 인구가 급증했다는 의미이다.

   ❷ 그리고 바로 이어지는 두 번째 문장을 보면, Over the next ten years, the population of Victoria grew from 29,000 to nearly 140,000.(그 후 10년 동안 빅토리아주의 인구는 2만 9천 명에서 거의 14만 명으로 증가했다.)라는 수치 정보가 나와 있다. 2만 9천 명에서 14만으로 증가한 것은 분명히 more than doubled와 일치하는 정보이므로 정답은 **True**가 된다.

2. 해석 로버트 오하라 버크는 일이 너무 힘들어서 경찰직을 떠났다.

   해설 **키워드 Robert O'Hara Burke | police force**

   3문단에서 처음으로 Robert O'Hara Burke가 언급이 되고, 네 번째 문장에 By 1860, the veteran officer had tired of police work and was searching for a new adventure.(1860년 즈음, 그 베테랑 경찰관은 경찰 업무에 싫증이 났고 새로운 모험을 찾고 있었다.)라고 나와 있다. 실제 이 문장에서는 Burke가 경찰 일에 싫증이 났다고만 나와 있고, 그 일이 몹시 힘이 드는지(strenuous) 그렇지 않은지에 대해서는 정보가 나와 있지 않다. 그렇다고 tired of를 strenuous의 동의어로 받아들이면 안 되는 게, 싫증이 난 것과 힘든 것은 다르기 때문이다. police force를 Burke가 떠난 것은 맞지만 일이 힘들어서 그렇게 했는지 여부는 지문에 나와 있지 않으므로 정답은 **Not Given**이다.

3. 해석 윌리엄 존 윌스는 탐험대에 합류하기 전 성공적인 천문학자였다.

   해설 **키워드 William John Wills | astronomer**

   William John Wills에 대한 설명은 4문단에 나온다. 세 번째 문장을 보면 Over time, he was able to secure a position as a surgeon's assistant, and eventually he became director of the Observatory at Melbourne.(시간이 지나면서 그는 외과의사의 조수 역할을 맡을 수 있었고, 결국에는 멜버른 천문대의 소장이 되었다.)이라는 정보가 나와 있다. 이 부분을 통해 우리는 그가 탐험대에 합류하기 전에 director of the Observatory at Melbourne라는 직책을 맡았던 것을 알 수 있는데, 그것은 문제에 나온 a successful astronomer라는 정보가 사실이라는 점을 판단할 수 있게 해준다. 그러므로 정답은 **True**이다.

4. 해석 탐험대는 쿠퍼 크릭에 도착할 때까지 함께 있었다.

   해설 **키워드 stayed together | Cooper Creek**

   이 문제는 Cooper Creak에 도착한 내용이 있는 5문단 마지막 문장에 판단 근거가 있다. In a rush not to be overtaken, Burke took a lead group onward to Cooper Creek, putting a man named William Wright in charge of the rest of the party and instructing him to wait in Menindee for supplies.(추월당하지 않기 위해 서두르면서 버크는 선두 그룹을 이끌고 쿠퍼 크릭으로 갔고, 윌리엄 라이트라는 남자를 남은 일행들의 책임자로 두고 보급을 위해 메닌디에서 대기하도록 지시했다.)에서 Burke가 선두 그룹을 이끌고 Cooper Creak으로 갔으며, 남은 일행(rest of the party)은 대기하도록 지시했다는 사실을 알 수 있다. 여기에 기반해서, 쿠퍼 크릭에 도착할 때까지 탐험대가 함께 있었다는 진술은 거짓이라고 판단할 수 있으므로 정답은 **False**이다.

5. 해석 버크는 카펜테리아만을 향해 가는 길에 함께 할 사람으로 오직 세 명의 남자들만 신뢰했다.

   해설 **키워드 Burke | three men | Gulf of Carpentaria**

   이 문제처럼 only와 같은 정보가 맞는지 판단하는 문제는 항상 헷갈릴 수 있으니 조심하자. 일단 6문단 두 번째 문장을 보면 Fearful of losing the race, he set off with just three men—John King, Charles Gray, and William John Wills — and made for the Gulf of Carpentaria.(경주에서 지는 것을 두려워한 그는 오직 세 명의 남자들(존 킹, 찰스 그레이, 윌리엄 존 윌스)만을 데리고 출발해 카펜테리아만으로 향했다.)라는 정보를 확인할 수 있다. 하지만, Burke가 세 명의 남자들만 데리고 카펜테리아만으로 간 것은 사실이나 세 명의 남자만 신뢰했다(only trusted three men)는 정보의 사실 여부에 대해서는 판단할 수 있는 근거가 없다. 그러므로 정답은 **Not Given**이다.

6. 해석 귀환길에 나선 사람들에게 사막 환경은 너무 가혹했다.

   해설 **키워드 desert environment | return journey**

   귀환길(return journey)에 관한 내용은 7문단에 나온다. 두 번째 문장을 보면, Their depleted party, however, lacked supplies, and the journey would prove too much for the four European adventurers, unaccustomed to the unforgiving arid landscape and climate of the Australian outback.(하지만 그 줄어든 일행에게는 물자가 부족했고, 그 여정은 호주 오지의 무자비하게 건조한 지형과 기후에 익숙하지 않은 네 명의 유럽인 탐험가들이 감당하기 힘든 것이었다.)라는 정보가 나와 있다. 이 부분에서 arid는 '건조한'이라는 의미로, 문제에서 말하는 desert environment와 일치하는 정보이다. 너무나 가혹한 사막 환경이라는 문제의 진술과 지문의 무자비하게 건조한 지형과 기후라는 내용이 일치하므로 정답은 **True**이다.

7. 해석 존 킹은 얀드루완다 사람들에 의해 발견되었을 때 병으로 고통 받고 있었다.

   해설 **키워드 John King | the Yandruwandha**

   8문단 세 번째 문장을 보면 He was found clinging to life by the Yandruwandha community, native Australians who had made their home in the desert for centuries.(그는 수 세기 동안 사막을 보금자리로 삼아 살아온 호주 토착민인 얀드루완다 공동체에 의해 겨우 목숨만 붙어 있는 상태로 발견되었다.)라고 나와 있다. 이 문장에서 우리는 King이 발견되었을 당시 몸 상태가 매우 안 좋았다는 점은 알 수 있으나, 그가 질병으로 고통 받고 있었는지 여부는 알 수 없다. 그러므로 정답은 **Not Given**이다.

8. 해석 그 탐험대는 유럽인들과 호주 토착민들 사이의 관계에 부정적인 영향을 주고 있다.

   해설 **키워드 The expedition | relationship between the Europeans and the indigenous Australians**

   이 문제에서 판단해야 하는 relationship between the Europeans and the indigenous Australians에 대한 정보는 10문단 마지막 문장에서 언급되고 있다. King's interaction with the indigenous Australians also improved the relationship between native Australian tribes and the European settlers.(킹과 호주 토착민들과의 교류도 호주 원주민 부족들과 유럽 정착민들 사이의 관계를 개선시켰다.)를 보면 improved the relationships가 나와 있는데, 이는 문제의 a negative impacts와 반대되는 진술이라고 볼 수 있다. 그러므로 8번의 정답은 **False**이다.

해석 | **탐험대 대장들**

로버트 오하라 버크	• 탐험대를 담당 • **9** 아일랜드(Ireland)에서 호주에 도착 • **10** 경찰(police force)에서 명성을 얻음 • 버클랜드강 폭동을 막는 데 도움을 줌 • **11** 항행(navigation)에 있어서 배움이 부족했음
윌리엄 존 윌스	• 탐험대의 부사령관 • 호주에서 처음에는 **12** 목동(shepherd)으로 일했음 • 멜버른 천문대의 소장이 됨 • **13** 호프리스산(Mount Hopeless) 인근에서 돌아오는 여정 중 사망

9. 키워드 arrived in Australia

❶ 9번부터 11번까지는 Robert O'Hara Burke에 대한 소개 부분이다. 일단 본문에서 키워드를 Scanning해 근거가 몇 번째 문단에 있는지 찾아낸다. 3문단에서 처음으로 Burke에 대한 언급이 나오고, 바로 두 번째 문장에 Burke was originally from Ireland but had emigrated to Australia(버크는 본래 아일랜드 출신이었으나 호주로 이주했다)라는 정보가 나와 있다.

❷ 빈칸에 알맞은 단어는 전치사 from 뒤에 올 명사이다. 문제에서 요구하는 것은 '어디'로부터 호주에 도착했냐는 것이므로, 정답은 명사인 **Ireland**이다.

10. 키워드 reputation

❶ 3문단 세 번째 문장에서 earning additional renown(추가적인 명성을 얻음)을 찾을 수 있는데, 해당 문장을 보면 Upon his arrival, he joined the police force and quickly rose through the ranks, earning additional renown for his contribution to ending the Buckland River riots of 1857.(그는 도착하자마자 경찰에 들어갔고 빠르게 승진했으며, 1857년 버클랜드강 폭동 종식에 대한 공로로 추가적인 명성을 얻었다.)이라고 나와 있다.

❷ 빈칸에 알맞은 단어는 정관사 the 뒤에 올 명사이다. 위의 문장을 근거로 그가 police force에 들어가서 추가적인 명성을 얻은 것을 확인할 수 있기 때문에, 정답은 명사인 **police force**가 된다.

11. 키워드 Lacked education

❶ 본문에서 키워드를 Scanning하면, 3문단 다섯 번째 문장에서 Although he had never been trained in navigation(비록 항행 훈련을 받은 적은 없었지만)이라는 부분을 찾을 수 있다.

❷ 빈칸에 알맞은 단어는 전치사 in 뒤에 올 명사이다. 그러므로 정답은 명사인 **navigation**이 된다.

12. 키워드 William John Wills | first worked

❶ 이 문제는 일단 William John Wills를 찾은 후, 더 구체적인 키워드인 first worked를 찾아야 한다. 본문에서 키워드를 Scanning하면, 4문단 두 번째 문장에 His first job in Australia entailed working as a shepherd(호주에서 그가 첫 번째로 가진 직업은 목동 일을 수반하는 것이었다)라고 나와 있다.

❷ 문제에 as a가 나와 있기 때문에, 정답이 직업의 이름인 명사라고 추측할 수 있다. 그러므로 정답은 명사인 **shepherd**이다.

13. 키워드 died on the return journey

❶ 이 문제는 꽤 구체적인 정보가 주어졌기 때문에 관련 있는 문단을 찾는 것이 그리 어렵지 않다. 8문단 첫 번째 문장을 보면, In June of 1861, both Burke and Wills died while trying to reach the aptly named Mount Hopeless.(1861년 6월, 버크와 윌스 둘 다 적절하게도 호프리스(절망적인)라는 이름이 붙은 산에 도달하려고 하다가 죽었다.)가 나와 있다.

❷ 빈칸에 알맞은 단어는 전치사 to 뒤에 올 수 있는 명사이다. Wills가 Mount Hopeless에 도달하려고 하다가 죽었다는 것은 그 인근에서 죽었다는 의미로 볼 수 있으므로, 정답은 명사인 **Mount Hopeless**이다.

READING PASSAGE 2

해석

영국의 물푸레나무 개체군이 위험에 처하다

A 물푸레나무의 칼라라 가지마름병으로도 알려진 심각한 식물병인 물푸레나무 가지마름병은 영국의 거대한 물푸레나무 숲을 완전히 말살시킬 기세로 위협하고 있다. 물푸레나무는 문화적으로나 생태적으로도 커다란 중요성을 가지고 있으며 과학자들은 피해를 늦추거나 복구할 수 있기를 바라면서 자원을 모으고 대책을 준비하고 있다. 이 질병은 히메노스키푸스 프락시네우스 균류에 의해 발생하는데, 식물의 물 수송 체계를 손상시킨다. 어린 나무들이 감염에 당해 빠르게 쓰러지는 반면 나이 든 나무들은 그 영향을 더 오래 견딜 수 있으며, 종종 몇 년 동안 살아남기도 한다. 궁극적으로, 과학자들은 유럽 전역의 거의 모든 물푸레나무들이 단 몇 십 년 안에 사라질 것이라고 예측하고 있다.

B 지역 야생 동물들에 대한 피해를 엄밀하게 예측하기는 어렵지만, 그 영향은 비극적일 것으로 보인다. 영국만 해도 9천만 그루의 물푸레나무 개체들의 서식지로, 이들은 영국 숲의 약 20퍼센트를 차지하고 있으며 1,000여 종 이상의 야생화, 새, 동물들이 그들이 유지하는 생태계에 의존한다. "만약 물푸레나무가 사라진다면 영국의 시골은 다시는 예전과 같지 않을 것이다"라고 킬 대학교 생태학자인 피터 토머스가 말했다. 토머스는 100종 이상의 이끼, 곤충, 버섯의 수가 감소하고 많은 것들이 멸종에 직면할 거라고 언급했다.

C 최근 연구에 따르면 이처럼 중요한 나무의 손실은 영국 경제에 150억 파운드 이상의 손해를 입힐 것으로 예상되는데, 이중 70억 파운드 이상이 향후 10년 이내에 현실화될 것이다. 이러한 추산은 이산화탄소 저장 및 맑은 물과 공기 제공 같은 나무로부터 얻는 이점들을 고려한 것이다. 48억 파운드의 비용이 도로와 철도를 위협하는 감염된 나무들을 베어내는 정화 노력의 형태로 들어가게 될 것이다. 물푸레나무 가지마름병으로 인한 총체적인 경제적 여파는 2017년 3억 파운드에 불과했던 영국의 연간 살아 있는 식물 무역 가치를 훨씬 더 초과하게 될 것이다.

D 물푸레나무 가지마름병은 2012년 영국의 묘목장에서 처음으로 확인되었고, 2013년 즈음 야생에서 발견되었다. 이 병을 일으키는 균류는 아시아에서 비롯되었는데, 수입된 물푸레나무들을 통해 유럽으로 옮겨왔을 것이다. 포자들은 바람을 타고 덴마크에서 옮겨왔을 수도 있는데, 그곳에서는 이미 이 질병으로 인해 90퍼센트의 토종 물푸레나무들이 사라졌다. 국경을 넘는 물푸레나무의 이동은 2012년에 금지되었지만 이는 질병의 확산을 막는 데 별로 도움이 되지 못했는데, 생태학자들이 영국 내에서 계속해서 바람으로 옮겨지는 균류 포자들의 확산을 막을 수는 없었기 때문이었다.

E 생태학자들은 식물 질병이 지난 몇 십 년 간 유럽 전역에서 증가하고 있는 문제라고 언급했다. 기후 변화로 인한 온도 상승이 한 가지 요소로 밝혀졌는데, 새로운 기후로 인해 아직 지역 식물이 저항력을 기르지 못한 질병 및 해충이 살아남을 수 있기 때문이다. 페라 사이언스의 과학자인 릭 멈포드 교수는 목재 수입의 증가가 주된 요인이라고 단언한다. 이 목재의 상당 부분은 대개 중국에서 왔으며 다른 상품들을 포장하는데 사용된 것으로, 가구 생산을 위한 목재로도 사용된다. 그는 "목재 상품과 포장재는 병원체를 옮기지 못하도록 처리되어야 하지만, 명백히 이 과정은 일부의 경우 마땅히 그래야 할 만큼 엄격하게 시행되지 않고 있다"고 언급했다.

F 대단히 심각한 예측에 직면한 과학자들은 저항성 육종이라고 불리는 과정에 희망을 걸고 있다. 3%의 일부 물푸레나무들이 이 질병에 대한 저항력을 보였는데, 생태학자들은 빠르게 이 나무들을 식별해서 그들을 이용해 질병에 끄떡없는 새 묘목들을 재배하기 위해 노력하고 있다. 현존하는 물푸레나무 숲을 구하기에는 너무 늦었을지도 모르지만, 이 재배 기술은 물푸레나무 숲들이 결국에는 대체되게 만들 수 있다. 그들은 전국적인 이식 프로그램이 물푸레나무 가시마름병의 비용을 25억 파운드만큼 설감할 수 있다고 수상한다. 이 프로젝트의 리더인 퀸 메리 대학교의 리저드 벅스는 그들의 진행 상황에 대해 조심스럽게 낙관하면서 "오직 시간이 지나야만 알 수 있다. 이는 매우 새로운 [유전적] 방법이다. 우리는 사람들이 물푸레나무 가지마름병이 별 문제가 아니라거나 다 괜찮을 거라고 말하는 것을 원치 않는다. 우리는 여전히 그것에 대해 걱정할 필요가 있다"고 말한다.

G 선택적인 재배는 의도치 않은 결과들을 불러올 수 있고, 리처드 벅스의 팀은 잠재적인 방해 요소를 발견했다. 그들의 연구는 질병에 저항력이 있는 나무들도 곤충들, 특히 서울호리비단벌레에 취약한 징후를 보인다는 점을 보여준다. 북아메리카 물푸레나무 숲을 황폐화시킨 이 위험한 딱정벌레는 현재 영국의 위험 등록부 최상단에 올라 있고, 현재 러시아를 거쳐 유럽으로 확산되고 있다. 피터 토머스에 따르면, "영국을 포함해서 남은 유럽 전역에 이것이 확산되는 것은 시간문제. 우리의 유럽 물푸레나무는 이 딱정벌레에 매우 취약하고 이 딱정벌레는 유럽의 물푸레나무들이 직면한 가장 큰 위협이 될 것이며 어쩌면 물푸레나무 가지마름병보다 훨씬 더 심각할 것이다."

H 물푸레나무 가지마름병에 영향을 받지 않는 물푸레나무들을 개발하는 것이 첫 번째로 중요하지만, 무엇보다도 시간이 가장 중요하다. "우리가 건강한 물푸레나무 개체군을 보유하고 있어서 비단벌레가 만약, 혹은 언젠가 여기까지 들어왔을 때 거기에 대해 저항력을 갖고 있는 나무를 찾을 수 있도록 확실하게 해 두는 것이 가장 긴급한 일이다" 라고 존 이네스 센터의 앨런 다우니 교수가 말했다. 이러한 위기감은 몇몇 과학자들로 하여금 질병 저항력이 있는 물푸레나무를 개발하는 과정에서 속도를 내기 위해 유전자 변형 방식을 사용할 것을 제안하게 만들었다. 그러나 대중은 일반적으로 GM 식물을 환경에 도입하는 데 회의적이며, 과학계의 많은 구성원들은 그들의 우려에 공감한다. 지구 정의 생태 계획의 의장인 앤 피터먼은 "숲의 생태계는 아주 복잡하고 다양한 생물이 살고 있으며, 토양과 버섯, 곤충, 하층 식물, 야생 동물, 나무들 사이의 자연적인 상호작용에 대해서는 거의 알려진 바가 없다. 침습적인 방법을 통해 게놈을 조작하려는 그 어떠한 시도도 예상치 못한 영향을 초래할 수 있다."

어휘 ash n (서양)물푸레나무 be in danger 위기에 처하다 dieback n 가지마름병(세균 등으로 인해 잎이나 가지, 줄기가 검게 타서 말라 죽는 병) threaten v 협박/위협하다 wipe out 쓸어버리다, 몰살하다 gather v 모으다, 모이다 resource n 자원 countermeasure n 대책, 보호 조치 in hopes of -ing ~하기를 바라는 postpone v 연기하다 reverse v 뒤바꾸다, 반전/역전시키다 fungus n 균류, 곰팡이류, 버섯 transport n 운송, 수송 succumb v 굴복하다 infection n 감염 resist v 저항하다, 견디다 ultimately adv 결국, 궁극적으로 predict v 예상하다 decade n 십 년 wildlife n 야생 동물 exactitude n 정확도, 정확함 catastrophic adj 비극적인, 큰 재앙의 wildflower n 야생화 ecosystem n 생태계 sustain v 지탱하다, 유지하다 ecologist n 생태학자 lichen n 이끼 extinction n 멸종 loss n 손실, 상실 calculation n 추산, 계산, 산출 take into account ~을 고려하다 carbon dioxide 이산화탄소 come in 들어오다, 참여하다, 가담하다 clean-up n 정화 infected adj 감염된, 전염된 fallout n (뜻밖의) 결과, 악영향 outstrip v 능가하다, 앞지르다 trading n 무역 mere adj ~에 불과한 recognise v 알다, 인정하다 nursery n 묘목장 spot v 발견하다, 찾다 originate v 비롯되다, 유래하다 be likely to ~할 것 같다 import v 수입하다 spore n 포자 eliminate v 제거하다 national border 국경 windborne adj 바람으로 옮겨지는 dispersion n 확산 fungal adj 균류에 의한 pest n 해충 resistance n 저항력 adamant adj 단호한 treat v 취급하다, 다루다 pathogen n 병원균 enforce v 실시하다, 집행하다 dire adj 대단히 심각한, 엄청난 resistance breeding 저항성 육종 breed v 재배하다 invulnerable adj 죽지 않는, 상하지 않는 sapling n 어린 나무, 묘목 grove n 숲 replant v 옮겨 심다, 이식하다 cautiously adv 조심스럽게 optimistic adj 낙관하는 progress n 경과, 진행 novel adj 새로운 genetic adj 유전의 unintended adj 의도치 않은 consequence n 결과 uncover v 알아내다 setback n 방해, 퇴보, 실패 indicate v 보여주다, 명시하다 susceptibility to ~에 걸리기 쉬움, ~에 대한 민감성/취약성 borer n 나무좀 beetle n 딱정벌레 register n 등록, 기록 lay waste to ~을 황폐하게 하다/파괴하다 susceptible adj 예민한, 민감한 be set to ~하도록 예정되어 있다 time is of the essence 시간이 절대적으로 중요하다 urgency n 위기, 급박한 일 make sure ~을 확실히 하다 sense of urgency 위기감 prompt v 촉발하다 genetic modification 유전자 변형 the public 대중 skeptical adj 회의적인 concern n 우려, 걱정 biodiverse adj 생물이 다양한 interaction n 상호작용 understory n (식물 군락의) 하층 attempt n 시도 engineer v (유전자를) 조작하다 genome n 게놈(세포나 생명체의 유전자의 총체) invasive adj 침략적인, 침습적인, 침해의

소제목 목록

i   영국 물푸레나무 개체군에 대한 새로운 위협

ii   물푸레나무 가지마름병의 경제적 영향

iii   물푸레나무 가지마름병에 의해 위협받는 야생화의 종류

iv   물푸레나무 대체에 대한 과학적 제안

v   유럽의 식물 건강에 영향을 주는 요인들

vi   물푸레나무 가지마름병이 나무에 주는 영향

vii   논란이 있는 접근 방식을 필요로 하는 위기 상황

viii   물푸레나무 가지마름병이 영국 전역으로 확산된 방식

ix   과학계 내부의 의견 차이

x   물푸레나무 가지마름병의 생태학적 영향

해설 **14.** ❶ B문단은 지역 야생 동물들에 대한 피해(The damage to local wildlife)에 대해 언급하며 시작한다. 그 다음 문장에서는 세부적인 예시와 수치를 주고 있고, 추가적으로 Peter Thomas의 말을 인용해 보충 설명한다. 전반적으로 But, Although, However와 같이 역접을 나타내는 표현이 등장하지 않는, 즉 첫 번째 문장에 모든 내용이 통합되는 문단이다.

❷ 이러한 내용을 통해 알맞은 유의어가 나와 있는 보기들을 찾고, 아닌 것들을 소거하고 나면, 가장 알맞은 것은 **x – The ecological impact of ash dieback**이다. 왜냐하면 wildlife는 ecology에 속하기 때문이다.

15. ❶ C문단은 물푸레나무 손실이 영국 경제에 미치는 손해 규모를 언급하며 시작한다. 그리고 뒤에 이어지는 내용 모두 구체적인 수치와 고려 사항들을 언급하기 때문에 보충 설명에 불과하다.

❷ 이러한 내용을 통해 알맞은 유의어가 나와 있는 보기들을 찾고, 아닌 것들을 소거하고 나면, 가장 알맞은 것은 **ii – The economic impact of ash dieback**이다.

16. ❶ D문단은 물푸레나무 가지마름병이 언제 어디서 처음 확인되었는지에 대한 정보와, 2013년도에는 야생에서 발견되었다는 정보, 즉 시간과 장소에 대한 정보를 주며 시작한다. 그리고 나서 주어와 동사만 빠르게 읽는

Skimming을 하면, 이어지는 문장들에서 이 병의 기원과 어디서 옮겨왔는지, 즉 병이 확산된 방식에 대한 묘사가 주어진다. 그리고 나서 but이라는 역접 표현이 등장하는데, 해당 문장을 확인하면 this had done little to prevent the spread of the disease(이는 질병의 확산을 막는 데 별로 도움이 되지 못했다)라는 내용이다. 즉 확산이 계속되었다는 뜻이다.

❷ 이러한 내용을 통해 알맞은 유의어가 나와 있는 보기들을 찾고, 아닌 것들을 소거하고 나면, 가장 알맞은 것은 viii – **The way ash dieback spread across the UK**이다.

17. ❶ E문단은 식물 질병이 몇 십 년 동안 유럽 전역에서 문제가 되어왔다는 내용을 언급하며 시작한다. 다음 문장에 온도 상승(Rising temperatures)이 하나의 요소로 밝혀진 내용이 나오고, 뒤이어서 Rick Mumford의 말을 인용하며 목재 수입의 증가(the rise in wood imports)도 주된 요인이라고 언급한다. 그 다음 내용의 반전이나 달라지는 점은 없다.

❷ 이러한 내용을 통해 알맞은 유의어가 나와 있는 보기들을 찾고, 아닌 것들을 소거하고 나면, 가장 알맞은 것은 v – **Factors affecting plant health in Europe**이다. 요인이 병렬 구조로 2개 주어졌기 때문이다.

18. ❶ F문단은 이러한 상황에 대처하는 과학자들과 그들이 희망을 걸고 있는 resistance breeding에 대한 언급으로 시작해, 이어지는 문장부터는 그 내용을 구체적으로 설명하고 있다. 세 번째 문장에서 While이 등장하면서 문장의 내용이 달라지는 부분이 확인된다. While it may be too late to save existing ash groves, this breeding technique could allow ash forests to be replaced eventually.(현존하는 물푸레나무 숲을 구하기에는 너무 늦었을지도 모르지만, 이 재배 기술은 물푸레나무 숲들이 결국에는 대체되게 만들 수 있다.)라는 내용으로, 여전히 이 기술이 숲을 대체하는 데 효과가 있다는 언급이다. 그 다음은 바뀌는 내용 없이 이 기술이 필요한 이유에 대한 보충 설명이 나온다.

❷ 이러한 내용을 통해 알맞은 유의어가 나와 있는 보기들을 찾고, 아닌 것들을 소거하고 나면, 가장 알맞은 것은 iv – **A scientific proposal for replacing ash trees**이다. 과학자들이 낸 아이디어이기 때문에 scientific proposal이라고 이해할 수 있다.

19. ❶ G문단은 unintended consequences와 a potential setback을 언급하며 시작한다. 그리고 그에 관한 연구 내용을 구체적으로 설명하며 this dangerous beetle이 영국의 위험 등록부 최상단에 올라 있다고 그 위험성을 설명한다. 그리고 마지막 문장에서는 the beetle is set to become the biggest threat faced by ash in Europe — potentially far more serious than ash dieback.(이 딱정벌레는 유럽의 물푸레나무들이 직면한 가장 큰 위험이 될 것이며 어쩌면 물푸레나무 가지마름병보다 훨씬 더 심각할 것이다.)라는 내용이 나와서, 지금까지 언급되었던 ash dieback보다 이 딱정벌레가 훨씬 더 위험하다는 점을 강조하고 있다.

❷ 이러한 내용을 통해 알맞은 유의어가 나와 있는 보기들을 찾고, 아닌 것들을 소거하고 나면, 가장 알맞은 것은 i – **A new threat to the UK's ash population**이다.

20. ❶ H문단은 time is of the essence(시간이 가장 중요하다)라는 문장으로 시작해, 이러한 사태의 긴급성이 주는 위기감 때문에 몇몇 과학자들이 더 빠른 유전자 변형 방식 사용을 제안했다고 언급한다. 이어서 네 번째 문장에서 But이 등장하는데, But the public is generally skeptical of introducing GM plants into the environment, and many members of the scientific community share their concerns.(그러나 대중은 일반적으로 GM 식물을 환경에 도입하는 데 회의적이며, 과학계의 많은 구성원들은 그들의 우려에 공감한다.)라고 하면서 앞 문장에서 나온 유전자 변형 방식 사용에 대한 부정적 의견을 언급한다. 그리고 Anne Petermann의 의견을 인용해 이 부정적 의견에 대한 보충 설명을 하고 있다.

❷ 이러한 내용을 통해 알맞은 유의어가 나와 있는 보기들을 찾고, 아닌 것들을 소거하고 나면, 가장 알맞은 것은 ix – **Disagreements within the scientific community**이다. 일부 과학자들의 의견에 대해서 다른 과학자들이 부정적으로 반응했다는 내용을 다루고 있기 때문이다.

21. 해석 물푸레나무 개체군을 대체하기 위해 유전학을 이용하는 것은 유망한 접근 방식이지만, 문제는 여전히 매우 심각하다.

해설 **키워드 genetics**

❶ F문단에서 처음으로 resistance breeding이 언급되고, 다섯 번째 문장에서 it's a very novel [genetic] method.(이는 매우 새로운 [유전적] 방법이다.)가 Scanning된다. 그 문장을 확인하면, Richard Buggs, leader of the project at Queen Mary University, is cautiously optimistic about their progress, saying, "Only time will tell—it's a very novel [genetic] method. We don't want people saying ash dieback doesn't matter or it's all going to be fine—we do still need to worry about it."(이 프로젝트의 리더인 퀸 메리 대학교의 리처드 벅스는 그들의 진행 상황에 대해 조심스럽게 낙관하면서 "오직 시간이 지나야만 알 수 있다. 이는 매우 새로운 [유전적] 방법이다. 우리는 사람들이 물푸레나무 가지마름병이 별 문제가 아니라거나 다 괜찮을 거라고 말하는 것을 원치 않는다. 우리는 여전히 그것에 대해 걱정할 필요가 있다"고 말한다.)이라고 나와 있다.

❷ genetic method → Using genetics | optimistic → promising | we do still need to worry about it → the problem remains very serious라고 볼 수 있으므로 이와 같이 말하는 사람은 Richard Buggs이다. 그래서 이 문제의 정답은 **C – Richard Buggs**가 된다.

22. 해석 만약 영국의 물푸레나무들이 파괴된다면 생물 다양성은 심각하게 손상될 것이다.

해설 **키워드 Biodiversity**

❶ 생물 다양성이 손상된다, 즉 나무가 사라지면 다른 생물들에게까지 피해가 확대된다는 내용을 찾아야 하기 때문에 동식물까지 Scanning 범위에 들어와야 한다. B문단에서 처음으로 local wildlife에 관한 언급이 있고, 두 번째 문장에서 ecosystem이라는 단어 역시 발견된다. 그리고 마지막 문장에 Thomas noted that the over 100 types of lichens, insects, and fungi would decrease in number, and many would likely face extinction.(토머스는 100종 이상의 이끼, 곤충, 버섯의 수가 감소하고 많은 것들이 멸종에 직면할 거라고 언급했다.)이라고 나와 있다.

❷ 생물들의 수가 감소하고 많은 종이 멸종할 것이라는 정보는 문제의 Biodiversity would be severely damaged와 의미상 일치하므로, 정답은 **A – Peter Thomas**이다.

23. 해석 우리는 유전자 변형 방식을 안전하게 이용할 수 있을 만큼 산림 생태학에 대해서 충분히 알지 못한다.

해설 **키워드 forest ecology | genetic modification**

❶ 이 문제에서 중요한 점은 '우리가 충분히 알지 못한다'라는 우리의 지식 또는 능력 부족에 대한 언급을 누가 했는지 찾아야 한다는 것이다. 즉, 유전자 변형 방식에 대해서 부정적인 입장을 취한 사람이 이 문제의 정답이 될 것이다.

❷ H문단 다섯 번째 문장을 보면 A forest ecosystem is wildly complex and biodiverse, with little known about the natural interactions(숲의 생태계는 아주 복잡하고 다양한 생물이 살고 있으며, 자연적인 상호작용에 대해서는 거의 알려진 바가 없다)라고 나와 있는데, 이는 문제에서 언급한 We do not know enough about forest ecology와 일치한다. 그리고 이어서 마지막 문장을 보면, Any attempt to engineer genomes by invasive methods can cause unexpected effects.(침습적인 방법을 통해 게놈을 조작하려는 그 어떠한 시도도 예상치 못한 영향을 초래할 수 있다.)라고 하면서 genetic modification 방식의 안전성에 의심을 표하고 있다. 이러한 점에서 정답은 **E – Anne Peterman**이다.

24. 해석 국제 무역은 외국의 질병과 해충이 영국 생태계로 들어오게 만들었다.

해설 **키워드 International trade**

❶ 이 문제에서는 다른 나라와의 무역 때문에 외국의 질병이나 해충이 들어온 것이 언급된 부분을 찾아야 한다. E문단 세 번째 문장에서 wood imports가 언급되고, 네 번째 문장을 보면 Much of this wood is used for packing other products, mainly from China(이 목재의 상당 부분은 대개 중국에서 왔으며 다른 상품들을 포장하는데 사용된 것으로)라는 내용이 나오는데, 이것은 international trade와 일치하는 정보이다.

❷ 또한 이어지는 문장에서는 "Wood goods and packaging should be treated so they do not carry pathogens, but clearly this process is not being enforced as strictly as it should be in some cases," he noted.("목재 상품과 포장재는 병원체를 옮기지 못하도록 처리되어야 하지만, 명백히 이 과정은 일부의 경우 마땅히 그래야 할 만큼 엄격하게 시행되지 않고 있다"고 언급했다.)라고 하면서, 외국에서 수입된 상품과 포장재들에 의해 병원체들이 옮겨지고 있다는 내용을 보여준다. 이러한 점에서 정답은 **B – Rick Mumford**이다.

----

25. 해석 물푸레나무 가지마름병의 비용은 살아 있는 식물 무역(live plant trading)의 가치보다 훨씬 더 클 것으로 예상된다.

해설 **키워드 cost | an amount much greater**

❶ 이 문제는 일단 비용 면에서 ash dieback을 평가한 부분을 찾아내야 한다. C문단에서 전체적으로 비용적인 측면에서 ash dieback의 영향력을 분석하고 있는데, 직접적인 비교는 마지막 문장을 보면 The total economic fallout from ash dieback will far outstrip the annual value of UK live plant trading, which totaled a mere £300m in 2017.(물푸레나무 가지마름병으로 인한 총체적인 경제적 여파는 2017년 3억 파운드에 불과했던 영국의 연간 살아 있는 식물 무역 가치를 훨씬 더 초과하게 될 것이다.)라고 나와 있다.

❷ 문제의 value of가 지문에 그대로 나와 있고, 빈칸에는 전치사 of 뒤에 올 수 있는 명사가 적절하며 세 단어 이내로 답을 써야 하므로, 정답은 명사인 **live plant trading**이 된다.

26. 해석 균류 포자(fungal spores)가 바람에 의해 점점 더 넓은 지역으로 옮겨지면서 이 병은 영국 내에서 계속 확산되어 왔다.

해설 **키워드 carried | by the wind**

❶ D문단 마지막 문장을 보면 windborne dispersion이 나오는데, 이 표현이 포함되어 있는 부분을 보면 as ecologists have been unable to prevent continued windborne dispersion of the fungal spores within the UK(생태학자들이 영국 내에서 계속해서 바람으로 옮겨지는 균류 포자들의 확산을 막을 수는 없었기 때문이었다)라고 나와 있다.

❷ 바람에 의해 옮겨지는 대상이 26번의 정답이고, 빈칸에는 정관사 the와 be동사 are 사이에 올 수 있는 복수 명사가 적절하므로 정답은 명사인 **fungal spores**가 된다.

READING PASSAGE 3

해석

결정들, 결정들

새로운 연구는 전통적인 의사 결정 과정에 이의를 제기했고 우리가 어떻게 복잡한 선택에 접근해야 하는지에 대해 의문을 제기한다.

전설에 따르면 기원전 4세기에 고르디움의 궁전에는 풀 수 없는 복잡한 매듭을 사용해 기둥에 묶인 우차가 보관되어 있었다. 한 사제가 이것을 푸는 첫 번째 사람이 '전 아시아의 왕'이 될 거라고 선언한 바 있었다. 이야기에 따르면, 알렉산더는 그 매듭을 마주쳤을 때 잠시 동안 고민하다가 칼로 매듭을 두 조각으로 잘라버렸다고 한다. 얼마 지나지 않아 그는, 적어도 그 당시에 정의된 바로는, '아시아 전역'을 정복해 나갔다. 사실이든 아니든 간에 이 전설은 '고르디움의 해결책'이라는 개념을 만들어냈는데, 믿을 수 없을 정도로 복잡한 문제에 대한 영리하지만 간단한 해결책을 말한다.

비록 그러한 생각이 매력적일 수는 있지만, 심리학자들은 의사 결정에 대한 이러한 단순한 접근 방식들에 대해 경고하는 경향이 있다. 획기적인 책인 〈의사 결정〉에서 어빙 재니스와 리언 만은 의사 결정의 '갈등 모델'을 제안하면서, 복잡한 결정은 오직 상황과 관련 있는 모든 정보에 대한 철저한 논의와 세심한 검토를 통해서만 내려져야 한다고 시사했다. 1962년 쿠바 미사일 위기에 대한 존 F. 케네디의 성공적인 해결책은 신중한 고려의 이점에 대한 예시로 종종 제시되지만, 반면 처참한 피그스만 침공은 적절한 숙고 없이 내려진 성급한 결정의 불행한 반증으로 언급된다. 그러나, 각각 브리티시 콜롬비아 대학교와 스탠포드 경영대학원의 심리학자인 피터 서드펠드와 로더릭 크레이머는 이러한 역사적인 순간들을 조사했고 두 가지 사례 모두에서 대통령과 참모진들이 각각의 결정에 대해 충분히 고려했다는 사실을 발견했다. 유사한 의사 결정 방식이 매우 다른 결과를 가져온 것이다.

이는 단순한 결정보다 복잡한 결정이 더 바람직하다는 일반적인 생각에 대해 의문을 던지는, 의사 결정이라는 주제에 대한 최근 문헌의 경향을 보여준다. 대신 연구는 어떠한 상황에서는 '성급한' 판단이 복잡한 것보다 평균적으로 더 낫다고 시사하는데, 이는 말콤 글래드웰의 2005년도 베스트셀러인 〈블링크〉를 통해 대중들의 관심을 사로잡았던 개념이다.

2006년 2월 암스테르담 대학교의 아프 데이크스테르호이스와 그 팀에 의해 발표된 논문인 '올바른 선택을 하는 것에 대하여: 주의를 기울이지 않는 심사숙고의 효과'는 글래드웰의 생각에 대해 부연 설명해준다. 데이크스테르호이스는 복잡한 의사 결정은 우리로 하여금 상당한 인지적 자원을 쓰게 한다고 주장한다. 복잡성의 정도가 높아짐에 따라 이러한 자원들은 더 큰 부담을 받게 되고, 우리의 결정의 질은 그에 따라 낮아진다. 반대로 우리가 '하룻밤 자면서 생각해 보는 것'이라고 칭하기도 하는(그리고 저자가 '주의를 기울이지 않는 심사숙고'라고 부르는) 수동적인 의사 결정은 결정에서의 복잡성을 상관 없는 요소로 만들어 인지적 자원을 거의 또는 전혀 필요로 하지 않는다. 간단히 말하면, 복잡한 결정들에 직면했을 때 의식적인 숙고를 줄이는 것이 우리에게 있어서 최선책일지도 모른다.

데이크스테르호이스와 그 팀은 이러한 생각을 뒷받침하기 위하여 수많은 설득력 있는 연구들을 언급한다. 한 연구는 참가자들에게 네 대의 가상의 자동차를 가지고 품질 면에서 순위를 매기도록 요청했다. 한 그룹에게는 고려하는 데 있어서 네 가지의 속성이 주어졌고(단순함), 반면 다른 그룹에게는 12개가 주어졌다(복잡함). 단순한 과제를 받은 이들은 결정에 대해서 직접적으로 숙고하도록 허용되었을 때, 주의 집중에 방해를 받고 효과적으로 숙고할 수 있도록 허용되지 않았던 이들에 비해 수행을 더 잘 했다. 주어진 12개의 변수들을 고려해야 하는 이들의 경우 정반대 추세가 나타났다. 이 실험 사례에서, 복잡한 결정에 대한 적극적인 숙고는 더 좋지 못한 결정을 초래했다.

데이크스테르호이스와 그 동료들이 주목한 또 다른 연구에서는 옷 같은 '단순한' 상품을 파는 네덜란드 상점인 바이엔코르프와 가구 같이 '복잡한' 상품을 파는 이케아 두 곳의 상점에서 쇼핑객들의 의사 결정을 조사했다. 설문 조사를 했더니, 그들의 결정에 있어서 의식적으로 숙고했던 바이엔코르프의 쇼핑객들은 그들이 구입한 것에 더 만족감을 느꼈다고 말했으며, 반면 동일한 수준으로 숙고했던 이케아의 고객들은 덜 만족스럽게 느꼈다. 직관과는 반대로, 수동적인 의사 결정은 더 큰 복잡성을 지닌 상품 구입에 관심이 있는 사람들에게 더 나은 결과를 불러오는 것으로 보인다.

이러한 연구들을 바탕으로, 연구자들은 다소 급진적인 추론을 내놓는다. 주의를 기울이지 않는 심사숙고의 효과가 정치적, 경영적, 또는 그 밖의 다른 유형의 선택에 있어서 보편적으로 적용되지 않는다고 가정할 이유는 없다. 이러한 경우, 간단한 문제들에 대해서는 의식적으로 생각하고 더 복잡한 문제들에 대한 생각은 무의식에 맡겨두는 것이 개인에게 유익할 것이다.

이 논란 많은 생각은 근본적으로 과거 몇 십 년 간의 일반적인 경영, 정치 이론에 정면으로 위배되기 때문에 강력한 반응을 불러일으켰다. 사회에 실질적인 영향을 주는 결정권을 가진 한 개인의 손에서 이러한 통찰력이 어디로 이어질 수 있을지를 생각하는 사람은 몸서리를 친다.

물론 이런 연구 결과들을 통치와 사회 영역에 보편화하는 것은 문제를 초래할 수 있다. 우리는 자동차와 옷에 관한 의사 결정에 대한 단순하고 명쾌한 연구에 기초한 발견을 가지고 잠재적으로 인생을 바꿀 수도 있는 중요성을 지닌 실제 상황에 대해 추론하려 할 때 특히 극도로 조심해야 한다. 우리가 고려해야 할 가장 중요한 질문은 아마도 우리가 '좋은' 결정을 어떻게 정의하고 있는지 하는 점일 것이다.

유명한 20세기 사회 심리학자인 쿠르트 레빈은 대중이 마음에 들어하지 않는 객관적으로 '좋은' 결정은 실질적으로는 안 좋은 결정이라고 언급했다. 레빈의 획기적인 연구들은 사람들이 의사 결정 과정의 타당성과 상관 없이 일반적으로 그들의 이익에 부합하는 결정을 더 잘 수용한다는 점을 보여주었다. 그러므로 만약에 결정이 별로 좋지 않은 것으로 평가가 된다면, 그 근본적인 이유는 다른 합리적인 판단 기준보다는 지극히 개인적인 관점과 관련이 있다.

글래드웰의 서적과 데이크스테르호이스의 기사는 우리의 결정의 질적 수준이 의식적인 숙고에 의해 언제나 더 높아진다는 전통적인 갈등 모델과 그 가정의 한계를 입증한다는 점에서 칭찬 받을 만하다. 그러나 우리가 의사 결정이 오로지 심리학적인 문제, 즉 단순하게 인지적 자원을 관리하는 문제라고 생각하게 되지 않으려면 이념과 정치, 집단 구성원의 영향을 간과해서는 안 된다. 심리적인 차원만을 배타적으로 고려하는 것은 결국 득보다는 해가 더 클 것이다.

어휘 challenge ⓥ 이의를 제기하다, 도전하다　decision-making ⓝ 의사 결정　raise ⓥ (의견, 문제 등을) 제기/언급하다　approach ⓥ 접근하다　complex adj 복잡한　have it that ~에 따르면 ~이다　house ⓥ 보관하다, 수용하다　oxcart ⓝ 우차, 달구지　pole ⓝ 막대기, 장대, 기둥　intricate adj 복잡한　knot ⓝ 매듭　untie ⓥ (매듭을) 풀다　oracle ⓝ 사제, 신탁, 신전　proclaim ⓥ 선언하다, 선포하다　unravel ⓥ 풀다　confront ⓥ 맞서다　slice ⓥ 베다, 썰다　sword ⓝ 칼, 검　go on to ~을 계속해서 하다/나아가다　conquer ⓥ 정복하다　give rise to ~을 일으키다/생기게 하다　attractive adj 매력적인　psychologist ⓝ 심리학자　tend to ~하는 경향이 있다　propose ⓥ 제안하다　conflict ⓝ 갈등　canvass ⓥ (여론 등을) 조사하다, (철저히) 논의하다　meticulous adj 세심한　examination ⓝ 조사, 검토　relevant adj 관련 있는　crisis ⓝ 위기　hold up (하나의 예로서) ~을 제시하다　disastrous adj 형편없는, 처참한　invasion ⓝ 침략　cite ⓥ 인용하다　counterexample ⓝ 반증, 반례　hasty adj 성급한　deliberation ⓝ 숙고, 신중함　respectively adv 각자, 각각, 제각기　examine ⓥ 조사하다　due adj 적당한, 마땅한　result in ~을 야기하다　outcome ⓝ 결과　indicative adj ~을 시사하는/보여주는　literature ⓝ 문헌, 문학　subject ⓝ 주제　bring into ~로 이동시키다/가져오다　notion ⓝ 개념, 생각　preferable adj 더 좋은, 더 바람직한　indicate ⓥ 보여주다, 시사하다　fare ⓥ 해 나가다, 되어 나가다　catch one's attention ~의 관심을 사로잡다　expand on ~에 대해 부연 설명하다　argue ⓥ 주장하다　considerable adj 상당한　cognitive adj 인지적인　resource ⓝ 자원　complexity ⓝ 복잡성　strain ⓝ 부담　subsequently adv 그 뒤에, 나중에　decline ⓥ 감소하다　conversely adv 반대로　passive adj 수동적인　author ⓝ 저자　render ⓥ ~하게 하다/만들다　interest ⓝ 이익　scale back 축소하다　conscious adj 의식하는, 자각하는　compelling adj 설득력 있는　rank ⓥ 순위를 매기다　hypothetical adj 가상의　in terms of ~의 면에서　attribute ⓝ 속성　reflect on 숙고하다, 곰곰이 생각하다　compared to ~와 비교하여　distracted adj 산만해진　deliberate ⓥ 신중히 생각하다　variable ⓝ 변수　emerge ⓥ 나타나다　inferior adj 질 낮은, 하위의, 열등한　highlight ⓥ 강조하다　purchase ⓝ 구입　apply ⓥ 적용하다, 쓰다　counterintuitively adv 직관에 어긋나게도/반대되게도　seem to ~인 것 같다, ~처럼 보인다.　arm ⓥ 무장하다, ~를 무장시키다　somewhat adv 다소, 어느 정도　radical adj 급진적인, 근본적인　inference ⓝ 추론　generalise ⓥ 일반화하다　political adj 정치적인　managerial adj 경영적인　benefit ⓥ 유익하다　delegate ⓥ 위임하다, 선정하다　unconscious ⓝ 무의식　controversial adj 논란이 많은　provoke ⓥ (반응을) 유발하다, 도발하다　fly in the face of ~에 정면으로 도전하다, ~에 위배되다　shudder ⓥ 몸서리치다, 전율하다　insight ⓝ 통찰력　in the hands of ~의 수중에 있는, 관리에 있는　realm ⓝ 영역, 범위　governance ⓝ 통치, 관리　problematic adj 문제가 있는　implication ⓝ 영향, 결과, 암시　extremely adv 극도로　attempt ⓥ 시도하다　extrapolate ⓥ 추론하다, 추정하다　life-altering adj 인생을 바꿔 놓는, 삶을 변화시키는　significance ⓝ 중요성　define ⓥ 정의하다　objectively adv 객관적으로　disagreeable adj 불쾌한, 마음에 안 드는　receptive adj 수용적인　align with 일치하다　regardless of ~와 관계없이　validity ⓝ 타당성　to do with ~와 관계가 있는　commendable adj 칭찬 받을 만한　demonstrate ⓥ 입증하다　ideology ⓝ 이념, 관념　membership ⓝ 구성원, 회원　overlook ⓥ 간과하다　lest conj ~하지 않도록　assume ⓥ 당연히 ~일 것이라고 생각하다/가정하다　solely adv 오로지, 단독으로　exclusive adj 독점적인, 전용의　dimension ⓝ 차원　end up -ing 결국 ~하게 되다

---

27. **해석** 저자는 알렉산더와 고르디움 매듭의 전설을 이용해 다음과 같은 생각을 설명한다

　A 많은 전설들은 사실에 근거한 것이 아니다.

　B 복잡한 문제들은 단순한 해결책을 가질 수 있다.

　C 세심한 고려는 복잡한 문제를 해결하기 위한 최선의 방법이다.

　D 단순한 해결책들은 종종 의도하지 않은 결과들을 가져온다.

해설 ❶ 이 문제는 저자가 이 전설에 관한 이야기를 언급한 목적에 대해서 묻고 있다. 이전 문장이나 다음 문장에 그 의도가 담겨져 있을 것이므로 둘 다 살펴보는 것이 안전하다. 2문단 3, 4번째 문장에 알렉산더와 고르디움 매듭의 전설에 대한 이야기가 나와 있고, 마지막 문장을 보면 True or not, this legend gave rise to the idea of a "Gordian solution"— a clever but simple solution to an impossibly complex problem. (사실이든 아니든 간에 이 전설은 '고르디움의 해결책'이라는 개념을 만들어냈는데, 믿을 수 없을 정도로 복잡한 문제에 대한 영리하지만 간단한 해결책을 말한다.)이라고 나와 있다.

❷ this legend gave rise to the idea라는 말 자체가 이 전설이 주는 의미에 대해서 직접적으로 설명하는 표현이고, '복잡한 문제에 대한 간단한 해결책'이라는 내용이 이어진다. 그렇기 때문에 정답은 **B – complex problems can have simple solutions.**가 된다.

---

28. **해석** 어빙 재니스와 리언 만의 '갈등 모델'은 다음과 같은 사항을 요구한다

　A 관련된 모든 사실을 고려해야 한다.

　B 신중한 검토는 좋은 결정을 내리는 데에 충분하지 않다.

　C 복잡한 결정들은 간단한 해결책으로 해결될 수 있다.

　D 데이터 부족이 나쁜 결정을 내리게 되는 주요한 이유이다.

해설 ❶ 문제의 키워드인 Irving Janis and Leon Mann's "conflict model"은 3문단 두 번째 문장을 보면 나와 있다. 어떤 내용을 요구하는지 확인하기 위해 그 문장을 보면, In the landmark book *Decision Making*, Irving Janis and Leon Mann proposed the "conflict model" of decision making, suggesting that complex decisions be made only after thorough canvassing and meticulous examination of all information relevant to the situation.(획기적인 책인 〈의사 결정〉에서 어빙 재니스와 리언 만은 의사 결정의 '갈등 모델'을 제안하면서, 복잡한 결정은 오직 상황과 관련 있는 모든 정보에 대한 철저한 논의와 세심한 검토를 통해서만 내려져야 한다고 시사했다.)이라고 나와 있다.

❷ 정리해 보자면, 복잡한 결정을 내릴 때는 모든 정보에 대해 고려한 후 결정을 내려야 한다는 내용이다. suggest의 목적절인 that 이하에는 should가 생략되어 있기 때문에 '~해야 한다'는 의미로 해석해야 한다. 따라서 정답은 **A – all related facts should be considered.**이다.

29. **해석** 말콤 글래드웰의 책은 좋은 결정이란 다음과 같다고 제안한다
   A 세심한 숙고를 필요로 한다.
   B 극도의 압박 하에서는 내려질 수 없다.
   C 단지 상식 정도만을 필요로 한다.
   D 종종 매우 빨리 내려진다.

해설 ❶ 이 문제는 키워드인 Malcolm Gladwell's book을 찾고, 그 책에서 말하는 좋은 결정들에 관한 특징을 골라야 한다. 4문단 두 번째 문장을 보면 Instead, research indicates that in some situations, "snap" judgments fare better on average than complex ones, a notion that caught the public's attention through Malcom Gladwell's 2005 bestseller *Blink*.(대신 연구는 어떠한 상황에서는 '성급한' 판단이 복잡한 것보다 평균적으로 더 낫다고 시사하는데, 이는 말콤 글래드웰의 2005년도 베스트셀러인 〈블링크〉를 통해 대중들의 관심을 사로잡았던 개념이다.)라고 나와 있다.

❷ 어떤 경우에는 성급한 판단이 복잡한 것보다 더 낫고, 이는 Malcom Gladwell의 책에 수록된 내용이라고 말하고 있는데, 즉 문제에서 말한 good decision이 때때로 성급하게 내려진 것임을 알 수 있다. 따라서 정답은 **D – are often made very quickly.**이다.

30. **해석** 데이크스테르호이스와 그 동료들은 다음과 같이 주장한다
   A 수면은 결정의 질에 거의 영향을 미치지 않는다.
   B 수동적인 의사 결정은 단순한 선택에 이상적이다.
   C 결정의 복잡함은 우리의 인지적 자원에 영향을 미치지 않는다.
   D 신중한 숙고는 복잡한 결정의 결과에 부정적인 영향을 미친다.

해설 ❶ 문제의 키워드인 Dijksterhuis and his colleagues는 5문단 첫 번째 문장을 보면 나와 있다. 이 팀의 주장이 무엇인지를 묻는 문제이기 때문에, 두 번째 문장 이하에 주목해야 한다. 두 번째 문장에는 Dijksterhuis argues that complex decision-making requires us to spend considerable cognitive resources. (데이크스테르호이스는 복잡한 의사 결정은 우리로 하여금 상당한 인지적 자원을 쓰게 한다고 주장한다.) 라고 나와 있고, 이를 통해 C를 오답으로 처리할 수는 있지만 정답을 찾을 수는 없다. 그러므로 세 번째 문장까지 읽어야 한다.

❷ As the level of complexity rises, these resources come under increased strain, and the quality of our decisions subsequently declines.(복잡성의 정도가 높아짐에 따라 이러한 자원들은 더 큰 부담을 받게 되고, 우리의 결정의 질은 그에 따라 낮아진다.)라고 나와 있는데, 의사 결정이 더 복잡해지고 인지적 자원에 대한 부담이 커질수록, 즉 더 깊게 생각할수록 결정의 질이 떨어진다는 말을 하고 있다. 그렇기 때문에 정답은 **D – careful deliberation has a negative impact on complex decision outcomes.**이다.

31. **해석** 데이크스테르호이스가 진행한 자동차 연구에서 단순한 과제가 주어졌을 때 참가자들은
   A 신중한 숙고로부터 이익을 얻었다.
   B 복잡한 과제를 받은 참가자들보다 더 주의가 분산되었다.

C 효과적으로 의사 결정을 내릴 수 없었다.

D 주의가 분산되었을 때 더 효과적으로 수행했다.

해설 ❶ 이 문제는 car study performed by Dijksterhuis를 통해서 단순한 과제를 받은 참가자들의 정보를 찾아야 한다. 본문을 Scanning하면 6문단 두 번째 문장에서 cars라는 단어를 찾을 수 있다. 문제를 풀기 위해서는 단순한 과제를 받은 참가자들을 확인해야 하는데, 네 번째 문장을 보면 Those given the simple task performed better when allowed to directly reflect on the decision, compared to those who were distracted and not allowed to deliberate effectively.(단순한 과제를 받은 이들은 결정에 대해서 직접적으로 숙고하도록 허용되었을 때, 주의 집중에 방해를 받고 효과적으로 숙고할 수 있도록 허용되지 않았던 이들에 비해 수행을 더 잘 했다.)라고 나와 있다.

❷ 쉽게 이해하면, 단순한 과제를 받은 참가자들은 숙고했을 때 결정을 더 잘 했다는 것이다. 그렇기 때문에 정답은 **A – benefited from careful deliberation.**가 된다.

해석

데이크스테르호이스의 쇼핑 연구

옷과 가구를 사는 쇼핑객들이 내리는 결정을 조사하면서, 데이크스테르호이스와 그의 연구팀은 구매한 물품에 대한 쇼핑객들의 만족 수준을 설문하는 연구를 수행했다. 연구는 단순한 상품들을 판매하는 바이엔코르프의 쇼핑객들은 그들에게 그들의 결정에 대해 숙고할 수 있는 **33** D – 더 많은(more) 시간이 주어졌을 때 **32** G – 더 나은(better) 결정을 내린다는 것을 보여주었다. 반면 이케아에서는 그들의 구매에 대해 신중하게 고려를 했던 쇼핑객들은 더 현명하지 못한 결정을 내렸다. 연구원들은 쇼핑보다 더 중요한 결정이라 하더라도, **34** E – 복잡한(complex) 결정은 무의식에 맡겨야 한다는 결론을 내렸다. 필자는 이러한 결론에 대해서는 **35** A – 논란이 많으며(controversial) 잠재적으로 심지어 위험할 수 있다고 언급한다.

A 논란이 많은	B 더 나쁜	C 합리적인	D 더 많은
E 복잡한	F 예상치 못한	G 더 나은	

해설 **32-33. 키워드 Dijksterhuis │ study surveying shoppers │ Bijenkorf**

❶ 일단 32번과 33번은 Dijksterhuis가 했던 쇼핑객에 관한 연구를 찾고, 그 중에서도 Bijenkorf에서 쇼핑을 한 사람에 관한 내용을 Scanning해야 한다. 7문단 두 번째 문장에서 When surveyed, shoppers at Bijenkorf who consciously deliberated on their decisions reported feeling happier with their purchases, while IKEA customers who applied the same level of deliberation felt less happy.(설문 조사를 했더니, 그들의 결정에 있어서 의식적으로 숙고했던 바이엔코르프의 쇼핑객들은 그들이 구입한 것에 더 만족감을 느꼈다고 말했으며, 반면 동일한 수준으로 숙고했던 이케아의 고객들은 덜 만족스럽게 느꼈다.)라는 내용을 찾을 수 있다.

❷ 바이엔코르프에서 쇼핑한 사람들은 의식적으로 숙고했고 이로 인해 더 만족스러운 구입을 했다는 것을 알 수 있기 때문에, 32번의 정답은 '만족할만한, 행복한'과 일맥상통하는 **G – better**이다. 또한 33번은 그들에게 결정에 대해 의식적으로 숙고할 수 있을 만큼의 시간이 주어졌다는 점에서 **D – more**이 가장 적합하다.

34. 키워드 should be left to the unconscious

❶ 어떠한 결정을 무의식에 맡겨둬야 하는지를 찾기 위해 본문에서 이 키워드를 Scanning하면, 8문단 두 번째 문장 In such cases, it should benefit the individual to think consciously about simple matters and to delegate thinking about more complex matters to the unconscious.(이러한 경우, 간단한 문제들에 대해서는 의식적으로 생각하고 더 복잡한 문제들에 대한 생각은 무의식에 맡겨두는 것이 개인에게 유익할 것이다.)에서 the unconscious를 찾을 수 있다.

❷ delegate A to B(A를 B에게 맡기다)는 leave A to B와 같은 뜻이기 때문에 thinking about more complex matters가 무의식에게 위임된 것임을 알 수 있다. 따라서 정답은 **E – complex**이다.

35. 키워드 this conclusion

이 문제는 이 연구의 결론에 대한 작가의 평가를 찾아야 한다. 9문단의 첫 번째 문장에 This controversial notion has provoked a strong response(이 논란 많은 생각은 강력한 반응을 불러일으켰다)라고 나와 있기 때문에, 정답은 **A – controversial**이다.

----

36. 해석 현존하는 경영 및 정치 이론들은 데이크스테르호이스가 발견한 사실들과 일치한다.

해설 ❶ Dijksterhuis의 발견들과 Existing management and political theories가 서로 비교된 부분은 9문단 첫 번째 문장에서 발견할 수 있다. This controversial notion has provoked a strong response, as it essentially flies in the face of decades of standard managerial and political theory.(이 논란 많은 생각은 근본적으로 과거 몇 십 년 간의 일반적인 경영, 정치 이론에 정면으로 위배되기 때문에 강력한 반응을 불러일으켰다.)라고 나와 있다.

❷ fly in the face of는 '반대되다, 위배되다'라는 뜻이고 문제에 나온 in alignment with는 '일치하다'이므로 완전히 반대되는 정보이다. 따라서 정답은 **No**이다.

37. 해석 몇몇 정치인들은 이미 무의식적인 숙고를 바탕으로 결정을 내리고 있다.

해설 정치인들이 어떠한 방식의 사고를 통해 결정을 내리는지에 대한 정보는 나오지 않기 때문에, 정답은 **Not Given**이다.

38. 해석 통치와 사회에 관한 결정 사항들은 쇼핑에 관한 결정 사항들보다 더 복잡하다.

해설 ❶ 통치와 사회에 관한 결정들과 쇼핑에 관한 결정들의 복잡성이 직접적으로 비교된 부분을 찾아야 한다. 하지만 10문단 두 번째 문장 We must be extremely cautious when attempting to extrapolate findings based on simple, elegant studies on decisions about cars and clothing to real-life situations with potentially life-altering significance.(우리는 자동차와 옷에 관한 의사 결정에 대한 단순하고 명쾌한 연구에 기초한 발견을 가지고 잠재적으로 인생을 바꿀 수도 있는 중요성을 지닌 실제 상황에 대해 추론하려 할 때 특히 극도로 조심해야 한다.)에 나온 simple이라는 표현은 연구가 간단하다는 뜻이지, 쇼핑에 관한 결정 사항이 간단하다는 뜻이 아니기 때문에 혼동하지 않도록 주의하자.

❷ 어떤 결정이 더 복잡한지에 대해서는 언급된 부분이 없기 때문에 정답은 **Not Given**이다.

39. 해석 결정이 한 개인에 의해서 평가될 때, 때때로 그 기준은 논리적 타당성이 아닌 다른 곳에 있을 수 있다.

해설 ❶ 11문단 두 번째 문장을 보면, Lewin's landmark studies showed that people are generally more receptive to decisions that align with their interests, regardless of the validity of the decision-making process.(레빈의 획기적인 연구들은 사람들이 의사 결정 과정의 타당성과 상관 없이 일반적으로 그들의 이익에 부합하는 결정을 더 잘 수용한다는 점을 보여주었다.)라고 나와 있다. 즉, 사람들은 본인에게 이익이 되는 결정을 더 잘 받아들인다는 의미이다.

❷ 또한 다음 문장을 보면, If decisions are assessed to be not that good, therefore, the underlying reason is more to do with their very personal view, rather than other rational standards of judgment.(그러므로 만약에 결정이 별로 좋지 않은 것으로 평가가 된다면, 그 근본적인 이유는 다른 합리적인 판단 기준보다는 지극히 개인적인 관점과 관련이 있다.)라는 내용이 나와 있는데, 어떤 결정이 좋다고 평가되지 않는 이유가 합리적인 것이라기보다는 개인적인 것이라고 말하고 있다. 이는 어떠한 결정에 대한 한 개인의 평가가 때로는 논리적 타당성(logicality)이 아닌 다른 것에 기반한 것일 수 있다는 문제의 진술과 일맥상통하므로, 정답은 **Yes**이다.

40. 해석 글래드웰과 데이크스테르호이스의 생각은 그것들이 현존하는 이론들에 도전한다는 점에서 문제가 있다.

해설 ❶ 마지막 문단인 12문단 첫 번째 문장을 보면, Gladwell's book and Dijksterhuis's article are commendable in that they demonstrate the limitations of the traditional conflict model and its assumption that the quality of our decisions is always enhanced by conscious deliberation. (글래드웰의 서적과 데이크스테르호이스의 기사는 우리의 결정의 질적 수준이 의식적인 숙고에 의해 언제나 더 높아진다는 전통적인 갈등 모델과 그 가정의 한계를 입증한다는 점에서 칭찬 받을 만하다.)라고 나와 있다.

❷ 여기에서는 반드시 commendable(칭찬 받을 만한, 인정 받을 만한)이라는 단어의 의미를 알아야 답을 찾을 수 있다. 이 단어는 문제의 problematic(문제가 있는)과는 완전히 반대 의미로서, 본문은 전통적인 모델의 한계를 입증했다는 점을 칭찬하고 있기 때문에 정답은 **No**이다.

PAGODA
IELTS Reading

PAGODA
IELTS
Reading